交通运输行业高层次人才培养项目著作书系

王旭东 周兴业 张蕾 肖倩 著

足尺路面试验环道建设

Full-scale Test Track (RIOHTrack) Construction Record

人民交通出版社股份有限公司
北京

内容提要

本书全面、翔实地记录了我国第一条足尺路面试验环道(RIOHTrack 环道)的设计与建设过程,共分7章,内容包括概述、RIOHTrack 平台设计、环道路基与基层施工、环道沥青混凝土及功能层施工、环道初始状态评估、信息采集与传感器布设和结语等。

本书可供道路工程技术人员在工作中参考,亦可供高等院校相关专业研究生教学参考。

图书在版编目(CIP)数据

足尺路面试验环道建设 / 王旭东等著. — 北京:人民交通出版社股份有限公司,2023.5
ISBN 978-7-114-18049-1

Ⅰ.①足… Ⅱ.①王… Ⅲ.①沥青路面—路面试验 Ⅳ.①U416.217.03

中国版本图书馆 CIP 数据核字(2022)第 103938 号

交通运输行业高层次人才培养项目著作书系
Zuchi Lumian Shiyan Huandao Jianshe

书　　名:	足尺路面试验环道建设
著 作 者:	王旭东　周兴业　张　蕾　肖　倩
责任编辑:	刘永超　石　遥
责任校对:	孙国靖　卢　弦
责任印制:	张　凯
出版发行:	人民交通出版社股份有限公司
地　　址:	(100011)北京市朝阳区安定门外外馆斜街 3 号
网　　址:	http://www.ccpcl.com.cn
销售电话:	(010)59757973
总 经 销:	人民交通出版社股份有限公司发行部
经　　销:	各地新华书店
印　　刷:	北京市密东印刷有限公司
开　　本:	787×1092　1/16
印　　张:	24
字　　数:	494 千
版　　次:	2023 年 5 月　第 1 版
印　　次:	2023 年 5 月　第 1 次印刷
书　　号:	ISBN 978-7-114-18049-1
定　　价:	180.00 元

(有印刷、装订质量问题的图书,由本公司负责调换)

交通运输行业高层次人才培养项目著作书系编审委员会

主　任：杨传堂

副主任：戴东昌　周海涛　徐　光　王金付
　　　　陈瑞生(常务)

委　员：李良生　李作敏　韩　敏　王先进
　　　　石宝林　关昌余　沙爱民　吴　澎
　　　　杨万枫　张劲泉　张喜刚　郑健龙
　　　　唐伯明　蒋树屏　潘新祥　魏庆朝
　　　　孙　海

书系前言
Preface of Series

进入21世纪以来,党中央、国务院高度重视人才工作,提出人才资源是第一资源的战略思想,先后两次召开全国人才工作会议,围绕人才强国战略实施做出一系列重大决策部署。党的十八大着眼于全面建成小康社会的奋斗目标,提出要进一步深入实践人才强国战略,加快推动我国由人才大国迈向人才强国,将人才工作作为"全面提高党的建设科学化水平"八项任务之一。十八届三中全会强调指出,全面深化改革,需要有力的组织保证和人才支撑。要建立集聚人才体制机制,择天下英才而用之。这些都充分体现了党中央、国务院对人才工作的高度重视,为人才成长发展进一步营造出良好的政策和舆论环境,极大激发了人才干事创业的积极性。

国以才立,业以才兴。面对风云变幻的国际形势,综合国力竞争日趋激烈,我国在全面建成社会主义小康社会的历史进程中机遇和挑战并存,人才作为第一资源的特征和作用日益凸显。只有深入实施人才强国战略,确立国家人才竞争优势,充分发挥人才对国民经济和社会发展的重要支撑作用,才能在国际形势、国内条件深刻变化中赢得主动、赢得优势、赢得未来。

近年来,交通运输行业深入贯彻落实人才强交战略,围绕建设综合交通、智慧交通、绿色交通、平安交通的战略部署和中心任务,加大人才发展体制机制改革与政策创新力度,行业人才工作不断取得新进展,逐步形成了一支专业结构日趋合理、整体素质基本适应的人才队伍,为交通运输事业全面、协调、可持续发展提供了有力的人才保障与智力支持。

"交通青年科技英才"是交通运输行业优秀青年科技人才的代表群体,培养选拔"交通青年科技英才"是交通运输行业实施人才强交战略的"品牌工程"之一,1999年至今已培养选拔282人。他们活跃在科研、生产、教学一线,奋发有为、锐意进取,取得了突出业绩,创造了显著效益,形成了一系列较高水平的科研成果。为加大行业高层次人才培养力度,"十二五"期间,交通运输部设立人才培养专项经费,重点资助包含"交通青年科技英才"在内的高层次人才。

　　人民交通出版社以服务交通运输行业改革创新、促进交通科技成果推广应用、支持交通行业高端人才发展为目的,配合人才强交战略设立"交通运输行业高层次人才培养项目著作书系"(以下简称"著作书系")。该书系面向包括"交通青年科技英才"在内的交通运输行业高层次人才,旨在为行业人才培养搭建一个学术交流、成果展示和技术积累的平台,是推动加强交通运输人才队伍建设的重要载体,在推动科技创新、技术交流、加强高层次人才培养力度等方面均将起到积极作用。凡在"交通青年科技英才培养项目"和"交通运输部新世纪十百千人才培养项目"申请中获得资助的出版项目,均可列入"著作书系"。对于虽然未列入培养项目,但同样能代表行业水平的著作,经申请、评审后,也可酌情纳入"著作书系"。

　　高层次人才是创新驱动的核心要素,创新驱动是推动科学发展的不懈动力。希望"著作书系"能够充分发挥服务行业、服务社会、服务国家的积极作用,助力科技创新步伐,促进行业高层次人才特别是中青年人才健康快速成长,为建设综合交通、智慧交通、绿色交通、平安交通做出不懈努力和突出贡献。

交通运输行业高层次人才培养项目
著作书系编审委员会
2014 年 3 月

作者简介
Author Introduction

王旭东,博士,交通运输部公路科学研究院首席研究员,博士生导师,国家百千万人才工程"有突出贡献中青年专家",交通运输部"新世纪十百千人才工程"第一层次人选,获"第一届中国公路学会青年科技奖"、"第十届中国青年科技奖",享受政府特殊津贴。现任交通运输部公路科学研究院基础研究创新中心副主任,中国公路学会专家委员会委员,国际道路联合会会员。

王旭东研究员长期从事沥青路面结构与材料的设计理论和应用技术研究。先后主持国家重点研发计划、国家科技支撑计划、国家自然科学基金、交通运输部应用基础研究等国家级和省部级科研项目30余项,主持编制交通运输行业标准10余项。获国家科技进步二等奖1项,省部级科技进步奖13项,取得国家发明专利40余项,出版学术专著4部,获国家新闻出版总署"三个一百"原创出版工程奖。近年来,主持设计、建造,并负责运营了我国第一条足尺路面试验环道(RIOHTrack),致力于揭示道路全寿命周期服役性能演化规律,研发新一代沥青路面设计方法,完善我国长寿命路面设计理论与建造技术。

周兴业,交通运输部公路科学研究院基础研究创新中心研究员,博士。

长期从事沥青路面结构、材料及其服役行为研究,在足尺路面环道试验、公路长期服役性能观测、长寿命路面设计理论与建养技术等方面做出了一系列创新性工作。

先后主持国家重点研发计划"变革性技术关键科学问题"重点专项"沥青路面全寿命周期服役性能全时空全环境试验与示范应用"、交通运输部应用基础研究重点项目"路基路面服役行为研究"等科研项目10余项。获省部级科技奖励11项,授权发明专利33项,发表论文40余篇。现为北京大兴社公路材料腐蚀与工程安全国家野外科学观测研究站、交通运输行业野外科学观测研究基地的核心成员,世界交通运输大会特殊地域环境及加速加载实验技术委员会委员、哈尔滨工业大学兼职硕士生导师。

张蕾,博士,研究员,硕士生导师。2018年荣获"交通运输青年科技英才";2016年荣获"第十一届中国公路学会青年科技奖";2015年荣获"交通运输部直属机关青年五四奖章"。中国公路学会青年专家委员会委员,国际智能道路施工联盟技术委员会委员。

主要从事沥青路面技术研究。先后主持1项国家重点研发计划课题,1项国家自然科学基金项目,1项交通运输部建设科技项目,1项交通运输部应用基础研究(重点平台)项目,1项863计划项目分题,1项中央公益基金,1项行业标准以及7项地方科研及工程咨询项目。作为主要人员参与1项国家科技支撑项目,3项交通运输部建设科技项目,参编3项交通运输部行业技术规程(范)和标准。获发明专利授权10余项,合著专业著作1本,发表论文20余篇,其中SCI、EI收录4篇。研究成果先后获得国家科技进步二等奖1项,省部级科技进步一等奖1项,二等奖2项,三等奖2项。

　　肖倩,交通运输部公路科学研究院副研究员,"交通运输部直属机关青年五四奖章"获得者。

　　主要研究方向为长寿命沥青路面建养技术。参加工作以来,先后参与完成了国家自然科学基金项目1项、国家科技支撑计划项目1项、国家重点研发计划项目3项、交通运输部公路工程行业标准制修订项目6项、地方标准1项以及省市级交通科技项目10余项。科研成果先后获得中国公路学会一等奖1项、中国产学研合作创新成果奖一等奖1项、中国公路学会科学技术二等奖1项。研究期间,发表学术论文10余篇,获授权国家发明专利12项、美国发明专利1项。

序言 Foreword

改革开放40多年来,我国以高速公路为代表的现代道路建造技术取得了显著的进步。进入21世纪以来,建设全寿命周期技术经济最优的长寿命路面,已成为世界道路技术发展的方向,为此,国内外道路工程技术人员结合本国国情,针对长寿命路面的设计与建造理论、方法、工艺等,开展了广泛的理论研究和试验验证。

为了推动我国长寿命沥青路面技术研发,2006年,沙庆林院士倡议我国修建足尺路面试验环道。经过业内专家的反复论证,在行业主管部门的大力支持下,经国家发展和改革委员会批复,2015年11月,在交通部公路交通试验场内,我国第一条足尺路面试验环道(RIOHTrack环道,RIOH为Research Institute of Highway的缩写)建成。该环道全长2038m,呈跑道形状。

RIOHTrack环道试验研究的主要目标是:以沥青路面结构为主,开展不同道路全寿命周期的加速加载试验,系统全面采集弯沉、应力/应变响应、车辙、平整度、抗滑性能和破损等多元服役性能的演化信息,验证既有的路面设计模型,为研发长寿命沥青路面的设计理论、方法、模型与指标,提供科学基础数据,推动我国长寿命路面建养技术体系的创新研发。作为我国道路工程学科大型的、开放式的应用基础研究平台,RIOHTrack环道由土建系统、试验加载系统、室内多尺度试验系统、服役信息检测与监测系统、数据中心系统以及相关的辅助设施系统构成。

RIOHTrack环道是国际上第一条以长寿命路面验证为目标的、宽刚度域基层沥青路面足尺试验环道。该环道共修筑了38种试验路段(包括25种沥青路面试验路段和13种水泥路面试验路段),其中直线段和缓和曲线段作为主要试验路段,共布设了7大类、19种沥青路面结构。这19种沥青路面试验段结构主要来自我国现有高速公路使用较为成功的结构、近些年来我国铺设的长寿命路面试验路段或实体工程的结构,以及欧美国家推荐的全厚式沥青路面结构,结构形式完整。由此,RIOHTrack 环道可以实现多种沥青路面结构服役性能在相同荷载和气候环境下的同时空比较、验证,为我国长寿命沥青路面结构形式的优化选择,材料与结构设计方法的完善、变革,提供可靠的全寿命周期试验依据。

RIOHTrack 环道的结构和材料类型多,工艺烦琐,质量控制节点多,施工工期紧,给环道建设带来一定困难。为了实现环道研究的总体目标,环道各个试验路段主要基于长寿命路面技术理念、既有的设计方法和工程实践经验,进行材料和结构设计,并将工艺技术革新和施工质量控制作为环道建设中的关键环节,尽量避免施工因素对后期试验研究结论的干扰。

本书共分为概述、RIOHTrack 平台设计、环道路基与基层施工、环道沥青混凝土及功能层施工、环道初始状态评估、信息采集与传感器布设和结语等 7 章,全面、如实地记录了环道的设计与建设过程、试验检测数据以及传感器的布设情况,以期为今后的环道试验研究提供翔实、可靠的技术参考。同时,本书中有关内容可供道路工程技术人员在具体的工程实践中参考。由于水平有限,书中偏颇或不足之处敬请指正。

在此,也向关心、参与 RIOHTrack 环道设计、建设的各方面工程技术人员、管理人员、科研人员和试验检测人员表示衷心感谢。

作 者
2022 年 12 月

正文主要符号

w_{opt}——最佳含水率；

γ_{max}——最大干密度；

R_7——标准养护条件下7d无侧限抗压强度；

w_c——水泥剂量；

w_w——含水率；

w_b——油石比；

G_e——沥青混合料理论密度；

G_v——沥青混合料按几何尺寸计算的毛体积密度；

G_m——沥青混合料毛体积密度；

G_g——沥青混合料干密度；

VV——沥青混合料空隙率；

VMA——沥青混合料矿料间隙率；

VCA——沥青混合料粗集料矿料间隙率；

VFA——沥青混合料饱和度；

DS——动稳定度；

ε——相对变形；

C_v——变异系数；

σ——均方差。

目 录
Contents

1 概述 ··· 1
  1.1 建设背景 ·· 1
  1.2 国外足尺路面试验概况 ·· 3
  1.3 我国足尺路面试验研究概况 ·· 19
  1.4 RIOHTrack 试验目标与技术定位 ··· 22

2 RIOHTrack 平台设计 ·· 26
  2.1 足尺环道土建系统 ··· 26
  2.2 材料与结构室内试验系统 ··· 44
  2.3 信息采集与分析系统 ··· 46
  2.4 运行与加载系统 ·· 58

3 环道路基与基层施工 ·· 62
  3.1 路基施工 ·· 62
  3.2 水泥稳定土层施工 ··· 70
  3.3 级配碎石层施工 ·· 88
  3.4 水泥稳定级配碎石层施工 ··· 95

4 环道沥青混凝土及功能层施工 ·· 126
  4.1 施工期间沥青性能评价 ··· 127
  4.2 沥青混合料施工 ·· 140
  4.3 AC25 型混合料施工 ··· 159
  4.4 AC20 型混合料施工 ··· 171
  4.5 AC13 型混合料施工 ··· 185
  4.6 AC10 型混合料施工 ··· 202
  4.7 混合料工程性能的综合评述 ·· 207
  4.8 防水黏结层施工 ·· 220

5 环道初始状态评估 ·· 226
  5.1 路面各结构层的弯沉状态 ··· 226
  5.2 环道零荷状态的性能检测 ··· 231

  5.3 环道初期性能评价 ·· 245
6 信息采集与传感器布设 ·· 269
  6.1 传感器标定 ·· 269
  6.2 传感器布设 ·· 270
  6.3 传感器安装 ·· 276
  6.4 传感器调试 ·· 287
7 结语 ··· 292
附录 A 环道施工期间主要彩色图片 ······································ 295
附录 B 环道施工及"零荷"状态下弯沉检测主要数据表 ············· 307
附录 C 环道各个断面传感器布设图 ······································ 323

1 概 述

1.1 建设背景

改革开放以来,我国以高速公路为代表的国家公路网建设取得举世瞩目的成就,高速公路通车里程已位居世界第一,其中95%以上为沥青路面。在取得伟大成就的同时,也应清醒认识到我国路面工程在应用基础研究方面与世界先进水平仍存在一定差距。例如,我国高速公路沥青路面设计使用寿命为15年,与先进国家相比偏短;缺乏长期的、全寿命周期沥青路面服役性能的科学基础数据积累等。进入21世纪以来,欧美国家提出了以实现全寿命周期技术经济最优为目标的长寿命路面技术发展方向,受到我国道路工程技术人员的广泛关注。为了弥补技术短板、揭示性能机理、创新设计理念、革新工艺技术、建立适合我国国情的长寿命路面设计与建造体系,我国也已开展了广泛的长寿命沥青路面技术研发。

一百多年来现代路面技术的发展历史表明,工程实践和科学实验是路面工程创新发展的基础。开展全寿命周期服役性能的试验验证,积累科学基础数据,是研发新材料、创立新方法、变革新技术,提高路面使用品质的必要途径。一般来说,修建试验路开展长期性能观测,通过加速加载装备(APT)进行足尺结构模型试验,以及修建足尺路面环道开展多种路面结构同时空的加速加载试验,是国内外开展路面全寿命周期服役行为及其演化规律研究的三个主要技术途径。

回顾我国沥青路面技术的发展历程,修建试验路,开展长期性能观测是推动我国路面技术发展的主要研究手段。在20世纪80年代初,我国为了探索高等级公路沥青路面的结构形式,先后修建了北京门头沟试验路、黑龙江肇东试验路、广西玉林试验路和广东南岗试验路;之后,在"七五"、"八五"期间,又修建了著名的陕西西三试验路、河北正定试验路、吉林长农试验路等。通过对这些试验路7~10年的野外跟踪观测研究,基本确立了以半刚性基层为典型结构的高速公路沥青路面的技术体系,为我国随后几十年以高速公路为代表的国家干线公路网的高速度、高质量建设奠定了基础。此外,20世纪80年代末,美国为了提升州际公路的使用品质,延长使用寿命,在SHRP战略公路研究计划中专门开展了路面长期使用性能研究(简称LTPP),修建了大量的试验路,开展长期跟踪观测,积累了丰富的观测基础数据,支撑、引领了世界许多国家(包括我国)沥青路面技术的发展。总之,对试验路的长期跟踪观测是路面技术创新研发的主要途径。

然而,设计寿命(设计基准期)50年及其以上的长寿命路面技术研发,上述这种方法也存在研究周期较长,试验成本高,技术风险大等不足,不利于由于建设条件与使用环境不同导致的不同地区试验路研究成果的横向比较。为此,依托修筑全尺寸(即足尺)实体路面结构,开展加速加载试验,缩短试验周期,成为路面工程开展全寿命周期试验验证研究的另一个重要途径。

一般来说,足尺路面结构加速加载试验研究主要有两种方式:一是通过专用的试验装备(APT)同时对1~2个足尺结构进行加速加载;二是修筑野外试验环道,采用实车进行加速加载。两者相比,从单一结构的加载效率角度看,前者相当于后者的2~5倍,但由于足尺环道可以同时进行几十种路面结构的性能比较,因此从总体的试验效率角度看,后者高于前者。足尺环道加速加载的最大优势在于:可以进行多种路面结构同时空条件下服役性能的比较,试验结果更接近于野外试验路的观测研究结果。因此,足尺路面试验环道研究受到世界路面技术发达国家的普遍重视。世界著名的AASHTO(American Association of State Highway and Transportation Officials)设计指南、SUPERPAVE(Superior Performing Asphalt Pavement)设计方法、MEPGD(Mechanistic-Empirical Pavemert Design Guide)设计指南以及法国路面设计规范等,都是在足尺路面结构加速加载试验的验证基础上提出的。与之相比,我国这方面研究还处于空白,缺乏可以实现沥青路面全寿命周期服役性能验证的大型科学实验平台,与我国公路建设和科研发展水平不相称,成为制约我国道路科技发展的一个重要短板。

21世纪初,我国高速公路沥青路面结构的设计理念、技术方法产生了多样性的变化,呈现出"百花齐放"的局面。为了实现不同设计理念、不同结构形式沥青路面全寿命周期服役性能的客观比较,为了验证、完善既有设计规范中服役性能演化-设计模型的合理性和可靠性,为了强化应用基础性研究,推动我国路面工程技术的科学发展,研发适应我国建设需求的长寿命沥青路面技术,沙庆林院士分别于2005年12月和2006年7月向交通部提出了"关于建设公路足尺路面加速加载试验环道"的建议。

该建议受到部领导的高度重视,其间,部公路司和科教司委托部公路科学研究所(以下简称"部公路所")对足尺路面加速加载试验环道建设进行可行性调研和论证。2006年9月,在全国23个省区市的交通主管部门参加的调研会中,与会代表普遍认为:修建大型足尺路面加速加载环道试验场是必要的,可以利用足尺环道试验场开展路面基础性研究工作,重点放在材料评价、结构验证、长期使用性能评价和理论模型建立与分析方面;同时,根据气候分区,全国可以修建1~3个足尺路面加速加载环道试验场。2007年5月,部公路所在辽宁、河北、山东、江苏和浙江等省,会同当地交通主管部门、科研单位、大专院校以及工程技术人员再次进行了足尺路面试验环道建设可行性的调研。

在前期调研和资料收集工作的基础上,部公路所组织人员于2008年至2011年就足尺路面加速加载试验环道建设的方式、地点、规模、组织形式和运行管理模式等方面进行论证,编写了《足尺路面加速加载试验环道建设项目可行性研究》报告,建议在交通部公路交通试验场内修建我国第一条足尺路面试验环道。2012年8月经国家发展和改革委员会发改基础〔2012〕2459号文正式批复同意。

之后,由北京交科公路勘察设计研究院有限公司负责该足尺环道的初步设计和施工图设计工作。按设计要求,"足尺路面加速加载试验环道建设工程"共分为9个系统,分别为:足尺路面环道工程系统、环境模拟系统、试验数据采集系统、试验路修补及养护系统、加载车辆及运行系统、运营监控及管理系统、数据中心处理系统、房屋建筑系统和配套市政基础设施系统。

2014年5月26日,部公路所邀请国内著名道路行业专家,在北京组织召开了"足尺环道试验方法论证会",对"足尺路面环道工程系统""环境模拟系统"和"试验数据采集系统"的方案进一步论证、优化。依据专家意见,设计单位对"足尺路面加速加载试验环道建设工程"的相关系统方案进行了完善、修订。同年6月上旬,由部公路所组织召开施工图设计文件的评审会。之后,根据评审会专家意见,对该工程各系统的相关施工图文件进行再次完善。并于7月上旬开始进行足尺环道建设工程各个系统的公开招标。

2014年12月25日,足尺路面环道工程系统和环境模拟系统开始土方施工,2015年6月2日开始试验环道水泥土底基层施工,7月13日试验环道水泥稳定级配碎石结构层开始施工,9月7日试验环道的沥青混凝土结构层开始施工,2015年10月14日试验环道沥青混凝土结构层施工结束,11月中旬完成试验环道的水泥混凝土路面施工。在土建施工期间,根据工程进度和设计要求,同步安装各类监测用传感器。至此,足尺路面环道工程系统、环境模拟系统、试验数据采集系统顺利建成。按照国际惯例,此环道命名为RIOHTrack环道。

1.2 国外足尺路面试验概况

公路科学与技术是一门实践性很强的学科,纵观世界现代公路科学技术一百多年的发展历史,足尺路面结构的试验研究一直是重要手段与支撑。

早在20世纪40年代,英国、加拿大、美国先后修筑了大量足尺路面结构的试验路,确定了基于经验的早期路面设计方法。1959年,美国又修筑了世界著名的AASHO试验路,经过长达40年的观测、研究和数据积累,制定出世界上最著名的AASHTO路面设计指南。

20世纪80年代中期,美国的公路建设进入了养护阶段。当时调查发现:美国高速公路路面一般10~12年就需要进行大修改造,远低于18年的设计寿命要求。为了延长路面使用寿命,降低养护维修成本,1986年美国开展了著名的"战略公路研究计划(SHRP)",进行全新的沥青路面结构与材料设计体系和方法的研究。著名的西部环道(WesTrack)足尺路面试验环道为设计体系研发提供了验证平台,从而有力支撑了美国

"超级路面"SUPERPAVE 沥青及沥青混合料设计方法的创新研究,引领了全球路面技术的革新。进入 21 世纪后,为了实现长寿命路面技术发展的目标,2002 年美国颁布了基于力学-经验的路面设计方法(MEPDG),路面设计寿命达到了 99 年,其关键的技术支撑是 NCAT(美国国家沥青技术研究中心)足尺路面试验环道。

事实上,作为世界路面技术发展的领头羊,美国拥有世界最多的足尺路面试验环道,如 AASHTO 试验路、明尼苏达试验路(MnROAD)、西部环道(WesTrack)和 NCAT 试验环道。通过这些足尺路面环道的试验研究,美国系统积累了大量的路面长期服役行为数据,成为美国引领国际道路技术发展的重要基石。

另外,法国国家道路研究试验室通过南特足尺路面试验环道 French Laboratoire Central des Ponts et Chaussees test facility (LCPC) (图 1-1) 的试验研究,在国际上独树一帜,建立了被行业所认可的法国路面设计方法。此外,西班牙环道 Spanish CEntro De Estudios De Carreteras test facility(图 1-2) 和日本(图 1-3)也各自拥有一个小型的足尺路面加速加载试验环道。

图 1-1 法国南特足尺路面试验环道

图 1-2 西班牙足尺路面试验环道

图 1-3　日本足尺路面试验环道

1.2.1　AASHTO 试验路

美国各州公路运输工作者协会(AASHTO,当时称为 AASHO)在 20 世纪 50 年代末耗资 2700 万美元修筑了著名的 AASHO 试验路,用于开展移动荷载作用下的路面结构和材料的性能研究,研究对象主要是沥青路面和水泥路面,并于 1962 年在试验路成果的基础上提出了著名的 AASHO 路面设计指南。其试验结果现今仍然是许多国家路面设计理论、方法和标准的基础。

AASHO 试验路位于美国伊利诺伊州芝加哥西南约 128km 附近,由 6 个环形试验路组成,每个环路按双车道设计,如图 1-4 所示。试验路于 1956 年 8 月—1958 年 9 月完成建设,1958 年 10 月—1960 年 11 月进行加载(用 22 辆轻型货车和 104 辆半拖挂牵引车在试验路上每天行驶 15h),1961 年初夏完成专门研究,前后历时 6 年时间。AASHO 试验路在完成试验研究任务后,最后成为 I-80 号州际高速公路的一部分。

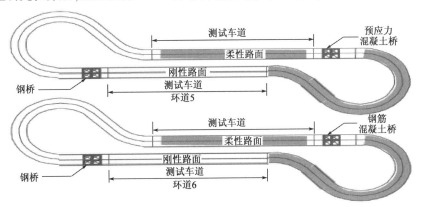

图 1-4　AASHTO 试验路 5 号、6 号环道示意图

研究目标:路面性能中的数量、种类和荷载大小;车轴、车辆总荷载对桥梁的影响。

有关专项研究:路肩铺装;路基类型;轮胎尺寸和压力;重型军用车辆;路面养护效果;试验仪器、试验程序、图表、配比等试验段特征。

1.2.2 明尼苏达试验路(MnROAD)

美国明尼苏达试验路(简称 MnROAD)是全世界最复杂的试验路之一。MnROAD 提供的硬件支持和研究成果促进了美国新一代路面设计方法(MEPDG)的建立、水泥混凝土罩面技术的应用和推广、路面监测和评估技术的发展以及超荷载农用车辆对路面健康状况影响的研究。

MnROAD 建造的目的是利用明尼苏达州高寒的气候条件(其北部区域的冬季平均气温为 -15℃,极限低温为 1996 年的 -60℃),通过提供实际的道路运行环境(直线试验路)和全尺寸仿真模拟环境(环形试验路和运行于其上的全负荷试验车),甚至在实际道路环境中不能进行验证的严酷条件(如:在环形试验路上测试超重农用车辆对路面的破坏作用),开展一系列的道路研究项目,考察车辆荷载、温度、湿度、材料性质、路面构造形式和路面不同结构层的性质对路面性能和行车性能的影响,以提升和优化高寒地区(一些研究成果也适用于其他气候状况)高速公路和低交通量道路的设计、建造和维护方法,提高服役寿命、行车性能和环境友好性,并降低道路的建造、运行和维护成本。MnROAD 还将有助于验证明尼苏达州和 AASHTO 现行路面设计经验模型,并开发未来新的力学设计模型。

明尼苏达试验路建于 1991 年,首期工程持续 3 年(1991—1993 年),1994 年开始应用,投资 2500 万美元,前期由明尼苏达州运输部和明尼苏达大学共同发起建成,后期由明尼苏达州运输部负责运营管理。MnROAD 是美国继 1960 年 AASHTO 组织为建立高速公路路面设计方法而建造的试验路之后的第二条试验路。

明尼苏达试验路位于明尼苏达州阿尔贝维尔(Albertville)附近,与 I-94 号州际高速公路平行,如图 1-5 所示。试验路由两条道路组成,一条是用于研究大交通量双车道公路,长 4.8km;一条是用于研究低交通量的双车道闭合环道,长 4km。在两条试验路上已建成 40 个试验段,如图 1-6 所示。试验道路包括 40 个 152.4m 的试验段,并在其中埋设了大量的综合检测装置,共有 17 个种类的 4572 个传感器,可以测试路基路面结构内的水平和垂直方向的应变量、含水率以及温度情况等。这些传感器每日采集超过 3000 万字节的信息,这些信息可用来分析比较不同路面设计结构的性能。

MnROAD 开展的研究项目是不断滚动进行的,自建成以来开展了大量由 FHWA(Federal Highway Administration)、明尼苏达州运输部等资助的与寒冷地区公路建设相关的研究,取得了很多研究成果。MnROAD 计划开展超过 75 个独立研究项目。

最近完成并推广实施的三项研究成果(春季交通量限制政策、冬季交通量促进政策、沥青路面结构设计方法),据估计可以每年为明尼苏达州节省 2300 万美元。

图 1-5　MnROAD 鸟瞰

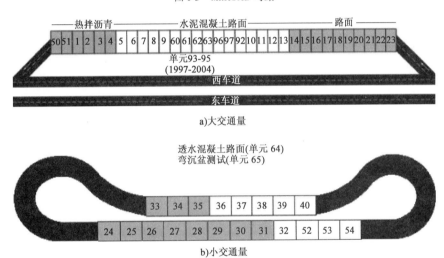

图 1-6　MnROAD 路段划分

MnROAD 的直线试验路和环形试验路均由一系列的单元构成,两条试验路共有50多个路面种类(表1-1 和表1-2)。这些单元中采用了不同的路面材料和路面结构形式。在路面材料方面,变化的因素包括热拌沥青、温拌沥青、集料类型、水泥混凝土、回收利用的路面材料、路面应力释放层、阻水织物层和反滤隔离织物层等;在路面结构形式上,变化的因素包括黏土底基层、砂质底基层、掺入路面回收材料的底基层、固化基层、压实基层、沥青混凝土、水泥混凝土、沥青罩面、水泥混凝土罩面、透水水泥混凝土、透水沥青混凝土等。

MnROAD 直线试验路各单元的路面种类　　　　　表1-1

单元	路面种类	单元	路面种类
1	热拌沥青路面	7	水泥混凝土路面
2	固化的全尺寸回收路面	8	水泥混凝土路面
3	固化的全尺寸回收路面	9	水泥混凝土路面
4	固化的全尺寸回收路面	60	水泥混凝土罩面

续上表

单元	路面种类	单元	路面种类
61	水泥混凝土罩面	114-914	已损伤沥青路面做水泥混凝土罩面
62	水泥混凝土罩面	15	温拌沥青路面
63	水泥混凝土罩面	16	回收路面材料制备的非结合基层,温拌沥青路面
96	水泥混凝土罩面	17	回收路面材料制备的非结合基层,温拌沥青路面
70	2009SHRP-II 复合路面2	18	回收路面材料制备的非结合基层,温拌沥青路面
71	2009SHRP-II 复合路面	19	回收路面材料制备的非结合基层,温拌沥青路面
72	2009 SHRP-II	20	掺回收沥青路面材料的黏土底基层,测试低温开裂路面
73	2009 SHRP-II	21	掺回收沥青路面材料的黏度底基层,测试低温开裂路面
12	透水水泥混凝土路面	22	掺回收沥青路面材料的黏土底基层,测试低温开裂路面
113-513	薄水泥混凝土路面	23	明尼苏达州 Taconite 地区集料制备的温拌沥青路面

注:1. SHRP:Stratetic Highway Research Program,美国战略高速公路研究规划。
  2. 复合路面即在水泥混凝土面层上建造沥青面层和在水泥混凝土面层上建造水泥混凝土面层。

MnROAD 环形试验路各单元的路面种类　　表1-2

单元	路面种类	单元	路面种类
54	明尼 Mesab 地区集料制备的水泥混凝土路面	86	透水热拌沥青路面
53	按60年寿命设计的水泥混凝土路面	85	透水水泥混凝土路面
52	新型水泥混凝土路面1	24	老化试验测试用热拌沥青路面
32	新型水泥混凝土路面	33	多聚磷酸改性沥青路面
79	固化全尺寸回收路面	34	多聚磷酸改性沥青路面
78	固化全尺寸回收路面	35	多聚磷酸改性沥青路面
77	固化全尺寸回收路面	36	水泥混凝土路面
28	固化全尺寸回收路面	37	水泥混凝土路面
27	使用GCBD2隔离层,热拌沥青路面	38	水泥混凝土路面
89	透水水泥混凝土路面	39	水泥混凝土路面上做透水水泥混凝土罩面
88	透水热拌沥青路面	40	水泥混凝土路面
87	透水热拌沥青路面		

注:1. 新型水泥混凝土路面指在原有素水泥混凝土路面切缝处,补充安装传力杆。
  2. GCBD(Geocomposite Capilhry Barrier Dran)是一种既能实现基层排水功能,又能阻隔基层向底基层渗水的双层织物。

用于研究大交通量的双车道公路(图 1-7),通过转移 I-94 号州际高速公路上的西行交通量来进行加载,引导车辆在该直线试验路上行驶,考察高速公路在开放车辆荷载和时间作用下的性能表现。具体加载运行参数如下:

加载次数:日通车量为 29000 辆,其中 13% 为货车;在第一阶段主线的柔性路面试验路段经受了大概 500 万当量轴载次数,主线的刚性路面试验路段经受了 780 万次当量轴载。

加载车型及轴重:开放社会车辆,车型及轴重种类繁多。

加载速度:正常行车速度。

加载时间:第一阶段 1994 年 8 月至 2003 年 12 月 31 日。

用于研究低交通量的双车道闭合环道,采用标准试验货车来加载,车型为五轴半拖挂货车(试验车),如图 1-8 所示。一条车道的轴重控制在约 36.3t,另一条车道控制在约 46.3t,用于考察低交通量的路面在车辆荷载和时间作用下的性能表现。

图 1-7　MnROAD 的直线试验路(封闭状态)　　　　图 1-8　MnROAD 运行中试验车

从开始建造至今,基于不同的研究项目,已在 MnROAD 的试验路中埋置和在附近设置了 9500 个传感器,这些传感器采集的信号经安置于道路侧面的信号采集模块处理后,将数据通过光纤传送到明尼苏达州运输部的数据采集系统。为车辆-路面相互作用下的路面损伤模型的建立,以及气候因素对路面劣化规律的研究提供了基础数据。

MnROAD 中使用的传感器分为静态和动态两大类。其中,静态传感器用于测量温度、湿度、应变(缓慢变形)和冻土层深度等,采集频率为 4 次/h;动态传感器用于测量路面和基层在车辆荷载作用下的应力和应变等,采集频率是 2000 次/s。

针对 MnROAD 研究成立了交通工程和路面研究联合会(Transportation Engineering and RoadResearch Alliance,简称 TERRA),其目的是联合明尼苏达州的政府机构、企业和高校共同促进高寒地区路面修筑、使用和维护技术的进步。成立后,TERRA 的成员不断扩展,目前不仅包括美国其他州的交通部门,还吸收了欧洲一些交通研究机构的加入。除了支持 TERRA 组织外,MnROAD 的管理部门(明尼苏达州运输部)还努力与世界各地的政府和研究组织合作,开展高寒地区路面技术的研究。最难能可贵的是,MnROAD 项目研究过程中获得的所有数据均向世界开放,研究者可分析和使用这些数据,研究者还可依据自己的使用目的,填写表格向 MnROAD 索取数据。同时,MnROAD 的研究报告也向外界公开,世界各地的研究者可参考、借鉴和引用其研究成果。

1.2.3 西部环道

西部环道(WesTrack)是美国 SHRP 沥青研究成果推广计划的一部分,是前期由美国联邦公路管理局(FHWA)拨款 1200 万美元资助,后期由 NCHRP(National Cooperative Highway Research Program)资助完成的一个合同研究项目,**为制定热拌沥青路面性能规范和试验性能预测模型收集资料**。其研究目的的主要有两个:一是通过评价材料和施工性质(沥青用量、级配、现场孔隙率等)的设计偏差对于路面性能的影响,继续研究基于使用性能的热拌沥青路面设计规范;二是提供 SHRP 计划 Superpave 热拌沥青混合料设计方法的早期工程实践经验。

西部环道项目由以下各方分工合作,进行运营和研究工作:(1)内华达州汽车试验中心作为总承包人,负责环道租借、无人驾驶车、试验车操作。(2)尼克尔顾问工程有限公司,负责路面研究、性能监测、性能相关规范的制定、系统开发。(3)Granite 工程公司,负责环道施工。(4)Harding Lavson Alpha 咨询公司,负责环道几何设计、施工监理。(5)内华达里诺大学,负责路面研究和常规试验。(6)俄勒冈州立大学,负责 Superpave 热拌沥青试验、数据分析、性能验证。(7)加州大学伯克利分校,负责 Superpave 热拌沥青混合料加速性能试验。内华达里诺大学 Jon Epps 博士和尼克尔顾问工程有限公司 Sirous Alavi 博士为首席研究人员,联邦公路管理局(FHWA)下属 Turner-Fairbank 公路研究中心的 Terry Mitchell 博士担任技术总监。环道施工期间,有来自 FHWA 地区办公室及总部的 10 位工程师自愿到现场工作。

在 FHWA 的资助下,完成了环道的设计、施工,无人加载车的设计、加载交通、性能测试,材料的取样与试验,材料数据的初步分析,以及 WesTrack 数据库的建设;在 NCHRP 的资助下完成了材料数据的后续分析,性能模型的开发,性能相关规范的制定,以及报告出版。

西部环道位于内华达州汽车检测试验中心(Nevada Automotive Test Center)内,全长 2.9km,为椭圆形环道,由两条直线和与之相连的超高曲线组成。每条直线包括 **13 个试验段、每个试验段长 70m**,所有试验路段均布置在直线段,圆曲线不设试验段。跑道为 $2\times3.7m$ 的双车道。每一试验段的混合料设计和铺筑要求均不相同。可以测试影响路面性能的主要材料特性和铺筑特性,并覆盖常用的特性变化范围。被测试的变量为沥青含量、压实度和集料级配。26 个试验段的路面结构断面厚度均相同,为 150mm,热拌沥青混合料设置在 300mm 集料基层和 450mm 压实填方土基之上。

每一 70m 长试验段由三个区段组成。前 25m(沿车辆行驶方向)为传输区,该区考虑了铺筑过程的变异性,并可缓冲因上一试验段损坏所产生的动力影响。中间 40m 是进行所有非破损路面性能测试的试验区。最后 5m 是定期进行取样和破损性试验的区域。

西部环道试验路段设计考虑集料级配、沥青含量和孔隙含量等 3 个试验因素。热拌沥青混合料的试验设计见表 1-3。三种集料级配、三种沥青含量、三种孔隙含量的组合方式有 27 种。考虑到三种集料级配的低沥青含量和低孔隙含量或高沥青含量和高孔隙含量的 6 种组合极不合理,因而没有设计这 6 种方案。在可能的 21 种组合中,有 5 种是集料级配、沥青含量和孔隙含量都相同的路段,故共有26 种试验路段。

26 种 WesTrack 试验路段试验设计　　　　　　　　　　表 1-3

设计孔隙含量	细集料级配设计沥青用量			细细集料级配设计沥青用量			粗集料级配设计沥青用量		
	低	最佳	高	低	最佳	高	低	最佳	高
低	—	04	18	—	12	09/21	—	23	25
中	02	01/15	14	22	11/19	13	08	05/24	07
高	03/16	17	—	10	20	—	26	06	—

注:表内数字为 WesTrack 试验路的路段号。

西部环道计划在两年研究期间采用无人驾驶汽车对试验路段施加 80kN 的当量轴载(ESALs)一千万次。其选择三倍式组合荷载无人驾驶试验车,由一部前单后双轴牵引车,后拖三部共五个单轴的挂车,如图 1-9 所示。车辆的单轴荷载不超过 89kN,允许每辆车有一个不超过 178kN 的单联轴载。牵引车单轴重 53.4kN,双轴重 178kN,挂车单轴重 89kN,其满载重达 676kN。每通过试验段一次相当于施加 10.3 次 ESALs。

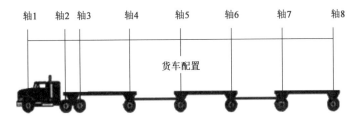

图 1-9　加载车型示意图

加载车行驶速度为 64km/h。在两年内大多数时间车辆每天工作 20h;每两周关闭交通两天进行路面性能测试。环道于 1996 年 3 月开始加载运行,于 1999 年 2 月完成加载,共实现 500 万次 ESALs 的加载。1997 年 6 月,3km 的试验环道 26 个试验段中的 10 个被替换。根据试验路段破坏情况,环道先后于 1996 年、1997 年、1998 年进行了铣刨加铺和修补处理。

采用路中埋线方式,以全球定位系统(GPS)来跟踪车辆位置。电缆沿跑道在铺筑时安设于基层顶部,每一辆载重车均安装导向天线以接收路面下电缆发射的信息。安置于车厢内的控制计算机使驾驶、制动和加速等操作装置运转起来,并平稳地调整车辆的轨迹与速度。车辆沿跑道重复行驶时,其轨迹可分布于横向 ±13mm 范围内,这种人为的车辆横偏移是为了模拟有人驾驶车辆所产生的变异性。

每辆载重车均装有第二台计算机,用以采集和分析一些临界数据(如轮胎温度和油压资料),如任一临界数据超出预先设定的范围,则监测计算机即向母体系统控制计算机发出信号,以使车辆停止运行。系统控制计算机还根据 GPS 报告经常监测每辆车的位置,如个别车辆停下来,或相对慢于其他车辆,或两辆车未保持适当间距,则会自动使车辆停止运行。

为了实现研究目标,WesTrack 开发了专门的数据库,主要目的包括:(1)集中收集项目执行期间采集的数据;(2)以统一形式格式化数据;(3)对数据质量进行检查;(4)以基于 Windows 程序的方式开发一个易于使用的数据提取和报告工具。

由于数据量的原因,并非所有在 WesTrack 项目采集的数据都包括在数据库中。一般来说,数据的类型包括与路面性能有关的信息,例如,路面压力数据、材料特性、天气和季节数据都是应该包括在数据库中的数据类型。不包括参加私人赞助的研究信息(即专有数据),例如,关于柴油发动机性能、燃料消耗和货车轮胎性能相关的信息。

WesTrack 数据库包含一个基于 Windows 的程序和一个数据库。基于 Windows 的程序提供了一个数据库(数据仓库)"前端"到"后端"的图形用户界面。其形式、菜单、命令、按钮、列表框、网格等是大多数 Windows 程序所常见的,目标是保持简单且不过度限制用户从数据库中提取数据。

数据库包括性能数据、材料数据、季节数据、天气数据等内容。

1) 性能数据

WesTrack 项目定期采集性能数据,并在某些授权的情况下增加采集频率,在项目执行期间共采集了 49 次性能数据。每个试验路段采集的数据包括:疲劳开裂的严重程度和范围、剥落的严重程度和范围、泛油的严重程度和范围、车辙深度、路面粗糙度等。

所有采集的性能数据都被总结和包括在数据库中。

2) 材料数据

材料数据包括了集料特性、沥青特性和混合料性能的信息。这些数据采集贯穿于整个项目中的不同阶段。其中集料特性指标有:单档料级配(Stockpile gradations)、冷料合成级配(Cold feed gradation)、质量控制/质量保证级配、密度和吸水率、棱角性、砂当量、针片状颗粒含量、坚固性、洛杉矶磨耗值、有害物质含量;沥青特性指标有:弯曲梁流变试验、动态剪切流变试验、毛细管黏度、旋转黏度、针入度、闪点等;混合料特性指标有:重复等高简单剪切测试、小梁疲劳测试、热应力约束试验、热拌沥青混合料的温度敏感性、热拌沥青混合料的回弹模量、基层的回弹模量、工程填土路基的回弹模量、LCPC 车辙试验、汉堡车辙试验、APA(沥青路面分析仪)试验、普渡大学车辙仪试验、间接拉伸试验、现场空隙率和厚度等。

3) 季节数据

季节数据包括地下水位和路基填土含水率的信息。这个信息采集的时间间隔大概与性能数据采集一致。地下水位采用位于试验路段 12 和 25 相邻部分的压强计测量。从压强计获得的测量值转化为试车环道测试车道中线下的水深。另外,从位于试验路段 12 和 25 相邻部分的探针得到时域反射计的测量值。

4) 天气数据

从现场气象站连续不断采集天气数据,包括气温、湿度、风速和风向、冰雹、太阳辐射、路面温度等。

WesTrack 最初采用无人驾驶汽车加载,持续超过两年半的时间,运行了 131 万 km,相当于 490 万次 ESALs。在无人驾驶汽车的开发和无人驾驶系统的交通运行等方面,经验和教训如下:

(1) 多故障可能同时发生。比如转向发动机与制动系统同时出现故障,会造成车辆行驶出现非正常状态,也可能导致运行在环道的试验车相撞。从中吸取的教训是:无人驾驶系统必须能在多故障场景下控制车辆。

(2) 汽车漂移是危险的。

(3) 导向感应器会移动。

(4) 轻微的横向位置偏移产生很大影响。

(5) 车辆的空调系统并不是设计为全天 24h 运行的。

(6) 随着变速器磨损,转向器急速甩动增加。

(7) 强大的通信系统是必需的。

(8) 转向轮胎的选择对于大型货车来说是重要的。

1.2.4　NCAT 试验环道

美国国家沥青技术研究中心(National Center for Asphalt Technology,NCAT)路面环道试验,是世界著名的沥青路面加速性能试验,已经进行了 20 多年。NCAT 环道研究项目由美国道路管理机构以及相关的企业集团联合开展,自 2000 年投入使用以来,以每 3 年为一个试验周期,目前已进行了 7 个阶段的试验研究。

第一阶段到 2003 年结束,共修建 46 个试验段,此阶段主要进行路表混合料性能及车辙研究。

第二阶段从 2003 年开始到 2006 年结束,试验段内部安装了应力应变传感器,用来分析路面在行车荷载作用下的应力应变,主要进行了典型沥青混合料和典型结构的关系方程、改性沥青结合料对路面结构性能的影响以及力学-经验模型的标定等。

第三阶段试验从 2006 年开始到 2009 年结束,主要集中研究路面结构设计的季节特性和路面响应特性关系,评价再生柔性路面结构的路面响应和确定基于现场路面的疲劳极限,以及永久性路面典型结构研究。

第四阶段试验从 2009 年开始,2011 年结束,主要用来研究 RAP(reclaimed asphalt pavement)试验段、温拌沥青试验段、壳牌公司的 Thioapave 产品用作下面层和基层的试验段等。

第五阶段试验从 2012 年开始,2014 年结束。2015 年 3 月在奥本大学召开了第五研究周期环道总结大会。

第六阶段研究于2015年夏天启动,重建路面结构的第一批混合料于2015年7月13日开始生产。NCAT路面试验环道的最后一段路面于2015年9月1日完成。采集完基础数据后,第六阶段的加载运营于2015年10月8日开始进行。2018年春召开了第六阶段环道总结大会。

第七阶段研究于2018年开始,于2021年完成。本阶段的研究重点是路面的性能保持技术、沥青混合料的平衡设计、裂缝试验及再生技术研究。其中,路面性能保持技术研究专项着重对比不同的路面养护技术对于路面延长寿命的影响,并在研究成果基础上提出相应的技术指南。沥青混合料的平衡设计专项在4个试验段开展研究,重点比较该设计方法与Superpave设计方法的优劣。裂缝试验专项由NCAT与MnROAD联合进行裂缝路段研究,开展路面开裂与试验室抗裂试验研究相关性的研究。再生技术研究专项针对沥青混合料均衡设计法的路面,开展再生技术研究,并通过与MnROAD联合开展研究以寻找南北气候片区的适用性。

NCAT足尺路面试验场位于亚拉巴马州(Alabama),占地125.1hm²,试验路长2735.3m,为椭圆形环道,划分为46个试验路段,每个路段长度60.96m。如图1-10所示。

图1-10　NCAT足尺路面试验场

NCAT由亚拉巴马、佛罗里达、佐治亚、印第安纳、密西西比、北卡罗来纳、俄克拉何马、南卡罗来纳、田纳西等州的交通部门和联邦公路管理局等共10家单位联合出资。

试验场初期建设费和配套设施的购置费由亚拉巴马州交通部门提供,试验场用地则是由Auburn大学(NCAT的挂靠单位)出资购置。试验场建成后的营运经费通过为美国各州交通部门、相关企业提供有偿技术服务以及企业的赞助来获得。例如,亚拉巴马州交通部门出资使用3个试验路段进行路面结构评价;佛罗里达州交通部门和印第安纳州交通部门各出资使用2个试验路段用于验证购置的加速加载试验设备;佐治亚州交通部门出资使用3个路段用于对比Superpave和SMA(沥青玛琦脂碎石)全寿命周期成本的高低;密西西比州交通部门出资使用3个路段用于评价集料品质对SMA性能和寿命的影响。各试验段施工材料、检测设备、加载车辆及燃油等多由企业无偿赞助。

NCAT 环道中南北两段直道各 13 个试验段,分别为 S1~S13 和 N1~N13;东西两段缓和曲线、圆曲线段各 10 个试验段,分别为 E1~E10 和 W1~W10。环道各试验段采用了不同的集料、不同性能等级的沥青结合料和不同类型的沥青混合料。在施加若干万次当量轴载后,从抗车辙性能、平整度、摩擦系数、构造深度和透水系数等多个角度进行分析与评价。NCAT 环道试验段平面布置图如图 1-11 所示。

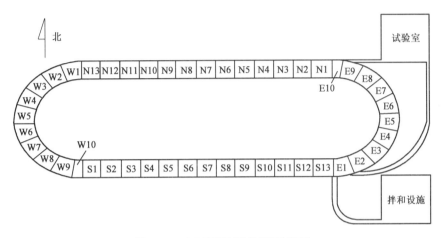

图 1-11　NCAT 环道试验段平面布置图

NCAT 环道前 5 个试验加载周期均采用类似的方式来进行加载。加载时,先用一辆厢形货车(图 1-12)在环道运营加载大约一个月后,才开始投入四辆八轴挂车进行满载运行。这样做的原因是在正式开始进行加速加载时使热拌沥青混凝土产生一定老化和固结。

图 1-12　NCAT 加载试验

NCAT 前 5 个试验加载周期中,每个试验加载周期为 2 年左右,加载次数均为 1000 万次当量轴载,模拟正常交通量情况下 10~15 年的荷载作用。个别路段已经最多承受了 4000 万次当量轴载。

NCAT 加载试验车采用五辆标准载重的货车(一辆厢形挂车和四辆三倍式挂车,图 1-13)加载,转向轴重为 4.54t,其他单轴重为 9.07t,目的是使路面的设计寿命(通常 10~15 年)被压缩到 2 年。

a)三倍式挂车

b)箱形挂车

图 1-13　NCAT 加载车型

加载期间每天运行 16h,一周运行 5d(周六周日用于现场检测数据)。第三个试验加载周期是每周从周二到周六,早上 5:00 开始加载,到当天晚上 10:40。要求由五辆车组成的班组每天运行 1094km(每个驾驶员 547km)。

NCAT 环道在试验期间每个试验段都持续监测车辙、疲劳裂缝、平整度、构造深度、摩擦系数以及轮胎噪声等的变化情况,并在一个循环结束后对各试验段进行评估,以确定是否达到试验目的。

NACT 所有的试验段都是建在同样的基础上,基础结构是按永久路面的结构设计,确保路面发生的病害不是由基础引起。各试验段内部安装了应力应变传感器,用来分析路面在受到行车荷载作用时的应力应变变化情况,校正路面设计模型的参数,所有的试验段在不同深度的路面结构层还安装了温度传感器,第一循环的路基部分还安装了湿度传感器。所有修建试验路的原材料都是各州路面施工实际使用的,并由各州运来。

环道 46 个试验段全部安装了不同深度的温度探针,连同气象站自动采集的数据,可以精确评价每个试验段的环境信息。另外,这些试验段在一定深度还安装了动态的应变计和压力盘,这些测量数据用于量化荷载经过时路面的动态响应。环道全线安装了无线网络,有助于安全有效地转换高速数据。

环道每周一停止加载,进行车辆维护和路面性能检测。采用装备了全车道宽双激光车辙梁的重力横断面仪进行检测,测定每个试验路段的单个轮迹带的粗糙度,右轮迹带的宏观构造和单个轮迹带的车辙。此外,在每个试验路段以分层的形式随机选取3个位置作为用于无损检测轮迹带密度的固定测试位置。在这些同样的位置进行横断面测试,这样车辙深度可以通过接触的方式进行验证。每周进行FWD(Falling Weight Deflectometer)测试和路面结构高速动态响应数据采集以及表面裂缝绘制。每个月采用全断面摩擦力拖车进行湿表面摩擦力测试。每个季度进行噪声和渗透测试。每个测试路段每个季度进行取芯或者切割,以便于了解每层路面的密实度变化。

为了更好地验证路面现场性能与室内性能的相关性,在试验路段施工时取了大量的实际材料。这些材料放置在专门的储存处,也制成了大量的不同类型的试件用以试验室性能测定。对位于测试路段路面底部的混合料进行了弯曲梁疲劳和推拉测试,评价抗疲劳开裂能力;对位于表面层的混合料进行动态模量、流值、APA和汉堡车辙试验,评价其抗永久变形能力;对表面混合料进行约束试验、半圆弯拉试验、IDT蠕变/强度测试和能量比测试,评价每种材料的开裂延展性。同时还对原材料进行了大量的测试,评价其对路面性能的贡献。

2003年在NCAT试验环道开展了结构试验,用于监测车辆实时加载的路面动态响应。路面结构从N1到N8每个层位均安装了监测仪器设备,施工过程和这些试验段监测设备安装的所有细节信息都可以查询。用两种方式从设备中采集数据:第一种是用数据记录器以低频率进行采样(比如,1min读一次数)然后每小时或者每24h进行数据归集。第二种是采用高频率数据(2000Hz)采集系统,用来采集特定车辆加载时路面的动态数据。

1.2.5 美国环道经验总结

美国足尺路面试验环道调研情况汇总于表1-4。

总结国外足尺路面试验环道参数与运营情况,可以得到如下结论:

(1)美国是世界上拥有足尺路面试验环道最多的国家,从20世纪50年代开始应用足尺环道进行试验,已经有60多年的历史。

(2)通过足尺路面加速加载试验环道可以较为准确地建立路面结构使用性能与加载次数的定量关系,为研究路面结构长期使用性能在交通荷载作用下的破坏过程提供了帮助,对提高认识具有直接的指导作用。

(3)足尺路面试验环道多数由政府资助进行建设,并由具备研发能力的科研机构进行管理和运作。运营费用除了由政府资助外,还可以通过建立联合研究基金、直接委托等方式进行筹措。

(4)足尺路面试验环道最长的有5km左右,一般在1.5~3km之间,最短的仅为300m。

美国主要足尺路面试验环道情况汇总表

表 1-4

试验环道名称		NCAT Pavement Test Track	WesTrack	MnROAD	AASHO Test Road
建成投入使用的时间		2000 年	1995 年	1994 年	1958 年
地理位置		美国东南部,亚拉巴马州(Alabama)	美国中西部,内华达州汽车检测试验中心(Nevada)	美国东北部,明尼苏达州(Minnesota)	美国东北部,伊利诺伊州(Illinois)
试验路段长度(km)		2.7	2.9	8.8(4.8+4)	15.6(8.2+1.3+6.1)
费用	建设费用(万美元)	750	1200	2500	2700
	运营费用(万美元/年)	200	—	—	—
费用来源	建设费用来源	美国沥青路面协会(APA),亚拉巴马州交通部门	美国联邦公路局(FHWA)全额拨款	明尼苏达州政府,FHWA 部分拨款资助	AASHO
	运营费用来源	为 12 个州的交通部门、相关企业提供有偿技术服务	内华达州汽车试验中心等多个单位	明尼苏达州交通部门	AASHO
运营管理方		NCAT	内华达州汽车试验中心等多个单位	明尼苏达州交通部门	AASHO
研究模式		研究项目不断滚动进行	一次性使用。项目完成后,目前已用于汽车试验	研究项目不断滚动进行	一次性使用,项目完成后成为 I-80 号高速公路的一部分
最初的建设目的		推广沥青铺面技术	美国 SHRP 沥青研究成果推广计划	研究冰冻地区的路面性能	研究不同车型对路面的破坏程度,以确定税收标准
路面加载方式		标准车队加载	标准车队加载	转移社会车辆加载	标准车队加载

（5）足尺路面试验环道均采用与实际交通荷载相同的车辆或装置对足尺路面结构进行加载,加载速度一般在60km/h左右,加载车辆和加载装置多数为自动控制模式。

（6）美国的足尺路面试验环道均采用柴油车辆进行加载。

1.3 我国足尺路面试验研究概况

伴随着公路建设的大发展,我国的研究机构和大学也相继开展了不同形式的足尺试验研究。根据设施、设备类型,可将国内的道路加速加载足尺试验研究分为大型移动式、室内固定式、野外小型和野外大型四种类型,具体见表1-5。

我国加速加载试验装置类型及主要参数比较　　　表1-5

类　型	典　型　代　表
室内固定式	交通部重庆公路科学研究所(1983年至今)、东南大学(1985年至今)、长沙理工大学(1999年至今)
大型移动式	交通部公路科学研究所(1990年至今)ALF、辽宁省交通科学研究院(2009年至今)、长沙理工大学(2017年至今)、江苏省交通科学研究院股份有限公司(2019年至今)、同济大学(2009年至今)Mobile Load Simulator(MLS)、长安大学(2007年至今)Heavy Vehicle Simulator(HVS)
野外小型	北京科技大学国家材料科学服役中心(2019年至今)
野外大型	交通运输部公路科学研究院RIOHTrack(2015年至今)

1.3.1 室内固定式加速加载装置

自20世纪80年代左右至21世纪初,交通部重庆公路科学研究所、东南大学、长沙理工大学等先后建立各自的室内环道或直道试验槽,并开展室内加速加载试验。

1983年建成的交通部重庆公路科学研究所大型环道(图1-14),其直径为10m,环形路面试槽的宽度和深度均为2m,长度为31.4m;加载试验机为双臂机,臂端轮载均为50kN,与100kN标准轴载相当,试验运行速度为0~60km/h。2000年经改造增加了环境控制装置,可以控制试验温度在25~60℃。

1985年建成的东南大学试验环道(图1-15)外径9.5m,内径5.5m,试验道总深度达到2m。环道试验系统由试验槽、加载系统和控制系统组成。其中加载系统为双臂加载,可以通过在加载臂增加和减少砝码来控制加载轮的轴载大小,同时环道外侧还有红外控温系统,可实现对路面温度的精确控制。

 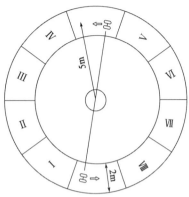

图 1-14　交通部重庆公路科学研究所设备实景图以及虎门桥铺装试验布置图

1999 年建成的长沙理工大学直线式加速加载试验设备(图 1-16),由加载车、导向车及供电、控制部分组成,加载方式为重力加载,加载范围为 3~7t。直道试槽长 60.0m,宽 3.2m,槽深 2.0m。在试槽中,可修建不同的路基路面结构和实桥模型,使用不同的路用材料,并可部分模拟不同的温度、湿度等情况的影响。加载车在室内试槽上单向或往复运动来模拟汽车行驶,也可做横向移动,用来模拟各种荷载的横向分布规律,其最大行驶速度为 30km/h。

图 1-15　东南大学室内环道实景图　　　图 1-16　长沙理工大学直线式加速加载试验设备实景图

国内从 1995 年至 2000 年,结合虎门大桥、鹅公岩长江大桥、海沧大桥等工程研究项目,重庆交通科研设计院与长沙理工大学进行了两次环道和两次直道的足尺正交异性钢桥面铺装模型试验研究。通过试验,研究者对桥面铺装层的力学特性、疲劳特性、高温稳定性、抗车辙能力、材料流变特性、荷载效应和结构优化设计等进行了分析与阐述。以上试验采用的直道或环道试验设备均是为进行一般路面结构与材料的研究所设计。但钢桥面铺装研究与工程实践表明,桥梁振动对铺装的使用性能有较大影响,同时铺装层在受力状态上也因桥型(悬索桥、斜拉桥及拱桥)及所处位置(如斜拉桥拉索区为不利位置)的不同而有较大差异。这是目前直道与环道试验无法实现的功能。

1.3.2 大型移动式加速加载装置

大型移动式加速加载装置主要指可移动托运至野外对实际路面进行加速加载的一类装置,典型代表有早期由澳大利亚引进的 ALF(Accelerated Loading Facility)加速加载装置、由南非引进的 MLS(Mobile Load Simulater)设备和 HVS(Heavy Vehicle Simulater)设备,以及国内自主开发的 ALF 设备。

1990 年交通部公路科学研究所(现交通运输部公路科学研究院)从澳大利亚引进了 ALF 加速加载试验设备,如图 1-17 所示。ALF 加速加载系统所加荷载采用一个独立半轴双轮荷载(相当 BZZ-100 轴组),试验轴载范围为 80~200kN,每隔 20kN 为一个等级,胎压为 0.7MPa,加载速度 20km/h,采用单项运行模式,有效加载长度为 12m,加载间歇时间 9s,可以模拟实际交通荷载的横向分布。配备数据采集系统,可对路面结构的性能指标进行采集和测定。该设备加装有红外加热装置,可使路面表面温度控制在 70℃ 以内,路面表面以下 5cm 处的温度为 (40~60)℃ ±2℃。

a)实景图

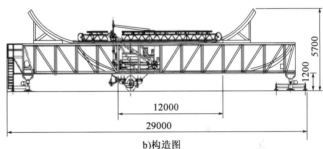
b)构造图

图 1-17 交通部公路科学研究所 ALF 加速加载设备(尺寸单位:mm)

该设备至今累计加载次数达 2000 余万次,支撑了 10 余项科研课题的研究,包括半刚性基层典型结构、沥青路面轴载当量换算标准、钢桥面铺装等多种类型的研究。

另外,国内多家科研机构及大学引进了南非设计生产的 MLS 设备,如图 1-18 所示,主要包括:辽宁省交通科学研究院(2009 年至今)、长沙理工大学(2017 年至今)、江苏省交通科学研究院股份有限公司(2019 年至今)。

a)实景图

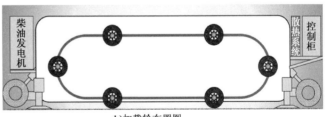
b)加载轮布置图

图 1-18 MLS 设备

该类设备与 ALF 设备不同,采用 6 个轮组循环往复加载,轴载范围可由 50kN 调整至 75kN,轮胎压力可由 0.4MPa 调整至 1.0MPa,加载速度最大 22km/h,有效加载段长度

6.6m,可通过设备附带的加热装置将路面加热至 70℃。设备具有自行移动功能,在其液压马达的驱动下,设备后端的驱动轮推动设备前进或倒车,设备前端的导向轮可使设备左右转向。

2007 年长安大学引进了可移动直道重车加速加载设备(HVS),如图 1-19 所示。该设备的加载速度最大为 12km/h,加载轴重为 30~200kN,可选择单轮或双轮加载,有效试验长度为 6m,轮胎横向摆动范围为 0~76cm,模拟正态分布和矩形分布,可以以最大 20km/h 的速度在现役路面上行驶,日最高加载次数 28000 次。

图 1-19 HVS 设备实景图

1.3.3 野外小型加速加载装置

北京科技大学国家材料服役安全科学中心,于 2019 年建成了自然环境环道加速加载试验装置。自然环境环道加速加载装置如图 1-20 所示,由加速加载系统、运行轨道系统、供电系统、环形试验道系统和控制系统、隔音墙等组成。该装置具有模拟真实单、双全轴重车荷载的能力,采用直驱电机驱动,运行速度调整范围为 0~30km/h。采用实际重载货车车桥运行,并通过液压的方式加载。其加载轮轴组合有单轴 4 轮、双联轴 8 轮两种,试验轴载调整范围为 50~280kN,车桥侧移距离为 500mm。运行轨道采用双侧钢制轨道结构,实现装置导向及加载反作用力支撑。

a)全景图　　　　　　　　　　　　　　b)加载车及轨道

图 1-20 北京科技大学环道加载系统

1.4 RIOHTrack 试验目标与技术定位

延长路面使用寿命,提高服役性能耐久性和工程本质安全性,是路面工程技术研发的核心目标。当前,在路面使用性能的长期跟踪观测和科学数据系统积累等方面,我国仍存在明显的短板,有关设计模型与指标的合理性和可靠性急需全寿命周期的试验验证,RIOHTrack 环道的试验研究为填补我国路面学科基础研究方面的不足提供了有利条件。

作为一个路面学科大型的科研试验平台,RIOHTrack 环道将面向路面工程技术发展中的关键共性问题和前沿基础性问题开展试验探索和研究。此次环道建设的主要**试验研究目标**是:积累系统可靠、全寿命周期的服役性能演化数据,验证现行沥青路面的设计模型和设计指标,研发适用于我国国情的长寿命沥青路面设计方法。其中,**科学探索目标**是:开展路基路面工程全寿命周期的服役行为研究,破解长期性能的衰变和演化的机理,研发长寿命路面工程的新体系和新方法。**技术研发目标**是:建立适应于我国路基路面基础设施高质量、高效益及健康发展的长寿命建养技术体系;建成具有世界领先水平的路面长期性能科学观测平台和我国路面学科应用基础性研究的创新平台。**工程实践目标**是:大幅延长既有路面工程的使用寿命,建设全寿命周期技术经济最优化的长寿命沥青路面工程,提升我国路面工程的本质安全性水平,促进产业升级。

为实现这些目标,此次环道的试验研究过程中,需要针对研究对象、试验周期、技术保障以及科学和技术问题等,明确具体范畴和定位。

(1)研究对象。长寿命沥青路面技术的研发是此次环道研究的核心目标,而影响沥青路面使用寿命的因素是多方面的,有结构因素、材料因素、设计因素、施工因素、自然环境因素、交通荷载因素等。基于本环道试验研究条件,针对主要因素,"有所为,有所不为",明确合理的研究对象,是此次环道试验研究的首要任务。

地域性的气候与地质环境对于沥青路面长期性能研究的影响是不可忽视的,RIOHTrack 环道地处北京,且仅有一条试验车道,难以开展不同地域气候环境和多种荷载组合状态差异性对路面服役性能的影响研究。这也是目前国际上环道研究普遍存在的局限性。RIOHTrack 的研究对象主要针对我国华北轻冰冻地区以及相似气候环境的路面工程。当然,依据道路工程的一致性原理,对于一些基础、共性的研究成果亦可推广至我国其他地区的路面工程建设应用中。正如:美国 AASHO、NCAT 等试验环道的研究成果同样被国际上广泛借鉴、参考。

再者,尽管施工因素对于路面服役性能耐久性的影响是十分重要的,在某些工程中甚至超过设计因素,但施工因素的差异性和不确定性十分复杂。本环道长寿命路面技术研发是基于正常施工状态下,路面材料和结构差异性对路面耐久性的影响,因此,施工因素不作为此次环道研究的内容之一;与此相反,在环道建设过程中需尽量减少施工变异性,以减少施工质量不佳对今后试验路段性能衰变的影响,保证试验结论的可靠性。

近些年来,我国公路建设的结构形式和材料类型逐渐走向多元化,除传统的"强基、薄面、稳土基"的半刚性基层结构外,受欧美国家的影响,柔性基层结构、倒装式结构、厚沥青混凝土层结构以及全厚式等多种路面结构在我国不同地区的公路建设中都有应用。同时,我国高速公路沥青路面的沥青混凝土层厚度也逐渐增厚。这些结构形式的改变,不仅导致工程造价的增加,而且导致服役行为及其演化机理的改变,哪些或哪类结构更适用于我国重载交通、长寿命的使用需求,还需要充分的试验验证。为此,依托 RIOHTrack 环道的试验平台,设置这些不同类型的路面结构,在相同施工条件、相同使用环境下,进行全寿命周期的比较试验验证,将是一项有价值的研究。

另外,对于路面材料研究而言,由于其品种繁多、非线性行为复杂,单纯依靠环道设置各种工况进行试验研究是困难的,也不是最佳的研究方案。事实上,任何一种路面材料的服役性能都不是孤立的,是与结构的组合形式密切相关的,具有显著的结构依赖性。因此,针对具体的试验路面结构,研究典型路面材料的服役行为规律,是本环道试验研究的一个特点。

综上所述,此次环道试验的**研究对象设定为不同类型的路面结构**。即在正常的施工条件下,通过全寿命周期的加载试验,比较不同类型路面结构及其典型材料的长期服役行为和演化规律,验证相应的设计模型与指标,研发新型的路面设计体系与方法。因此,本环道将铺设不同结构形式的路面结构作为研究对象,同时,本环道亦称为"宽刚度域基层"的沥青路面足尺试验环道。

(2)试验周期。由于是第一次开展足尺路面环道的试验研究,所以缺乏相关的试验经验。从国外相关环道的研究情况看,一个试验周期的加载水平一般为累计当量轴次(ESALs)1000 万次左右(如美国的 NCAT 环道),然而,这种荷载水平并不能满足本环道长寿命沥青路面技术研发的需要。

理论上,此次环道试验的加载周期是以试验路段产生结构性破坏为最终的时间节点(或荷载水平),但这方面尚缺乏国外相关试验经验的借鉴。因此,最终的试验加载次数将有待于实际的试验结果。如果按照美国 NCAT 环道的周期加载水平和长寿命路面 50 年的使用寿命标准测算,此次环道试验的荷载作用次数应不少于 5000 万次 ESALs,故暂以此作为此次环道试验加载周期的初期目标,并将根据实际试验的情况进行调整。

另外,尽管加速加载试验本身的优势在于缩短试验周期,但对于长寿命路面研究而言,要实现全寿命周期的试验目标,此次环道试验仍将是一个长期的试验工作,预计 5~8 年。这将是迄今为止世界上单一目标试验周期最长的足尺环道试验,因此,需要建立专门的运营保障团队并争取足够的资金支持,以保障达到预期的试验目标。

(3)数据采集与存储。路面长期性能科学观测数据的匮乏,一直是制约我国路面技术原创性发展的瓶颈。对于此次环道研究,模型验证与新型设计方法的研发固然重要,但是系统采集并存储多种路面结构和材料同时空、多元化、全寿命周期的性能演化数据将更为宝贵,将有利于充实我国路面学科应用基础研究的科学数据资源,所以应作为此次环道研究**首要的技术成果和考核目标**。为此,此次环道试验,不仅要拥有运营保障团队,而且要建立专业化的路面长期性能的跟踪观测团队、数据分析团队以及数据信息中心。

基于足尺环道加速加载的试验特征,环道路面服役性能的跟踪观测不同于一般试验路的跟踪观测,更不同于一般的养护评价检测,主要的特点在于:检测频率更加密集,检测项目更加全面,检测结果更为可靠,检测周期更为完整。参照国外环道试验的性能检测/监测方案,一般是按照固定的加载次数作为检测周期,如美国 NCAT 环道每星期进行一次性能检测。此次环道试验初步计划每 10d 左右进行一次性能检测。另外,环道长期性能观测包括周期性的性能检测和实时信息监测两部分,采集的数据内容既包括环道设计、建设期间的结构与材料静态信息,更主要的是环道试验过程中的环境、荷载、性能和力学响应等同时空的动态演化信息。

(4) 拟探索或解决的科学技术问题。与一般路面设计相比,长寿命路面技术最主要的区别在于,服役周期大幅度延长,荷载水平大幅度增加,由此导致既有路面设计方法中设计模型的"时间轴"能否外延、如何外延的问题,这也是长寿命路面技术研发中需要首先回答或澄清的问题。因此,围绕环道总体研发目标,以不同结构形式试验路段超长服役周期条件下的长期性能跟踪观测数据为基础,**研究和验证荷载与环境同步耦合作用下路面结构与材料全寿命周期服役性能的演化机理和规律**,是此次环道试验研究的首要科学技术问题。

预估环道未来的研究成果,可能存在两方面结论:一是现有的设计模型与指标基本可靠,长寿命路面设计方法可在现有设计理论与方法的基础上进行时间轴外延;二是,经环道验证,当服役周期大幅延长后,现有设计模型与指标存在较大的误差,需建立一套全新的路面设计理论和体系。无论哪种结果,目前还难以评判,也不必刻意去追求,都将以最终的试验数据为依据。

根据多年来路面工程的实践与研究经验,在环道试验研究过程中还可能会遇到的一些科学问题值得关注:如路面材料的结构使役行为问题、路面服役性能的结构依赖性问题、荷载与环境同时空耦合效应问题以及沥青路面服役行为复杂力学解析问题等。这些问题的探索将有助于环道总体试验目标的实现,也将有助于促进我国长寿命路面技术体系的研发。

总之,RIOHTrack 环道的试验研究将遵循观测、研究、引领和服务的科学定位,持续、稳定、规范化地开展长寿命沥青路面服役性能的科学观测,注重科学问题驱动的基础研究工作,研发新理论、新方法、新模型、新技术、新体系,服务于我国路面工程的创新发展。

2　RIOHTrack 平台设计

RIOHTrack 环道作为大型的路面工程试验平台,主要由四个核心系统构成:足尺环道土建系统、路面各种信息的采集与分析系统、环道运行和加载系统和其他辅助系统(图 2-1)。以下将分别介绍这些系统的具体情况。

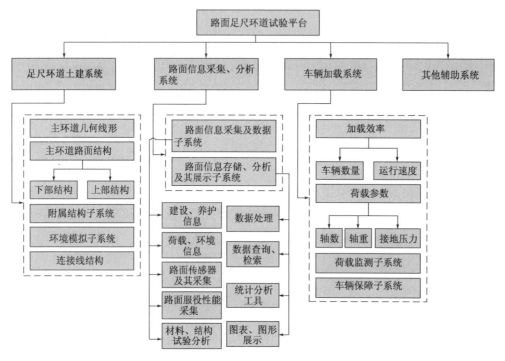

图 2-1　RIOHTrack 试验环道试验平台

2.1　足尺环道土建系统

足尺环道的土建系统由几何线形子系统、试验路面结构与材料子系统和附属设施子系统等三部分组成。

RIOHTrack 环道的公路自然区划为Ⅱ4区东部湿润季冻区,沥青路面气候分区为夏炎热冬冷湿润区。年平均气温为 11.6℃,最冷月平均温度为 -4.6℃,最热月平均气温为 25.8℃,最热月 14 时平均气温为 30.0℃,极端最高温度 40.6℃,极端最低温度 -27.4℃。年总降水量 627.6mm,日最大降水量 244.2mm,最大积雪深度 24cm,最大冻土深度 85cm。

RIOHTrack 环道是由直线段和圆曲线段组合的闭合曲线,呈跑道型布局(图 2-2)。路线起讫里程为 ZK0+000～ZK2+038.77,总长约 2039m,设计速度 60km/h。环道为单向行驶的双车道,路基宽度 14m,车道宽 3.75m,左、右硬路肩宽度 1.0m,左右土路肩宽度 1.25m。环道直线段每段长约 504m,圆曲线段(半径 130.5m)设置超高、加宽,圆曲线超高为 5%,最大加宽 2.6m。路拱横坡向内侧倾斜,单向横坡 2%,不设纵坡。

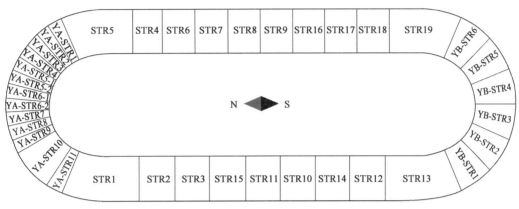

图 2-2 RIOHTrack 试验路段分布图

整个环道分为三个部分:一是东西两侧的直线段和缓和曲线段,二是北侧的圆曲线段(称为圆曲线 A 段),三是南侧的圆曲线段(称为圆曲线 B 段)。考虑到圆曲线段存在较大横坡(6%),在加载试验过程中与直线段的受力状态有明显区别,故圆曲线段不作为沥青路面的主试验段,环道主试验路段布设在直线段和缓和曲线路段,总长 1428m。圆曲线 A 段布设水泥混凝土路面的试验路段,总长 304.978m,圆曲线 B 段布设沥青混凝土路面抗车辙的试验路段,总长 304.978m。

RIOHTrack 环道的土建附属设施包括环境模拟系统和环道东、西直线段外侧的两个观察通道。环境模拟系统分为两部分:一是,为了调节环道试验过程中的降雨量,模拟南方多雨地区的降雨强度,环道全线设置路表喷淋系统,降雨强度最高可达 25mm/h,并专门设置了水循环利用系统;二是,在环道直线段西侧(约 500m 长)设置路基湿度模拟控制模块,可以调节、控制路基内部的湿度,研究路基承载能力变化对上部路面结构使用性能的影响。

2.1.1 环道主试验路段的布设

RIOHTrack 环道此次试验的目的是开展多种沥青路面结构全寿命周期加速加载试验,比较验证现有设计规范中的服役性能模型,研发长寿命沥青路面的设计方法。因此,环道主试验段的路面结构布设秉承多样化的原则,尽可能涵盖目前国内外各种沥青路面结构形式,其中包括半刚性基层结构、刚性基层结构、柔性基层结构、厚沥青混凝土结构、倒装结构以及全厚式沥青混凝土结构。

同时,考虑到环道直线段、缓和曲线段总长度仅 1400 余米,为了便于施工,并保障试验结果的可靠性,参照国外环道布设经验,本环道每个试验路段长度控制在50~60m。另外,考虑到缓和曲线段与直线段不同的受力状态,缓和曲线段不单独布设试验路面结构,而是与相邻直线段采用相同的路面结构。这样,在环道的西南、西北、东北、东南四个方向存在四个超长的试验段(约100~110m长,包括缓和曲线段)。

基于以上情况,经反复比选和专家讨论,环道主试验段上共布设七大类19种沥青路面结构形式,以下进行详细介绍。

1) 第一类:强基薄面型半刚性基层结构

这类结构包括STR1、STR2和STR3三种结构,见表2-1。这三种结构的沥青混凝土层厚度均为12cm,且沥青混凝土层的组合形式和材料品质也相同。上层为4cm的SBS-AC13,下层为8cm的30号-AC20,上下层沥青混凝土层之间和下层沥青混凝土层与基层之间设置改性沥青防水黏结层,起到加强层间结合、防止水损坏并延缓反射裂缝的作用。

强基薄面型半刚性基层结构   表2-1

	STR1	STR2	STR3
第一层	4cm SBS-AC13	4cm SBS-AC13	4cm SBS-AC13
第二层	防水黏结层1	防水黏结层1	防水黏结层1
第三层	8cm30号-AC20	8cm30号-AC20	8cm30号-AC20
第四层	防水黏结层2	防水黏结层2	防水黏结层2
第五层	20cm CBG-A	20cm CBG-A	20cm CBG-A
第六层	20cm CBG-A	20cm CBG-A	20cm CBG-A
第七层	20cm CS	20cm CS	20cm GB
第八层	20cm CS	—	—
AC层总厚度	12cm	12cm	12cm

这三个结构的主要差异为半刚性材料结构层的厚度不同。STR1为4层半刚性材料结构层,包括2层水泥稳定级配碎石(CBG)+2层水泥稳定土(CS);STR2为3层半刚性材料结构层,包括2层水泥稳定级配碎石+1层水泥稳定土;STR3为2层半刚性材料结构层,即2层水泥稳定级配碎石,其下为1层级配碎石(GB)层。这三个结构水泥稳定级配碎石的强度标准均为7d无侧限抗压强度不小于6MPa。

从结构承载能力角度看,STR1的承载能力最高,有4层总厚80cm的半刚性材料结构层,是沙庆林院士推荐的长寿命沥青路面结构,属于"第二代半刚性基层结构";STR2有3层半刚性基层结构,是我国目前高速公路沥青路面常用的半刚性基层组合和厚度;STR3的半刚性材料结构层最薄,是STR1和STR2的对比结构。

2) 第二类:刚性基层结构

为了节约工程造价、提高承载能力、减少车辙,国内有些省份(如广东、河南、山西)采用刚性基层的路面结构,以适应重载交通的使用需求。另外,目前国省道"白加黑"的改造工程较多,从路面结构形式看,也是一种刚性基层结构。因此,环道也专门设置此类结构进行对比试验。

STR4 和 STR5 是环道设置的两个刚性基层结构,又称复合式路面结构,见表 2-2。STR4 的刚性基层为 24cm 的碾压式贫混凝土(LCC)基层,STR5 为同厚度的水泥混凝土(CC)基层。由于刚性基层的设置,从承载能力角度分析,可减少 1 层半刚性材料结构层,因此,这两个结构的刚性基层下面设置 1 层水泥稳定碎石结构层和 1 层水泥稳定土结构层。整个基层厚度为 64cm,小于 STR1 的 80cm。

刚性基层结构　　　　　　　　表 2-2

	STR4	STR5
第一层	4cm SBS-AC13	4cm SBS-AC13
第二层	防水黏结层 1	防水黏结层 1
第三层	6cm30 号-AC20	6cm30 号-AC20
第四层	黏层	黏层
第五层	2cmSBS-AC10	2cmSBS-AC10
第六层	黏层	黏层
第七层	24cm LCC	24cm CC
第八层	20cm CBG-A	20cm CBG-A
第九层	20cm CS	20cm CS
AC 层总厚度	12cm	12cm

这两个结构的沥青混凝土层厚度与第一类结构一样,均为 12cm,不同在于组合形式的差异。由于刚性基层上设有板缝(水泥混凝土)或预切缝(碾压贫混凝土),为了延缓反射裂缝的产生,STR4 和 STR5 的基层顶面都铺设了 2cm 细粒式沥青混凝土的应力吸收层。设置这种功能层的目的,一是验证 2cm 的应力吸收层混凝土对抗反射裂缝的作用,特别是与第一类结构设置的改性沥青防水黏结层的使用效果进行比较;二是这个功能层处在刚性基层与较强沥青混凝土层之间,处于"夹心"位置,通过重荷载的考验,验证这种功能层对整体结构使用性能的影响,特别是车辙问题。

10 多年来,应力吸收层沥青混凝土在我国高速公路白加黑改造工程中应用较多,有的取得很好的抗反射裂缝效果,如广西柳南高速公路 200km 的改造工程,但对于我国北方存在负温和昼夜温差大的地区,在重载交通条件下的使用效果还需进一步验证。特别是 2010 年前后,交通运输部公路科学研究所研发了一种新型的应力吸收层沥青混合料设计方法,综合考虑了混合料体积性能、高温性能、低温性能和施工和易性,在满足工程需求的前提下,大幅度降低工程造价。因此,设置这个功能层,也是进一步验证这种混合料设计方法的可靠性和工程耐久性。

除 2cm 的应力吸收层外,STR4 和 STR5 的上下层沥青混凝土的材料和厚度相同,分别为 4cm 的 SBS1-AC13 和 6cm 的 30 号-AC20。

3) 第三类:常用半刚性基层结构

这类结构采用我国高速公路通常使用的 3 层半刚性基层结构,STR7、STR8 和 STR9 的沥青混凝土层厚度为常用的 18cm,STR6 为在此基础上优化的 16cm 厚沥青混凝土层,见表 2-3。

常用半刚性基层结构　　　　表 2-3

	STR6	STR7	STR8	STR9
第一层	4cm SBS-AC13	4cm SBS-AC13	4cm SBS-AC13	4cm SBS-PAC13
第二层	防水黏结层 1	防水黏结层 1	防水黏结层 1	防水黏结层 1
第三层	10cm30 号-AC25	6cmSBS-AC20	6cmSBS-AC20	6cmSBS-AC20
第四层	黏层	黏层	黏层	黏层
第五层	2cmSBS-AC10	8cm 70 号-AC25	8cm 70 号-AC25	8cm 70 号-AC25
第六层	黏层	防水黏结层 2	防水黏结层 2	防水黏结层 2
第七层	20cm CBG-A	18cm CBG-A	18cm CBG-B	18cm CBG-B
第八层	20cm CBG-A	20cm CBG-A	20cm CBG-B	20cm CBG-B
第九层	20cm CS	20cm CS	20cm CS	20cm CS
AC 层总厚度	16cm	18cm	18cm	18cm

从基层角度看,STR6 与另外 3 个结构一致,从沥青混凝土结构层看,类似于 STR4 和 STR5,为沥青混凝土层的功能化设计。16cm 是我国 2000 年以前高速公路常用的沥青面层厚度,现在我国一些西部省份仍在使用,一般常根据铺设的沥青混合料最大公称粒径按照 4 + 5 + 7、5 + 5 + 6 等形式组合沥青面层厚度。这种沥青面层组合方式的不足在于各层设计功能不明确。为此本设计根据功能需求,提出 4 + 10 + 2 的组合形式。4cm 上面层主要是表面功能,10cm 的中面层是沥青混凝土结构层的主要承重层——抗车辙,2cm 的应力吸收层是针对半刚性基层的反射裂缝进行设计的。这是一种全新的结构设计,希望通过环道试验予以验证。

1998 年以后,我国高速公路沥青面层的厚度由 15～16cm 提升到 18cm,这是我国目前使用最普遍的沥青面层厚度,作为环道的验证结构是必不可少的。抛开不同地区材料的差异性外,我国目前 18cm 沥青面层厚度基本上是 4 + 6 + 8、4 + 7 + 7 或 5 + 6 + 7 三种情况,且以第一个为主,其余两个除了混合料公称最大粒径的影响外,混合料性能基本相当,没有本质区别。因此环道试验采用 4 + 6 + 8 为试验标准结构。STR7 与 STR8 上面层采用密实型沥青混凝土,STR9 上面层采用多空隙沥青混凝土,是一种排水路面结构。

从基层角度看,这 4 个结构分为两类,STR6 和 STR7 相同,2 层水泥稳定级配碎石的强度标准为6MPa(CBG-A);STR8和STR9相同,2层水泥稳定级配碎石的强度标准为4MPa(CBG-B)。采用这两类不同强度标准的水泥稳定碎石基层,主要的试验目的是探讨基层强度的提高对路面结构承载能力耐久性和沥青混凝土车辙、裂缝等病害的影响。

4) 第四类:倒装结构

这类结构有STR10和STR12,见表2-4。其沥青混凝土层厚度分别为24cm和28cm,下面设置20cm的级配碎石层,然后再往下设置1层水泥稳定碎石和1层水泥稳定土。这是一种欧美柔性基层结构与我国传统半刚性基层结构相结合的"杂交体"。设置级配碎石层的目的是消除沥青面层的反射裂缝。目前在我国东部地区一些高速公路(特别是改扩建工程)建设中使用类似的结构。但是这么厚的沥青混凝土结构层是否还会产生所谓的反射裂缝是值得思考的问题,同时设置级配碎石层后,对沥青路面的车辙病害是否产生不利的影响将有待于今后试验的验证。

倒装结构　　　　　　　　　表2-4

	STR10	STR12
第一层	4cm SBS-AC13	4cm SBS-AC13
第二层	防水黏结层1	防水黏结层1
第三层	6cmSBS-AC20	8cmSBS-AC20
第四层	黏层	黏层
第五层	8cm 70号-AC25	12cm 70号-AC25
第六层	黏层	防水黏结层2
第七层	8cm 70号-AC25	20cm GB
第八层	黏层	20cm CBG-B
第九层	2cm SBS-AC10	20cm CS
第十层	黏层	—
第十一层	20cm GB	—
第十二层	20cm CBG-B	—
第十三层	20cm CS	—
AC结构层总厚度	28cm	24cm

需要指出的是,STR10的28cm厚沥青面层下部是2cm的应力吸收层混凝土,由于其油石比较高,变形适应性好,在这里当作所谓的抗疲劳层使用。按照美国和我国有关弹性层状体系的路面力学分析表明,沥青面层加厚后,其底部将产生较大的拉应变,也就是产生疲劳问题,为了解决这个问题,根据结构功能设计原理,增设所谓的抗疲劳层。因此,STR10设置了这个功能层。

从沥青面层划分角度看,STR10的70号-AC25和SBS-AC10与STR12的70号-AC25

宜当作沥青混凝土基层,也就是说STR10的沥青面层厚度为10cm(4cmSBS-AC13 + 6cmSBS-AC20),STR12的沥青面层厚度为12cm(4cmSBS-AC13 + 8cmSBS-AC20)。这样的结构划分有利于完善沥青路面结构的功能化设计。

另外,级配碎石是一种非整体性材料结构层,除了有利于结构排水和消除反射裂缝外,也会破坏结构层之间的层间结合,但对整体结构的耐久性到底有多大影响,将通过今后的加载试验予以验证。

5) 第五类:厚沥青混凝土结构(一)

这类结构主要有STR10、STR11、STR13和STR14,见表2-5。与第四类结构相比,将级配碎石层替换为水泥稳定级配碎石层。STR11与STR10的沥青混凝土层厚度均为28cm,互为对比结构;STR13、STR14与STR12的沥青混凝土层厚度均为24cm,互为对比结构。这类结构也是近几年我国高速公路建养工程使用较多的结构。

厚沥青混凝土结构(一) 表2-5

	STR11	STR13	STR14
第一层	4cm SBS-AC13	4cm SBS-AC13	4cm SBS-AC13
第二层	防水黏结层1	防水黏结层1	防水黏结层1
第三层	6cmSBS-AC20	8cmSBS-AC20	8cmSBS-AC20
第四层	黏层	黏层	黏层
第五层	8cm 70号-AC25	12cm 70号-AC25	12cm 再生 AC25
第六层	黏层	防水黏结层2	防水黏结层2
第七层	10cm 70号-AC25	20cm CBG-A	20cm CBG-B
第八层	黏层	20cm CBG-A	20cm CBG-B
第九层	20cm CBG-A	20cm CS	20cm CS
第十层	20cm CBG-A	—	—
第十一层	20cm CS	—	—
AC结构层总厚度	28cm	24cm	24cm

与第四类结构类似,STR11的18cm70号-AC25结构层和STR13的12cm70号-AC25结构层、STR14的12cm再生70号-AC25结构层宜当作沥青混凝土基层。

STR14采用再生沥青混凝土作为基层,针对我国当前公路建设与大修工程普遍使用再生材料的现状,通过足尺环道的试验平台,验证使用再生材料的路面结构耐久性。

6) 第六类:厚沥青混凝土结构(二)

这类结构有STR15、STR16和STR17,见表2-6。其沥青混凝土层厚度为36cm,相当于12cm的沥青面层和24cm沥青混凝土基层。与第五类结构相比,是另一组厚沥青混凝土结构。

厚沥青混凝土结构(二) 表2-6

	STR15	STR16	STR17
第一层	4cm SBS-AC13	4cm SBS-SMA13	4cm SBS-SMA13
第二层	防水黏结层1	防水黏结层1	防水黏结层1
第三层	8cm 50号-AC20	8cm SBS-AC20	8cm 30号-AC20
第四层	黏层	黏层	黏层
第五层	12cm 50号-AC25	12cm 70号-AC25	12cm 30号-AC25
第六层	黏层	黏层	黏层
第七层	12cm 50号-AC25	12cm 70号-AC25	12cm 30号-AC25
第八层	黏层	黏层	黏层
第九层	20cm CBG-A	20cm CBG-A	20cm CBG-A
第十层	44cm GB	20cm CS	20cm CS
AC结构层总厚度	36cm	36cm	36cm

对于这类结构,抗路面车辙问题是关注的技术点,因此选用了三组不同的沥青品质组合验证其抗车辙能力。STR15除上面一层采用SBS改性沥青外,下面三层均采用针入度较小的50号沥青;STR16是我国目前常用的沥青组合形式,上面两层采用SBS改性沥青,下面两层采用70号沥青;STR17是在STR15的基础上,进一步降低沥青标号,使用30号标准。30号沥青生产的沥青混凝土属于高模量沥青混凝土,模量水平将会提高30%~50%,将显著提升路面结构的承载能力。但这种结构唯一不确定因素在于,在冬季最低气温能够达到-20~-15℃的环境下,这种结构的低温抗裂性能有待于验证。

除技术性能的比较外,这三个结构的经济性也是关注的问题。在重载交通或沥青混凝土层较厚的情况下,采用经济成本较低的低标号沥青替代造价较高的SBS改性沥青的技术可行性和可靠性是这类结构试验的另一个目的。

顺便指出,STR15基本上是由我国广深高速公路结构形式演化而来。广深高速公路有32cm沥青混凝土结构层,1层23cm的水泥稳定碎石基层和50~60cm厚的级配碎石底基层,为此STR15在水泥稳定碎石层下面设置了44cm的级配碎石,且级配碎石的品质好于广深高速公路。设置这个层的目的,一是有效改善上部路面结构对路基变形的适应性,二是有效阻断路基毛细水的上升对路面结构稳定性的影响,也可看作抗冻结构功能层。此外,广深高速公路是我国沥青混凝土层最厚的高速公路,也是第一条大规模使用50号沥青的高速公路,STR15将进一步比较、验证这种结构的可靠性和耐久性。

7) 第七类:全厚式沥青混凝土路面结构

该类结构沥青混凝土结构层厚度达到48cm(STR19)和52cm(STR18),见表2-7,是此次环道试验路段沥青混凝土层最厚的结构,属于全厚式沥青混凝土结构。

全厚式沥青混凝土路面结构 表 2-7

	STR18	STR19
第一层	4cm SBS-SMA13	4cm SBS-SMA13
第二层	防水黏结层 1	防水黏结层 1
第三层	8cm 50 号-AC20	8cm 30 号-AC20
第四层	黏层	黏层
第五层	12cm 50 号-AC25	12cm 30 号-AC25
第六层	黏层	黏层
第七层	12cm 50 号-AC25	12cm 30 号-AC25
第八层	黏层	黏层
第九层	N 12cm 50 号-AC25	12cm 30 号-AC25
第十层	黏层	黏层
第十一层	4cm SBS-AC10	20cm CBG-B
第十二层	48cm GB	—
AC 结构层总厚度	52cm	48cm

STR18 基本参照欧美国家全厚式沥青路面结构并在底部设置了一定厚度的抗疲劳结构层(同上文应力吸收沥青混凝土层),底基层采用较厚的级配碎石结构,主要是保证路基的稳定,减少对上部结构稳定性的影响。

STR19 可以说是 STR18 的简化版。采用一层水泥稳定级配碎石结构层替代了沥青混凝土抗疲劳层和厚级配碎石层。这样整体结构厚度大大降低,由 100cm 减小到 68cm。主要想讨论验证以下几个问题:

(1)水泥稳定级配碎石层能否替代抗疲劳层和级配碎石层?

(2)沥青混凝土下部的抗疲劳层是否有切实设置的必要性?按照线弹性理论的分析似乎是必要的,但这种分析本身存在理论上的局限和不足,需要通过实体工程进行检验和修正。

(3)STR18 全柔性结构,按照国外研究表明,路基顶面的变形对沥青面层表面的累计变形有不可忽视的影响,而 STR19 下设了半刚性结构层可以基本消除这种影响,两种结构进行比较,以切实、量化表征路基的影响程度,填补我国在该方面实测数据不足的问题。

以上介绍了此次 RIOHTrack 环道主试验路段布设的 19 种沥青路面结构形式。根据结构特点,分别选择 STR1、STR5、STR13 和 STR19 布设在直线-缓和曲线段,其余布设在直线段。同时,为了便于施工,将这些路段重新组合。

值得注意的是,为了防止环道试验路面结构的水损坏,加强路面结构层的层间结合,改善结构的整体受力状态,这 19 个路面结构都设置了防水黏结层和黏层。首先在 19 个结构的上面层下都设置了改性沥青防水黏结层,称为"防水黏结层 1",其次,当沥青混凝土层厚度不大于 24cm,且未设置应力吸收沥青混凝土层时,在半刚性材料结构层或级配碎石结构层上面设置改性沥青防水黏结层,称为"防水黏结层 2"。与"防水黏结层 1"相比,"防水黏结层 2"的沥青洒铺量增加 0.2kg/m²,且碎石粒径增加 1 个尺寸等级。除此之外,其他沥青混凝土层之间、沥青混凝土与半刚性材料结构层之间设置改性乳化沥青黏层,在半刚性材料层顶面取消透层设计,在半刚性材料层之间、半刚性材料层与级配碎石层之间洒铺水泥浆作黏层。

这 19 个路段包含了半刚性基层结构、刚性基层结构(组合式结构)、倒装式结构、厚沥青混凝土结构以及全厚式沥青混凝土结构(STR18 亦可看作柔性基层结构)等 5 种结构形式,并按沥青混凝土层厚度分为 7 大类。当这些结构按面层-基层-土基的三层体系划分,可以看出这些路面结构的主要差异在于基层(图 2-3),这里的"基层"是广义基层的概念,包括一般工程的基层和底基层。由于组成基层的材料、厚度差异较大,这些基层的刚度可相差 1~2 个数量级。由此,沥青路面可统称为"宽刚度域基层的路面结构",沥青路面设计亦可称为"宽刚度域基层"的设计。RIOHTrack 环道亦可称为"宽刚度域基层"的沥青路面试验环道。在今后的加载试验过程中,在相同荷载、相同气候环境条件下,比较不同基层刚度沥青路面的服役性能及其演化规律的差异性将是此次环道试验研究的主要内容之一。

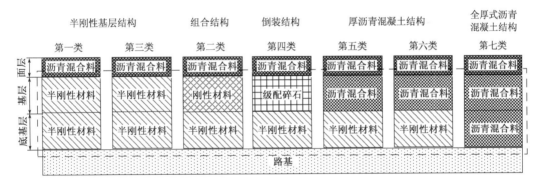

图 2-3 足尺环道 7 大类不同基层路面结构

最后简要评述这 19 个路面结构的工程造价。本环道试验目的是比选不同结构的耐久性,但耐久的结构不一定是昂贵的路面结构,选择技术可靠、经济合理的结构形式,是本试验的最终目标。为此,根据当前沥青路面材料的工程造价,初步测算各个结构每平方米的单价。表 2-8 为环道主试验路段路面材料的测算单价汇总表,图 2-4 为 19 个主试验路段路面结构造价比较图。从图中看出,随着沥青混凝土层厚度的增加,结构造价逐渐增加,19 个结构中,STR2 造价最低,每平方米 269.0 元,STR18 的造价最高,每平方米 611.4 元,两者相差近 1.3 倍。

环道主试验段各种材料测算单价（元/cm·m²） 表2-8

材料	SBS1-AC13-65	SBS1-AC13-70	SBS3-PAC13	SBS1-SMA-13	SBS1-AC10	SBS1-AC20
单价	13	13	20	16	19	11
材料	50号-AC20	30号-AC20	70号-AC25	50号-AC25	30号-AC25	70号-AC25(再生)
单价	9	10	7	8	9	12
材料	CBG-A	CBG-B	CS	CC	LCC	GB
单价	2.2	2	1.3	3	2.5	1.8
材料	防水黏结层1	防水黏结层2	黏层			
单价	15	16	2.5			

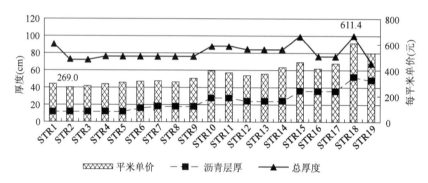

图 2-4 环道主试验段结构厚度与单价比较图

2.1.2 圆曲线 B 段抗车辙试验路段布设

环道圆曲线 B 段作为沥青路面抗车辙技术措施的对比试验路段，综合目前国内工程界使用的三层改性沥青混凝土、添加抗车辙剂、使用低标号沥青以及使用橡胶沥青等技术对策，设置了 6 种不同的试验路段，见表 2-9。同时，这些试验路段均采用相同的基层结构——总厚度 80cm 的 2 层水泥稳定级配碎石 + 2 层水泥稳定土，和相同的沥青面层厚度，均为 18cm。

圆曲线 B 段沥青路面抗车辙结构形式 表2-9

	YB-STR1	YB-STR2	YB-STR3	YB-STR4	YB-STR5	YB-STR6
第一层 4cm	SBS2-AC13	抗车辙0.8%-70号-AC13	AR22-AC13	SBS2-AC13	SBS2-AC13	SBS2-AC13
第二层	防水黏结层1	防水黏结层1	防水黏结层1	防水黏结层1	防水黏结层1	防水黏结层1
第三层 6cm	抗车辙0.6%-70号-AC20	抗车辙0.6%-70号-AC20	AR22-AC20	再生40%-70号-AC20	SBS2-AC20	30号-AC20
第四层	黏层	黏层	黏层	黏层	黏层	黏层

续上表

	YB-STR1	YB-STR2	YB-STR3	YB-STR4	YB-STR5	YB-STR6
第五层	70号-AC25	70号-AC25	AR22-AC25	再生40%-70号-AC25	SBS2-AC25	30号-AC25
第六层	防水黏结层2	防水黏结层2	防水黏结层2	防水黏结层2	防水黏结层2	防水黏结层2
	面层以下半刚性基层和底基层的材料和结构厚度相同					

从表中沥青面层的材料类型看,该试验段采用了6种不同类型的抗车辙措施:一是中面层采用抗车辙剂混合料,即YB-STR1;二是上、中面层均采用抗车辙剂沥青混合料,即YB-STR2;三是上、中、下三层采用橡胶沥青混合料,即YB-STR3;四是中、下面层采用再生沥青混合料,即YB-STR4;五是上、中、下三层均采用改性沥青混合料,即YB-STR5;六是中、下面层采用低标号的高模量沥青混合料,即YB-STR6。

2.1.3 圆曲线A段水泥混凝土试验段布设

圆曲线A段为水泥混凝土试验路段,共分为13个试验路段,大致归为三类:第一类为一般水泥混凝土路段,包括A-STR1、A-STR2、A-STR3、A-STR4、A-STR5-1和A-STR5-2;第二类为功能型薄层水泥混凝土路段,包括A-STR6-1、A-STR6-2和A-STR7;第三类为配筋水泥混凝土路段,包括A-STR8、A-STR9、A-STR10和A-STR11,见表2-10。

第一类水泥混凝土路面的水泥混凝土板厚均为32cm,各个路段的主要差异有:(1)水泥混凝土板与下承层结合状态的不同,A-STR1和A-STR4水泥板下铺设了4cmSBS1-AC10,A-STR5-1水泥板下铺设土工布,这两种情况水泥板与下承层倾向于滑动状态;A-STR2和A-STR3水泥板直接铺设在半刚性基层上面,A-STR5-2水泥板下撒铺水泥粉,这两种情况水泥板与下承层倾向于连接状态。(2)基层强度的差异,A-STR1采用双层级配碎石的柔性基层,A-STR2采用双层水泥稳定级配碎石的半刚性基层+1层级配碎石底基层,这是圆曲线A试验段基层的典型结构,A-STR3采用一层水泥稳定级配碎石的半刚性基层+1层级配碎石底基层。

第二类试验段为功能型薄层水泥混凝土路段,水泥混凝土板分为两层:6cm功能型薄层水泥混凝土,有露骨混凝土和聚合物混凝土,其下为26cm的再生混凝土、水泥混凝土或碾压混凝土。这3个路段的基层均相同,为双层水泥稳定级配碎石的半刚性基层+1层级配碎石底基层。基层与混凝土板之间加铺土工布。

第三类试验路段采用了4种配筋混凝土,有预应力装配式混凝土、钢筋笼混凝土、连续配筋混凝土和斜向预应力混凝土。这4种试验路段的基层形式和厚度基本一致。A-STR11的面层板厚比其他路段薄6cm,故增设了6cm厚的湿法贫混凝土层。这4个路段的基层均为双层水泥稳定级配碎石的半刚性基层+1层级配碎石底基层。基层与混凝土板之间加铺土工布。

圆曲线 A 段水泥混凝土路面试验段段结构形式

表 2-10

路段编号	YA-STR1	YA-STR2	YA-STR3	YA-STR4	YA-STR5		YA-STR6		YA-STR7	YA-STR8	YA-STR9	YA-STR10	YA-STR11
					1	2	1	2					
长度(m)	20	20	20	20	20	20	20	20	20	20	20	60	24.978
第一层	32cm CC	32cm CC	36cm CC	32cm CC	32cm CC	32cm CC	6cm露骨混凝土	6cm露骨混凝土	6cm聚合物混凝土*	32cm预应力装配式混凝土	32cm钢筋笼混凝土	32cm连续配筋混凝土	26cm斜向预应力混凝土
第二层	—	—	—	—	—	—	26cm再生混凝土	26cm CC	26cm碾压混凝土**	—	—	—	—
功能层	4cm SBS1-AC10	—	—	4cm SBS1-AC10	土工布	水泥粉	土工布	土工布	土工布	土工布	土工布	土工布	土工布
第三层	18cm CBG-B	18cm CBG-B	18cm CBG-B	18cm CBG-B	18cm CBG-B	18cm CBG-B	18cm CBG-B	18cm CBG-B	18cm CBG-B	18cm CBG-B	18cm CBG-B	18cm CBG-B	6cm C15 LCC***
第四层	18cm CBG-B	18cm CBG-B	20cm GB	18cm CBG-B	18cm CBG-B	18cm CBG-B	18cm CBG-B	18cm CBG-B	18cm CBG-B	18cm CBG-B	18cm CBG-B	18cm CBG-B	18cm CBG-B
第五层	20cm GB	20cm GB	路基	20cm GB	20cm GB	20cm GB	20cm GB	20cm GB	20cm GB	20cm GB	20cm GB	20cm GB	18cm CBG-B
第六层	路基	路基	—	路基	路基	路基	路基	路基	路基	路基	路基	路基	20cm GB
第七层	—	—	—	—	—	—	—	—	—	—	—	—	路基

注：* SBR 添加量为水泥的 5%；** 湿法贫混凝土。

2.1.4 环道材料技术性能要求

根据环道路面结构设计,环道使用的主要材料有三大类沥青混合料、半刚性材料(包括刚性材料)和非整体性材料(级配碎石和路基土)。其中,沥青混合料有 7 种 AC13 型和 1 种 AC10 型的细粒式沥青混合料,7 种 AC20 型中粒式沥青混合料和 6 种 AC25 型粗粒式沥青混合料,共 21 种;(半)刚性材料(包括刚性材料,水泥混凝土试验段除外)有 1 种水泥混凝土、1 种(干法)碾压贫混凝土、2 种不同强度的水泥稳定级配碎石和 1 种水泥稳定土,共 5 种。

1)沥青技术要求

此次环道沥青混合料涉及 3 种普通重交沥青(30 号、50 号和 70 号)、3 种 SBS 改性沥青和 1 种橡胶沥青。三种普通重交沥青和三种不同等级 SBS 改性沥青的技术指标要求见表 2-11 和表 2-12。

足尺环道普通沥青技术标准 表 2-11

项 目	30 号	50 号	70 号
针入度	20~30	40~50	60~70
软化点(℃)	>55	>50	>47
延度 10℃、15℃、25℃(cm)	实测	实测	
黏度 60℃(cm)	>2000	>600	>200
PG	76-10(16)	70-16(22)	64-22
UTI 塑性温度空间	86(92)	86(92)	86

改性沥青技术指标要求 表 2-12

项 目	SBS1(I-D)	SBS2(I-DS10)	SBS3(HV4)
针入度 25℃	40~60	40~60	40~60
软化点(℃)	>60	>70	>80
延度 5℃(cm)	>20	>20	实测
弹性恢复	>75	>80	>85
黏度 60℃(Pa·S)	>4000	>8000	>40000
黏度 70℃(Pa·S)	—	>4000	—
黏度 80℃(Pa·S)	—	—	>4000
PG	70-22	76-22	82-28(34)
UTI 塑性温度空间	92	98	110(116)

30 号沥青是此次环道试验的主要普通沥青,目的是验证、推广品质优良、造价较低的低标号沥青,同时将 50 号沥青和 70 号沥青作为试验比较对象。目前我国生产低标号沥青主要有直馏、氧化和调和三种工艺,同时在我国现行规范中,对这种低标号沥青规定了延度指标。直馏、氧化工艺生产的低标号沥青软化点、黏度较高,但延度指标较低,而调和

工艺生产的低标号沥青具有较好的延度,但黏度较低。为了充分发挥低标号沥青的高温稳定性和高模量特性,在环道沥青标准中,取消了延度指标要求,改为实测记录,同时明确要求采用直馏或氧化工艺生产。另外,为保障沥青品质,环道的普通沥青统一由中国石油天然气集团公司供应。

SBS 是我国当前使用最广泛的改性沥青。为了提高沥青混凝土的高温稳定性,提高 SBS 改性沥青的软化点指标是目前我国工程上经常采用的措施。为此,环道对 SBS 改性沥青进行专门论证,按软化点水平分为三级:SBS1、SBS2 和 SBS3。

SBS1 改性沥青是按照现行规范 I-D 级的标准,用于环道 19 种主试验路面结构;SBS2 改性沥青的软化点与 SBS1 相比提高 10℃,主要用于圆曲线抗车辙路段的沥青混凝土;SBS3 改性沥青的软化点又提高 10℃,达到 80℃以上,相当于高黏度的改性沥青,用于环道多空隙沥青混凝土(PAC)。这三种改性沥青除了软化点差异外,还有黏度指标的差异,并提出 PG 分级对应指标,供今后的研究参考。

环道使用的沥青除以上 6 种外,还有橡胶沥青。橡胶沥青的技术指标按照交通运输部相关科研成果制定。

2)沥青混合料技术要求

环道涉及 6 种不同级配类型的沥青混合料,分别为 AC25、AC20、AC13、SMA13、AC10 和 OGFC13。除 SMA13 外(参照现行施工技术规范),其他混合料的推荐级配范围见表 2-13。这些混合料均采用粗集料断级配的级配设计原理,除 OGFC 外,其余混合料按密实型混合料标准设计。

沥青混合料矿料级配推荐表　　　　表 2-13

级配类型		筛孔通过率(%)											
		26.5	19	16	13.2	9.5	7.2	4.75	2.36	1.18	0.6	0.3	0.15	0.075
AC-25	上限	100	82	73	64	51	—	32	25	20	15	12	10	7
	下限	98	74	65	56	43	—	24	17	12	9	6	4	3
AC-20	上限	—	100	90	77	59	—	34	26	21	17	14	11	8
	下限	—	98	82	69	51	—	26	18	13	11	8	5	4
AC-13	上限	—	—	—	100	72	—	34	28	23	19	15	13	10
	下限	—	—	—	98	64	—	26	20	15	13	9	7	6
AC-10	上限	—	—	—	—	100	73	44	35	28	22	18	15	11
	下限	—	—	—	—	98	65	36	27	20	12	9	7	
OGFC-13	上限	—	—	—	100	64	—	24	19	15	11	9	6	5
	下限	—	—	—	98	56	—	16	11	7	5	3	2	1

表 2-13 是环道沥青混合料的推荐级配范围,不是施工控制范围。在实际施工中需根据实际的矿料品质,通过严格的配合比设计,选择合理的施工级配曲线,并确定相应的施工控制范围。环道沥青混合料均采用新型的最紧密状态设计方法进行配合比设计。最紧

密状态设计方法是根据沥青混合料在压实过程中的两种体积状态(密实状态和紧密状态)的变化规律,以追求矿料在压实过程中的最紧密状态为核心,充分发挥矿料结构的技术优势,提高混合料的稳定性和耐久性的一种新型沥青混合料设计方法。该设计方法已在国内多条高速公路和城市主干道施工中成功应用,此次用于环道沥青混合料设计是进一步验证这种设计方法的可靠性。

另外,根据设计要求,环道 AC25、AC20 和 AC13 型混合料有不同黏度品质的沥青或添加料(如再生料、抗车辙剂等),因此对于同一类型的混合料,可能存在两种及其以上的目标级配曲线,如 AC25 有 AC25-1 和 AC25-2 两种目标级配曲线,AC20 有 AC20-1 和 AC20-2 两种目标级配曲线,AC13 有 AC13-70 和 AC13-65、SMA 等多种目标级配曲线。这些级配曲线将通过配合比试验确定。

环道用沥青混合料的高温、低温和抗水损坏评价指标要求见表 2-14 ~ 表 2-16。这些标准比现行规范沥青混合料的技术要求略高,主要考虑到环道试验属于特重载的交通等级,希望能够承受千万级的荷载作用次数,而沥青面层不过早产生车辙、疲劳等损伤,以更有效验证整体路面结构的耐久性。

沥青混合料高温性能技术要求　　　　　　表 2-14

结构层位	试验温度(℃)	试件厚度(cm)	相对变形,不大于(%)	动稳定度,不小于(次/mm)
上面层	70	5	4	3000
中面层	60	5(10)	2(4)	5000
下面层及沥青混合料基层	60	10	4	3000
应力吸收层混凝土	60	5	6	2000

沥青混合料低温性能要求　　　　　　表 2-15

结构层位	试验温度条件(℃)	极限拉伸应变/微应变	试验方法
上面层	-20	1500	T 0715
中面层	-20	1500	
下面层及沥青混合料基层	-10	2300	
应力吸收层混凝土	-10	3000	

沥青混合料水稳定性检验技术要求　　　　　　表 2-16

结构层位	残留稳定度(%)	试验方法	冻融后劈裂强度(MPa)	TSR(%)	试验方法
上面层	90	T 0709	0.5	80	T 0729
中面层	85		0.45	80	
下面层及沥青混合料基层	85		0.45	80	
应力吸收层混凝土	85		0.35	80	

除了以上常规路用性能外,环道用各种沥青混凝土还需要进行抗压回弹模量、抗压强

度、弯拉回弹模量、弯拉强度、复模量等力学性能的检测以及相关疲劳性能试验,为后期环道实际使用性能的评价和性能设计模型的验证积累可靠、全面的数据资料。

3) 刚性、半刚性材料技术要求

环道用半刚性基层为水泥稳定级配碎石,刚性基层有干碾压贫混凝土和水泥混凝土。水泥稳定级配碎石和干碾压贫混凝土只是强度要求不同,其混合料级配、施工工艺均相同,级配要求见表2-17。表中同时列出环道用级配碎石的级配要求。级配碎石根据所用层位的不同推荐两种级配形式。

环道用非沥青类混合料推荐级配 表2-17

材料类型	筛孔通过率(%)										
	31.5	26.5	19	13.2	9.5	4.75	2.36	1.18	0.6	0.3	0.15	0.075
水泥稳定级配碎石	—	100	86~82	72~65	62~53	45~35	31~22	22~13	15~8	10~5	7~3	5~2
级配碎石1	100	95~90	84~72	72~57	62~47	40~30	28~19	20~12	14~8	10~5	7~3	5~2
级配碎石2	—	100	88~79	76~61	64~79	40~30	28~19	20~12	14~8	10~5	7~3	5~2

水泥稳定级配碎石7d无侧限抗压强度的控制指标分别为6MPa和4.5MPa,依次记为CBG25-A、CBG25-B,干碾压贫混凝土为8MPa。环道半刚性底基层材料采用水泥土CS,强度标准为不低于2MPa。

用于沥青混凝土结构层下面的级配碎石的CBR不小于180,用于半刚性材料结构层下面的级配碎石CBR不小于120。

2.1.5 土建系统建设概况

2014年6月上旬由交通运输部公路科学研究院组织召开施工图设计文件的评审会,完善了足尺环道土建部分由北京交科公路勘察设计院有限公司负责设计,中交第二公路工程局第三分公司负责施工,北京路桥通国际工程咨询有限公司负责项目监理。北京数泰科技有限公司负责环道传感器数据采集系统的建设。另外,北京市政路桥建材集团通州沥青厂和大兴沥青厂负责沥青混合料的生产;中石油燃料油有限公司负责沥青提供;安徽增达养护公司负责改性沥青和橡胶沥青防水黏结层施工;北京今谷神箭科技有限公司无偿提供了落锤式弯沉仪用于环道施工过程中各结构层质量检测。足尺环道土建系统完工如图2-5所示。

在环道建设期间,由于试验检测的工作量大,周期短,得到了哈尔滨工业大学、中国石油大学、长沙理工大学、重庆交通大学、武汉科技大学和新疆农业大学等的大力支持,先后派遣博士、硕士研究生参与了环道工程沥青混合料的试验工作。其中博士研究生有:杨光、黄优、孙志棋、谭坦、邢超等;硕士研究生有:王筵铸、刘靖宇、龚先祁、牛岩、张岩、王骁帆、邵鹏坤、肖神清、刘万康、朱厚江、郭礼照。另外,陈建华博士后、杨三强博士也参加了环道试验工作。在此表示衷心感谢!

图 2-5 足尺环道土建系统完工

环道铺设的 38 种试验路段结构的面层类型及其桩号范围汇总于表 2-18。

环道各结构路段的起讫桩号汇总 表 2-18

编号	结构类型	面层混合料类型	起点桩号	讫点桩号	备注
1	STR1	SBS1-AC13-65	ZK0+219.536	ZK0+349.536	直-缓段
2	STR2	SBS1-AC13-65	ZK0+154.536	ZK0+219.536	直线段
3	STR3	SBS1-AC13-65	ZK0+089.536	ZK0+154.536	
4	STR15	SBS1-AC13-65	ZK0+024.536	ZK0+089.536	
5	STR11	SBS1-AC13-65	ZK1+998.306	ZK0+024.536	
6	STR10	SBS1-AC13-65	ZK1+933.306	ZK1+998.306	
7	STR14	SBS1-AC13-65	ZK1+868.306	ZK1+933.306	
8	STR12	SBS1-AC13-65	ZK1+803.306	ZK1+868.306	
9	STR13	SBS1-AC13-65	ZK1+673.899	ZK1+803.306	直-缓段
10	YB-STR1	AC13(抗车辙)	ZK1+622.899	ZK1+673.899	圆曲线 B 段
11	YB-STR2	SBS2-AC13	ZK1+571.899	ZK1+622.899	
12	YB-STR3	AR-AC13	ZK1+520.899	ZK1+571.899	
13	YB-STR4	SBS2-AC13(70%)	ZK1+469.899	ZK1+520.899	
14	TB-STR5	SBS2-AC13	ZK1+418.899	ZK1+469.899	
15	YB-STR6	SBS2-AC13	ZK1+368.921	ZK1+418.899	
16	STR19	SBS1-SMA13	ZK1+248.921	ZK1+368.921	直-缓段
17	STR18	SBS1-SMA13	ZK1+188.921	ZK1+248.921	直线段
18	STR17	SBS1-SMA13	ZK1+128.921	ZK1+188.921	
19	STR16	SBS1-SMA13	ZK1+068.921	ZK1+128.921	
20	STR9	HV4-PAC13	ZK1+008.921	ZK1+068.921	
21	STR8	SBS1-AC13-70	ZK0+948.921	ZK1+008.921	
22	STR7	SBS1-AC13-70	ZK0+888.921	ZK0+948.921	
23	STR6	SBS1-AC13-70	ZK0+828.921	ZK0+888.921	
24	STR4	SBS1-AC13-70	ZK0+773.921	ZK0+828.921	

续上表

编号	结构类型	面层混合料类型	起点桩号	讫点桩号	备注
25	STR5	SBS1-AC13-70	ZK0+654.514	ZK0+773.921	直-缓段
26	YA-STR1	素混凝土	ZK0+634.514	ZK0+654.514	
27	YA-STR2	素混凝土	ZK0+614.514	ZK0+634.514	
28	YA-STR3	素混凝土	ZK0+594.514	ZK0+614.514	
29	YA-STR4	素混凝土	ZK0+574.514	ZK0+594.514	
30	YA-STR5-1	素混凝土	ZK0+554.514	ZK0+574.514	
31	YA-STR5-2	素混凝土	ZK0+534.514	ZK0+554.514	
32	YA-STR6-1	露骨混凝土	ZK0+514.514	ZK0+534.514	圆曲线A段
33	YA-STR6-2	露骨混凝土	ZK0+494.514	ZK0+514.514	
34	YA-STR7	聚合物碾压混凝土	ZK0+474.514	ZK0+494.514	
35	YA-STR8	预应力装配式混凝土	ZK0+454.514	ZK0+474.514	
36	YA-STR9	钢筋笼混凝土	ZK0+434.514	ZK0+454.514	
37	YA-STR10	连续配筋水泥混凝土	ZK0+374.514	ZK0+434.514	
38	YA-STR11	斜向预应力水泥混凝土	ZK0+349.536	ZK0+374.514	

2.2 材料与结构室内试验系统

为了全面阐释足尺环道宽刚度路面结构全寿命周期的服役行为演化规律,配合野外足尺环道的试验研究,专门配套建立了室内多尺度、高通量的材料与结构试验系统。该系统不仅包括常规尺度的国内外典型道路材料试验设备,而且包括微观尺度的工业CT断层扫描试验设备、激光三维扫描设备,以及宏观尺度的百吨级大型MTS试验装备。在环道建设及后期的试验期间,利用这些设备对环道涉及的7种沥青(含橡胶沥青)、3种品质的矿料、21种沥青混合料、5种(半)刚性材料及25种沥青路面结构,开展从微观、介观尺度到宏观尺度的多尺度试验研究。

在环道建设期间,该试验系统的主要工作内容包括:原材料检验、评定与混合料的配合比设计;施工现场的技术指导与质量检测;环道原材料和混合料的留样工作等三方面。其间,投入了3台SGC旋转压实设备、3台(大型)马歇尔击实设备、2台稳定土重型击实设备、2套车辙试验设备、1套燃烧炉系统、1套MTS材料试验系统和2台200t级的压力机。具体的室内外的试验检测工作主要包括:

(1)路基试验:土质分析、CBR试验、重型击实试验、动力触探(20m/点)、承载板试验(20m/点)、贝克曼梁弯沉仪弯沉检测(10m/点)和落锤式弯沉仪(FWD)弯沉检测(10m/点)等。

(2)水泥土和水泥稳定级配碎石试验:原材料分析、重型击实试验、7d抗压强度、水泥剂量和含水率检测、压实度检测、钻芯试验、承载板试验(20m/点)、贝克曼梁弯沉仪弯沉检测(10m/点)和FWD弯沉检测(10m/点)等。

(3)级配碎石层试验:原材料分析、重型击实试验、CBR 试验、压实度和含水率检测、承载板试验(20m/点)、贝克曼梁弯沉仪弯沉检测(10m/点)和 FWD 弯沉检测(10m/点)等。

(4)沥青混合料试验:沥青品质试验、矿料分析试验、马歇尔/SGC 成型试验、塑封法毛体积密度试验、真空法理论密度试验、车辙试验、残留稳定度试验、冻融劈裂试验、小梁低温弯曲试验、析漏试验、燃烧试验、压实度和现场空隙率检测、贝克曼梁弯沉仪弯沉检测(10m/点)和 FWD 弯沉检测(10m/点)等,对于表面层混合料还要进行抗滑性能检测、渗水系数检测和平整度检测试验。

此外,为了后期研究,专门建设了 6 个环道留样室/场地(图 2-6),分别为:

(1)结构模型/样品留样室,25 种沥青路面足尺结构模型;
(2)沥青留样室,包括配合比试验阶段和混合料生产阶段,共 13 种沥青;
(3)细集料、添加剂留样室,8 个种类、规格,共 30 余吨;
(4)试件留样室,10 种不同尺寸规格,5000 余个试件;
(5)粗集料留样场地,涉及半刚性基层、沥青混合料 15 种规格粗集料,90 余吨;
(6)半刚性材料养护留样室,包括水泥土、水泥稳定级配碎石共 5 种不同尺寸规格 600 余个试件。

a)结构模型留样展室

b)大尺度材料试件留样室

c)沥青留样室

d)标准试件留样室

e)粗集料留样场地

f)细集料、添加剂留样室

图 2-6 足尺环道留样间

图 2-7 为环道用沥青混合料室内试验信息平台的逻辑框架图。其试验分为三个阶段:一是设计阶段,二是施工阶段,三是专项试验阶段。前两个阶段主要是依据我国现行规范规定的相关试验内容进行 21 种沥青混合料的设计、施工信息的采集;第三阶段的专项试验基本囊括了目前国内外沥青混合料性能评价的主要试验内容,主要分为四大类:我国规范试验、美国规范的试验、以法国为代表的欧标试验以及非标准的、前沿性的试验。

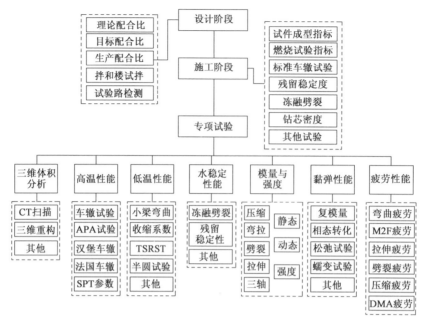

图 2-7　环道用沥青混合料室内试验信息平台的逻辑框图

评价沥青混合料的高温性能时，不仅采用我国规范的车辙试验，还采用美国的 APA 试验、德国的汉堡试验、法国的轮辙试验等；评价沥青混合料的复模量性能时，不仅采用我国目前普遍使用的美国 SPT 试验，而且采用以法国梯形梁试验为代表的欧标试验，以及用于其他材料动力特性评价的 DMA 试验（该试验具有试验频率、温度、应变水平更为宽泛的特点）。尤为指出的是，本试验平台采用 CT 断层扫描技术对实际施工铺设的沥青混合料（钻芯芯样）进行三维扫描、重构，不仅可以全面了解实际施工混合料的体积分布状态，而且为今后开展的沥青混合料虚拟力学分析奠定了试验基础。

2.3　信息采集与分析系统

加载试验期间，路面服役性能演化信息的系统采集、有序存储是环道信息采集与分析系统的主要功能。需要指出的是，在环道试验过程中，需要收集的信息主要有四类：一是环道设计、建设和养护期间的材料与结构信息，二是环道试验期间服役性能的周期性检测信息，三是通过传感器实时采集的环境、荷载与结构力学响应信息，四是环道试验期间专项的材料与结构试验信息。其中第一、第四类信息由材料与结构室内试验系统进行专门采集，本节主要介绍第二、三类信息的采集子系统以及数据中心子系统。

2.3.1　环道实时采集信息子系统

环道实时信息主要通过埋设于路面结构内部的传感器来采集，主要包括动态荷载、气象环境和结构内部力学响应等 3 种信息，同时根据传感器采集频率的不同，可分为静态信息和动态信息。气象环境信息为静态信息,通过设置气象站和结构内部埋设的温度、湿度传感器采集,采样周期为 10～30min。荷载和结构内部力学响应信息为动态信息,力学响应信息的采样频率为 2000Hz。

RIOHTrack 环道的实时采集子系统包括以下测试条件和内容:(1)设置一个 9 参数气象站;(2)在行车道布设一套动态称重(WIM)传感器系统;(3)在 19 个主试验路段上布设 23 个断面,在结构不同深度位置埋设温、湿度传感器;(4)在以上 23 个断面的不同深度布设动态应力、应变和变形响应传感器;(5)在圆曲线 A 段的 13 段水泥混凝土试验路设置力学响应传感器和温度传感器。

结构内部传感器(包括力学响应传感器和温湿度传感器)主要布设在环道 19 种沥青路面主试验段和水泥混凝土路面试验段上。表 2-19 为环道路面结构内部埋设的各类传感器的技术参数汇总。19 个沥青路面主试验段共设置了 23 个传感器监测断面,其中位于直－缓段的 STR1、STR5、STR13 和 STR19 设置了 2 个监测断面;13 种水泥路面试验路各设置 1 个传感器监测断面,共有 36 个监测断面。每个监测断面同时埋设力学响应传感器和温湿度传感器。图 2-8 为 36 个监测断面的传感器布设图。图 2-9 为沥青混凝土路面和水泥混凝土路面传感器布设的典型断面图。

环道主要传感器类型及其参数汇总表 表 2-19

种　类	编　号	类　型	输出信号	精　度	测量范围	工作温度(℃)
AC 应变计	EKZxxxx	KM-100HAS	mV/V	1%	-5000～5000με	-20～200
S-RM 应变计	EKCxxxx	KM-100A	mV/V	1%	-5000～5000με	-20～80
S-RM 静应变	GIxxxx	振弦式	频率/模数	0.1%	-1500～1500με	
多点位移计	ETPxxxx	KLA-100A	mV/V	1%	0mm～100mm	-20～60
AC 土压应力	Pxxxx	电阻应变	电流	0.10%	0～500kPa	
AC 竖向应变计	EKBxxxx	KM-50F	mV/V	1%	-5000～5000	-20～80
温度传感器	RTDxxxx	铂电阻	温度	0.3℃	-50～100	-50～100
湿度传感器	Ixxxx	频域反射	电流	3%	0～饱和	
激光测距仪	Xxxx	LASE 1000D	电流	1mm	-1500～1500	-10～50
CC 应变计	GIxxxx	振弦式	频率/模数	0.1%	-1500～1500	0
CC 应力计	GIxxxx	振弦式	频率/模数	0.1%	-1500～1500	0
钢筋应力计	GRRSxxxx	振弦式	频率/模数	0.1%	0～50kN	
CC 土压应力	Exxxx	振弦式	频率/模数	0.1% FS	0～0.4MPa	

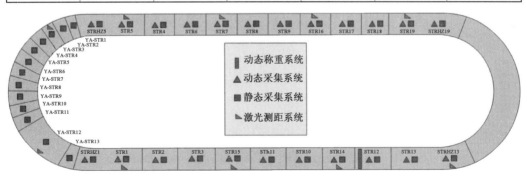

图 2-8　RIOHTrack 的 36 个监测断面的传感器布设图

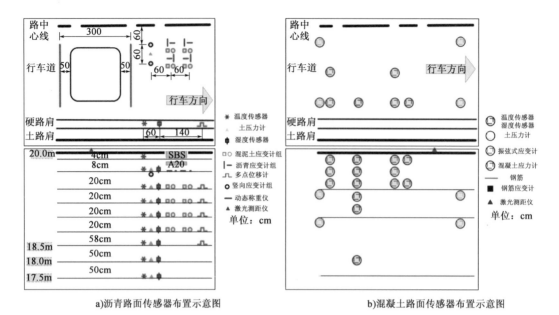

图 2-9 RIOHTrack 沥青路面和水泥混凝土路面传感器布设示意图

1) 9 参数气象站

环道 PC-4 小型气象站包括温度传感器、湿度传感器、光强传感器、风速传感器、风向传感器、雨量计、大气压力传感器、紫外辐射照度计、总辐射照度仪等 9 个参数；数据采集器采用 dataTaker DT80 气象数据采集器。本自动气象站的气象要素技术参数见表 2-20。

PC-4 型自动气象站的气象要素技术参数表　　　表 2-20

气 象 要 素	技 术 参 数
大气温度	测量范围：-50 ~ +80℃，精度：±0.1℃
大气湿度	量程：0 ~ 100%，精度：±2%（≤80%时）±5%（>80%时）
光照强度	测量范围：0 ~ 2000W/m², 分辨率：1 W/m²
风速	量程：0 ~ 70m/s，分辨率：0.1m/s，准确度：±(0.3+0.03V)m/s
风向	测量范围：0 ~ 360°，即 0°,22.5°,45°…准确度：±3°
雨量	量程：0 ~ 999.9mm 分辨率：0.1mm；精度 ±0.4mm（≤10mm 时）±4%（>10mm 时）
大气压力	量程：550 ~ 1060hPa, 分辨率：±0.1hPa，精度：±0.3hPa
紫外辐射	光谱范围：280 ~ 315nm，精确性：<5%
总辐射	光谱范围：0.3 ~ 3.0μm，测量范围：0 ~ 2000W/m²，测量精度：<5%

2) 动态称重系统

环道在 STR13 结构铺设了一个动态荷载称重系统，采用 TDXWIN-EMU 高速公路动态称重仪系统（图 2-10）。这种设备不仅可以检测行驶车辆的轴重，还可监测车辆的轴数、车速以及轴距。

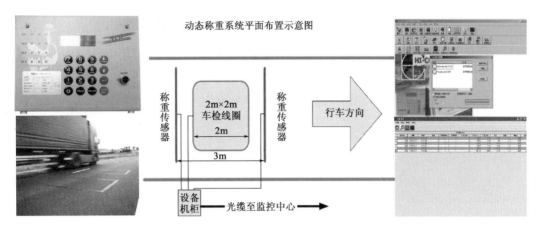

图 2-10 TDXWIN-EMU 高速公路动态称重仪系统

该设备的压电称重传感器的输出电荷与车轴或者通过传感器的轮胎的实际压力成正比。采集器把压电传感器的输出电荷转换成电压,通过监测电压信号来决定车轴被检测的次数,电压幅值用来计算车辆轴重。

当车辆通过安装在道路上的感应线圈检测区时,线圈的电感值会产生变化,并导致采集器内部感应探测器电路的振荡频率发生变化,这种变化决定了车辆何时通过感应线圈。车辆的长度由其金属底盘激活感应线圈的时间长度而得出。感应信号也被用来区分相距很近的移动车辆。如果感应探测器输出解除激发信号,采集器系统认为第一根压电传感器已经探测出了最后一根轴,由此得出当前车辆总的轴数。

该设备采用压电传感器-线圈-压电传感器配置,2 条压电传感器相距 3m。感应线圈传感器是一个 2m×2m 的方框。线圈对称地安装在车道内的两条压电传感器之间。同一车轴经 2 条压电传感器的时间可以得出轴的速度。同时,根据车轴分别通过同一条传感器所记录的时间差乘以速度计算轴距。为了提高准确度,轴距是两条压电传感器分别计算的平均数。

该设备的主要技术参数有:称重范围:0~30t;分类精度:98%;技术精度:99%;称重精度:>90%;压电传感器-线圈-压电传感器:>90%;速度范围:5~180km/h;长度误差:±8%;前后车相距时间:±7%;速度:±1.5%;输出端口:RS232;系统容量:可记录 400000 车辆数据;4MB 内存可升级 6MB 或 8MB;主机尺寸:200mm×265mm×140mm;主机重量:3kg。

3) 路面结构内部温度、湿度传感系统

环道采用 PT100 铂电阻温度传感器(图 2-11),其零度阻值为 100Ω,电阻变化率为 $0.3851\Omega/℃$。该传感器为直径 4mm,壁厚 0.5mm 的不锈钢管,常规产品可以承受 10MPa 的压力,适于本环道路面结构的温度监测。PT100 型温度传感器由一个对温度非常敏感的铂金电阻构成,其高温性能稳定。四芯或三芯电桥连接方式使得用便携式读数仪或数据采集系统可获得良好的测试分辨率。主要技术指标有:测量范围:-50~100℃;分辨率:0.1℃;精度:A 级,0.15℃。

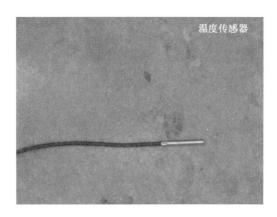 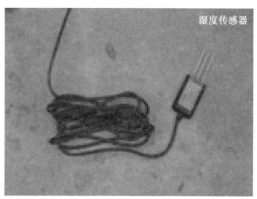

图 2-11　环道用温度、湿度传感器

环道采用的 FDS100 土壤湿度传感器是基于介电理论并运用频域反射测量技术制成，能够精确测量土壤和其他多孔介质的体积含水率。传感器采用绿色阻燃环氧树脂固化，完全防水，可承受较强的外力冲击，钢针采用优质材料，可经受长期电解，能经受土壤中的酸碱腐蚀。该传感器测量精度高，性能可靠，受土壤含盐量影响较小，可适应各种土质。TM-100 土壤湿度传感器具备电源线、地线、信号线三向保护功能，可防护因反接、短路等造成的损毁。主要技术指标有：测量原理：频域（FDR）；量程：0~饱和；输出信号：4~20mA（电流型）；测量精度：±3%；复测误差：<1%。

4）沥青路面试验段的力学响应传感系统

沥青路面试验段内埋设的力学响应传感器主要有四大类：一是用于测量沥青混凝土结构层应变响应的传感器；二是用于测量半刚性材料结构层应变响应的传感器；三是用于测量各个结构处压应力响应的传感器；四是用于测量结构内部竖向变形的传感器。

(1) 沥青混凝土层的应变传感器。

环道采用 KM-100HAS 型沥青应变计，如图 2-12。该传感器专为沥青道路检测设计，其结构包含两个法兰，在这两个法兰上安装螺纹钢筋支腿，这样的"土"字结构可以保证传感器在沥青路面材料中固定牢固，耐碾压、利于观测点位置固定及沥青材料握裹结合。两个法兰之间连接一个细的弹簧元件，并用金属管和氟塑料胶带包裹来保护弹簧元件。应变片粘贴在弹簧元件表面，通过密封端子与电缆连在一起。而且该传感器具有耐高温、防水结构特性。

该传感器的测量原理是：当沥青混合料产生变形使得两个法兰之间的距离发生变化时，这个微小变化传送给弹簧元件，使其产生变形，并通过安装在弹簧元件表面的应变片测得。因为沥青混合料的弯曲变形和弹簧元件变形成正比，这样即可测出沥青混合料的变形状况。该传感器测量电路采用惠斯通全桥电路，利用与形变体同步变形的弹性材料引起的电阻变化计算形变体的变形量。同时，该传感器采用全桥构造形式，对温度及电缆电阻具有补偿，适用于大部分数据采集系统，不需要额外的信号调节设备。传感器导线采用特制的铅丝结构抗温抗压电缆。

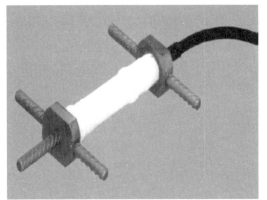
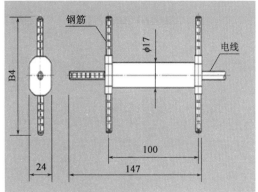
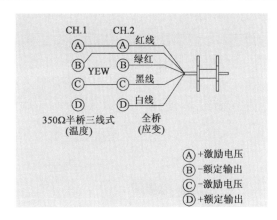

图 2-12　KM-100HAS 型沥青应变计(尺寸单位:mm)

该传感器的主要技术参数有:量程:±5000με;额定输出:2.5mV/V;非线性:1.0%F.S.;视弹性模量:40N/mm²(约);工作温度范围:-20~+180℃;激励电压:1~2V,最大允许10V;桥路电阻:350Ω全桥(应变测试),1/4桥三线法(温度测量);标距:100mm;输出电缆:直径6mm。

环道沥青混凝土内部埋设的竖向应变计采用 KM-50F 型竖向应变计(图 2-13)。该传感器为 KM 电阻式应变计,具有绝缘性好、测量精度高、长期稳定性好的特点,可以用于混凝土、水泥砂浆、合成树脂等硬化过程中长期的应变检测。

该传感器采用惠斯通全桥电路,利用与形变体同步变形的弹性材料引起的电阻变化计算形变体的变形量。传感器采用全桥的构造形式,对温度及电缆电阻具有补偿,也适用于大部分数据采集系统,而不需要额外的信号调节设备。

该传感器的主要技术参数有:量程:±5000με;额定输出:2.5mV/V;非线性:1.0%F.S.;视弹性模量:40N/mm²(约);工作温度范围:-20~+80℃;激励电压:1~2V,最大允许10V;桥路电阻:350Ω全桥;标距:50mm;法兰:直径20mm;电缆:氯丁二烯,直径6mm。

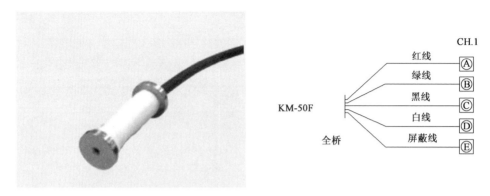

图 2-13 KM-50F 型混凝土应变计

(2)半刚性材料层的应变传感器。

测量半刚性材料应变的传感器采用 KM-100A 型混凝土应变计(图 2-14)。KM 为电阻式应变计,专为混凝土应变测试设计,可以用于混凝土、水泥砂浆、合成树脂等硬化过程中长期的应变检测。该产品绝缘性好,测量精度高,并具备良好的长期稳定测量能力。KM-A 系列可以对温度进行测量。测量电路采用惠斯通全桥电路,利用与形变体同步变形的弹性材料引起的电阻变化计算形变体的变形量。传感器采用全桥的构造形式,对温度及电缆电阻具有补偿,也适用于大部分数据采集系统,而不需要额外的信号调节设备。

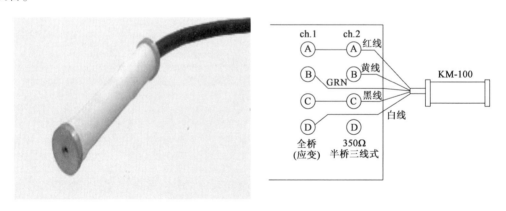

图 2-14 KM-100A 型混凝土应变计

KM-100A 型应变计的主要技术参数有:量程:±5000$\mu\varepsilon$;额定输出:2.5mV/V;非线性:1.0% F.S.;视弹性模量:1000N/mm^2(约);工作温度范围:-20~+80℃;激励电压:1~2V,最大允许 10V;桥路电阻:350Ω 全桥;温度测量:350Ω 半桥三线式 50×10^{-6}/℃;标距:100mm;法兰:直径 20mm。

环道部分结构的水泥稳定土结构层底部埋设的静态混凝土应变计采用 GI-EM150 型埋入式振弦式应变计(图 2-15),测量其由于应力变化引起的应变变化。在混凝土的弹性模量已知的条件下,通过应变可以计算出应力值,并可以了解混凝土由于温度、蠕变和自身变化带来的影响。

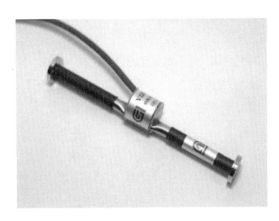

图 2-15　振弦式应变计

GI-EM150 型振弦式应变计由一个两端带有法兰的不锈钢管和一根保护在其内部的钢弦构成。钢弦密封在不锈钢管中,由一套 O 形环通过液压模锻技术固定在两端的法兰上。两端的法兰外缘都凸出于不锈钢管,这样的设计可以使混凝土的变形通过法兰反馈到钢弦上。混凝土内部的应变发展会改变钢弦的张紧程度,从而改变其响应频率。一个电磁线圈安装在应变计的中间位置,可以激励并读出钢弦的响应频率,通过钢弦频率的改变量便可以计算出混凝土中相应的应变变化。

GI-EM150 型振弦式应变计具有良好的屈服性,不会影响到主体介质的应力状态。因此,它既可以应用到低龄期混凝土中,也可以应用到硬质混凝土,以及树脂、玻璃纤维和聚氨酯等合成材料中。该传感器带有一个 3000Ω 的热敏电阻温度传感器,它可以提供检测材料的温度信息。

技术参数有:仪器类型:振弦式传感器;量程:$3000\mu\varepsilon$;精度:±0.1% F.S.;分辨率:$1\mu\varepsilon$;热敏电阻:$3k\Omega$;工作温度:$-20\sim80℃$;标距:150mm;信号电缆:四芯屏蔽电缆。

(3)土压力传感器。

土压力计采用 P252A 型土压力计(图 2-16)。该土压力盒是埋入式土压力计,采用分离式结构,主要由压力盒、压力传感器、油腔、承压膜、连接管和屏蔽电缆等组成。

 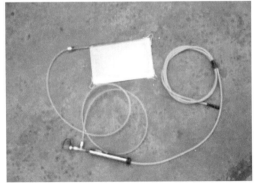

图 2-16　土压力盒图

P252A型液压土压力计由两个方形或圆形不锈钢片从外围焊接而成,两个钢片夹层间空隙中充满无空气的防冻油,通过液压管接到压力传感器上,作用在两个面板上土压力的变化引起盒内流体压力的增加,而不直接测量土压力,对周围土体应力场的扰动不会受到影响,测量电路采用电阻应变式,输出电流信号经电缆输送到数据采集器。又因设计使直径与厚度之比远大于10倍,且空隙充满油、刚度大,所以土压力计与土体匹配误差小,测量精度高。

主要技术参数有:传感器类型:电阻应变式;标准量程:0.5MPa;过载:30%F.S.;分辨率:0.01%F.S.;精度:<0.3%F.S.;温度范围:−10~+55℃;输出信号:4-20mA;材质:不锈钢;承压盘尺寸:方形150mm×250mm,圆形:直径500mm;传感器尺寸:直径:28mm,长度:180mm。

(4)多点位移计。

环道采用KLA-100A多点位移计(图2-17),该仪器采用液压式埋设方法,解决了锚块在土体中安装的难题,提高了测量数据的准确性,更适用于道路监测工程。

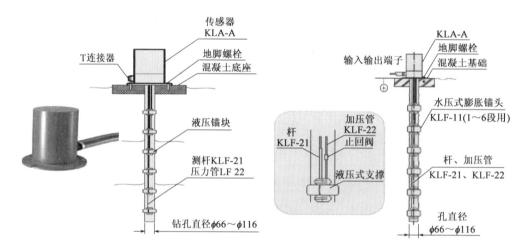

图2-17 KLA-100A多点沉降位移计

KLA-100A型多点沉降位移计设计用来测量路基、堤坝、软基处理等各种土体工程内部的分层沉降,以及由于矿山开采引起的地面塌陷等。

完整配置的KLA-100A型多点沉降计由内置有位移传感器的测量头(1~6点)、液压锚块、测杆、压力管以及其他辅助安装元件构成。安装前需要预钻一个合适口径的钻孔,之后通过安装工具将液压锚块与测杆和压力管连接好,依次送入到钻孔中相应的测试深度,然后通过安装工具使液压锚块膨胀固定在该位置,最后将测杆与测量头连接,并将其固定在地表位置。每一个液压锚块对应的地层发生沉降变化将会改变液压锚块的位置,这样,通过测量它的变化便可以得到钻孔中每一个测点上的沉降位移变化。

KLA-100A型多点沉降计的传感元件为电阻应变式传感器,具有良好的分辨率和测量精度,特别适用于需要进行高精度分层沉降自动化测量的工程应用。其液压锚头采用坚固的铜合金材质,水压自动胀开使之与土体固结成一体,从而可准确测量各位置的沉降位移。每个测孔最多可安装6个测量锚头。

主要技术参数:测量数量:1~6;量程:100mm;输出系统:2.5mV/V(5000×10^{-6});非线性:1% RO;温度范围: $-10 \sim +60℃$;输入输出电阻:350Ω;推荐电压:小于2V;额定电压:5V;重量:5kg;锚头长度:100mm;测杆:内径5mm,外径8mm。

5) 水泥混凝土试验段传感器

采用 GIRS 型振弦式钢筋计(图2-18),用于测量混凝土结构内钢筋承受的荷载以及混凝土结构内部的应变情况。

GIRS 型振弦式钢筋计由一段190mm长的高强碳钢制成的中空钢筋和同轴安装于其内部的振弦式应变传感元件构成。振弦式应变传感元件工艺与形式都与振弦式应变计相同,钢筋承受到的拉伸或者压缩荷载通过传递会改变应变传感元件中钢弦的张紧程度,从而改变其响应频率。通过电磁线圈可以激励并读出钢弦的响应频率,计算钢弦频率的改变量便可以计算出钢筋的应变和荷载变化。

每一支 GIRS 型振弦式钢筋计使用的高强碳钢都会经过单独的标定程序,使其应变与荷载之间具有良好的相关性。GIRS 型振弦式钢筋计可以与被测钢筋进行焊接,也可以通过螺纹使用钢制螺纹接头进行连接(需指定螺纹形式)。GIRS 型振弦式钢筋计中还带有一个3000Ω的热敏电阻温度传感器,它可以提供温度对于检测材料的影响信息。

GIRS 型振弦式钢筋计设计寿命不低于15年,埋设成活率不低于90%。主要技术参数为:直径:16mm;量程:2500με(500MPa);精度:±0.25% F.S.;分辨率:0.4με;热敏电阻:3kΩ;工作温度: $-20 \sim 80℃$;仪器长度:190mm;信号电缆:四芯屏蔽电缆。

采用 VWE 型振弦式土压力计(图2-19),测量结构内部土体的压应力,并可同步测量埋设点的温度。该传感器设计寿命不低于15年,埋设成活率不低于90%。

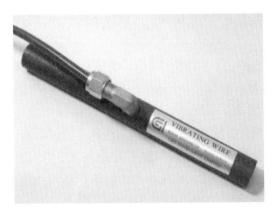

图2-18 GIRS 型振弦式钢筋计

图2-19 土压力计

VWE 型振弦式土压力计由背板、感应板、观测电缆、振弦及激振电磁线圈等组成。主要技术参数:测量范围:0~400kPa;灵敏度:≤0.2kPa/F;测量精度:±0.1% F.S.;温度测量范围:-40~150℃;温度测量精度:±0.5℃;耐水压:1.2倍;绝缘电阻:>50MΩ。

2.3.2 环道服役功能检测信息子系统

在环道试验运行期间,除了实时监测环境、荷载、应力/应变力学响应信息外,还需要定期进行服役性能的周期检测。按照一般沥青路面的检测内容,环道19个主试验段的检测项目分为承载能力、路面变形、表面功能和表面破损等4大类、8个子项(图2-20)。

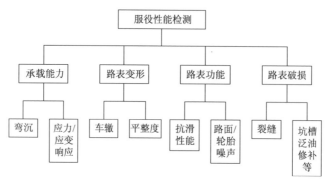

图2-20 环道服役性能检测项目框图

承载能力检测分为弯沉检测和应力/应变响应。在环道"零荷"状态检测时,采用了几种不同的弯沉检测方法进行比较,最终选择了稳定性较好、精度较高、易于操作的FWD作为环道弯沉检测的主要方式。在周期检测过程中,FWD弯沉检测采用两种工况:一是每个试验路段每隔10m一点,进行不同荷载级位的定点弯沉检测,荷载级位分别为50kN、70kN、90kN和110kN;二是在23个传感器断面各布设4个固定点位,进行不同荷载级位弯沉检测,与此同时采集相应断面应力、应变和变形的响应数据,荷载级位同前。第二种工况的弯沉与应力/应变的同步采集是为了弥补加载过程中加载车轮迹偏移导致的应力/应变响应实时采集信息不稳定的不足,但是,由于FWD与加载车荷载状态的不同,两种应力/应变采集方法相互独立,不可替代。

路面变形检测主要是路面的横向变形(即车辙)和纵向变形(即平整度)。实际工程中,路面的纵向变形不仅包括路面不均匀沉陷导致的变形,还包括路表病害(裂缝、坑槽等)和路面维修导致的路面变形。环道车辙检测主要采用3m直尺和激光断面仪两种方式同时进行,相互比较。路面平整度采用颠簸累计仪原理的多功能检测车和八轮仪检测。

路表功能检测主要是抗滑性能和路面/轮胎噪声两项指标。路面抗滑性能采用人工砂铺法、摆式仪、激光纹理深度测试仪和横向力系数检测车等四种方式检测。路面/轮胎噪声采用定点通过法和拖车法检测。

路表破损状态主要通过人工调查的方式检测,记录每个破损的具体形态、位置桩号以及产生的时间。路表破损重点记录路面裂缝的形态[包括横向裂缝、纵向裂缝以及网裂(龟裂)三种形态],对于STR9路段(PAC路段)主要记录路表剥落的程度。

为保障检测数据的可靠性,所有检测仪器设备定期进行标定。以上这些检测数据按周期、按路段分别整理,分类存储。

2.3.3 数据中心

环道数据中心的主要功能是通过物联网、数据库等信息化、技术规范化存储环道各个时期的试验检测和监测信息,并基于该数据中心实现试验数据分析,试验数据分析结果的展示、发布、查询检索等。以下对数据中心的硬件系统、软件系统及存储的数据信息分别介绍。

1) 数据中心硬件系统

数据中心主要设备包括:应用服务器 28 台,数据库服务器 2 台,磁盘阵列 3 套,磁带库 1 套,各类交换机/路由器 20 余台,以及相关配套的安全防护设备。数据中心存储总容量 600TB,目前已累计采集超过 400TB 数据,数据库共有数据表 100 余张,数据条数 1000 余万条。数据中心机房如图 2-21 所示。

图 2-21 数据中心机房

2) 数据中心软件系统

数据中心共有正版操作系统 30 套,其中 RedHat(Linux)15 套,Microsoft SERVER 2012 15 套;ETL 工作 1 套;数据库软件 2 套(Orcal、达梦);虚拟化平台 1 套;综合网管软件 1 套。

数据中心采用 20 台物理主机搭建虚拟化集群,中央处理器(CPU)主频 2GHz,内存 5120GB。已创建并使用虚拟机 32 台,分别用于各类业务系统,其中包括:传感器数据采集、数据存储等。

3) 数据中心存储的数据信息

环道数据中心存储的数据信息主要包括建设信息、加载运行期间的环境和荷载信息、加载期间各个试验路段结构内部的力学响应信息,以及每个加载周期后采集的路况信息,如图 2-22 所示。各类数据通过人工录入、设备自动采集、文件导入、设备数据导入等方式进入环道数据中心。

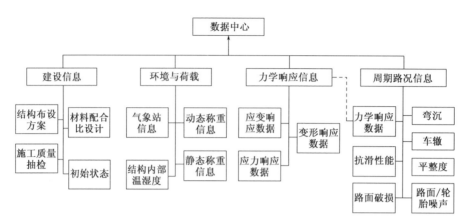

图 2-22　数据中心的数据框架

环道建设信息包括环道设计文件、建设时期的材料配合比设计、施工质量抽检以及环道竣工时期的初始状态信息,其中设计文件主要以纸质文件形式存储,其他信息以人工录入方式进入数据中心,以文件和数据表形式存储于数据库中。

环境与荷载信息主要包括环道试验期间的气象站采集的气象信息、结构内部温湿度传感器采集的环境温湿度信息、动态称重仪采集的行车荷载信息以及周期加载期间的加载车辆荷载信息,环境与荷载信息主要通过传感器自动采集方式进入数据中心,以数据表形式存储于数据库中。

结构内部力学响应信息主要包括环道试验期间以及周期检测期间 FWD 联合检测的结构内部应力应变响应信息,是所有信息中数据量最大的,主要通过传感器自动采集方式进入数据中心,以数据表形式存储于数据库中。

周期检测的路况信息主要包括环道试验期间周期检测的承载能力、路面变形、表面功能和表面破损等四大类服役性能信息,主要通过人工录入方式和文件导入方式进入数据中心,以文件形式存储于数据库中。

2.4　运行与加载系统

参照国外环道加载模式,RIOHTrack 计划采用多轴重载列车的模式进行实车加载,即 1 个单轴牵引轴 + 1 个双联轴 + 3 个单轴载重轴,共 6 个轴,单轴载重轴最大为 200kN(图 2-23)。

在 2016 年 11 月 28 日实际加载试验之初,由于加载车研制滞后,环道采用 4 辆 10 轮重载卡车进行加载;直至 2019 年 1 月 1 日才开始按照设计计划,采用 6 辆百吨级的加载列车进行加载。因此,环道加载至今先后采用了两种加载模式(图 2-24):模式 A 为 4 辆 10 轮卡车加载,模式 B 为 6 辆百吨级加载列车。采用模式 A 时,以加载运行 20000km 为一个试验周期,即试验车辆绕行环道 10000 圈,每辆车绕行 2500 圈;采用模式 B 时,以加载车累计运行 30000km 为一个试验周期,即试验车辆绕行环道 15000 圈,每辆车绕行 2500 圈。A、B 加载模式的每个周期时长为 11~12d。

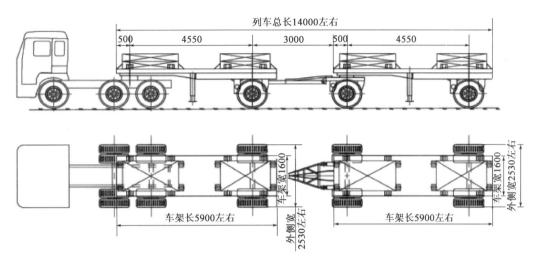

图 2-23 环道加载车示意图(尺寸单位:mm)

a) 加载模式 A

b) 加载模式 B

图 2-24 环道实际加载模式

加载车的实际运行速度为 40~50km/h。每天加载时间约为 10~12h,冬季为早 7 点至晚 6 点,夏季为早 6 点至晚 8 点,中午有 1h 午休。为了保障行车安全,成立专门的驾驶员队伍和车辆维修厂,每辆车配备 2 名驾驶员,交替驾驶;车辆维修人员每天对加载试验车辆进行维护、检修。

在每周期加载试验时,均对各个加载车的轴重和轮胎接地压力进行复测,表 2-21 为模式 A 加载车轴重的统计表(至 2018 年底),表 2-22 为模式 B 加载车轴重的统计表(至 2020 年 6 月)。需要说明的是:对于加载模式 A,主要采用 160kN 的轴载水平,即双后轴为 320kN;对于加载模式 B,为了加快路面的疲劳损伤,在每年的冬季和春季加重轴载水平,主要载重轴(后面的 3 个单轴)的轴重标准为 180kN,而夏季和秋季为 160kN。

根据以上荷载水平,分别按照《公路沥青路面设计规范》2006 年版和 2017 年版的轴载换算公式,计算每个模式的加载车加载一次(即绕行环道一周)折算的标准轴次,见表 2-23。

加载模式 A 时实际轴载分布情况 表2-21

统计参数	100kN 轴载标准		130kN 轴载标准		160kN 轴载标准	
	前轴(kN)	单后轴(kN)	前轴(kN)	单后轴(kN)	前轴(kN)	单后轴(kN)
平均值	60.3	100.4	63.6	130.2	78.0	159.8
最大值	65.6	104.9	72.5	134.4	100.6	165.0
最小值	48.0	96.9	49.1	126.7	60.7	150.3
标准差	0.37	0.22	0.58	0.15	0.55	0.23
变异系数	6.11%	2.24%	9.17%	1.17%	7.01%	1.41%

加载模式 B 时实际轴载分布情况 表2-22

轴位置	180kN 标准					160kN 标准				
	均值(kN)	最大值(kN)	最小值(kN)	标准差	C_v	均值(kN)	最大值(kN)	最小值(kN)	标准差	C_v
前轴	74.0	79.0	70.0	0.23	3.15%	72.6	79.0	66.6	0.21	2.92%
中轴1	152.8	156.4	145.8	0.24	1.55%	152.5	161.2	139.6	0.41	2.67%
中轴2	158.1	164.4	145.0	0.52	3.26%	156.3	165.0	140.0	0.62	3.95%
后轴1	192.6	195.8	185.6	0.17	0.91%	167.6	173.8	159.4	0.37	2.20%
后轴2	193.4	200.0	190.2	0.21	1.11%	171.6	176.0	162.6	0.27	1.55%
后轴3	193.6	197.0	186.8	0.18	0.95%	169.6	176.4	163.0	0.34	1.98%

一辆车累计标准轴次/次（按轴重均值计算） 表2-23

《公路沥青路面设计规范》	设计指标	模 式 A			模 式 B	
		后轴单轴标准轴重			载重轴重	
		100kN	130kN	160kN	180kN	160kN
2006 版	弯沉、沥青层层底拉应力	3	8	19	69	46
	半刚性材料层拉应力	3	25	130	686	305
2017 版	沥青层疲劳开裂、沥青层永久变形	3	7	15	55	38
	半刚性材料层疲劳开裂	3	80	1152	16464	3658
	路基顶面压应变	5	16	45	120	80

此次环道试验的目标是实现试验路段的全寿命周期加载,这意味着环道的各个试验路段在加载末期应产生极限破坏状态,如:试验路段的加载车道出现表征结构破坏的网裂或龟裂状态。但是,由于 RIOHTrack 环道的 19 个主试验路段的结构形式差异较大,有可能不会同时产生极限破坏状态,同时,由于是第一次开展这方面的试验研究,具体的加载次数是多少并不清晰。因此,参照国内外目前对于长寿命沥青路面的技术标准,理论推算相应的加载目标。

美国在 2010 年提出,长寿命沥青路面应承受 2 亿次的累计标准轴载作用次数。由于美国轴载换算的标准轴重为 80kN,换算指数为 4 次方,而我国的标准轴重为 100kN,如仍按 4 次方折算,大致相当于 8200 万以 100kN 为标准的轴载作用次数。

另外,重载交通是我国干线公路交通的一种典型荷载状态,按照 2006 版《公路沥青路面设计规范》的轴载换算方法,特重交通高速公路的设计标准为:设计年限 15 年内承受的累计标准轴次为 2500 万次/车道以上,按长寿命沥青路面使用 50 年的标准,相当于承受不少于 8300 万次的标准轴载。

同时,考虑到环道加载试验过程中重轴载的加载集度明显大于实际道路上的重轴载水平,试验采用的轴载水平宜适当折减。为此,环道试验的加载目标曾初定为 5000 万标准轴次,至 2020 年底,鉴于环道试验路段加载 3500 万次后的使用状态,提出环道的加载目标为 7000 万次。其最终目标是环道试验路段(或某些路段)产生结构性破坏。

当然,也有可能出现另一种情况,即荷载次数加载到足够的水平(如 7000 万次以上时),环道的某些主要试验路段仍未出现极限破坏状态,则说明这些路段已具备长寿命的使用要求,甚至高于目前长寿命路面的技术要求,路面设计存在较大的冗余度。要么可以优化材料和结构设计,使其满足既定的长寿命沥青路面要求;要么作为未来使用寿命要求更高的沥青路面的研究、验证对象。

除了环道试验路段产生的网裂、龟裂等结构性损伤状态外,按照长寿命路面技术标准,以车辙变形、抗滑性能衰减等为代表的表面功能损伤也是一个衡量指标。这主要是针对沥青路面的养护寿命。对于长寿命沥青路面,在其结构安全寿命之内存在着 2~3 个养护寿命。即,在长寿命沥青路面的服役期间内,允许由于沥青路面表面功能的衰减,进行 2~3 次的表面功能的维修罩面,每次罩面的时间间隔不少于 15 年,有些国家要求是 20 年。因此,环道试验过程中,各个试验路段表面功能的衰变状态是需要持续观测的,同时也做好在一定加载水平之后进行表面功能维修罩面的准备。

总之,不论今后环道加载水平达到 5000 万次,还是 7000 万次,持续、稳定的加载试验和系统、全面地跟踪观测是确保此次环道试验成功的基本保障。

3 环道路基与基层施工

根据环道试验的总体研究目标确立相应的建设目标:**严格**按照设计要求进行**施工**,**强化**施工过程中的**质量管理**和**控制**,**确保施工质量**,**避免**在后续试验过程中产生由于施工问题导致的**早期病害**,为实现环道总体研究目标奠定基础。为此,在环道建设过程中,按照我国高速公路正常的建设程序进行施工,并成立现场中心试验室负责环道建设过程中的质量控制。

另外,由于本环道是面向长寿命沥青路面技术体系研发,不仅在结构和材料设计中考虑了相关的技术对策(见第2章),而且在施工工艺和质量控制方面也采取了一些"新"的措施。一方面,通过环道施工验证这些"新"措施的可行性;另一方面,也将通过今后的环道试验验证这些措施的可靠性,为形成我国长寿命沥青路面建造技术提供施工方面的经验和手段。

与一般高速公路建设相比,环道施工最主要的差异在于试验路段的类型较多,工艺变化频繁,这对保障环道施工质量带来不利影响。一般工程中,一层沥青混合料一天可连续施工1km左右,然而环道1个试验段一般仅有50~60m,需要频繁调配施工设备,施工效率大幅度降低,由此也造成施工成本的大幅度增加,同时也增加了工程质量的不确定性。需要指出的是,环道涉及的各种混合料均需按照规范的施工流程进行操作,由此也造成环道质量控制环节的成本增加。然而,这都是为了环道建设质量符合实际工程状态而应付出的代价。

本章及第4章主要介绍RIOHTrack环道的土建施工情况。本章主要介绍环道路基、水泥稳定土(简称水泥土,代号CS)、级配碎石(代号GB)和水泥稳定级配碎石(简称水稳碎石,代号CBG)等结构层的施工和质量控制情况。

3.1 路基施工

本环道路面设计高程为20m,现有地面高程平均为19m,考虑到环道各试验路面结构厚度平均为80cm左右,可以说,环道路面几乎处于零填方状态。然而,环道所处路段路基地下水位比较高,为了保障工程质量,需要对环道原状路基进行必要的处理。

此次环道路基施工和质量控制的主要技术特点有:(1)路基内部防水隔断层的设置与施工,以及路基内部湿度调节系统的设置与施工;(2)路基顶面弯沉状态的评价,其中包括贝克曼梁弯沉仪弯沉(以下简称BB弯沉)、多级荷载作用的落锤式弯沉仪弯沉(以下简称FWD弯沉),及其相互关系的评价;(3)基于承载板试验和FWD弯沉反算的土基模量评价等。以下将结合施工流程,着重介绍有关的技术情况。

3.1.1 场地清理及基底整平

图3-1为环道第一阶段路基施工情况,包括地表清理、地基整平和路床施工等几个环节。

a)清理地表

b)基底整平

c)路床施工

图3-1 环道第一阶段路基施工

经碾压、整平后,在环道西侧高程18m位置铺设防水隔断层;在环道东侧及南、北圆曲线段继续填筑路基,直至设计高程。

3.1.2 防水隔断层施工

2007年,沙庆林院士在河北秦皇岛沿海高速公路重载交通长寿命沥青路面试验路上首次采用在路基内部(相当于路床顶部)设置防水隔断层的方案,以保证路基内部含水率及其承载能力的稳定。然而由于一些客观因素的影响,该方案并没有在随后的河北大广高速公路、内蒙古准兴高速公路以及广东云罗高速公路等长寿命沥青路面试验路和实体工程上进一步地推广应用。由于环道的地下水位较高,路基处于"零填"状态,为了保障路基的稳定,在环道西侧直线段和缓和曲线段,采用热沥青和防水土工布设置防水隔断层;并将环道东侧直线段和缓和曲线段作为对比路段,不设置防水隔断层。

为了切实发挥防水隔断层的效果,首先将原状路基(平均高程19m左右)下挖至18m高程位置,整平、压实,压实度达到90%;然后喷洒乳化沥青[图3-2a)];铺设第一层土工布，土工布接缝位置重叠 0.5m[图 3-2b)]；再按每平方米 2.0kg±0.2kg 的剂量洒铺 A-70 热沥青[图 3-2c)]，最后铺设第二层复合防水土工布(中间有一层塑料布)，并用轻型轮胎压路机碾压、整平 1~2 遍[图 3-2d)]。

a)喷洒乳化沥青

b)铺设第一层土工布

c)喷洒 A-70 热沥青

d)铺设第二层土工布

图 3-2　路基内部防水隔断层施工

3.1.3　路基填筑及路基湿度调节系统施工

防水隔断层施工后，即刻开始路基的分层回填(图 3-3)。环道平均回填 1.2m 高的路基土，因此需分层回填。每层回填路基土压实后的厚度宜为 30cm 左右，每层回填压实后，均应进行高程和压实度检测。环道路基土检测结果见表 3-1。

a)在防水隔断层上堆土

b)路基土整平

图　3-3

c) 路基土横向搭接图

d) 路基成型

图 3-3 路基第二阶段施工

环道路基土检测结果　　　　表 3-1

取样地点	工程部位	击实试验		液塑限测定试验			CBR 试验
		最佳含水率 w_{opt}（%）	最大干密度 γ_{max}（g/cm³）	液限（%）	塑限（%）	塑性指数	CBR（%）
原地面土	原地面处理	10.5	1.92	26.5	21.0	5.5	41.6
北京市大兴区亦庄京海四路科创七街土坑	路基填筑	12.2	1.84	28.0	20.5	7.5	40.2
环道场区土	路基填筑	16.0	1.78	32.2	22.8	9.4	18.0
							16.3
							15.2
环道场区土	路基填筑	13.1	1.87	28.4	19.9	8.5	16.3
							16.9
							16.3

为了进一步研究路基稳定性对路面结构层的影响,在环道西侧直线段设置路基湿度调节系统。具体施工要求如下：

(1) 头两层路基土填筑压实完成后,进行反开挖铺设横向和纵向的碎石盲沟。在反开挖时,应注意不能破坏路床顶面的防水隔断层。

(2) 横向碎石盲沟的断面尺寸为 40cm×40cm,每 40m 设置一条,长度 12m。横向碎石盲沟应与路侧的排水管涵相通,可将水排出路外。

(3) 碎石盲沟采用双层单向渗水土工布包裹 20~40mm 粒径的卵石填充,并用小型压路机碾压稳定,其上再用路基土回填压实。

(4) 采用防水土工布将路基完全封闭包裹,直至路面结构顶部。

此外,在路基施工和碎石盲沟施工的同时,修好路边的排水沟。

在路基施工过程中逐层安装湿度和温度传感器以及压应力传感器。温度和湿度传感器成对安装,最低安装高程为 17.5m。

3.1.4 路基顶面质量评定

路基施工完成后,按照设计文件要求分别对路基压实度、弯沉、回弹模量等进行了逐段检测,评价施工质量。

采用灌砂法检测各施工段压实度,表 3-2 为路基压实度检测结果。

路基压实度检测结果(1 处/20m)(%) 表 3-2

检测段落	样本量	均值	最大值	最小值	σ	代表值
ZK0+828.921~ZK1+248.921	21	97.2	98.4	96.2	0.57	96.1
ZK1+248.921~ZK1+803.306	28	96.9	97.9	96.2	0.54	95.8
ZK1+803.306~ZK2+038.770	24	97.4	98.4	96.2	0.60	96.2
ZK0+000~ZK0+219.536						

图 3-4 为环道各个路段路基顶面 BB 弯沉的变化曲线。从图中可以看出:

(1)除 STR2 路段外,其余路段的 BB 弯沉的均值在 100~250(0.01mm)之间,大部分在 150(0.01mm)左右,平均 162(0.01mm),$C_v = 33\%$。

(2)各个路段弯沉的变异系数波动较大,最大达到近 50%,最小近 10%,均值为 21%,标准差 0.09,基本处于我国高等级公路路基弯沉变异的中下水平。

(3)按照 2 倍标准差确定的环道各个路段弯沉代表值的变化范围为 450~150(0.01mm),均值为 234(0.01mm),$C_v = 35\%$。

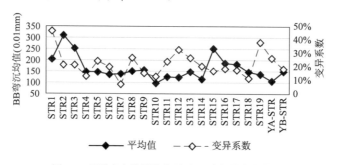

图 3-4 环道各个路段路基顶面 BB 弯沉的变化曲线

总体看,环道各个路段的弯沉水平并不十分理想,与当前在建的许多高速公路的弯沉代表值相比明显偏大:有些地区好的在 100(0.01mm)左右,一般的在 200(0.01mm)以内,只有在南方潮湿软土路基,弯沉大约为 250~300(0.01mm)。但这个弯沉是实实在在检测得到的,尽管不理想,但这是真实的,特别是今后随着各路段的各个结构层的逐渐修筑,观察弯沉水平的变化将是一个十分有趣且重要的研究课题。

在进行 BB 弯沉检测的同时,对点进行 FWD 弯沉动态检测,并分别采用 30kN、50kN 和 70kN 等 3 种不同的荷载级位。理论上,50kN 时的 FWD 弯沉与 BB 弯沉对应。FWD 上有 9 个不同位置的位移传感器,每个间隔 30cm,最远测点为 240cm。D_0 为荷载圆中心处的弯沉,以此类推,D_8 为距荷载圆中心 240cm 处的弯沉。3 级不同荷载作用下各个路段的 FWD 弯沉均值汇总于附表 B3-1~B3-3。表中基于 D_0 值,按照式(3-1)反算土基的模量(E_0)。

$$D_0 = 9308 E_0^{-0.938} \qquad (3-1)$$

图 3-5 为 3 个不同荷载水平下,各个路段路基各 FWD 测点的平均弯沉及其趋势线。可以看出,随着锤重的变化,各测点弯沉的变化是显著且有规律的。图 3-6 为相应的各个测点弯沉变异系数的分布图,可以看出,各 FWD 测点弯沉的变异系数大约在 10% 左右,明显小于上文 BB 弯沉的变异系数,说明 FWD 测量弯沉的稳定性显著好于 BB。同时,除中心点(D_0)外,不同锤重的弯沉变异系数基本相当。

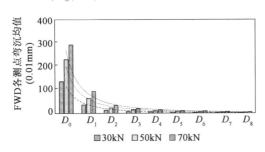

图 3-5　各测点 FWD 弯沉的平均曲线　　图 3-6　各测点 FWD 弯沉的变异系数

将各个路段的 BB 弯沉与 50kN 时 FWD 的 D_0 弯沉进行比较。图 3-7 分别显示了两种测量方法弯沉的均值和代表值。由图可以看出,大部分路段的 FWD 弯沉小于 BB 弯沉,仅 STR1、STR2 和 STR3 路段的 BB 弯沉代表值大于 FWD 弯沉代表值,这与 BB 弯沉的变异系数较大有关。经统计分析,FWD 弯沉均值与 BB 弯沉均值的相关系数为 0.6861,代表值的相关系数为 0.5272。

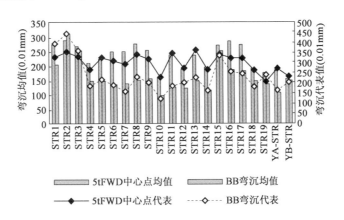

图 3-7　路基 FWD 中心点弯沉(50kN)与 BB 弯沉的对比图

图 3-8 为一组环道路基各个路段 FWD 弯沉特征值的均值分布图,其特征值主要有:中心点弯沉(D_0)、弯沉盆面积 S(即弯沉盆曲线包络的面积,采用梯形法近似计算)、中心点与相邻点弯沉的比值(D_1/D_0)和远端 3 个点弯沉的均值$[3D = (D_6 + D_7 + D_8)/3]$。表 3-3 为各个路段相应各特征统计参数汇总表。从图中柱状分布看出,各个路段随着荷

载水平的增加,各个特征值均有不同程度的增大。结合表中的统计数据可以看出,弯沉盆面积的变异系数明显小于中心点弯沉,说明采用弯沉盆面积指标表征荷载作用下路表变形状态,比单点的中心点弯沉更为稳定、可靠。同时,远端点 $3D$ 的变异系数更小,说明路基在冲击荷载作用下,表面变形主要集中在荷载中心附近,对远端点的弯沉影响较小,$3D$ 指标对于路基强弱的差异性反应不敏感。D_1/D_0 指标的变异性介于 D_0 和 S 之间,进一步证明荷载中心位置的变形对于土基强弱的差异最为敏感。需要指出的是,3 级荷载作用下,D_1/D_0 平均在 0.3 左右,说明的 D_1 位置的弯沉仅相当中心点弯沉的 30% 左右,路基变形主要集中在荷载中心位置,路基整体受力水平还比较弱,弯沉盆曲线是显著凸起的形状。

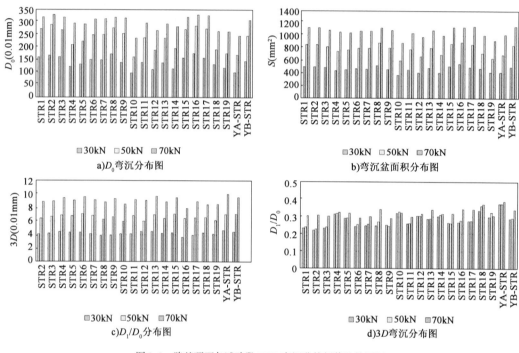

图 3-8　路基顶面各试验段 FWD 弯沉盆特征值比较图组

各试验段不同荷载水平下 FWD 特征值统计参数汇总表　　表 3-3

指　　标	参　数	单　位	30kN	50kN	70kN
D_0	均值	0.01mm	138.6	231.66	294.66
	C_v	%	16.98	17.74	10.01
S	均值	mm²	474.8	786.2	1062.2
	C_v	%	9.1%	10.6%	6.9%
D_1/D_0	均值	—	0.279	0.286	0.323
	C_v	%	13.8%	14.0%	7.8%
$3D$	均值	0.01mm	4.25	6.67	9.10
	C_v	%	5.7%	5.2%	5.3%

路基顶面承载板试验结果汇总于表 3-4。在承载板试验过程中,分别按 0.1、0.15、0.2、0.3 和 0.4MPa5 级荷载加载。表中分别计算了各级荷载作用下路基的回弹模量,以及路基综合模量。从各级荷载计算的模量看,随着荷载水平的增加,有的结构模量逐渐增大,有的结构逐渐减小;从各个路段的平均数值看,不同荷载水平下,路基模量基本相当,但是不同结构的模量变异性较大,达到 40% ~ 50%。

环道各试验路基顶面承载板试验结果汇总表 表 3-4

结　构	各级荷载下的模量(MPa)					土基模量(MPa)
	0.1	0.15	0.2	0.3	0.4	
STR1	167.1	144.0	142.5	129.3	125.3	130.4
STR2	97.7	77.1	82.9	132.8	134.2	108.2
STR3	191.6	227.0	236.6	195.0	213.3	208.6
STR4	76.4	74.6	69.7	66.5	70.5	70.0
STR5	68.0	67.6	70.9	72.7	76.3	72.3
STR6	60.3	57.6	55.9	75.1	77.3	67.2
STR7	115.6	92.2	106.6	120.2	120.6	112.5
STR8	81.8	64.4	65.9	64.2	66.0	65.4
STR9	39.6	39.8	42.0	41.7	46.4	42.2
STR10	137.6	138.0	157.1	132.3	139.3	139.0
STR11	96.0	87.3	92.2	77.4	77.0	81.5
STR12	84.7	90.1	84.4	82.7	80.1	81.3
STR13	67.7	74.0	72.2	63.2	63.5	66.0
STR14	162.5	155.7	137.4	133.4	125.3	133.8
STR15	126.2	138.3	127.8	—	240.1	185.7
STR16	56.6	52.6	58.6	60.8	64.1	59.8
STR17	55.0	57.6	59.9	61.3	66.1	61.4
STR18	76.3	102.1	84.0	75.3	78.0	78.2
STR19	91.4	81.8	85.2	83.5	81.3	82.5
YA-STR	181.5	144.3	138.4	129.8	116.5	127.0
YB-STR	94.6	79.2	76.5	72.0	68.5	73.0
均值	101.3	97.4	97.5	93.5	101.4	97.4
C_v	43.4%	46.3%	46.6%	40.8%	49.1%	44.3%

从每个路段路基综合模量数值看,各路段土基模量最小为 42.2MPa,最大为 208.6MPa,平均 97.43MPa,$C_v = 44.32\%$。由此看出,环道整体路基模量的差异性比较大,这与环道

路基施工期间的气候变化、降雨有关,有些路基段落表面上比较干燥,实际上内部的含水率可能比较高。

结合上文 FWD 试验计算的不同荷载下的路基模量,绘制环道各个路段路基模量的分布图,如图 3-9 所示。由图看出,随着荷载的增加,基于 FWD 试验计算的路基模量逐渐减小,且各个结构表现出一致性的规律。另外,承载板试验的模量略高于 FWD 试验计算的模量,同时,各个路段 FWD 计算模量的变异性明显小于承载板试验的模量,大约在 10%~20%。

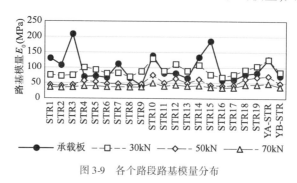

图 3-9　各个路段路基模量分布

以上简要介绍了环道路基的施工情况。足尺环道修建在交通部公路交通试验场区,地下水位比较高,且为了保障足尺环道建成后的运营安全,采用低路堤的方案。本环道路基施工的主要特点是在高程 18m 的位置设置了防水隔断层。从实际操作情况看,尽管增加了施工工序,但是技术方案比较合理,施工操作比较顺利,可作为一般工程改善路基稳定性的技术选择方案之一。此外,作为足尺环道的研究内容之一,在环道西侧直线段采用设置碎石盲沟和注水管的方式,设置了路基湿度调节系统,实际的使用效果待正式运营后进一步考察。

此次路基施工过程中,采用 BB 的静态弯沉、FWD 的动态弯沉、承载板试验和动力触探试验对路基的承载能力进行了全面的检测,收集了比较完整的试验资料,为环道运营期间结构安全性评价提供了较为全面、可靠的基础数据。

从目前数据的初步分析看,尽管路基的压实度状态基本满足技术要求,但**弯沉水平比较大,均匀性并不理想**,这与路基施工过程中的降雨情况有关。另外,根据单点弯沉反算的路基模量与承载板试验测定的模量两者之间有比较大的差距,这与模量评估原理的不同有较大关系,今后值得进一步研究。再者,动力触探试验的数据还需要进一步分析。

3.2　水泥稳定土层施工

水泥稳定土是我国公路建设中常用的底基层材料。环道 19 种主试验路面结构中的 15 个结构中都设置了该材料结构层(STR1、STR2、STR4、STR5、STR6、STR7、STR8、STR9、STR10、STR11、STR12、STR13、STR14、STR16 和 STR17),其中 STR1 结构设置了 2 层。另外,圆曲线 B 段的抗车辙路面试验结构均铺设了 2 层水泥土底基层。每层水泥土设计厚度20cm。

尽管水泥土是一种常用的筑路材料,但在环道施工过程中仍遇到一些意想不到的问题,如:水泥土的强度标准问题、厂拌施工工艺与压实方法问题,以及水泥土施工质量评价问题等。经过反复试验,这些问题在环道施工过程中逐一得到有效解决,从而,为修筑高质量的水泥土结构层,提供了有益的实践借鉴。

环道水泥土施工和质量控制的主要技术要点有:(1)土中杂质和厂拌工艺对水泥土强度的影响及强度标准的确定;(2)水泥土的厂拌工艺与压实方法以及压实度的评价;(3)水泥土层BB弯沉与FWD弯沉均值及变异系数的比较;(4)水泥土层弯沉值跳跃及其FWD特征值的确定;(5)基于承载板与多级荷载FWD试验的水泥土层综合模量评价。

水泥土配合比试验从2015年1月开始,到5月初基本结束,6月开始试验路试铺施工,至7月上旬完成环道水泥土的结构层施工。

3.2.1 配合比设计

环道水泥土配合比设计中遇到的主要问题是土质的选择和强度标准问题。环道水泥土使用的被稳定土主要有两个来源:一是采用施工现场经过清表处理后的原状土,二是采用外购土。通过7d无侧限抗压强度(R_7)试验对两类土质的适用性进行评价。

首先针对这两种土采用不同的水泥剂量分别进行重型击实试验,水泥剂量从4%~12%,击实试验结果见表3-5和表3-6。现场原状土的水泥土进行了两批次击实试验,每个水泥剂量的击实进行了2~3次重复试验。进行如此多次的击实试验目的是确保最终确定的最佳含水率和最大干密度的可靠性。

采用现场原状土进行的水泥土击实试验结果汇总　　　表3-5

试验参数		最佳含水率 w_{opt}	最大干密度 γ_{max}	最佳含水率 w_{opt}	最大干密度 γ_{max}	最佳含水率 w_{opt}	最大干密度 γ_{max}	最佳含水率 w_{opt}	最大干密度 γ_{max}
单位		%	g/cm³	%	g/cm³	%	g/cm³	%	g/cm³
第一批	水泥剂量 w_c(%)	4		6		8		10	
	第一次	11.30	1.8723	11.25	1.8802	10.97	1.8852	11.32	1.8899
	第二次	11.29	1.8702	11.31	1.8727	10.63	1.8696	11.39	1.8719
	第三次	—	—	—	—	11.47	1.8743	11.73	1.8828
	平均	11.30	1.8713	11.28	1.8765	11.02	1.8764	11.48	1.8815
第二批	水泥剂量 w_c(%)	6		8		10		12	
	第一次	11.73	1.8874	11.36	1.8946	11.14	1.9017	11.25	1.9037
	第二次	11.83	1.8894	11.47	1.8955	11.00	1.8983	11.09	1.8965
	平均	11.78	1.8884	11.42	1.8950	11.07	1.9000	11.17	1.9001

采用外购土进行的水泥土击实试验结果汇总　　　　表3-6

水泥剂量w_c(%)	4		6		8		10	
试验参数	最佳含水率w_{opt}	最大干密度γ_{max}	最佳含水率w_{opt}	最大干密度γ_{max}	最佳含水率w_{opt}	最大干密度γ_{max}	最佳含水率w_{opt}	最大干密度γ_{max}
单位	%	g/cm³	%	g/cm³	%	g/cm³	%	g/cm³
第一次	10.54	1.8644	10.57	1.8528	9.69	1.8751	11.11	1.8660
第二次	10.65	1.8655	10.44	1.8649	10.21	1.8938	10.90	1.8625
第三次	—	—	—	—	10.14	1.8927	—	—
平均	10.60	1.8650	10.50	1.8589	10.02	1.8872	11.00	1.8643

根据第一批现场原状土的水泥土击实试验结果和外购土的水泥土击实试验结果进行7d无侧限抗压强度试验,结果汇总于表3-7。从试验结果可以看出两种土质的水泥土的7d强度相差不多,都远远不能满足设计要求。

两种不同土质的水泥土强度试验汇总　　　　表3-7

水泥剂量w_c(%)		4	6	8	10
现场原状土的CS(按照第一批击实试验结果标准)	样本量	9	9	9	9
	均值(MPa)	0.32	0.45	0.48	0.56
	C_v(%)	14.90	15.26	11.78	16.12
	代表值(MPa)	0.22	0.31	0.37	0.38
外购土的CS	样本量	9	9	9	9
	均值(MPa)	0.3	0.44	0.65	0.71
	C_v(%)	15.36	16.52	16.29	16.44
	代表值(MPa)	0.21	0.29	0.44	0.47

水泥土是我国公路建设中一种典型的半刚性材料,在我国许多地方广泛应用,此次试验强度水平如此低,出乎意料。分析原因主要有:土质不好,黏性偏大;水泥品质不好;击实试验结果不可靠,含水率偏高、密度偏低;土质不均匀,含有腐质材料。

为此,首先再次对土的液塑限指标进行试验,根据试验结果该土属于粉砂土,理论上可用于水泥稳定;其次对水泥品质进行化验,并与生产厂家沟通,最终检测结果符合设计要求。在这两个问题澄清的基础上,重新进行击实试验,确定不同水泥剂量下水泥土的最佳含水率和最大干密度,从数据看,对于相同水泥剂量的水泥土前后两个批次确定的最佳含水率和最大干密度相差不多,不足以影响这么大的强度差异。那么,**土质不均匀可能是导致强度偏低的主要原因。**

在进行土的液塑限试验和击实试验时,都将原状土按照试验规程的要求进行筛分,去除含在土中的植物根、茎,但在强度试验时忽略了这道程序。当时一方面没有想到会对强度结果有多大影响,另一方面如果过度要求可能对施工带来较大的麻烦。但是,目前强度不满足要求的情况下也只得严格要求。表3-8为采用现场原状土,按照第二批次的击实试验结果重新进行7d强度试验。试验分为两类,一是采用未筛分土成型试件,二是将土过5mm筛后成型强度试件。

水泥土第二次强度试验结果汇总　　　　　表3-8

	水泥剂量 w_c(%)	6	8	10	12
未筛分	样本量	9	9	9	9
	均值	0.96	1.36	1.49	1.63
	C_v(%)	24.22	13.97	27.53	21.39
	代表值	0.49	0.98	0.67	0.93
过5mm筛	样本量	13	13	13	13
	均值	1.96	2.48	2.87	3.36
	C_v(%)	13.97	5.90	7.28	6.94
	代表值	1.41	2.18	2.45	2.9

从试验结果看,未筛分土的水泥土强度比表3-7的强度略有提高,这与击实试验结果有关,但当水泥剂量达到12%时仍不满足设计要求。筛分后水泥土的强度不仅变异性大大降低,而且当水泥剂量8%时就达到设计要求。由此看来**土质的均匀性对强度影响十分显著**。

另外,**原设计水泥土的强度为3MPa**,现在看来是难以达到的。主要是土质中粉性颗粒含量偏高,砂性颗粒较少。如适当掺入一些碎石,可有助于强度提高,但这样涉及较大的设计变更,程序复杂,影响工期。为此,经综合考虑,**将水泥土的强度标准调整为2MPa**。当然,这并不是简单地降低环道试验路的强度标准,在工程实施过程中将加强对结构承载能力的评价。

通过以上试验初步确定施工中水泥土的水泥剂量为8%~10%,根据这个标准进行延迟试验,结果如图3-10所示。由图中曲线看出,延迟1h后,水泥土的强度衰减较快,现场施工时延迟时间不能超过1h。图3-11为水泥土的EDTA标定曲线。

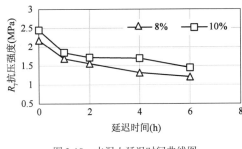

图3-10　水泥土延迟时间曲线图

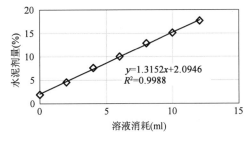

图3-11　水泥土EDTA标定曲线图

表3-9为8%和10%水泥剂量的水泥土冻融循环试验的结果。从数据看,强度越高的水泥土,冻融循环的强度比值越高。

水泥土冻融强度试验结果(一次冻融循环)　　　　表3-9

条　件	8%抗压强度				10%抗压强度			
	均值(MPa)	C_v(%)	代表值(MPa)	强度比(%)	均值(MPa)	C_v(%)	代表值(MPa)	强度比(%)
冻融前	2.64	12.29	1.99	81.37	2.78	13.04	2.05	94.98
冻融后	2.05	10.46	1.62		2.42	9.67	1.95	

3.2.2　施工工艺简述

当前,国内工程上一般采用现场拌和、人工摊铺的方式进行水泥土施工,包括高速公路。环道工程要求采用拌和楼集中厂拌,摊铺机摊铺的施工工艺,以保证混合料施工的均匀性。起初觉得,由于土中含有一定黏性,不宜拌和楼拌和,给施工会带来一些难度,对于摊铺碾压则不应存在问题。但实际施工中,恰恰在摊铺过程中暴露出一些问题,值得思考,这将有助于水泥土施工工艺的完善。

在环道工程正式施工前,水泥土先后铺设了4次试验路,这是环道工程所有结构层材料试验路铺设最多的。

表3-10为水泥土试验路施工主要机械设备一览表。试验路采用每小时产量500t的拌和楼,但在实际生产中,由于料仓下料速度慢,实际产量只有200t。这是采用现有拌和设备生产稳定土材料所面临的主要问题之一——生产效率大幅度下降,增加生产成本。

水泥土结构层施工主要机械设备一览表　　　　表3-10

序　号	机械设备名称	规格、产品、型号	单　位	数　量
1	水泥稳定土拌和机	华通动力重工WCB500型	套	1
2	摊铺机	徐工951	台	1
3	伸缩式摊铺机	ABG	台	1
4	双钢轮振动压路机	洛阳路通	台	1
5	单钢轮振动压路机	柳工626	台	1
6	单钢轮振动压路机	洛阳路通	台	1
7	轮胎压路机	洛阳路通	台	2
8	装载机	ZL50	台	2
9	自卸车	30t以上	台	6
10	洒水车	20t/10t	台	1
11	加油车	8t	台	1

以下结合水泥土4次试验路的情况,分析水泥土的现场碾压工艺的改进。

1) 第一次试验路

时间:2015年6月2日;地点:在紧靠下穿通道的便道;铺筑长度100m,宽度6.5m;设计压实厚度20cm,松铺系数初步定为1.5,即松铺厚度30cm。

碾压方案：

初压：1 台双钢轮压路机前静后振压 1 遍，1 台轮胎压路机静压 1 遍；

复压：1 台单钢轮压路机弱振碾压 5 遍，重叠 1/2 轮宽；

终压：1 台轮胎压路机静压 1 遍。

共计 2+5+1=8 遍。

表 3-11 为水泥土第一次试验路的现场检测结果。从数据看：(1)水泥剂量平均为 9.8%，满足设计要求；(2)进行了 2 批次的 7d 无侧限抗压强度试验，代表值为 3.4MPa 和 3.5MPa，远高于设计要求，同时现场取芯测定的 7d 强度均值为 2.3MPa，满足要求；(3)试验路最大的问题是压实度均值仅有 90.3%，达不到设计 95% 的要求。因此试验路总体评价不合格。

水泥土第一次试验路检测结果汇总表　　表 3-11

序　号	检测项目及结果	
1	出场含水率 w_w(%)	15.3/15.2/14.0/14.1/14.6/15.1，平均 14.7%
2	水泥剂量 w_c(%)	9.8/10.2/9.5/9.7/9.6，平均 9.8%
3	室内击实	湿密度 2.184g/cm³，干密度 1.929g/cm³，含水率 13.2%
4	压实度(%)	89.3/88.5/93.7/88.7/91.3/91.0/89.6，平均 90.3%（注：采用 1.898g/cm³ 干密度评定）
5	R_7 强度(MPa)	3.9/4.5/4.6/4.0/4.4/4.4/4.3/4.3/4.7/3.6/4.1/3.5/3.6，代表值 3.4MPa，均值 4.1MPa，$C_v=9.7\%$；4.5/4.0/3.7/4.0/4.2/4.1/4.5/4.3/4.0/4.3/3.7/3.5/3.6，代表值 3.5MPa，均值 4.0MPa，$C_v=8.2\%$
6	7d 现场钻芯抗压强度(MPa)	2.0/2.4/1.6/2.0/3.5/1.9/2.3/2.7，均值 2.3MPa
7	松铺系数	1.45

压实度不满足要求的初步原因分析主要有：一是压路机驾驶员操作不熟练，没有严格按照碾压工艺进行碾压；二是对水泥土碾压方案及组合的施工经验不足，碾压方案还需要完善。为此，施工单位一方面对压路机驾驶员进行再次培训演练，另一方面调整碾压方案，准备第二次试验路施工。

实际上，在试验路铺设过程中，最初考虑采用单钢轮压路机初压，但由于松铺系数较大，压路机较重，压路机一上去就陷了下去，在碾压过程中造成严重的推移。这与水泥稳定粒料材料的碾压有显著的不同，由于混合料中含有碎石粒料，松铺系数较小（一般为 1.2 左右），压路机碾压不会产生推移。后改为重轮胎压路机进行初压，也存在类似的现象。最后只好改为先采用双钢轮压路机进行初压一遍后，再采用重轮胎压路机和单钢轮压路机进行碾压，这样有效消除了初压推移的问题。

2) 第二次试验路

时间：2015 年 6 月 6 日；地点：在下穿通道 LK0+670~570；铺筑长度 100m，宽度

5.7m；设计压实厚度20cm，松铺系数初步定为1.5，即松铺厚度30cm。

碾压方案：

初压：1台双钢轮压路机前静后振1遍；

复压：1台单钢轮压路机弱振2遍，重叠1/2轮，

　　　1台单钢轮压路机强振3遍，重叠2/3轮，

　　　1台单钢轮压路机弱振1遍，重叠1/2轮；

终压：1台30t轮胎压路机静压2遍，重叠2/3轮。

总计碾压1+6+2=9遍。

表3-12为水泥土第二次试验路的现场检测结果。水泥剂量、强度等指标与第一次情况基本一样，同样是压实度不满足要求。此次施工，混合料出厂含水率偏低是导致压实度不足的原因之一，但不是主要原因。

水泥土第二次试验路检测结果汇总表　　表3-12

序号	检测项目	及结果
1	出场含水率w_w(%)	13.0/12.1/12.1/12.8，平均12.5%
2	水泥剂量w_c(%)	9.2/9.8/9.7/9.4，平均9.5%
3	室内击实	湿密度2.077g/cm³，干密度1.861g/cm³，含水率11.6%
4	压实度(%)	91.2/85.1/85.5/90.4/89.6/91.5/87.4/87.4（注：采用1.898g/cm³干密度评定）
5	R_7强度(MPa)	4.61/4.08/4.49/4.20/4.90/4.45/5.64/4.69/4.57，代表值3.88MPa，均值4.6MPa，C_v=9.8%
6	7d现场钻芯抗压强度(MPa)	—
7	松铺系数	1.45

与第一次试验路相比，此次碾压的压实功明显增加，复压采用重型的单钢轮压路机，3次轻振、3次强振，但压实度没有明显的提高。其原因一方面是混合料含水率偏低，另一方面可能存在过压状态。室内试验确定的水泥土最佳含水率为11%以上，考虑到现场施工因素，可调整为12%~13%，因此出厂含水率12.5%理论上并不低。但施工现场经过观察发现，在重型碾压过程中，水泥土表面失水现象十分明显，远低于最佳含水率状态，因此重新调整水泥土的出厂含水率，预定为15%~16%。再者，对于水泥土这种没有粗集料的、几乎是单一粒径的细粒材料，过度碾压不但不会提高压实度，反而会降低压实效果。因此，以下的试验路铺设实际上是要**找到一个合理的碾压组合，不能过压**。

3）第三次试验路

时间：2015年6月8日；地点：在下穿通道LK0+570~470西半幅；铺筑长度100m，宽度5.7m；设计压实厚度20cm，松铺系数初步定为1.45，即松铺厚度29cm。碾压方案见

表3-13。从设定的碾压方案看,方案一重型的单钢轮压路机取消了强振碾压,均为弱振碾压,方案二与第二次试验路碾压方案相比,减少了一次强振。

水泥土第三次试验路碾压方案　　　　　　表3-13

方案	方案一	方案二
桩号范围	LK0+570~520	LK0+520~470
初压	1台双钢轮压路机前静后振1遍	1台双钢轮压路机前静后振1遍
复压	2台单钢轮压路机各弱振3遍,重叠1/2轮,即6遍	洛通单钢轮压路机弱振2遍,重叠1/2轮,徐工单钢轮压路机强振2遍,重叠1/2轮,2台单钢轮压路机各弱振2遍,重叠1/2轮,即4遍
终压	1台双钢轮压路机前后振2遍,重叠2/3轮	1台30t轮胎压路机静压2遍,重叠2/3轮
总计碾压	1+6+2=9遍	1+8+2=11遍

第三次试验路现场检测结果见表3-14。

水泥土第三次试验路检测结果汇总表　　　　　　表3-14

序号	检测项目及结果	
1	出场含水率w_w(%)	15.1/14.6/14.2/14.6/14.9,平均14.7%
2	水泥剂量w_c(%)	9.8/9.7/9.4,平均9.6%
3	室内击实	湿密度2.119g/cm³,干密度1.850g/cm³,含水率14.5%
4	压实度(%)	方案一:92.7/92.5/93.7;方案二:83.7/90.0/91.4;方案二复检:84.7/84.5/91.5(注:采用1.898g/cm³干密度评定)
5	R_7强度(MPa)	—
6	7d现场钻芯抗压强度(MPa)	—
7	松铺系数	14.5

从试验数据看,首先混合料的含水率状态得到改善。碾压方案一尽管压实功比方案二小,但实际的压实度状态明显好于方案一,尽管这两个方案的压实度仍不满足技术要求。在试验路施工过程观察发现,复压采用强振后,表层含水率损失过快,表面2~10cm松散,压实度反而偏小。至此,水泥土的碾压确实比预想的复杂,但也逐步看到了曙光。再适当增加含水率,优化碾压组合,准备铺设第四次试验路。

4) 第四次试验路

时间:2015年6月12日;地点:在下穿通道LK0+470~570东半幅;铺筑长度100m,宽度5.7m;设计压实厚度20cm,松铺系数初步定为1.45,即松铺厚度29cm。碾压方案见表3-15。此次碾压方案设定与第三次试验路相比,方案一取消了单钢轮压路机,压实功进一步降低,方案二与第三次试验路的方案一相同,方案三比第三次试验路的方案二减少了1遍单钢轮压路机的强振碾压。

水泥土第四次试验路碾压方案　　　　　　　　表 3-15

方案	方案一	方案二	方案三
桩号范围	LK0+470~490	LK0+490~550	LK0+550~570
初压	1台双钢轮压路机前静后振1遍	1台双钢轮压路机前静后振1遍	1台双钢轮压路机前静后振1遍
复压	1台30t轮胎压路机静压2遍,重叠2/3轮	2台单钢轮压路机各弱振3遍,重叠2/3轮,即6遍	2台单钢轮压路机各弱振3遍,重叠2/3轮,即6遍,徐工单钢轮压路机强振1遍,重叠2/3轮
终压	1台双钢轮压路机前后振3遍,重叠2/3轮	1台30t轮胎压路机静压2遍,重叠2/3轮	1台30t轮胎压路机静压2遍,重叠2/3轮
总计碾压	1+2+3=6遍	1+6+2=9遍	1+7+2=10遍

表 3-16 为第四次试验路现场检测结果。

水泥土第四次试验路检测结果汇总表　　　　　　表 3-16

序号	检测项目及结果	
1	路基压实度(%)	96.4/97.0/95.3/91.5
2	路基弯沉(0.01mm)	202/224、172/224、196/226、172/174、172/206、220/244、166/242、230/280、210/318、192/268,均值 217
3	出场含水率 w_w(%)	16.7/16.9/16.4/16.8,平均 16.7
4	水泥剂量 w_c(%)	9.2/9.6/9.4/9.7,平均 9.5
5	室内击实	湿密度 2.098g/cm³,干密度 1.816g/cm³,含水率 15.5%
6	压实度(%)	方案一:88.0/93.4/92.8; 方案二:96.3/96.2/96.3/98.3/96.5; 方案三:92.9/97.0(注:采用1.816g/cm干密度评定)
7	R_7 强度(MPa)	—
8	7d现场钻芯抗压强度(MPa)	—
9	松铺系数	1.45

第四次试验铺设之前重新复检了路基状态,路基顶面弯沉在 200~300(0.01mm),压实度平均达到 95%。混合料出厂含水率平均达到 16.7%。从压实度角度看方案一压实度均不合格,方案二压实度均合格,方案三中复压采用强振后,有部分表面存在 2~5cm 松散处,压实度反而偏小。

由此看来,水泥土碾压不能采用单钢轮压路机的强振碾压,但不采用单缸轮压路机碾压,混合料的压实度难以满足要求,所以宜采用弱振碾压。最终确定方案二为最终碾压方案。另外有两点需要注意:(1)水泥土施工水泥剂量为 9.5%,施工出场含水率为 15.5%~16.5%;(2)采用每天室内击实得出的干密度评定当天施工的压实度。

3.2.3 施工质量评定

经过试验路的反复摸索,最终确定了水泥土的施工工艺,于2015年6月17日正式施工,至7月9日结束,共施工12d。图3-12是一组反映环道水泥土施工状态的照片,包括水泥土施工用土晾晒、水泥土的拌和楼生产(与水泥稳定碎石一样采用二次拌和工艺)、水泥土的摊铺、碾压、养护,以及养护7d后现场钻芯取样检测。表3-17为水泥土施工的台账记录。

a)水泥土用土晾晒场

b)水泥土拌和楼生产

c)水泥土摊铺现场

d)水泥土碾压现场

e)水泥土养护

f)水泥土养护7d后钻芯

图3-12 水泥土施工过程照片

水泥土施工台账记录 表3-17

序号	施工日期(月/日)	段落桩号	长度(m)	结构编号	累计长度(m)
1	6.17	ZK1+368.921~500	131.079	YB-STR	131.079
2	6.20	ZK1+500~660	160	YB-STR	291.079
3	6.23	ZK1+660~778.899	118.899	YB-STR	409.978
4	6.28	ZK1+778.899~ZK2+038.770	259.871	STR10、STR11、STR12、STR14	669.849
		ZK0+000~024.536	24.536		694.385
5	7.1	ZK0+154.536~349.536	195	STR1、STR2	889.385
6	7.2	ZK1+520.899~673.899 第二层	153	YB-STR	1042.385
7	7.3	ZK1+368.921~520.899 第二层	151.978	YB-STR	1194.363
8	7.5	ZK1+188.921~068.921	120	STR16、STR17	1314.363
9	7.6	ZK1+068.921~ZK0+888.921	180	STR7、STR8、STR9	1494.363
10	7.7	ZK0+888.921~773.921	115	STR4	1609.363
11	7.8	ZK0+773.921~654.514	119.407	STR5	1728.77
12	7.9	ZK0+219.536~349.536 第二层	130	STR1	1858.77

1）水泥剂量

图 3-13 为施工期间每个工作日水泥土的水泥剂量检测结果汇总。水泥土设计水泥剂量为 9.0%，实际施工控制为 9.5%，从检测结果看，施工期间，每天水泥剂量的均值为 9.53%，$C_v = 1.01\%$，水泥剂量是比较稳定的。

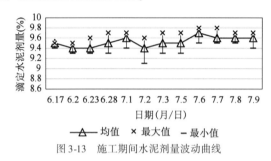

图 3-13 施工期间水泥剂量波动曲线

2）压实度

水泥土施工过程中历次压实度检测数据汇总于表 3-18。压实度检测包括灌砂法测定现场压实后混合料的干密度和含水率，以及每天从摊铺现场取样进行重型击实试验，确定当天混合料的标准干密度，并以此评价混合料的压实度。配合比试验时确定的混合料标准干密度为 1.898g/cm^3。根据表 3-18 中数据可以看出：

水泥土施工期间现场压实度检测汇总　　　　表 3-18

施工日期（月/日）	统计参数	灌砂试验 含水率 w_w	灌砂试验 干密度	当天击实干密度	压实度 按当天击实干密度	压实度 按配合比干密度
6.17	样本	5	5	1.9	5	5
	均值	11.64%	1.828		96.20%	96.30%
	C_v	4.73%	0.42%		0.42%	0.42%
6.20	样本	5	5	1.824	5	5
	均值	13.44%	1.802		98.80%	94.96%
	C_v	11.97%	0.83%		0.84%	0.82%
6.23	样本	5	5	1.864/1.859	5	5
	均值	12.46%	1.806		97.04%	95.14%
	C_v	3.83%	0.87%		0.78%	0.87%
6.28	样本	8	8	1.886	8	8
	均值	11.89%	1.824		96.68%	96.08%
	C_v	2.40%	0.42%		0.42%	0.42%
7.1	样本	3	3	1.884	3	3
	均值	12.87%	1.823		96.77%	96.07%
	C_v	1.62%	0.06%		0.06%	0.06%

续上表

施工日期（月/日）	统计参数	灌砂试验 含水率 w_w	灌砂试验 干密度	当天击实干密度	压实度 按当天击实干密度	压实度 按配合比干密度
7.2	样本	3	3	1.861	3	3
	均值	12.13%	1.782		95.73%	93.87%
	C_v	6.66%	2.53%		2.49%	2.48%
7.3	样本	5	5	1.877/1.878	5	5
	均值	12.32%	1.811		96.44%	95.38%
	C_v	2.53%	0.13%		0.16%	0.11%
7.5	样本	5	5	1.874	5	5
	均值	12.44%	1.816		96.88%	95.64%
	C_v	3.80%	0.38%		0.41%	0.40%
7.6	样本	4	4	1.863	4	4
	均值	12.60%	1.806		96.95%	95.15%
	C_v	2.34%	0.50%		0.51%	0.52%
7.7	样本	5	5	1.869	5	5
	均值	12.20%	1.807		96.70%	95.22%
	C_v	3.71%	0.42%		0.43%	0.41%
7.8	样本	3	3	1.875	3	3
	均值	12.43%	1.810		96.57%	95.37%
	C_v	2.32%	0.57%		0.59%	0.60%
7.9	样本	5	5	1.88	5	5
	均值	12.02%	1.819		96.74%	95.82%
	C_v	3.08%	0.41%		0.43%	0.41%

(1) 环道水泥土施工过程中共进行了 56 次压实度检测，现场压实后混合料的含水率平均为 12.54%，基本满足配合比设计确定的 11～12% 的含水率水平。12 个工作日测定的平均含水率的 $\sigma = 1.27\%$，$C_v = 10.15\%$。

(2) 12 个工作日测定的混合料现场干密度均值为 1.8150g/cm^3，$\sigma = 0.0184$；同时，当天击实的混合料干密度的均值为 1.8653g/cm^3，$\sigma = 0.0322$，击实的干密度略小于配合比设计时确定的 1.898g/cm^3 的最大干密度。

(3) 按照当天击实试验结果评定现场压实度的均值为 97.5%，$\sigma = 1.84\%$；按照配合比设计确定的最大干密度评定的压实度均值为 95.63%，$\sigma = 0.95\%$。

两种压实度对比曲线如图 3-14 所示。

3) 强度评价

表 3-19 为水泥土在施工期间标准养护的 7d 龄期无侧限抗压强度和现场钻芯取样

(7d 龄期)切割成标准试件的强度检测结果汇总表。

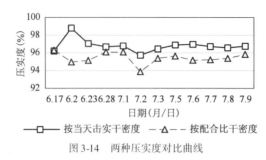

图 3-14 两种压实度对比曲线

水泥土 R_7 强度试验汇总　　　　　　表 3-19

施工日期	R_7 强度					7d 芯样强度				
	样本量	均值(MPa)	C_v(%)	代表值(MPa)	检测单位	检测日期	样本量	均值(MPa)	C_v(%)	代表值(MPa)
6.17	9	3.68	8.70	3.15	施工单位	6.24	9	3.67	25.55	2.13
6.20	9	2.92	10.27	2.43	施工单位	6.27	9	3.28	23.25	2.03
6.23	12	3.71	15.09	2.78	研发部	6.3	9	3.44	23.15	2.13
6.28	13	2.71	8.12	2.35	施工单位	7.4	16	3.16	18.69	2.19
7.1	13	1.35	34.81	0.58	研发部	7.8	9	3.37	18.75	2.33
7.2	13	2.75	9.09	2.34	施工单位	7.9	8	3.01	13.21	2.36
7.3	13	2.2	16.36	1.61	研发部	7.11	9	3.36	12.58	2.67
7.5	4	2.39	26.78	1.33	研发部	—	8	3.13	10.46	2.59
7.6	13	2.56	7.81	2.24	施工单位		9	4.09	19.50	2.78
7.7	13	2.45	9.80	2.06	施工单位		9	3.34	25.11	1.96
7.8	13	2.56	8.20	2.22	施工单位					
7.9	13	2.41	9.13	2.04	施工单位	—	5	2.55	12.72	2.02

4)施工厚度

图 3-15 为施工期间每个工作日测定的水泥土结构层厚度均值及变异系数变化图。从图中可以看出,每日施工厚度均值均满足设计要求,各日最厚为 23.3cm,最薄 20.1cm,平均为 22.1cm;同时,各日厚度变异系数最小为 2.5%,最大为 6.5%,平均为 5.3%。

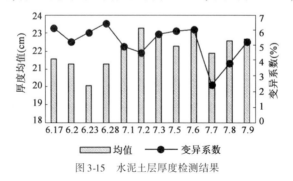

图 3-15 水泥土层厚度检测结果

5) BB 弯沉

表 3-20 为环道各路段水泥土结构层 BB 弯沉检测结果的汇总,图 3-16 为相应的曲线图。图和表中"-1"表示第一层水泥土结构层,"-2"为第二层。环道的 STR1 和圆曲线 B 段均有两层水泥土结构。从数据看出,除 STR12 结构外,各层水泥土 BB 弯沉的均值均小于 50(0.01mm),代表值小于 90(0.01mm)。STR12 路段尽管压实度、强度等指标满足技术要求,但是由于弯沉偏大,进行了返工处理。

水泥土结构层 BB 弯沉检测结果汇总　　　　表 3-20

结构层	STR1-1	STR1-2	STR3	STR5	STR6	STR7	STR8	STR9	STR10
均值	37.4	25.1	35.8	34.4	32.4	39.5	28.2	26.9	22.6
$C_v(\%)$	26.21	24.25	20.42	27.36	28.82	19.56	41.23	39.74	21.73
代表值	57.0	37.3	50.4	53.2	51.0	54.9	51.5	48.3	32.5
结构层	STR11	STR12	STR13	STR14	STR15	STR16	STR17	YB-STR-1	YB-STR-2
均值	36.7	63.8	48.2	38.1	39.1	27.2	30.6	39.3	24.7
$C_v(\%)$	28.95	57.44	40.48	32.68	32.51	51.99	26.18	30.28	32.15
代表值	58.0	137.0	87.2	63.0	64.6	55.6	46.6	63.0	40.5

对应上文相应结构的路基弯沉,对于铺设一层水泥土后的结构,各结构层 BB 弯沉的均值由 162(0.01mm),降低到 36.3(0.01mm),标准差 9.66,下降幅度 77.6%;BB 弯沉代表值的均值由 234(0.01mm),降低到 60.9(0.01mm),标准差 23.27,下降幅度 74.0%。这种弯沉显著下降的现象,已超出现有弹性层状体系理论解释的适用范围,这意味着要反思弹性层状体系理论对于半刚性结构路面力学体系的适用性问题。

图 3-17 为环道第一层水泥土结构层与路基顶面弯沉的散点关系图(删除 STR12 异常路段)。从图中可以看出,两个结构层顶面的 BB 弯沉之间没有良好的相关性。对于相同结构,水泥土顶面 BB 弯沉的均值相当于路基顶面 BB 弯沉的 23.1%,C_v = 32.04%;BB 弯沉的代表值相当于土基顶面 BB 弯沉的 26.3%,C_v = 32.08%。

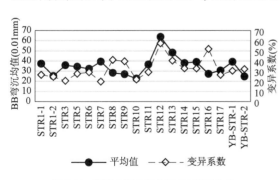

图 3-16　环道水泥土结构层 BB 弯沉曲线

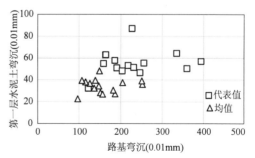

图 3-17　第一层水泥土与路基顶面

6) 分级荷载 FWD 弯沉

环道各个路段水泥土结构层 FWD 弯沉检测结果(均值)汇总于附表 B3-4~B3-7。与路基顶面 FWD 弯沉检测不同,水泥土增加了 90kN 的荷载级位。

图 3-18 为 4 个不同荷载水平下,各个路段水泥土顶面 FWD 弯沉盆的平均曲线。可以看出,随着锤重的变化,弯沉盆的变化是显著且有规律的。图 3-19 为相应的环道各段路基各个测点弯沉的变异系数柱状图,与土基的 FWD 各测点变异系数相比,变异系数有明显降低,说明整体性的水泥土结构层更适合于 FWD 弯沉的检测,同时与相同层位的 BB 弯沉变异系数相比也明显降低,此外,不同锤重的弯沉变异系数基本相当。

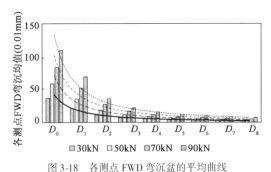 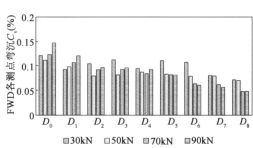

图 3-18　各测点 FWD 弯沉盆的平均曲线　　　　图 3-19　各测点 FWD 弯沉的变异系数图

与路基弯沉类似,水泥土顶面的 BB 弯沉与 FWD 中心点(D_0)5t 荷载时的弯沉存在一定的相关性(图 3-20),但相关性并不显著。

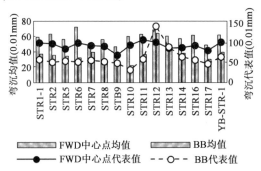

图 3-20　各路段 BB 与 FWD 中心点弯沉散点图(第一层水泥土)

图 3-21 为各个试验路段第一层水泥土不同荷载等级下,FWD 弯沉盆特征值的分布比较图。表 3-21 为相应的特征值统计参数汇总表,并绘制特征值与荷载等级的散点关系图,如图 3-22 所示。由图看出,随着荷载等级的增加,D_0 和 S 呈线性增加,但 $3D$ 的线性增长趋势不明显,而且 D_1/D_0 呈现出显著的曲线关系,这显然与线弹性层状力学体系的模型关系不相符合。

各结构第一层水泥土 FWD 弯沉特征值统计表　　　　表 3-21

指　标	参　数	单　位	30kN	50kN	70kN	90kN
D_0	均值	0.01mm	37.63	58.99	83.20	109.28
	C_v	%	12.44	11.32	12.40	14.77
S	均值	mm²	239.34	377.18	538.33	706.14
	C_v	%	9.20	8.39	8.81	9.98

续上表

指　标	参　数	单　位	30kN	50kN	70kN	90kN
D_1/D_0	均值	—	0.58	0.61	0.63	0.64
	C_v	%	7.19	6.04	6.02	6.47
$3D$	均值	0.01mm	3.48	4.97	6.99	9.22
	C_v	%	8.04	7.66	5.37	5.30

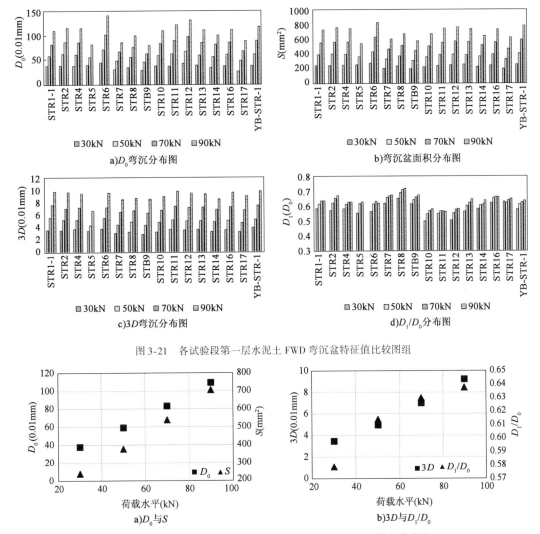

图 3-21　各试验段第一层水泥土 FWD 弯沉盆特征值比较图组

图 3-22　水泥土第一层 FWD 弯沉盆特征值与荷载等级的散点关系图

7) 承载板试验

环道各路段第一层水泥土养护 7d 后的承载板试验结果汇总于表 3-22，图 3-23 为相应各路段承载板试验和不同荷载等级 FWD 试验计算的结构模量分布图。从数据看出，铺设一层水泥土后，各层最小的模量为 239.06MPa，最大为 540.18MPa，平均 383.41MPa，相比于路基模量提高了近 3 倍;同时从变异水平看,变异系数从土基的 44.32% 下降到 19.89%,降低 1 倍多,说明**结构承载能力的均匀性大幅度提高**,这可能是在路基上修筑半刚性材料结构层的技术优势之一。

第一层水泥土各路段承载板试验结果汇总(均值模量,单位 MPa)   表 3-22

荷载	各级荷载下的模量(MPa)						综合模量(MPa)
	0.12	0.21	0.29	0.38	0.46	0.55	
STR1	634	552	498	459	393	346	427
STR2	349	419	370	395	377	373	373
STR4	349	364	356	349	348	388	410
STR5	340	248	309	319	321	317	356
STR6	363	352	336	317	312	332	322
STR7	377	374	375	373	391	391	380
STR8	734	637	654	553	491	489	540
STR9	523	491	444	419	406	387	416
STR10	342	326	299	324	273	266	287
STR11	246	280	298	256	229	215	239
STR12	265	282	290	303	350	350	392
STR13	445	417	329	320	290	289	307
STR14	336	540	420	376	395	395	391
STR16	420	391	372	407	367	470	485
STR17	653	413	472	517	462	448	464
YB-STR	417	358	361	378	308	400	347
均值	424	403	386	379	357	366	383
$C_v(\%)$	33.3	26.5	24.5	20.9	19.0	19.9	19.9

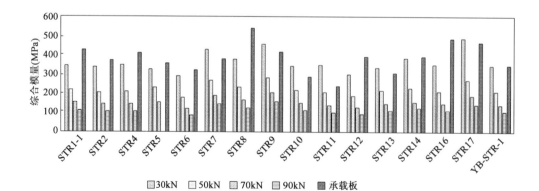

图 3-23 不同路段第一层水泥土承载板模量的分布图

另外，从不同荷载水平计算的结构模量看，与路基情况也有比较明显的不同——随着荷载的增加，结构模量逐渐减小。当然这个规律与室内抗压回弹模量试验和 FWD 试验反算结论正好相反——荷载越高，模量越大，导致不同的主要原因在于试验状态的不同，究竟采用哪种规律评价水泥土的荷载与模量的非线性规律尚需要进一步研究。

表 3-23 为环道铺设第二层水泥土后承载板的试验结果。按照设计要求，环道的圆曲线 B 段和 STR1 结构有两层水泥土结构。从试验数据看，结构模量随着荷载增加而逐渐降低的趋势与第一层一致。其次，铺设第二层后，结构模量比第一层有所提高，但提高幅度没有那么显著，圆曲线 B 段由 346.75MPa 提高到 404.28MPa，提高了大约 17%，STR1 由 426.84MPa 提高到 477.28MPa，提高了约 12%。因此从模量角度也可看出，土基上铺设 1 层半刚性结构层后，结构承载能力出现了比较明显的跳跃现象，这与弯沉检测结果的规律一致。

第二层水泥土承载板试验结果汇总表（均值模量，单位 MPa） 表 3-23

荷载（MPa）	各级荷载下第一层水泥土的结构模量						结构模量
	0.12	0.21	0.29	0.38	0.46	0.55	
YB-STR	448.20	389.55	360.57	350.82	355.52	359.41	404.28
STR1	589.14	517.59	541.11	484.42	442.93	432.68	477.28

3.2.4 小结

本节主要简单介绍了环道水泥土的修筑和现场试验的检评情况。此次环道水泥土修筑的主要特点是采用集中厂拌摊铺机摊铺的施工工艺。与一般的路拌施工相比，这一方面改善了水泥土施工的均匀性，另一方面其施工的工艺要求也产生较大变化。首先是取土需要晾晒，确保合适的含水率状态，其次拌和楼产量明显降低，只有生产水泥稳定碎石一半的产量，再者碾压工艺需要优化，需要轮胎压路机的揉搓碾压，以保证压实度。

其次，按照现行的施工技术细则要求，施工期间每天进行击实试验确定压实度的评价标准，现场养护 7d 后进行钻芯取样并测定强度，以及进行弯沉评定，从操作角度看均可行，从检测指标看基本满足技术要求。

值得说明的是，水泥土的 7d 强度标准由原设计的 3.0MPa 调整为 2.0MPa，这并不是单纯地降低标准，而是根据实际的施工情况进行的适当调整。当前，国内工程界对土的界定比较宽泛，有时，土中含有一定碎石或砾石时，也称为土，而本工程实际施工过程中使用的为纯素土，因此其强度难以达到原设计标准。另外通过弯沉检测，强度标准调整后，结构的整体承载能力并没有降低。对于半刚性材料的强度标准与承载能力之间的关系问题，今后有待于深入研究。

承载板试验有个有趣的发现，铺设第一层水泥土后，结构承载能力显著提升，这与弯沉检测结果的规律一致，但铺设第二层后提升幅度显著降低。这对进一步分析半刚性结构路面的受力体系是一个有益的启发。

3.3 级配碎石层施工

根据设计要求,环道的圆曲线 A 段的水泥混凝土试验路段以及沥青混凝土试验路段的 STR3、STR10、STR12、STR15 和 STR18 结构中设置级配碎石结构层。根据使用功能的不同,级配碎石层分为两种情况,一是直接铺设在路基顶面和半刚性(底)基层之间,当作底基层或垫层使用;二是铺设在沥青混凝土结构层与半刚性基层之间作为联结层使用。为此设计时提出了两种不同的级配碎石要求,前者宜选择表 2-17 中的级配 1,也可选择级配 2,后者宜选择级配 2;同时,前者的级配碎石 CBR 应不小于 120,后者的级配碎石 CBR 应不小于 180。

此次环道级配碎石施工和质量控制的主要技术要点有:(1)级配碎石的级配选择与采用单一粒径规格碎石后级配的控制;(2)级配碎石层压实度水平评价。另外,施工时发现,铺设级配碎石层后,弯沉数值出现"反跳"现象(弯沉没有减小反而增加),其"反跳"程度与级配碎石下承层的情况有关。

3.3.1 配合比设计

本工程采用河北张家口怀来石料厂生产的石灰岩碎石,实际上与下文水泥稳定级配碎石采用相同的原材料规格,共分为 6 档,分别为:1 号料 19~26.5mm、2 号料 13.2~19mm、3 号料 9.5~13.2mm、4 号料 4.75~9.5mm、5 号料机制砂 0~4.75mm、6 号料石屑 0~4.75mm。分别按照设计推荐的两种级配范围的中值曲线进行重型击实试验和 CBR 试验。

表 3-24 为两种级配的击实试验结果,由于级配 1 击实试验结果的最佳含水率误差较大,经过多次重复试验最终确定相应的最大干密度和最佳含水率。

两种级配碎石的击实试验结果汇总　　　　表 3-24

样　本	级　配　1		级　配　2	
	最佳含水率 $w_{opt}(\%)$	最大干密度 $\gamma_{max}(g/cm^3)$	最佳含水率 $w_{opt}(\%)$	最大干密度 $\gamma_{max}(g/cm^3)$
1	4.62	2.3628	6.07	2.3710
2	4.48	2.3696	5.91	2.3837
3	4.48	2.3696	6.06	2.3628
4	6.49	2.3848	—	—
5	5.68	2.3721	—	—
平均	5.15	2.3718	6.01	2.3725

图 3-24 为 2 个级配 CBR 试验的曲线,每个级配进行 3 次平行试验,表 3-25 汇总了该试验贯入深度 2.5mm 和 5mm 时的 CBR 值。可以看出级配 1 满足 CBR120 的标准,级配 2 满足 CBR180 的要求,可以按照设计初衷进行相关结构层的施工。可以看出,适当降低

级配的公称最大粒径有利于提高 CBR 值,这与水泥稳定级配碎石混合料适当降低公称最大粒径有利于提高强度水平的规律类似。

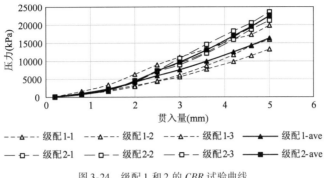

图 3-24 级配 1 和 2 的 *CBR* 试验曲线

级配碎石 CBR 试验结果汇总　　　　表 3-25

贯入深度	级 配 1				级 配 2			
	1	2	3	平均	1	2	3	平均
2.5mm	128.2	62.4	64.1	84.9	105.4	105.4	101.2	104.0
5mm	189.4	126.5	151.8	155.9	224.9	216.4	202.4	214.6

3.3.2 施工工艺简述

2015 年 7 月 14 日在主环道 STR15(ZK0+24.535~ZK0+89.536)段,铺筑长度 65m,宽度 9.8m。本次采用施工图设计推荐级配 2 进行拌和,标准配合比最大干密度为 2.372g/cm³,最佳含水率为 6.01%,施工出场含水率分别为 4.3%、5.2%。

施工中级配碎石由 WCB-500 型稳定土拌和站集中拌制。自卸运输车运输,采用摊铺机全幅全宽全厚一次性摊铺,采用两台单钢轮振动压路机、一台轮胎压路机和两台双钢振动轮压路机碾压成型。试验路设定两种碾压方案:

碾压方案一 ZK0+24.536~ZK0+54.536,30m。

初压:1 台轮胎压路机静压 3 遍,重叠 1/3 轮宽;

复压:1 台 13t 双钢轮压路机振动碾压 2 遍,重叠 1/3 轮宽,1 台单钢轮振动碾压 2 遍,重叠 1/3 轮宽;

终压:1 台 12t 双钢轮压路机碾压 2 遍,重叠 1/3 轮宽。

总计碾压:3+4+2=9 遍。

碾压方案二:ZK0+54.536~ZK0+89.536。

初压:1 台双钢轮压路机前静后振 1 遍,重叠 1/3 轮宽;

复压:采用两台单钢轮压路机各振动碾压 2 遍,重叠 1/3 轮;

终压:1 台轮胎压路机静压 1 遍,重叠 1/3 轮。

总计碾压:1+4+1=6 遍。

表3-26为试验路现场检测结果的汇总表,其压实度和CBR值满足技术要求。根据试铺前确定的断面,每个断面测四个点的试铺前、试铺后及压实后高程,计算出相应的松铺厚度和压实厚度得出平均松铺系数为1.29。

级配碎石(级配2)试验路检测结果汇总表　　　表3-26

序　号	检测项目及结果	
1	矿料筛分级配满足设计级配碎石2要求	
2	出场含水率w_w(%)	4.20/4.32/5.11/5.23
2	室内击实	干密度2.320g/cm³,含水率4.0%
3	CBR(%)	277.1/248.5/225.4
4	压实度(%)	103.1/99.8/99.9(注:采用配比2.372g/cm³干密度评定) 105.5/102.0/102.1(注:采用击实2.320g/cm³干密度评定)
5	松铺系数	1.29

根据试验路施工情况,考虑到后续施工时拌和楼的生产能力调整为300t/h左右,在大面积施工中,摊铺速度按1.0~1.5m/min控制。

同时,通过试验段两种碾压方案的压实度结果和碾压成型后路面外观比较来看,为了减少了压路机过压,并节省碾压延迟时间,在大面积施工时确定的碾压方案为:初压:1台轮胎压路机静压2遍,重叠1/3轮;复压:2台双钢轮压路机各弱振2遍,重叠1/3轮;终压:1台双钢轮压路机静压1遍,重叠1/2轮。总计碾压2+4+1=7遍。

另外,通过试验路确认,施工期间养护采用土工布覆盖、洒水饱湿养护方法,在进行下个工序前严禁车辆通行。

3.3.3　施工质量评定

级配碎石(图3-25)施工过程中进行级配和含水率、压实度、弯沉和承载板(图3-26)等试验的检测工作,现将相关的检测结果简单介绍如下。

图3-25　摊铺好的级配碎石

图3-26　承载板试验

1) 施工级配

表 3-27 为施工期间级配碎石混合料矿料级配的抽检结果,从结果看,生产级配比较稳定,基本满足设计要求。

级配碎石施工段级配汇总表　　　　　　　表 3-27

路 段	层 位	不同筛孔(mm)通过率(%)									
		26.5	19	13.2	9.5	4.75	2.36	1.18	0.6	0.3	0.15	0.075
YA-STR1/STR2	下基层	100	83.0	67.9	57.1	34.8	21.9	14.6	9.5	6.2	5.1	3.4
		100	83.1	68.5	57.4	34.1	22.0	15.1	9.7	6.4	4.9	3.6
STR18	基层	100	84.7	70.2	58.3	34.0	25.1	16.8	10.0	7.9	5.9	4.4
		100	85.2	69.0	57.0	35.2	23.7	15.2	10.1	7.2	5.5	4.3
STR10、STR12	—	100	83.2	68.8	56.9	35.2	22.8	15.9	11.2	7.0	5.8	3.9
		100	83.4	68.4	56.3	34.8	23.4	15.6	10.7	7.3	5.5	3.6
STR15 STR3(及YA)	—	100	83.8	68.6	57.8	40.3	25.7	16.8	11.0	6.8	5.2	4.1
		100	83.5	68.1	57.4	39.9	25.0	17.2	10.4	7.3	5.5	3.8
均值		100	83.7	68.7	57.3	36.0	23.7	15.9	10.3	7.0	5.4	3.9
σ		0.00	0.80	0.71	0.60	2.55	1.45	0.94	0.61	0.54	0.35	0.36
C_v(%)		0.00	0.96	1.03	1.05	7.07	6.11	5.93	5.90	7.75	6.46	9.17

2) 施工含水率与压实度

图 3-27 为施工期间在拌和厂抽检的级配碎石含水率的波动曲线。由图看出,施工期间混合料含水率的最大值为 6.12%,最小值为 4.59%,极差 1.53%,均值为 5.05%,$C_v = 9.37\%$,基本满足技术要求。

图 3-28 为级配碎石混合料施工期间现场取样重型击实的试验结果,并以该干密度结果作为当天混合料现场压实度的评定结果。从统计结果看,级配碎石的平均压实度为 99.48%,$C_v = 1.20\%$。进行压实度检测时测定了现场混合料的含水率,均值为 5.08%,$C_v = 10.72\%$,基本与拌和厂混合料含水率抽检结果相当。

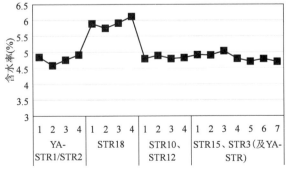

图 3-27 施工期间含水率波动曲线

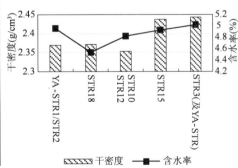

图 3-28 现场取样击实试验结果曲线

图 3-29 为现场压实度检测的试验结果曲线。压实度检测过程中含水率最大值为 5.8%,最小值为 3.7%,极差 2.1%,均值为 5.0%,$C_v = 10.01\%$;压实度最大值为 102.5%,最小值为 97.3%,极差 5.3%,均值为 99.4%,$C_v = 1.21\%$。

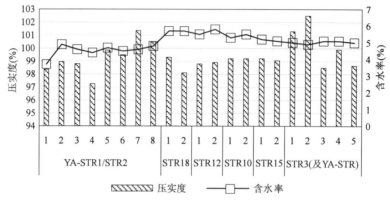

图 3-29 压实度检测曲线

至此可以看出,在级配碎石施工检测过程中存在三个含水率:在拌和楼抽检的含水率、现场取样击实试验测定的含水率以及压实度检测时测定的含水率。通过以上数据分析表明,这三个含水率均值、变异系数基本相当,说明试验检测的结果比较稳定,检测数据可靠。

3) BB 弯沉检测

表 3-28 为级配碎石路段 BB 弯沉的检测结果汇总,由表中数据看出:

(1) STR12 和 STR10 结构的级配碎石结构铺设在半刚性基层顶面,其弯沉水平明显小于其他几个路段。根据上文介绍,STR12 和 STR10 的路基顶面弯沉差异较大,经过铺设水泥稳定土底基层和水泥稳定级配碎石基层后,铺设的级配碎石结构层的弯沉基本一致,说明这两层半刚性结构层有效地改善了路基承载能力不均匀的问题,但是铺设级配碎石后其弯沉明显增加,不仅大于水泥稳定级配碎石结构层的弯沉,甚至大于水泥稳定土的弯沉。由此反映出**弯沉指标表征结构承载能力的局限性,值得进一步研究**。

(2) STR3、STR15 和 STR18 都是直接在路基顶面铺设级配碎石结构层,其路基顶面弯沉代表值分别为 359.8(0.01mm)、335.4(0.01mm)、180.9(0.01mm),铺设一层级配碎石后,STR3 和 STR15 结构的弯沉改善十分显著,而 STR18 没有改善,STR15 和 STR18 铺设第二层级配碎石后,弯沉水平变化不大。这也反映出 BB 弯沉的一些特点,尚需要进一步研究。

级配碎石路段 BB 弯沉检测结果汇总　　　　　　表 3-28

	STR3	STR15-1	STR15-2	STR18-1	STR18-2	STR12	STR10
均值	157.7	146.7	101.5	141.7	153.2	70.0	71.1
C_v	9.0%	9.8%	29.3%	20.2%	5.4%	24.8%	20.5%
代表值	180.9	170.4	150.5	188.9	166.8	98.6	95.0

4) 分级荷载 FWD 弯沉检测

级配碎石结构层 FWD 的检测结果汇总于附表 B3-8,由于气候和施工进度的影响,STR3 和 STR15 第二层的级配碎石,即 STR15-2,未能进行 FWD 的弯沉检测。对于在半刚性基层上面铺设的级配碎石,采用 50kN、70kN、90kN 和 110kN 的 4 级荷载,对于直接铺设在土基上的级配碎石层采用 30kN、50kN、70kN 和 90kN 的 4 级荷载。表中分别列出各级荷载作用下的平均弯沉盆及其相应的变异系数。

将以上 FWD 试验结果分为两类,一类是铺设在半刚性材料结构层上面(STR10 和 STR12),称为 A 类;另一类是铺设在非整体性结构层上面(STR15-1、STR18-1 和 STR18-2),称为 B 类。根据附表 B3-8 数据,分别计算并绘制 A 类和 B 类的 50kN、70kN、90kN 荷载水平下平均的弯沉盆曲线和各测点平均的变异系数,如图 3-30 所示。由图中看出,这两类弯沉盆曲线有显著差异,B 类中心点及其附近的弯沉数值明显大于 A 类,这与上文 BB 弯沉的试验规律一样,随着测点距中心点位置逐渐增加,A 类与 B 类弯沉数值逐渐趋于一致。

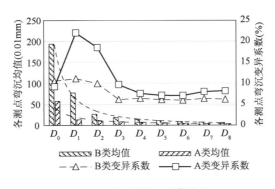

图 3-30 两类结构弯沉盆曲线对比

从各测点弯沉变异系数水平看,总体上 B 类弯沉的变异系数小于 A 类,主要差异在于 A 类距中心点附近(并不是中心点)弯沉的变异系数明显偏高,特别是 D_1 点。这反映出级配碎石层测量 FWD 弯沉的特点。由于级配碎石是非整体性结构层,在 FWD 试验过程中,对荷载中心附近表面的级配碎石扰动较大,导致测量数据不稳定,造成变异性增加;当测点距荷载中心一定距离后,这种表面扰动减小,变异系数显著下降。特别当级配碎石层下面有较强的半刚性材料结构层时,这种扰动尤为明显,因此 A 类弯沉在荷载中心附近的变异系数明显增加。

图 3-31 为 A、B 两类结构级配碎石弯沉盆特征值(D_0、S、D_1/D_0 和 $3D$)的对比图。由图可见,A 类结构的 D_0、S 和 $3D$ 明显小于 B 类结构,这是由于 A 类结构存在半刚性材料结构层所致;同时,A 类结构的 D_1/D_0 也明显小于 B 类结构,近 50%,这也反映出由于 A、B 类结构下卧层的刚度不同,导致级配碎石结构层在外力荷载作用下不同的力学响应特征。

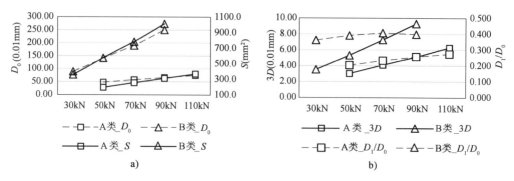

图 3-31 两类结构弯沉特征值对比

5) 承载板试验

图 3-32 为级配碎石现场取样室内 CBR 试验的结果，贯入量 2.5mm 时，平均 CBR 值为 128.6%，$C_v = 13.38\%$；贯入量 5mm 时，平均 CBR 为 196.8%，$C_v = 1.72\%$，满足技术要求。

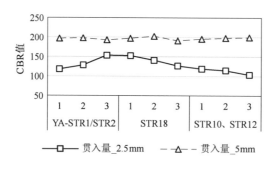

图 3-32 现场取样 CBR 试验结果

表 3-29 为级配碎石结构层现场承载板试验结果汇总，对比土基承载板试验结果，铺设级配碎石结构层后，结构整体的模量有一定提高，但幅度没有铺设水泥稳定土结构层显著。同时，随着荷载增加，级配碎石结构层的结构模量逐渐降低。

现场承载板检测结果汇总（单位：MPa）　　　　表 3-29

荷载(MPa)	STR15	STR3	STR18-1	STR18-2	均值	σ	C_v
0.30	318.3	305.4	175.6	505.9	326.3	136.0	41.67%
0.42	269.1	267.8	236.7	269.1	260.7	16.0	6.13%
0.54	244.1	244.2	371.3	300.3	289.9	60.3	20.81%
0.66	252.4	238.7	269.6	291.0	262.9	22.6	8.59%
0.78	249.2	245.2	280.2	306.8	270.4	28.9	10.69%
0.90	233.2	219.7	223.2	258.8	233.7	17.6	7.55%
结构模量	**253.6**	**307.5**	**191.9**	**397.7**	287.7	87.2	30.33%

以上介绍了环道级配碎石结构的修筑和现场试验的检评情况。根据使用功能的不同，分为两种情况，一是直接铺设在路基顶面和半刚性（底）基层之间，当作底基层或垫层使用；二是铺设在沥青混凝土结构层与半刚性基层之间作为联结层使用。设计中分别给定了相应的 CBR 值标准。

级配碎石的配合比设计和施工相对较为顺利，碎石的 CBR 值及现场的压实度均能够较好地满足设计要求。

由采用 BB 和 FWD 测试级配碎石所取得的弯沉结果可见，结构组合的方式将显著影响弯沉测试的结果，当级配碎石层设置于半刚性基层上时，弯沉水平不降反升，体现了 BB 测试弯沉的特点。设置在半刚性结构上的级配碎石与直接设置于土基（级配碎石）上的级配碎石结构相比，其变形的扩散能力显著不同。

3.4 水泥稳定级配碎石层施工

水泥稳定碎石是目前国内应用最为普遍的半刚性材料。近些年来，关于水泥稳定碎石的强度标准有两种截然不同的看法。一种认为，为了减少沥青面层上面的反射裂缝，应降低水泥稳定碎石的强度；另一种认为，为了保证路面整体结构的承载能力，实现长寿命半刚性基层沥青路面的使用目标，应提高水泥稳定碎石的强度。为此，环道选择了两种不同强度标准的水泥稳定级配碎石材料（R_7 强度分别为 4.5MPa 和 6MPa）作为半刚性基层，通过全寿命周期的实际加载试验，验证这两种基层的使用效果。

此外，环道还专门设计一段（STR4）碾压贫混凝土基层（$R_7 = 8$MPa），这是一种"干贫混凝土"。其拌和、摊铺和碾压工艺都与水泥稳定级配碎石相同，因此，其设计施工要求除强度指标外，均与水泥稳定级配碎石相同。这样，环道实际上是有三种不同强度标准水泥稳定级配碎石。通过以往大量的试验比选，本项目采用 CBG25-40 型的标准级配（表 3-30），并通过水泥剂量调整以达到不同的强度水平。

这里需要说明，提高水泥稳定碎石强度（包括干贫混凝土），并不单纯是通过增加水泥剂量，而是首先通过级配的优化选择。CBG25-40 是通过多次实体工程验证以及本项目的试验比选而确定的，"25"是混合料的公称最大粒径，"40"表示混合料中 4.75mm 碎石通过率为 40%，这种级配碎石含量比较高，同时保证了混合料的密实性，且施工和易性好，不容易离析。

实际工程中，对于水泥稳定级配碎石的性能要求是多方面的，包括密实性、整体性、抗低温收缩性能以及必要的强度、模量和抗疲劳性能等。严格来说，R_7 强度指标并不是水泥稳定碎石的设计指标要求，而是施工质量过程化控制中的质量控制指标。换言之，对于一种水泥稳定级配碎石材料，首先通过全面的性能评价确定混合料的矿料级配、水泥剂量等技术参数和指标，然后确认这种混合料的 R_7 指标，最后在实际工程中通过检评 R_7 指标确认实际施工的混合料满足设计要求。由此看出，是水泥稳定级配碎石的使用性能确定

了 R_7 强度指标,而不是 R_7 强度决定了路用性能。

这里有两个前提条件:一是 R_7 强度的高低与混合料路用性能密切相关;二是在施工期间 R_7 强度易于检测。对于第一个条件也是有其适用条件的,严格来说,对于我国复杂多样的石料和水泥,R_7 强度与其路用性能之间没有必然的相关性,其相关性都是相对的。这也是水泥稳定级配碎石材料设计的复杂性所在,根源在于材料设计与施工控制的一体化问题。

对于一般的工程,当原材料确定后,混合料的级配形式确定后,混合料的 R_7 强度与混合料路用性能有一定的相关性,强度越高,承载能力越高,抗疲劳性能越好,抗收缩性能越低。

此次环道水泥稳定级配碎石施工和质量控制的主要技术要点有:(1)水泥稳定级配碎石级配曲线的选择;(2)试验路的铺筑评价、二次拌和的工艺优势及水泥剂量的调整;(3)试验段压实度及弯沉指标的评价。以下简述环道用水泥稳定级配碎石技术性能和工程情况。

3.4.1 配合比设计

目前水泥稳定级配碎石的级配大约有三种类型,一是细集料含量较高,重量比达到45%以上,粗集料基本上是悬浮于混合料的细集料之中;二是细集料含量较少,重量比小于35%以内,粗集料基本形成所谓的骨架结构;三是介于两者之间。当三种级配混合料强度水平一致时,第一种混合料的密实性好,但收缩性能差,容易产生裂缝;第二种混合料收缩性能好,不容易产生裂缝,但是混合料的密实性差,相当于半开级配或开级配;第三种混合料结构介于两者之间,具有良好的密实性,且抗收缩能力较好。

因此本环道的水泥稳定级配碎石选择第三种矿料级配作为设计的目标级配。也就是在这个级配的基础上制定三种不同 CBG25 的相应的 R_7 标准。

1)理论配合比试验

施工单位从 2014 年底进场后就开始准备水泥稳定碎石的原材料。在 2015 年 1 月初,根据施工单位的备料情况,开展了水泥稳定级配碎石的理论配合比设计,主要目标是选择合理的级配形式并根据强度要求初定水泥剂量。试验过程中将原材料逐档筛分,以保证混合料配合比设计时的级配稳定性。

根据 4.75mm 碎石通过率的不同,设定了 4 个不同的 CBG 级配,见表 3-30,粗、细集料均采用幂函数形式。CBG25-30 表示混合料公称最大粒径为 25mm,4.75mm 通过率为 30%,其余以此类推。

水泥稳定级配碎石选择级配表　　　　表 3-30

筛孔	26.5	19	13.2	9.5	4.75	2.36	1.18	0.6	0.3	0.15	0.075
CBG25-30	100	79.2	61.4	48.7	30	20.3	13.8	9.5	6.5	4.4	3
CBG25-35	100	81.6	65.3	53.4	35	23.1	15.3	10.3	6.8	4.5	3
CBG25-40	100	83.7	69	57.9	40	25.8	16.8	11	7.1	4.6	3
CBG25-45	100	85.7	72.3	62.1	45	28.5	18.1	11.7	7.4	4.7	3

综合考虑设计对水泥稳定级配碎石,包括碾压贫混凝土的强度要求,分别设定4%、6%、8%、10%、12%等5种不同的水泥剂量,分别进行击实试验,每组击实均进行相应的平行试验验证。图3-33和图3-34分别为最大干密度和最佳含水率的变化图。

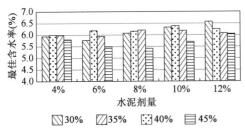
图3-33 CBG最大干密度变化图

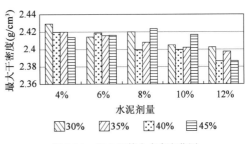
图3-34 CBG最佳含水率变化图

表3-31为根据最佳含水率、最大干密度和98%压实度标准成型15mm×15mm试件,进行R_7试验的结果汇总(代表值按1.645倍标准差计算,以下同)。从试验数据看,按照设计要求,四种级配的水泥稳定级配碎石,其水泥剂量应在6%~10%。至于四种级配的优选,从试验结果看并没有明显的差异。主要原因在于时间仓促,配合比试验稳定性不好。根据以往工程经验,此次选择CBG25-40作为下阶段配合比试验的目标级配。

不同级配、水泥剂量CBG25的R_7试验数据汇总(MPa) 表3-31

水泥剂量w_c (%)	CBG25-30		CBG25-35		CBG25-40		CBG25-45	
	均值	代表值	均值	代表值	均值	代表值	均值	代表值
4	4.37	3.59	4.29	3.40	4.2	3.47	4.91	4.01
6	7.08	6.19	5.52	4.38	6.03	4.94	7.38	6.16
8	8.38	7.05	7.49	6.49	9.92	8.04	8.37	7.05
10	9.66	8.79	10.24	9.11	10.7	8.64	10.2	9.13
12	12.44	10.44	11.75	10.29	11.97	10.02	11.05	9.51

2) 目标和生产配合比确定

2015年春节过后,开展了CBG25的目标和生产配合比试验。由于环道水泥稳定级配碎石的工程量较小,且工期较紧,现场中心试验室与施工单位密切配合,将正常施工的目标配合比试验和生产配合比试验的相关内容整合,加班加点进行试验工作。

目标配合比的确定工作主要是在理论配合比的基础上确定合理的级配范围及合理的水泥剂量和含水率。生产配合比的确定工作是调试拌和楼,确定延迟时间和标定EDTA曲线。

根据施工单位反映,由于理论配合比设计阶段使用的粗、细集料筛分不满足设计要求,重新选择料场,采用河北廊坊曲寨水泥有限公司生产的P.S 32.5级缓凝水泥和河北张家口怀来石料厂生产的石灰岩碎石。因此,原有的理论配合比试验结果仅具有一定的参考价值,主要施工参数需要重新确定。

由于生产用集料还未筛分完成,试验时将准备使用的集料在试验室人工筛分成单一粒径,然后按照CBG25-40理论配合比的级配进行掺配。混合料击实采用的水泥剂量分别为4%、6%、8%、10%和12%,击实试验结果见表3-32。

CBG25-40不同水泥剂量的击实试验结果汇总　　　　　　　　表3-32

w_c(%) 参数	4		6		8		10		12	
	最佳含水率 w_{opt}(%)	最大干密度 γ_{max}(g/cm³)	最佳含水率 w_{opt}(%)	最大干密度 γ_{max}(g/cm³)	最佳含水率 w_{opt}(%)	最大干密度 γ_{max}(g/cm³)	最佳含水率 w_{opt}(%)	最大干密度 γ_{max}(g/cm³)	最佳含水率 w_{opt}(%)	最大干密度 γ_{max}(g/cm³)
1	5.21	2.4345	5.50	2.4471	5.60	2.4466	5.78	2.4361	5.83	2.4281
2	5.27	2.4236	5.50	2.4538	5.51	2.4352	5.63	2.4278	6.16	2.4042
3	5.38	2.4252	5.55	2.4414	5.40	2.4397	5.60	2.4354	5.97	2.4109
4	—	—	5.39	2.4358	5.28	2.4232	5.69	2.4216	5.69	2.4220
5			5.50	2.4192	5.51	2.4305	—	—	—	—
6			5.86	2.4149						
7			5.80	2.4267						
均值	5.29	2.4278	5.59	2.4341	5.46	2.4350	5.68	2.4302	5.92	2.4163
C_v(%)	1.63	0.24	3.12	0.60	2.25	0.37	1.40	0.28	3.39	0.45

根据以上试验结果,按98%压实度成型15mm×15mm标准试件测定R_7强度,结果汇总于表3-33。从试验结果看出,此次强度数据比理论配合比试验结果明显增加,这是由于水泥和集料变化所致。此次使用的水泥标号与理论配合比试验时一样,都是32.5级的硅酸盐缓凝水泥。只是经施工单位反映水泥的磨细程度增加。根据此结果,按照设计的强度要求,水泥剂量为4%~8%,比理论配合比试验的结论降低2%。

CBG25-40不同水泥剂量的试验结果汇总　　　　　　　　表3-33

水泥剂量w_c(%)	4	6	8	10	12
样本量	14	13	13	12	13
均值(MPa)	5.23	8.74	10.11	11.42	13.31
σ	0.44	1.07	0.57	1.18	1.07
C_v	8.48%	12.27%	5.60%	10.30%	8.03%
代表值(MPa)	4.50	6.97	9.18	9.49	11.55

按照规范中提出的冻融劈裂试验方法,进行4%、6%和8%三种水泥剂量混合料的7d和28d的冻融劈裂试验,结果见表3-34。从表中数据看,不同龄期、不同水泥剂量的混合料的冻融劈裂强度比值均较高,一般来说,强度越高,冻融劈裂的强度比值也越高。

40%水泥级配碎石冻融抗压试验汇总　　　　　　　表3-34

水泥剂量 w_c（%）		4			6			8		
龄期	条件	样本量	均值（MPa）	代表值（MPa）	样本量	均值（MPa）	代表值（MPa）	样本量	均值（MPa）	代表值（MPa）
7d	非冻融	13	4.7	4.12	13	8.08	7.11	13	9.39	7.52
	冻融	13	4.41	3.52	13	7.03	5.89	13	8.63	7.22
	比值		93.8%	85.4%		87.0%	82.8%		91.9%	96.0%
28d	非冻融	13	6.45	5.84	13	8.21	6.7	13	11.19	9.18
	冻融	13	6.33	4.94	13	7.38	6.1	13	10.22	8.88
	比值		98.1%	84.6%		89.9%	91.0%		91.3%	96.7%

经施工单位努力，将4.75mm以上的粗集料在拌和厂进行二次筛分，基本形成单一粒径的规格料，同时又将部分细集料进行水洗，形成机制砂，这样有利于控制细集料级配和0.075mm的通过率，最终形成6档矿料：1号料19～26.5mm、2号料13.2～19mm、3号料9.5～13.2mm、4号料4.75～9.5mm、5号料机制砂0～4.75mm、6号料石屑0～4.75mm。

表3-35列出生产所用6档矿料的筛分结果，可以看出：4.75mm以上的4档粗集料基本为单一粒径，每档超粒径含量均不超过20%；水洗后的细集料0.075mm通过率大幅度减小，从而有效保证合成级配0.075mm通过率满足技术要求。

CBG25-40目标合成级配表　　　　　　　表3-35

料号	粒径范围（mm）	矿料通过下列筛孔（mm）的百分率（%）									
		26.5	19	13.2	9.5	4.75	2.36	1.18	0.6	0.3	0.15	0.075
1号	19～26.5	99.3	16.5	0.4	0.1	0.1	0.1	0.1	0.1	0.1	0.1	0.1
2号	13.2～19	100	88.9	4.0	0.6	0.1	0.1	0.1	0.1	0.1	0.1	0.1
3号	9.5～13.2	100	100	94.1	10.6	0.5	0.1	0.1	0.1	0.1	0.1	0.1
4号	4.75～9.5	100	100	100	97.6	9.5	0.8	0.5	0.5	0.5	0.5	0.5
5号	0～4.75,水洗	100	100	100	100	98.0	55.4	34.9	20.4	11.8	8.9	7.0
6号	0～4.75	100	100	100	100	99.7	86.9	63.7	46.9	33.8	28.1	19.8
料号	比例（%）	矿料通过下列筛孔（mm）的百分率（%）									
		26.5	19	13.2	9.5	4.75	2.36	1.18	0.6	0.3	0.15	0.075
1号	18	17.9	3.0	0.1	0.0	0.0	0.0	0.0	0.0	0.0	0.0	0.0
2号	14	14.0	12.4	0.6	0.1	0.0	0.0	0.0	0.0	0.0	0.0	0.0
3号	11	11.0	11.0	10.4	1.2	0.1	0.0	0.0	0.0	0.0	0.0	0.0
4号	18	18.0	18.0	18.0	17.6	1.7	0.1	0.1	0.1	0.1	0.1	0.1
5号	29	29.0	29.0	29.0	29.0	28.4	16.1	10.1	5.9	3.4	2.6	2.0
6号	10	10.0	10.0	10.0	10.0	10.0	8.7	6.4	4.7	3.4	2.8	2.0
矿料组成级配		99.9	83.4	68.1	57.9	40.2	24.9	16.6	10.7	6.9	5.5	4.1
规范推荐级配	上限	100	86	72	62	45	31	22	15	10	7	5
	中值	100	84	68.5	57.5	40.0	26.5	17.5	11.5	7.5	5.0	3.5
	下限	100	82	65	53	35	22	13	8	5	3	2

表中同时列出级配合成后各档集料的比例,以及实际生产时 CBG25-40 的目标级配曲线。由于本工程的工程量很小,且施工单位在施工现场进行严格的单一粒径筛分,因此没有进行各档集料的级配变异性分析,也就没有确定相应的目标级配范围。在实际生产过程中严格按照目标级配曲线控制混合料的生产质量。

为了确定 CBG25-40 的生产延迟时间,进行了不同水泥剂量、不同成型延迟时间的 R_7 强度试验,结果见表3-36。表中试验是基于 2015 年 1 月初试验所采用的水泥和矿料,因此,水泥剂量设定为 6%、8% 和 10%。试验的延迟时间从 0h 到 6h。

CBG25-40 混合料的延迟试验结果汇总　　　　表 3-36

水泥剂量 w_c(%)	6				8				10			
延迟时间(h)	样本量	均值(MPa)	C_v(%)	代表值(MPa)	样本量	均值(MPa)	C_v(%)	代表值(MPa)	样本量	均值(MPa)	C_v(%)	代表值(MPa)
0	13	7.34	8.22	6.35	12	10.53	16.46	7.68	10	11.52	4.97	10.58
1	13	6.23	12.39	4.96	13	8.89	8.27	7.68	10	11.83	6.99	10.47
2	13	6.18	10.57	5.11	12	8.43	11.44	6.84	12	12.14	8.86	10.37
4	13	7.56	8.29	6.53	13	8.61	8.98	7.34	13	10.25	9.21	8.70
6	13	6.83	11.23	5.57	13	8.44	8.22	7.30	13	9.87	10.11	8.23

表 3-37 为 EDTA 标定试验的结果。在 CBG25-40 配合比设计和生产过程中先后进行了 2 次 EDTA 标定。第一次为配合比试验的基本要求。在铺设试验路后发现混合料的 R_7 强度明显高于配合比试验结果,为了查找原因,进行了第二次 EDTA 标定。从试验数据看出,两次 EDTA 标定试验结果十分相近。说明 EDTA 标定结果是可靠的。

CBG25-40 混合料 EDTA 标定试验结果　　　　表 3-37

设定水泥剂量 w_c(%)	4	6	8	10	12
最新标定值	7.1	9.4	12.1	14.3	16.7
以前标定值	7	9.4	11.9	14.3	16.8

此次足尺环道建设不仅仅是一个工程建设项目,同时也是科研工作。因此水泥稳定级配碎石的试验工作不仅包括一般的重型击实试验、R_7 强度试验,还包括不同龄期的模量和强度试验、收缩性能试验和疲劳性能试验。由于时间和人力的关系,这些试验大都还未开展,还需要 2~3 年的时间完成。目前的试验数据还是基本的工程性能数据。

3.4.2 生产调试与试验路施工

环道于 2015 年 7 月 13 日在下穿通道 LK0+540~LK0+660(右半幅)和 LK0+570~LK0+630(左半幅)铺设了水泥稳定级配碎石基层试验路,分为 CBG-B(R_7=4.5MPa)、CBG-A(R_7=6.0MPa)和 LCC(R_7=8.0MPa)三种强度。试验段分为 3 段,分别为:CBG-B

摊铺段落为:LK0+540~LK0+600(右半幅);CBG-A 摊铺段落为:LK0+600~LK0+660(右半幅);LCC 摊铺段落为:LK0+570~LK0+630(左半幅)。

试验路水泥采用河北廊坊曲寨水泥有限公司生产的 P.S 32.5 级缓凝水泥。集料为河北张家口怀来石料厂生产的石灰岩碎石,1 号料 19~26.5mm、2 号料 13.2~19mm、3 号料 9.5~13.2mm、4 号料 4.75~9.5mm、5 号料机制砂 0~4.75mm、6 号料石屑 0~4.75mm。水采用试验场自来水。

试验路 CBG25-40 混合料的掺配比例见表 3-38,三种不同强度混合料的施工要求及参数见表 3-39。试验路主要施工设备见表 3-40。

CBG25-40 混合料各档集料的比例　　　　　　　　　　　　　表 3-38

材料名称	1号碎石	2号碎石	3号碎石	4号碎石	5号机制砂	6号石屑
规格	19~26.5mm	13.2~19mm	9.5~13.2mm	4.75~9.5mm	0~4.75mm	0~4.75mm
掺配比(%)	18	14	11	18	29	10

三种 CBG25-40 混合料的施工参数及要求　　　　　　　　　　表 3-39

结构类型	CBG-B	CBG-A	LCC
设计 R_7(MPa)	4.5	6.0	8.0
P.S 32.5 级缓凝水泥剂量 w_c(%)	4.0	6.0	8.0
最大干密度 γ_{max}(g/cm³)	2.428	2.434	2.435
最佳含水率 w_{opt}(%)	5.29	5.59	5.46
水泥剂量回归方程	\multicolumn{3}{c}{$Y=0.81764\times X-1.7213$ [注:Y 为混合料水泥剂量(%),X 为 EDTA 耗量(mL)]}		

CBG25-40 试验路主要施工设备表　　　　　　　　　　　　　表 3-40

序号	机械设备名称	规格、产品、型号	单位	数量	备注
1	稳定土拌和机	华通动力重工 WCB500 型	套	1	本次产量确定 300t/h
2	摊铺机	徐工 951	台	1	
3	双钢轮振动压路机	洛阳路通	台	1	
4	双钢轮振动压路机	宝马 202	台	1	
5	单钢轮振动压路机	柳工 626	台	1	
6	单钢轮振动压路机	洛阳路通	台	1	
7	轮胎压路机	洛阳路通	台	2	
8	装载机	ZL50	台	3	
9	自卸车	30t 以上	台	6	
10	洒水车	20t/10t	台	1	
11	加油车	8t	台	1	

三种强度的水泥稳定碎石基层各摊铺长度 60m,宽度均 5.6m,设计压实厚度 20cm,松铺系数初步定为 1.30,即松铺厚度 26cm 的试验段。

试验路安排两种碾压方案,3 个试验段每段分为 2 个碾压段,每个碾压段长 30m 左

右。碾压方案一为重轮胎初压方式;碾压方案二为常规的双钢轮初压方式,具体碾压组合如下:

1) 碾压方案一

CBG-B 摊铺段落为:LK0+540~LK0+570(右半幅);

CBG-A 摊铺段落为:LK0+600~LK0+630(右半幅);

LCC 摊铺段落为:LK0+570~LK0+600(左半幅)。

初压:1台轮胎压路机静压2遍,重叠1/3轮宽;

复压:1台13t双钢轮压路机振动碾压2遍,重叠1/3轮宽,1台单钢轮振动碾压2遍,重叠1/3轮宽;

终压:1台12t双钢轮碾压2遍,重叠1/3轮宽。

总计碾压:2+4+2=8遍。

2) 碾压方案二

CBG-B 摊铺段落为:LK0+570~LK0+600(右半幅);

CBG-A 摊铺段落为:LK0+630~LK0+660(右半幅);

LCC 摊铺段落为:LK0+600~LK0+630(左半幅)。

初压:1台双钢轮压路机前静后振1遍,重叠1/3轮宽;

复压:采用两台单钢轮压路机各振动碾压2遍,重叠1/3轮;

终压:1台轮胎压路机静压1遍,重叠1/3轮,1台双钢轮碾压一遍,重叠1/3轮。

总计碾压:1+4+2=7遍。

表3-41~表3-43分别是三种CBG25-40混合料试验路铺设完毕后,相关试验检测结果的汇总。这些试验检测工作由施工单位与本项目组共同完成。

CBG-B 摊铺段落:LK0+540~LK0+600(右半幅) 表3-41

序　号	检测项目及结果	
1	矿料级配	满足设计要求
2	出场含水率 w_w(%)	5.51/5.63
3	水泥剂量 w_c(%)	4.7/4.8
4	室内击实	干密度 2.432g/cm³,含水率 4.86%
5	压实度(%)	103.2/103.8(注:配合比 2.428g/cm³ 干密度评定) 103.1/103.6(注:击实 2.432g/cm³ 干密度评定)
6	R_7 强度(MPa)	代表值 9.5MPa,均值 11.0MPa,$C_v=8.1\%$
7	7d 现场芯样抗压强度(MPa)	14.1/5.8/16.1/15.3/12.2/19.3/17.5/18.1/6.6 代表值 5.9MPa,均值 13.9MPa,$C_v=34.9\%$
8	松铺系数	1.31

CBG-A 摊铺段落:LK0+600~LK0+660(右半幅)　　　　表 3-42

序　号	检测项目及结果	
1	矿料级配	满足设计要求
2	出场含水率 w_w(%)	5.56/5.72
3	水泥剂量 w_c(%)	6.4/6.5
4	室内击实	干密度 2.444g/cm³、含水率 4.76%
5	压实度(%)	102.0/102.7(注:配合比 2.434g/cm³ 干密度评定) 101.6/102.3(注:击实 2.444g/cm³ 干密度评定)
6	R_7 强度(MPa)	代表值 11.1MPa,均值 12.9MPa,$C_v=8.3\%$
7	7d 现场芯样抗压强度(MPa)	18.5/25.6/17.5/13.2/19.8/8.8/19.0/25.0/22.8 代表值 10.0MPa,均值 18.9MPa,$C_v=28.7\%$
8	松铺系数	1.31

LCC 摊铺段落:LK0+570~LK0+630(左半幅)　　　　表 3-43

序　号	检测项目及结果	
1	矿料级配	满足设计要求
2	出场含水率 w_w(%)	5.81/5.70
3	水泥剂量 w_c(%)	8.4/8.5
4	室内击实	干密度 2.425g/cm³、含水率 5.64%
5	压实度/%	101.9/102.8(注:配合比 2.435g/cm³ 干密度评定) 102.3/103.2(注:击实 2.425g/cm³ 干密度评定)
6	R_7 强度(MPa)	代表值 11.4MPa,均值 14.3MPa,$C_v=12.2\%$
7	7d 现场芯样抗压强度(MPa)	16.8/17.0/14.4/14.7/16.0/16.8/19.3/15.3/17.2 代表值 13.9MPa,均值 16.4MPa,$C_v=9.1\%$
8	松铺系数	1.31

根据《公路路面基层施工技术细则》(JTG/T F20—2015)要求,本试验路增加了一些新的检测项目,从检测数据可以看出:

(1)施工当天进行室内击实试验,以确定当天施工混合料的干密度,用于压实度评价。表中压实度检测中有两个干密度标准,也就出现了两类压实度。一个为配合比试验确定的混合料干密度,另一个是当天混合料的击实试验结果确定的混合料干密度。

(2)三种不同水泥剂量混合料的标准养护 R_7 强度明显高于配合比试验结果,通过 EDTA 重新标定试验曲线,证明施工过程中水泥添加剂量是稳定的。这样就需要进一步分析其中的原因。本环道设计中尽管考虑了高强度的水泥稳定碎石,但是需要实际铺设的混合料的强度在一个合理的控制范围内,以便今后环道路面结构使用性能的研究。

(3)试验路正常养护第 7d,现场钻芯取样,测量厚度、检查芯样完整性后,切割成标准芯样测定无侧限抗压强度。从试验结果看,其强度水平明显高于室内标准养护的强度,主要原因是现场养护时气温比较高,远高于标准养护的温度。

在混合料生产时,从拌和楼的皮带上取样进行水洗筛分检查混合料的级配稳定性,表 3-44 为筛分结果。从筛分结果看,混合料级配比较稳定,基本符合目标级配的要求。

试验路级配筛分结果汇总(水洗) 表 3-44

项 目		各筛孔(mm)通过率(%)									
		26.5	19	13.2	9.5	4.75	2.36	1.18	0.6	0.3	0.15	0.075
第一次	1	100	84.7	69.1	57.4	39.7	25.6	16.9	11.2	8	4.6	3.9
	2	100	84.1	68.7	57.7	40.1	26.3	17.3	11.6	7.7	5.2	3.7
	平均	100	84.4	68.9	57.6	39.9	26.0	17.1	11.4	7.9	4.9	3.8
第二次	1	100	85.1	69.6	58.1	41	27.2	18	11.3	7.8	6.8	4.8
	2	100	84.9	69.3	57.9	40.9	27	18.2	11.5	7.6	6.5	4.6
	平均	100	85.0	69.5	58.0	41.0	27.1	18.1	11.4	7.7	6.7	4.7
两次平均		100	84.7	69.2	57.8	40.4	26.5	17.6	11.4	7.8	5.8	4.3
目标级配		99.9	83.4	68.1	57.9	40.2	24.9	16.6	10.7	6.9	5.5	4.1
各筛孔误差		0.1	1.3	1.1	−0.1	0.2	1.6	1.0	0.7	0.9	0.3	0.2

在试验检测过程中,对于同一种混合料测定了三次含水率:拌和楼混合料的含水率、混合料击实试验测定的含水率和压实度检测时测定的含水率,其结果不尽相同,结果汇总于表 3-45,表中同时列出配合比试验确定的标准含水率。

不同抽检试验确定的混合料含水率汇总表(%) 表 3-45

水泥剂量 w_c(%)	4	6	8
压实度检测	4.8	4.6	5.2
击实试验	4.83	5.65	4.71
拌和楼检测	5.57	5.64	5.75
目标配合比	5.29	5.59	5.46

从表中数据看出,拌和楼检测的含水率与目标配合比的标准含水率比较接近,说明混合料生产时水的添加比较准确。而击实试验和压实度检测测定的含水率都存在不同程度的偏差,最大能相差近 1%。对于这方面问题值得进一步探讨,分析混合料含水率变化的原因,确定合理的施工质量评价标准。

在现场养护第 7d,即 2015 年 7 月 20 日,采用 BB 测定弯沉,每 10m 一个测点,试验时路表温度 26℃,检测数据见表 3-46。从表中数据看出,直接铺设在土路基上的三种不同强度的 CBG25-40 结构层(厚度 20cm)的弯沉都比较小,但变异性比较大。主要有以下特点:

(1) 从平均弯沉水平看,混合料中水泥剂量高、强度高,但并不意味弯沉小,如6%水泥剂量的CBG25-40路段的弯沉明显高于4%水泥剂量。

(2) 结合这三种混合料的R_7强度指标,尽管水泥剂量有明显差异,但强度水平(无论是标准养护还是现场钻芯)均较高,且差异不大,因此导致一方面整体弯沉较小,另一方面三种混合料的弯沉水平与材料强度差异没有明显的相关性。

(3) 一般来说,路面结构的弯沉与结构层材料的强度有一定相关性,但是当材料强度达到一定水平后,材料强度的差异对结构层弯沉影响逐渐减小,相反下承层承载能力的影响和施工的均匀性的影响越来越突出。这就是导致6%水泥剂量的CBG25-40路段的平均弯沉较大的原因。

(4) 在原状路基上仅铺设一层20cm的CBG25-40,其弯沉水平已达到我国已建和在建高速公路的水平,甚至更小。这从一个侧面反映出弯沉评价路面结构整体安全性可能存在局限性。一方面从弯沉角度,这个结构完全符合我国高速公路的承载能力要求,另一方面这个结构的安全性存在较大隐患,因为原状路基上铺设这么高强度的结构层,两层之间的模量比相差过大,这个结构层底的弯拉应力较大,容易导致过早的疲劳损坏。

试验路 BB 弯沉检测结果 表3-46

水泥剂量w_c(%)	桩 号	样本量	均值	σ	C_v(%)	代表值
4	LK+600~LK0+540	7	7.7	2.9	37.72	13.5
6	LK+630~LK0+570	7	10.69	2.54	23.75	15.77
8	LK+660~LK0+600	6	7.68	1.15	15.01	9.98

为了更全面地评价试验路的弯沉水平,采用FWD分别测定路基下卧层和CBG25-40结构层(第7d龄期)的对点弯沉水平,试验数据汇总于表3-47。

试验路 FWD 弯沉检测结果 表3-47

水泥剂量w_c(%)		4					6					8			
桩号		LK0+550					LK0+610					LK0+630			
荷载级位(kN)		30	50	70	90	110	30	50	70	90	110	50	70	90	110
下卧层	样本数	6	6	6	6	—	6	6	6	6	—				
	均值	66.1	99.3	140.8	191.6	—	56.2	90.4	124.6	166.1	—				
	σ	11.7	13.6	24.9	37	—	7.79	14.1	15.1	26.0	—				
	C_v(%)	17.7	13.7	17.7	19.3	—	13.9	15.6	12.2	15.6	—				
水稳层	样本数	—	6	6	6	6	—	6	6	6	6	7	7	7	7
	均值	—	14.4	20.0	25.7	31.9	—	16.2	22.6	29.5	36.4	16.1	21.4	28.4	37.5
	σ	—	1.49	2.18	3.27	4.37	—	2.1	3.05	4.16	4.89	3.09	4.8	5.81	6.71
	C_v(%)	—	10.4	10.9	12.7	13.7	—	12.9	14.1	14.1	13.5	19.2	22.4	20.5	17.9

路基顶面的FWD弯沉分别采用30kN、50kN、70kN和90kN的荷载,CBG25-40结构层弯沉分别采用50kN、70kN、90kN和110kN的荷载。表中弯沉为中心点传感器读

数,单位0.01mm。表中同时计算了相同荷载水平下CBG25-40结构层弯沉与路基弯沉的比值。

表中50kN荷载下的弯沉与BB弯沉荷载等效。从表3-47中数据可知,相同荷载下FWD测量的弯沉大于贝克曼梁弯沉,但变异性明显减小,说明FWD弯沉检测比较稳定。

在相同荷载下两个结构层的弯沉差异十分明显,CBG25-40结构层弯沉大约相当于路基顶面弯沉的10%~20%。这进一步说明了对于采用半刚性材料结构层的路面结构,弯沉指标的工程含义值得深思,同时预示了弹性层状体系模型对于路面结构受力分析的适用性问题值得反思。

另外,总体上看,随着荷载水平的增加,两结构层弯沉比逐渐减小。说明弯沉比与荷载水平存在一定关系,反映了结构响应的非线性特征。

通过以上试验路检测数据分析,可以得到以下基本结论:

(1)试验路铺设的三种不同水泥剂量的CBG25-40混合料,总体质量满足实体工程的需求,混合料的级配基本满足配合比设计要求,混合料中的水泥和含水率添加精度满足设计要求,试验路的外观、整体性、压实度满足技术要求。

(2)试验路三种CBG25-40混合料的强度明显高于设计要求,是需要进一步分析的问题。通过本次试铺确定的相关施工技术要求及参数如下:

①高程、厚度控制。高程、厚度控制采用两侧悬挂钢丝绳,通过试验段检测高程、厚度均符合设计要求,该控制方法合理,可以在以后施工中采用。

②松铺系数。根据试铺前确定的断面,每个断面测4个点的试铺前、试铺后及压实后高程,计算出相应的松铺厚度和压实厚度得出平均松铺系数为1.31。

③摊铺速度的控制。考虑到后续施工时拌和楼的生产能力可调整为300t/h左右,在大面积施工中,摊铺速度按1.0~1.5m/min控制。

④摊铺机的振动频率。根据对试铺段的观察,摊铺后表面均匀、密实,证明摊铺机熨平板夯锤振动频率采用4.5级可行。

⑤运输车辆数量。通过试铺,认为确保摊铺机连续进行摊铺必须至少有两辆车在等待卸料,考虑到正常施工时摊铺作业面距拌和站的平均运距为1km,需6台运输车辆方可保证摊铺的连续性。

⑥碾压方案确定。通过试铺施工,各种碾压方案压实度结果和碾压成型后路面外观比较来看,最终确定大面积施工时采用的碾压方案为:初压:1台轮胎压路机静压2遍,重叠1/3轮;复压:2台单钢轮压路机各弱振2遍,重叠1/3轮;终压:1台双钢轮压路机弱振碾压1遍,重叠1/3轮,1台双钢轮压路机静压直到轮迹消除为止。

⑦养护。经对各试验段现场钻芯检测,证明施工养护采用土工布覆盖洒水饱湿养护,养护期为7d以上方法可行。

试验路主要的技术问题是强度偏高。根据理论配合比和目标配合比试验结论,CBG25-40级配分别按照4.5MPa、6.0MPa和8.0MPa的三种强度要求,确定了4%、6%和

8%的水泥剂量。但铺设试验路检测后发现R_7强度远高于设计的目标值。尽管本项目水泥稳定级配碎石总体强度要求偏高,但是并不是越高越好,从科研角度看,强度应在可控的范围内。因此需要详细分析试验路强度偏高的原因,在实际施工中合理确定水泥剂量。这是此次环道建设中遇到的第一个技术难题。

首先分析试验操作误差的因素。强度偏高首先考虑是否水泥剂量添加有误,为此在试验路铺设之后对 EDTA 标定曲线进行了重新标定。从试验结果看,前后两次标定曲线基本一致,说明施工过程中对水泥剂量的确定并无显著误差。

其次分析试验路生产上的工程偏差。在试验施工过程中先后三次抽检拌和楼混合料的级配,经统计分析确认,实际施工混合料的级配与目标设计级配基本一致。因此混合料强度偏高与级配没有关系。

最后分析强度增长的工程因素。本项目施工采用目前工程常用的施工设备,主要的变化在于采用了二次拌和工艺生产混合料,是将两个拌和楼串联以延长混合料的拌和时间,从而改善混合料拌和的均匀性。同时,本项目严格按照现行《公路路面基层施工技术细则》(JTG/T F20)要求,4.75mm 以上的粗集料采用单一粒径备料,共分 4 挡,分别为:4.75~9.5mm、9.5~13.2mm、13.2~19mm 和 19~26.5mm;4.75mm 以下的细集料分为 2 挡,其中一档为水洗的机制砂。

因此,推断试验路水泥稳定碎石强度偏高应是施工工艺改善所致。近年来在各省的一些工程中应用过这种工艺,但没有这么彻底,试验数据也没有那么充分,因此一直没有发现工艺改善后对水泥稳定级配碎石强度的影响。同时,此次环道建设的发现还需要在全国其他工程上进一步验证。

最终,采用现场施工用水泥,重新进行不同水泥剂量 CBG25-40 混合料的 R_7 强度验证,并绘制水泥剂量与抗压强度的相关曲线,如图 3-35 所示。

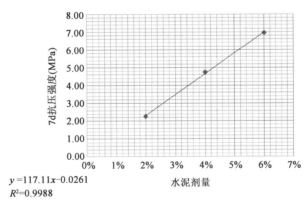

$y = 117.11x - 0.0261$
$R^2 = 0.9988$

图 3-35 水泥剂量与强度的相关曲线

按照设计强度的要求,重新计算三种不同强度要求的 CBG25-40 混合料的水泥剂量,见表 3-48。根据试验路结果看,这个水泥剂量可能导致混合料的实际施工强度还是偏高。《公路路面基层施工技术规范》(JTJ 034—2000)中,当时采用一次拌和,为了保证混合料拌和的均匀性,要求混合料中水泥剂量不低于3%。本项目4MPa强度要求的混合料确定的水泥剂量为3.2%,基本处于临界要求,因此未进一步降低水泥剂量。但现在看来,如果采用二次拌和,严格控制原材料规格,原有3%的临界标准可以进一步调整,如降到2%。

CBG25-40混合料施工水泥剂量的确定　　　表3-48

设计强度(MPa)	试验结果	工程设定
4.5	3.44%	3.2%
6	5.15%	5.5%
8	6.85%	7.0%

实际施工期间,圆曲线A段(水泥路面段)下层水泥稳定级配碎石采用原设计的4%水泥剂量,上层采用调整后的3.2%水泥剂量。圆曲线B段(抗车辙段)上下两层水泥稳定碎石均采用原设计的6%水泥剂量。主线19种路面结构的水泥稳定碎石均采用调整以后的水泥剂量。

3.4.3　施工质量简评

水泥稳定级配碎石试验路施工后,除水泥剂量问题需要进一步分析外,其余质量指标均满足要求。由于工期紧张,在首先开始的圆曲线A段和B段的水泥稳定碎石结构层施工中仍采用原设计的4%或6%的水泥剂量,之后,在主试验段19个结构的水泥稳定碎石施工中,按照调整后的水泥剂量施工。

1)施工概况

图3-36为水泥稳定级配碎石混合料施工情况,包括现场碎石单一粒径筛分、混合料二次拌和的生产工艺、现场摊铺、碾压情况和现场取芯的剖面图。

a)单一粒径碎石筛分现场

b)水泥稳定级配碎石二次拌和楼

c)水泥稳定级配碎石摊铺现场

d)水泥稳定级配碎石轮胎压路机碾压现场

e)水泥稳定级配碎石钢轮压路机碾压现场

f)水泥稳定级配碎石芯样剖面图

图3-36　水泥稳定级配碎石施工图

表 3-49 为水泥稳定级配碎石施工台账记录。施工期间,水泥稳定级配碎石结构层施工质量的评定与控制指标包括:

(1)每个施工日,在拌和厂抽检矿料级配、水泥剂量和拌和含水率。

(2)每个施工日,从摊铺现场取样成型 R_7 试验的标准试件、进行室内重型击实试验,用于评定当天混合料的现场压实度。

(3)每个施工日,施工现场检测压实度并检查碾压外观,不能漏压,也不能留有轮迹。

(4)正常养护 7d 后,现场钻芯取样检查芯样完整性和测量厚度,同时进行 BB 弯沉和 FWD 弯沉检测(每 10m 一点),以及承载板试验,FWD 检测按照 50kN、70kN、90kN 和 110kN 4 级不同荷载。

(5)正常养护 7d 后,室内进行标准养护 R_7 强度试验,以及现场芯样切割成标准试件后进行抗压强度检测。由于工期较紧,2015 年 8 月 14 日及其以后的施工路段,养护 4d 后进行现场检测。

水泥稳定级配碎石施工台账　　　　表 3-49

施工日期 (月/日)	施工段路	结构编号	层位	设计标准(%)	
				水泥剂量 w_c	含水率 w_w
8.19	ZK1+869.306~ZK1+933.306	STR14	二	3.20	5.29
	ZK1+673.899~ZK1+803.306	STR13	二	5.50	5.59
	ZK0+828.921~ZK0+948.921	STR6、STR7	二	3.20	5.29
	ZK0+948.921~ZK1+068.921	STR8、STR9	二	5.50	5.59
	ZK0+773.921~ZK0+828.921	STR4	LCC	7.00	5.46
8.18	ZK0+024.536~ZK1+988.306	STR11	二	5.50	5.59
	ZK0+089.536~ZK0+349.536	STR1、STR2、STR3	二	5.50	5.59
8.15	ZK0+654.514~ZK0+828.921	STR5、STR4	一	5.50	5.59
	ZK0+614.536~ZK0+634.536	YA-STR	二	3.20	5.29
8.14	ZK1+673.899~ZK1+803.306	STR13	一	5.50	5.59
	ZK1+068.921~ZK1+188.921	STR16、STR17	一	5.50	5.59
	ZK0+828.921~ZK0+948.921	STR6、STR7	一	5.50	5.59
8.13	ZK0+349.536~ZK1+998.536	STR1、STR2、STR3、STR15、STR11	一	5.50	5.59
8.10	ZK1+248.921~ZK1+368.921	STR19	二	3.20	5.29
	ZK0+948.921~ZK1+068.921	STR8、STR9	二	3.20	5.29
8.9	ZK1+803.306~ZK1+998.306	STR12、STR14、STR10	二	3.20	5.29
8.7	ZK1+368.921~ZK1+673.899	YB-STR	二	6.00	5.59
8.6	ZK0+349.536~ZK0+614.536	YA-STR	二	3.20	5.29
7.29	ZK1+635~ZK1+673.899	YB-STR	一	6.00	5.59
7.28	ZK1+368.921~ZK1+635	YB-STR	一	6.00	5.59
7.27	ZK0+500~ZK0+605	YA-STR	一	4.00	5.29
7.26	ZK0+349.536~ZK0+500	YA-STR	一	4.00	5.29

2) 级配抽检评定

施工期间每天 CBG25-40 混合料级配抽查结果汇总于表 3-50。施工期间每天开工前从拌和楼的皮带上取料进行筛分,筛分采用湿筛法。表中统计了每天抽检的级配的均值、最大值、最小值、极差和变异系数。由表数据看出,由于使用单一粒径筛分的矿料,生产过程中水泥稳定级配碎石的级配控制稳定、准确。

生产过程中 CBG25-40 混合料级配抽检结果汇总表　　　　　表 3-50

施工日期及抽检项目	各筛孔(mm)通过率(%)									
	26.5	19	13.2	9.5	4.75	2.36	1.18	0.6	0.3	0.15	0.075
7月26日	100	83.7	68.4	58.2	41.5	25.7	16.9	11.2	7.5	5	4.1
	100	84.1	69.1	57.2	40.4	24.6	16.5	12.1	6.7	5.3	4
7月27日	100	83.5	67.8	58.2	42.6	28.1	19.4	10.3	6.8	5.3	3.7
	100	84.7	67.3	57	41.9	28.3	17.9	9.5	7.3	4.9	4.2
7月28日	100	84.7	68.9	56.3	38.6	25.1	16.6	10.4	7.1	4.9	3.3
	100	83.9	69.1	57	40.2	24.7	15.8	11	6.4	4	2.9
8月6日	100	83.8	67.9	57.7	40.4	25.3	16.8	11.2	7.1	5.1	4
	100	84.1	68	57.3	39.7	26.4	17.3	10.9	6.6	5.7	4.2
8月7日	100	84	68.7	56.9	40.6	26.1	16.4	10.7	7.2	5.3	4.3
	100	84.6	68.2	57.7	41.1	25.3	16.9	10.5	6.6	5.6	3.9
8月10日	100	84.5	67.7	58	40.6	25.7	16.9	11.2	6.8	5.3	4
	100	84.3	68.4	57.3	40.1	26.5	17.2	10.9	7	5.1	3.6
8月13日	100	84.7	68	57.1	39.6	25.8	17.8	10.7	7	5.2	3.9
	100	84.3	68.2	57.8	40.3	26.1	17.4	11.2	6.8	5.7	4.4
8月14日	100	83.9	68.2	57.8	40.1	25.3	16.5	11.2	6.9	5.6	4
	100	84.2	67.7	57.1	39.8	26.1	17	10.9	7.3	5.2	3.8
8月15日	100	84.1	69	56.9	39.4	26.8	17	10.9	7.1	5.3	4.1
	100	83.6	68.5	57.7	40.1	26.2	17.4	11.6	7.1	5.7	3.8
8月18日	100	83.8	68.6	57.8	40.3	25.7	16.8	11	6.8	5.2	4.3
	100	83.7	68.5	57.9	40.6	25.9	18.2	11.5	8.4	6.6	5.2
8月19日	100	83.9	68.8	58	40.3	25.7	17.6	11.2	7.1	5.8	4.1
	100	84.5	68.3	57.4	39.7	26.2	16.9	10.8	7.4	5.5	4
均值	100	84.1	68.3	57.5	40.4	26	17.2	11	7.1	5.3	4
$C_v(\%)$	0	0.45	0.72	0.86	2.13	3.48	4.33	4.72	6.24	9.07	10.68
最大值	**100**	**84.7**	**69.1**	**58.2**	**42.6**	**28.3**	**19.4**	**12.1**	**8.4**	**6.6**	**5.2**
最小值	**100**	**83.5**	**67.3**	**56.3**	**38.6**	**24.6**	**15.8**	**9.5**	**6.4**	**4**	**2.9**
极差	**0**	**1.2**	**1.8**	**1.9**	**4**	**3.7**	**3.6**	**2.6**	**2**	**2.6**	**2.3**

3) 水泥剂量与含水率的评定

施工期间混合料水泥剂量和含水率试验结果汇总于表3-51。检测样品由每个工作日从拌和楼皮带上取得。表3-52为进一步的统计分析结果。在环道CBG施工过程中(包括碾压贫混凝土),共设定5个水泥剂量(CBG-A和CBG-B有2个剂量)和3个含水率。从数据看,混合料的水泥剂量比较稳定,除施工初期的4d水泥剂量明显偏高外,其余均在设定剂量的±0.1%范围之内;混合料中的含水率一般比设定最佳含水率低0.2%~0.7%(绝对值)。

CBG25(含LCC)混合料水泥剂量和含水率抽检汇总表　　　　表3-51

施工日期 (月/日)	结构编号	层位	设计水泥剂量 w_c(%)	EDTA水泥剂量 w_c(%)			最佳含水率 w_{opt}(%)	施工含水率 w_w(%)		
				样本	均值	σ		样本	均值	σ
8.19	STR14	二	3.20	2	3.3	0.00	5.29	2	4.9	0.21
	STR13	二	5.50	2	5.5	0.00	5.59	2	4.9	0.00
	STR6、STR7	二	3.20	2	3.3	0.07	5.29	2	4.9	0.07
	STR8、STR9	二	5.50	2	5.4	0.00	5.59	2	4.8	0.07
	STR4	LCC	7.00	2	7.1	0.07	5.46	2	4.9	0.00
8.18	STR11	二	5.50	3	5.5	0.06	5.59	3	4.9	0.06
	STR1、STR2、STR3	二	5.50	4	5.4	0.05	5.59	4	4.8	0.06
8.15	STR5、STR4	一	5.50	6	5.4	0.12	5.59	6	5	0.08
	YA-STR	二	3.20	1	3.2	—	5.29	1	5	—
8.14	STR13	一	5.50	2	5.5	0.14	5.59	2	5.1	0.07
	STR16、STR17	一	5.50	2	5.5	0.07	5.59	2	5	0.00
	STR6、STR7	一	5.50	3	5.5	0.06	5.59	3	5	0.12
8.13	STR1、STR2、STR3、STR15、STR11	一	5.50	3	5.6	0.06	5.59	3	4.9	0.10
8.10	STR19	一	3.20	3	3.2	0.06	5.29	3	4.7	0.06
	STR8、STR9	一	3.20	2	3.1	0.07	5.29	2	5	—
8.9	STR12、STR14、STR10	一	3.20	5	3.2	0.05	5.29	5	4.9	0.07
8.7	YB-STR	二	6.00	5	6.2	0.15	5.59	5	5	0.09
8.6	YA-STR	二	3.20	7	3.2	0.13	5.29	7	5	0.12
7.29	YB-STR	一	6.00	3	6.3	0.21	5.59	3	4.9	0.06
7.28	YB-STR	一	6.00	7	6.5	0.47	5.59	7	5.2	0.11
7.27	YA-STR	一	4.00	4	4.1	0.25	5.29	4	4.8	0.13
7.26	YA-STR	一	4.00	7	4.3	0.54	5.29	7	5.3	0.00

CBG25(含 LCC)混合料抽检水泥剂量和含水率分析表　　　表 3-52

材料	条件	水泥剂量 w_c(%)				含水率 w_w(%)				
		设定	抽检			与设定差值	设定	抽检			与设定差值
			样本量	均值	极差			样本量	均值	极差	
CGB-B	调整前	4	11	4.20	0.2	0.20	5.29	8	5.05	0.5	-0.24
	调整后	3.2	22	3.21	0.2	0.01	5.29	20	4.91	0.3	-0.38
CGB-A	调整前	6	15	6.33	0.3	0.33	5.59	15	5.03	0.3	-0.56
	调整后	5.5	27	5.48	0.2	-0.02	5.59	27	4.93	0.3	-0.66
LCC	调整后	7	2	7.1	—	0.10	5.46	2	4.9	—	-0.56

4)压实度评定

环道各路段各层不同强度的 CGB25(含 LCC)现场共进行 76 次压实度检测。13 个工作日的压实度检测结果汇总于表 3-53,绘制的压实度曲线如图 3-37 所示。按照每日击实确定的干密度评价压实度水平,平均压实度为 99.74%,$\sigma = 1.29\%$,最大值为 102.04%,最小值 97.97%;按配合比试验确定的标准干密度评定压实度,平均为 100.03%,$\sigma = 0.96\%$,最大值 102.50%,最小值 98.57%。按 2 倍标准差标准评价环道 CBG25 混合料的压实度水平,按当天击实密度,压实度为 97.16%,略低于 98% 的技术要求;按标准密度,压实度为 98.11%,满足技术要求。

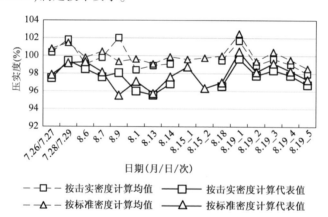

图 3-37　水泥稳定碎石层压实度曲线

环道 CGB25(含 LCC)混合料压实度检测统计汇总表　　　表 3-53

施工日期(月/日)	施工段落	样本	击实密度(g/cm^3)	标准密度(g/cm^3)	统计参数	灌砂试验		压实度	
						水泥剂量 w_c(%)	干密度(g/cm^3)	按击实密度计算(%)	按标准密度计算(%)
7.26 7.27	YA-STR (第一层)	6	2.438	2.428	均值	5.00	2.448	100.40	100.80
					σ	0.37	0.035	1.46	1.46

续上表

施工日期（月/日）	施工段落	样本	击实密度（g/cm³）	标准密度（g/cm³）	统计参数	灌砂试验 水泥剂量 w_c（%）	灌砂试验 干密度（g/cm³）	压实度 按击实密度计算（%）	压实度 按标准密度计算（%）
7.28 7.29	YB-STR（第一层）	6	2.425	2.434	均值	5.02	2.47	101.85	101.48
					σ	0.17	0.028	1.18	1.13
8.6	YA-STR（第二层）	5	2.447	2.428	均值	5.04	2.423	99.06	99.80
					σ	0.13	0.006	0.28	0.25
8.7	YB-STR（第二层）	6	2.45	2.434	均值	5.05	2.446	99.83	100.50
					σ	0.22	0.028	1.11	1.16
8.9	STR12、STR14、STR10（第一层）	5	2.365	2.429	均值	4.70	2.413	102.04	99.36
					σ	0.25	0.046	1.94	1.93
8.1	STR19、STR8、STR9（第一层）	7	2.458	2.428	均值	4.83	2.419	98.43	99.64
					σ	0.16	0.031	1.24	1.27
8.13	STR1、STR2、STR3、STR15、STR11（第一层）	8	2.438	2.434	均值	4.93	2.412	98.91	99.10
					σ	0.20	0.041	1.70	1.70
8.14	STR13、STR16、STR17、STR6、STR7（第一层）	9	2.454	2.434	均值	4.94	2.432	99.10	99.90
					σ	0.14	0.028	1.14	1.14
8.15	YA-STR（第二层）	2	—	2.428	均值	4.90	2.419	—	99.60
					σ	0.14	0.009	—	0.42
	STR5、STR4（第一层）	3	—	2.434	均值	4.83	2.428	—	99.77
					σ	0.21	0.043	—	1.72
8.18	STR1、STR2、STR3（第二层）	7	2.446	2.434	均值	5.06	2.434	99.50	100.01
					σ	0.10	0.037	1.48	1.51
8.19	STR14（第二层）	2	2.448	2.428	均值	5.00	2.489	101.70	102.50
					σ	0.14	0.024	0.99	0.99
	STR13（第二层）	3	2.445	2.434	均值	5.03	2.419	98.93	99.40
					σ	0.15	0.014	0.59	0.62
	STR8、STR9（第二层）	2	2.448	2.428	均值	5.00	2.44	99.65	100.45
					σ	0.14	0.016	0.64	0.64
	STR6、STR7（第二层）	2	2.445	2.434	均值	4.75	2.422	99.05	99.55
					σ	0.35	0.016	0.64	0.64
	STR4（LCC）	3	2.449	2.435	均值	4.97	2.4	97.97	98.57
					σ	0.06	0.016	0.64	0.64

5）施工强度评定

水泥稳定级配碎石作为路面结构中主要的承重结构层，强度评定是不可缺少的环节。

在施工过程中,一般从拌和楼或摊铺机位置取样,成型标准试件,然后进行标准养护,在规定的龄期和条件下测定试件强度。然而,这个强度仅仅评价了混合料拌和、生产的质量,并没有反映实际摊铺、碾压和养护后质量。事实上,与沥青混合料相比,对于需要水化反应形成强度的半刚性材料而言,拌和、碾压、养护后的质量评定一直是施工质量控制的盲点,为了弥补这个不足,提出现场钻芯测定强度。

当然这个"强度"也存在一定的局限性,因为受到现场养护条件影响,这个强度是有条件的。对于同一种材料,施工期间温度较高时,钻芯取样的强度就高,否则强度就低。因此,这个强度仅适用于一个地区、一个气候环境下的工程质量评定,经过一定的数据积累之后,这个强度将成为施工质量的有效评价手段。

此次环道的水泥稳定级配碎石施工共13d,上午、下午各从摊铺现场取样一次成型13个15mm×15mm的标准试件,测定R_7标准强度。整个工程共进行了23组强度试验,结果见表3-54。如上所述,直线段和缓和曲线段作为环道主要试验段,调整了水泥剂量,但其实测的代表强度仍高于设计要求的20%~30%。

施工期间水泥稳定碎石7d强度试验结果汇总统计表 表3-54

成型日期 (年/月/日)	水泥剂量 (%)	R_7强度			钻芯芯样7d强度			
		均值 (MPa)	C_v (%)	代表值 (MPa)	样本量	均值 (MPa)	C_v (%)	代表值 (MPa)
2015.7.26	4	9.08	10.68	7.48	9	9.6	10.80	7.87
2015.7.26	4	7.98	5.55	7.25				
2015.7.27	4	7.76	9.86	6.50	9	10.5	8.89	8.96
2015.7.28	6	10.27	8.76	8.79	9	14.7	14.81	11.09
		9.99	8.91	8.53				
2015.7.29	6	11.13	10.17	9.27				
2015.8.6	3.2	7.00	9.13	5.95	9	7.7	15.02	5.81
		6.85	7.86	5.96				
2015.8.7	6	13.14	6.86	11.66	9	16.0	23.81	9.70
		11.84	9.88	9.91				
2015.8.9	3.2	5.93	13.30	4.63	9	8.5	22.91	5.31
2015.8.10	3.2	6.42	4.12	5.99	9	7.0	17.62	5.00
		6.26	5.31	5.71				
2015.8.13	5.5	9.56	6.51	8.54	9	11.1	20.32	7.36
		9.11	6.19	8.19				
2015.8.14	5.5	9.61	6.53	8.58	9	12.7	13.41	9.88
		10.22	6.13	9.19				
2015.8.15	5.5	10.31	8.32	8.90	9	11.9	25.30	6.95
2015.8.18	5.5	9.25	10.06	7.72	9	12.4	8.51	10.65
		8.72	7.71	7.62				
2015.8.19	4	5.38	6.60	4.80				
	6	10.64	7.50	9.33				
	8	12.43	6.24	11.16				

表3-54 中同时列出现场钻芯芯样 7d 强度试验结果。总体看现场芯样强度略高于室内试验的强度。

6) 结构层施工厚度评定

施工完成后,取芯检测厚度,结果见表3-55,图3-38 为相应的 CBG 层摊铺厚度均值与变异系数统计图。从表中数据看,除 8 月 7 日 YB-STR 和 8 月 19 日的 STR7、STR8 和 STR9(设计厚度18cm)外,其余各路段抽检厚度均值的最大值为 19.6cm,最小值15.5cm,均值为18.3cm,C_v =5.18%,说明全路段水泥稳定碎石结构层厚度普遍偏薄 1~2cm。尽管这个厚度水平满足现行规范的质量要求,但从试验路角度看不尽理想,这可能与下承层水泥土厚度偏厚有关。

水泥稳定级配碎石结构层施工厚度抽检汇总表　　　表3-55

施工日期(月/日)	结构及层位	样 本 量	均值(cm)	σ	C_v
7.26	YA-STR(第一层)	9	18.6	1.6	8.85%
7.27	YA-STR(第一层)	9	18.3	1.4	7.44%
7.28	YB-STR(第一层)	10	17.5	1.5	8.52%
8.6	YA-STR(第二层)	11	19.5	5.6	28.67%
8.7	YB-STR(第二层)	9	34.7	1.0	2.95%
8.10	STR19(第一层)	4	18.7	1.7	8.92%
	STR9(第一层)	1	17.9	—	—
	STR8(第一层)	1	19.2	—	—
8.13	STR1(第一层)	3	17.9	0.3	1.53%
	STR2(第一层)	2	18.9	2.2	11.70%
	STR3(第一层)	1	19.3	—	—
	STR15(第一层)	2	17.9	1.6	8.67%
	STR11(第一层)	1	19.6	—	—
8.14	STR13(第一层)	4	19.5	1.1	5.54%
	STR7(第一层)	2	17.4	0.2	0.95%
	STR6(第一层)	1	17.9	—	—
8.15	STR4(第一层)	7	17.8	1.3	7.43%
	STR5(第一层)	3	17.5	1.5	8.38%
8.18	STR1(第二层)	3	18.4	1.0	5.28%
	STR2(第二层)	3	19.4	0.6	3.01%
	STR3(第二层)	2	17.7	0.6	3.60%
	STR11(第二层)	1	18.7	—	—
8.19	STR14(第二层)	1	17.3	—	—
	STR7(第二层)	4	16.9	1.2	7.35%
	STR6(第二层)	1	15.5	—	—

续上表

施工日期(月/日)	结构及层位	样 本 量	均值(cm)	σ	C_v
8.19	STR13(第二层)	5	18.1	1.2	6.88%
	STR9(第二层)	1	17.3	—	—
	STR8(第二层)	2	16.5	1.1	6.73%

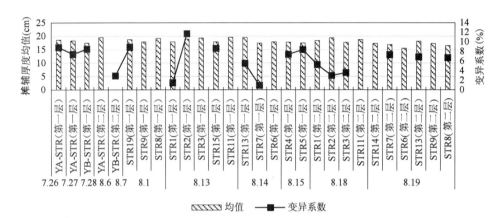

图 3-38 环道各试验路段 CBG 层摊铺厚度均值与变异系数统计图

另外从各次厚度抽检的变异系数水平看,除 8 月 6 日 YA-STR 变异系数明显偏高外,其余各次抽检变异系数的均值为 6.32%,标准差为 2.9%。这个平均变异水平与我国目前高速公路施工的厚度变异水平基本相当。

7) 施工弯沉评定

环道各个试验路段 CBG25 结构层 BB 弯沉检测结果汇总见表 3-56,图 3-39 是相应弯沉代表值和变异系数的分布图。这些结构,除 STR19 直接铺设在土基上外,CBG25 均铺设在水泥土底基层上。从图表中数据看出,除 STR19 外,铺设第一层 CBG25 后,各路段平均 BB 弯沉为 8.3(0.01mm),BB 弯沉代表值的均值为 13.4(0.01mm),各路段 BB 弯沉检测变异系数的平均水平为 34.2%。总体上看,铺设一层 CBG25 后,路面结构的弯沉水平已达到目前国内高速公路沥青路面设计弯沉的要求。

环道不同结构 CBG25 结构层 BB 弯沉检测结果汇总(7d)(0.01mm)   表 3-56

结　构	第 一 层			第 二 层		
	均值	$C_v(\%)$	代表值	均值	$C_v(\%)$	代表值
STR1	7	34.1	11.7	1	48.8	2
STR2	9.5	18.9	13	1.2	46.2	2.2
STR3	12.1	25.6	18.3	1.1	41.3	2
STR4	11.6	31.1	18.8	0.9	60.3	1.9
STR5	9.6	35.9	16.6	—		
STR6	6.8	23.7	9.9	1.5	90.6	4.1

续上表

结构	第一层			第二层		
	均值	$C_v(\%)$	代表值	均值	$C_v(\%)$	代表值
STR7	9.2	21.1	13.1	0.9	54.2	1.8
STR8	9.9	29.7	15.7	1.6	108.3	5
STR9	7.2	37.7	12.7	1.8	83.9	4.9
STR10	8.5	36.6	14.6	—	—	—
STR11	9	25.9	13.7	1.7	38.1	2.9
STR12	7.6	23.6	11.2	—	—	—
STR13	10.6	29.7	16.8	1.5	34.5	2.6
STR14	5.7	24.7	8.5	1.3	27.1	1.9
STR15	10.2	23.6	15	—	—	—
STR16	6.6	22.1	9.5	—	—	—
STR17	6.9	45.4	13.1	—	—	—
STR19	16.7	49.9	33.3	—	—	—
YA-STR	5.4	71.3	13.1	3.1	37.3	5.4
YB-STR	3.4	72.8	8.4	1.6	35.8	2.8
均值*	8.3	34.2	13.4	1.5	54.3	3.0
最大值*	12.1	72.8	18.8	3.1	108.3	5.4
最小值*	3.4	18.9	8.4	0.9	27.1	1.8
$C_v(\%)$*	27.23	44.69	22.98	38.91	45.79	43.82

注：*统计时，STR19除外。

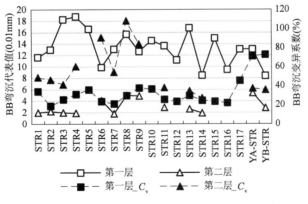

图 3-39 弯沉代表值和变异系数的分布图

当铺设第二层 CBG25 后，弯沉水平再次显著减小：各路段平均 BB 弯沉为 1.5 (0.01mm)，BB 弯沉代表值的均值为 3.0(0.01mm)；但是，各路段 BB 弯沉检测变异系数的平均水平显著提升，达到 54.3%。弯沉水平减小是符合规律的，但是由于变异系数过大，导致检测结果的可靠性不足，反映出 BB 检测高强度结构弯沉的局限性。

另外,本环道铺设了不同强度的 CBG25-40 混合料,但从 BB 弯沉指标中看不出强度差异对弯沉的显著影响。一是可能 BB 弯沉的测量精度较差,无法反映高强度结构和小变形的弯沉差异;二是对于高强度的半刚性或刚性结构,材料强度仅是影响结构整体刚度的一方面因素,材料强度的高低对结构抗疲劳能力影响还需要进一步研究。

在进行 BB 弯沉检测的同时,对点进行 FWD 弯沉检测。与水泥稳定土不同,水泥稳定级配碎石的 FWD 弯沉检测采用的 4 级荷载分为别 50kN、70kN、90kN 和 110kN。不同荷载时环道各个路段第一层和第二层 CBG25 上 FWD 弯沉均值及其相关参数汇总于附表 B3-9 ~ B3-12。表中"−1"表示为第一层,"−2"表示为第二层。与 BB 弯沉一样,STR19-1 的弯沉明显大于其他路段。

(1)FWD 弯沉特征值分析。

与土基、水泥土和级配碎石结构层一样,随着荷载水平的增加,各个路段 CBG25 结构层的各个测点的 FWD 弯沉呈现有规律的增加。现在关注的是 FWD 各个测点弯沉变异系数水平,一是评价各个路段 FWD 弯沉的波动情况,二是考评 FWD 弯沉测量的稳定性。图 3-40 为第一层(图中记为"1_")和第二层 CBG25(图中记为"2_")的 FWD 各个测点弯沉的变异系数分布图。对比上文水泥土的变异系数分布图可以看出,两层 CBG25 的变异系数明显大于水泥土。从原理上讲,水泥土层铺设在强度均匀性较差的土基上,其变异性应大于 CBG25,但实测结果恰恰相反。这是由于 CBG25 结构层的弯沉数值明显小于水泥土,变异系数增加,是由于 FWD 传感器测量精度引起的。

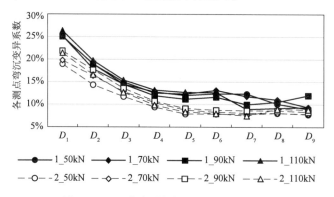

图 3-40　FWD 各个测点弯沉的变异系数分布图

对比第一层与第二层 CBG25 的变异水平,可以发现,第二层中心点弯沉的变异系数略高于第一层,而远端点弯沉的变异系数明显小于第一层,但总体上第一层与第二层各个测点弯沉的变异水平相近。

图 3-41 是环道各个路面结构第一层 CBG25 与第二层 CBG25,在不同荷载水平下,FWD 弯沉盆四个特征值的分布图。各个结构弯沉盆特征参数变化的总体规律是:①随荷载增加,各结构的中心点弯沉、弯沉盆面积以及 3D 数值逐渐增加;②与上文水泥土层相比,D_1/D_0 数值存在波动,有的增加,有的减小,这与测量精度有关;③与第一层 CBG25 相比,同一结构的第二层 D_1/D_0 明显增加,说明结构的整体受力情况进一步改善。

表 3-57 为不同荷载水平下，各个结构第一层与第二层 FWD 弯沉特征值的均值与变异系数汇总表。从均值角度看，与之前分析一致；从变异系数角度看，第二层 CBG25 的中心点弯沉变异系数略高于第一层，但弯沉盆面积、3D 和 D_1/D_0 略小于第一层。

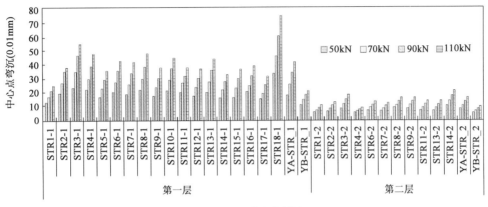

a) FWD中心点弯沉

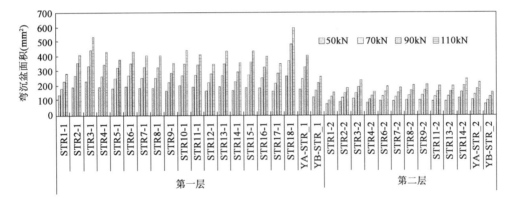

b) 弯沉盆面积

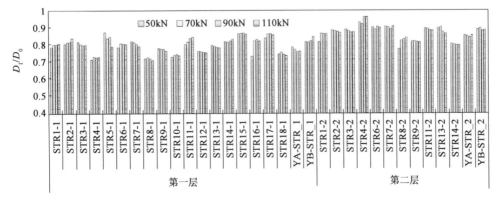

c) D_1/D_0

图 3-41

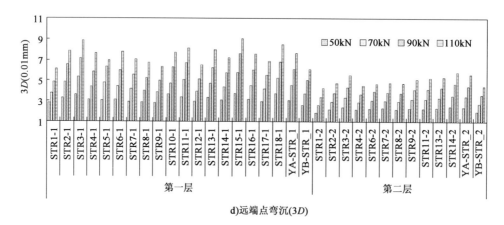

图 3-41 水泥稳定碎石结构层弯沉盆特征值分布图

不同荷载水平下,第一层与第二层 FWD 弯沉特征值的均值与变异系数汇总表　表 3-57

指标	参数	第一层 CBG25				第二层 CBG25			
		50kN	70kN	90kN	110kN	50kN	70kN	90kN	110kN
D_0 (0.01mm)	均值	18.43	24.90	32.08	38.62	7.64	9.71	12.01	14.42
	C_v(%)	17.1	18.7	19.9	20.5	19.5	21.3	23.2	23.8
S (mm²)	均值	180.9	248.9	322.5	393.7	97.6	128.7	161.9	197.7
	C_v(%)	13.0	14.8	15.4	15.3	12.4	13.5	14.5	14.9
D_1/D_0	均值	0.791	0.798	0.798	0.796	0.865	0.870	0.868	0.869
	C_v(%)	5.7	4.9	5.4	5.6	5.46	4.17	4.77	4.75
$3D$ (0.01mm)	均值	3.14	4.48	5.93	7.36	2.25	3.09	3.99	4.97
	C_v(%)	9.6	11.9	12.6	11.4	7.61	8.63	9.39	9.69

(2) FWD 中心点弯沉与 BB 弯沉比较。

图 3-42 为各路段第一层和第二层的 BB 弯沉与 FWD 中心点弯沉的散点关系图。由图可看出,第一层的 BB 弯沉与 FWD 中心点弯沉有良好的统计关系,但第二层统计关系较差。这主要是由于第二层 BB 弯沉的测量精度较差所导致的。

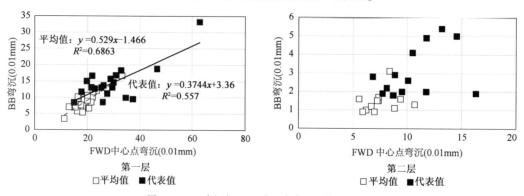

图 3-42　BB 弯沉与 FWD 中心点弯沉的散点关系图

(3) 荷载水平与弯沉盆特征值的关系。

图 3-43 为不同荷载等级下, FWD 弯沉盆特征值随荷载变化的散点图。由图可看出：①中心点弯沉、弯沉盆面积以及远端点弯沉等指标随荷载增加呈现出良好的线性增加的趋势, 基本符合线弹性层状体系的力学响应特征；②第一层的 D_1/D_0 值随荷载增加有一定的增加, 当荷载达到 70kN 以上时, 增加幅度不明显, 第二层 D_1/D_0 值随荷载增加基本不变。由此说明, 当半刚性基层刚度增加到一定水平后, 结构的力学响应接近于线弹性层状体系状态。

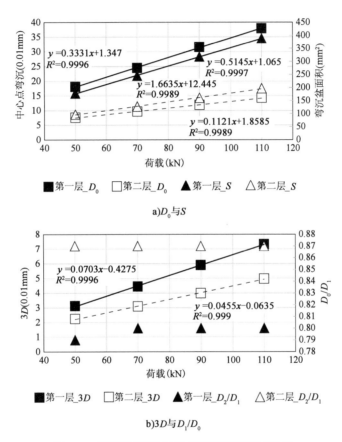

图 3-43 不同荷载等级, FWD 弯沉盆特征值的变化图

(4) 半刚性基层结构分类比较。

将环道铺设 CBG25 材料层的试验段大致可划分为以下 7 大类：

第一类：双层水泥土 + 双层 CBG25-A 型结构, 包括: STR1 和圆曲线 B 段 YB-STR；

第二类：单层水泥土 + 双层 CBG25-A 型结构, 包括: STR2、STR6、STR7、STR11、STR13；

第三类：单层水泥土 + 双层 CBG25-B 型结构, 包括: STR8、STR9、STR14；

第四类：单层水泥土 + 单层 CBG25-A 型结构, 包括: STR2-1、STR4-1、STR5-1、STR6-1、STR7-1、STR11-1、STR13-1、STR16、STR17；

第五类:单层水泥土+单层 CBG25-B 型结构,包括:STR8-1、STR9-1、STR10、STR12、STR14-1;

第六类:双层水泥土+单层 CBG25-A 型结构,包括:STR1-1、YB-STR-1;

第七类:单层 CBG25-B 型结构,包括:STR19。

在这些结构划分时,对于铺设双层 CBG25 的结构可分别按两种情况分类。如:STR1 结构有双层 CBG25,可归结为第一类,同时,当未铺设第二层 CBG25 时,亦可归结为第六类。其余结构以此类推。从这些结构的材料组成可以大致判别相应的结构刚度水平:第一类刚度最大,其次为第二、第三类,第六类排第三,第四、第五类排第四,第七类结构的刚度最小。

将这 7 类结构不同荷载水平下,结构顶面的 FWD 弯沉值汇总于表 3-58,同时,将每类结构不同荷载水平下弯沉取平均,并计算相应的特征值进行比较,如图 3-44 所示。从图表数据可以看出:

①这 7 类结构直观的承载能力与相应的中心点弯沉(D_0)、弯沉盆面积(S)和 3D 弯沉数值大致呈正比例关系。第一类半刚性基层结构的整体刚度最大,所以其 D_0、S 和 3D 数值比其他结构都小;第七类半刚性基层结构的整体刚度最小,所以其 D_0、S 和 3D 数值比其他结构都大。

②D_1/D_0 数值大小与半刚性材料层刚度水平呈现负相关,刚度较大结构的 D_1/D_0 数值较大,刚度较小结构的 D_1/D_0 数值较小。根据表中数据,可建立 D_0 与 D_1/D_0 的统计关系(图 3-45),经统计分析,两者相关系数的平方可达到 0.8518,相关性良好。如上所述,D_1/D_0 越大,说明结构的整体承载能力,或者整体的抗变形能力越强,这反映出半刚性材料结构层的受力特征。

不同类型半刚性基层结构 CBG 顶面弯沉值汇总表　　　　表 3-58

类型	荷载(kN)	各测点弯沉(0.01mm)								
		D_0	D_1	D_2	D_3	D_4	D_5	D_6	D_7	D_8
第一类	49.88	5.78	4.99	3.9	3.47	3.14	2.45	2.2	1.92	1.71
	69.8	7.09	6.27	5.12	4.58	4.08	3.38	3.04	2.67	2.42
	89.62	8.72	7.62	6.38	5.76	5.21	4.37	3.94	3.47	3.14
	108.85	10.34	9.05	7.83	7.09	6.36	5.49	4.9	4.36	3.89
第二类	49.86	7.13	6.39	5.08	4.43	3.9	3	2.63	2.24	1.96
	69.8	9.16	8.17	6.71	5.84	5.11	4.07	3.55	3.05	2.72
	89.62	11.28	9.98	8.36	7.25	6.32	5.22	4.56	3.95	3.48
	108.34	13.57	11.98	10.13	8.79	7.7	6.49	5.66	4.86	4.29
第三类	49.81	9.6	7.66	5.75	4.81	4.1	3.09	2.66	2.31	2.02
	69.74	12.14	9.87	7.65	6.33	5.38	4.22	3.64	3.17	2.83
	89.64	15.17	12.33	9.71	8.01	6.78	5.5	4.75	4.12	3.67
	108.46	18.17	14.81	11.75	9.71	8.27	6.82	5.93	5.13	4.54

续上表

类型	荷载(kN)	各测点弯沉(0.01mm)								
		D_0	D_1	D_2	D_3	D_4	D_5	D_6	D_7	D_8
第四类	49.89	19.28	15.27	10.88	8.04	6.18	4.51	3.68	3.09	2.7
	69.74	25.57	20.62	14.94	10.97	8.44	6.38	5.31	4.48	3.89
	89.66	32.89	26.57	19.42	14.15	10.83	8.34	6.96	5.97	5.28
	108.68	39.56	31.73	23.47	17.25	13.29	10.52	8.73	7.4	6.47
第五类	49.92	18.88	14.29	9.95	7.42	5.84	4.37	3.69	2.98	2.6
	69.75	25.47	19.34	13.51	9.98	7.72	5.88	4.82	4.12	3.61
	89.66	32.65	24.77	17.37	12.72	9.8	7.6	6.28	5.4	4.71
	108.91	39.84	30.02	21.38	15.72	12.21	9.89	7.91	6.81	5.95
第六类	49.91	11.8	9.49	6.93	5.59	4.65	3.56	3.12	2.6	2.36
	69.79	15.56	12.58	9.23	7.42	6.15	4.93	4.29	3.66	3.26
	89.69	19.47	15.84	12.02	9.71	8.04	6.59	5.7	4.85	4.3
	108.96	22.31	18.51	14.76	11.95	9.89	8.12	6.99	5.95	5.26
第七类	49.95	33.29	24.83	15.16	9.96	7.3	5.26	4.35	3.62	3.19
	69.73	45.61	34.42	21.38	13.82	9.87	7.39	6.08	5.2	4.38
	89.63	60.11	44.7	27.84	17.87	12.74	9.62	8.03	6.79	5.53
	108.49	74.44	54.82	34.31	22.08	15.49	11.89	9.97	8.27	7.16

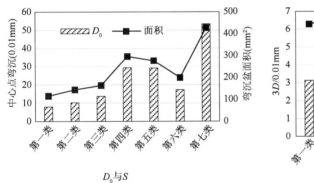
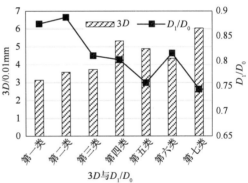

图 3-44 不同类半刚性结构 FWD 弯沉特征值的比较

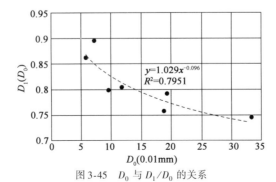

图 3-45 D_0 与 D_1/D_0 的关系

3.4.4 小结

综上,在环道水泥稳定碎石基层施工期间进行了大量的试验与检测工作,较为全面地掌握了该结构层总体工况,为今后环道试验期间客观评价各个路面结构和材料的使用性能奠定了基础。

当时适逢《公路路面基层施工技术细则》(JTG/T F20—2015)实施,本项目按照相关要求进行了工程检测,总体来看,施工期间试验检测的工作量较以往大为增加,但还是可以实施,与沥青混合料施工期间的试验工作量相比基本相当。

新工艺实施后,对水泥稳定级配碎石施工质量有明显改善,混合料的拌和均匀性大大提高,使得在较少水泥剂量下,混合料的抗压强度大大提高。但是,当前室内试验中混合料的拌和操作还无法模拟,导致室内试验的强度水平与现场拌和混合料的强度存在差异,这是今后需要完善的地方。

此次环道施工的压实度指标存在缺陷。对于这个问题需要从工程质量评定方法角度去完善。首先肯定的是,现场施工过程中碾压工艺是完善的,施工单位严格按照碾压程序进行碾压,碾压后轮迹收的比较彻底,碾压效果是良好的。即使这样,按照压实度概率评定的指标,仍有相当路段达不到98%的要求。

当前工程界曾反映,压实度超百的问题,采用重型击实试验确定的干密度低,需要采用振动压实方法等。现在看来并不能简单看待这个问题。首先是干密度标准问题,重型击实试验如果确定的干密度偏低,自然压实度会提高,但是如果认真进行击实试验,则干密度并不低。环道水泥稳定碎石击实确定的干密度均在 2.40g/cm^3 左右,明显高于目前工程上经常见到的2.30g/cm^3,所以压实度降低。另外,按照统计评价的原理,不仅要求统计组中每个样本的数值满足技术要求,而且变异性也应较低,否则概率统计值仍可低于技术要求。为了更科学评价实际路面的压实度水平,涉及严谨的统计学法则,如样本量、统计参数计算方法、概率水平等,还需要进一步完善。

如何评价水泥稳定级配碎石结构层质量,除了以上诸多检测项目外,关键有三点:收掉轮迹、钻芯取出完整芯样、弯沉合格。

收掉轮迹,一是表示碾压过程中没有漏压存在,二是说明混合料的含水率没有超标,否则出现弹簧,无论怎么碾压也不可能收掉轮迹。目前不少施工单位为了便于碾压,有意增加混合料的含水率,这样压实度检测容易合格,但是轮迹收不掉,同时在养护期间产生干缩、温缩等裂缝。

事实上,混合料碾压含水率与压实功是匹配的,一般来说,压实功越大,含水率越低,合理的压实状态应是在较低的含水率条件下使混合料压密、成型。现有含水率是根据重型击实试验确定的,近十多年来,随着我国压实机械的发展,现场压实功越来越大。这样室内重型击实的压实功与现场压路机的压实功存在不匹配的现象,目前是后者大于前者,这样室内试验确定的含水率应大于现场实际需要的含水率。收掉轮迹实际上是在保证压实功的前提下,要求施工现场合理控制含水率。

钻芯取出完整芯样,一方面检查施工后结构层的整体性,而且通过观察芯样考察混合料级配的合理性。对于半刚性基层材料,特别是水泥稳定级配碎石,作为路面结构中主要的整体性承载结构层,在规定的龄期范围内取不出完整芯样,肯定是不满足设计要求的。但是即使取出完整芯样,如果表面不致密或细集料过多也是不理想的。水泥稳定级配碎石一般用于基层或底基层,为了防止路面水损坏和保证路面结构承载能力的耐久性,水泥稳定级配碎石应是致密、不渗水的。这方面检测只有通过钻芯取样。当然,现场钻芯应随机取样。

弯沉的检测是评价整体结构承载能力的直观指标。尽管弯沉指标存在不足,特别对于半刚性材料结构层的弯沉评价,由于半刚性材料的早期强度随着龄期的增加而增加明显,但是就目前的检测手段而言,还没有其他有效手段替代弯沉指标。工程经验表明,弯沉是全面评价半刚性材料结构整体承载能力的有效手段。钻芯也能评价结构的整体性,但毕竟数量有限,不能大范围评价。

大量的试验检测表明,对于质量合格的半刚性材料结构层,弯沉指标往往比较小,特别是半刚性基层,其弯沉水平应小于沥青面层表面的设计弯沉。这与现行的沥青路面弹性层状体系理论相违背。这恰恰说明这个"弯沉"指标的价值:一方面是工程质量评价的有效手段,另一方面预示着半刚性基层沥青路面结构全新的力学理论的孕育。

4 环道沥青混凝土及功能层施工

不同沥青混合料类型及其组合方式是环道试验研究的主要对象,每个试验路段都有不同的沥青混合料,至此环道施工进入到沥青混凝土"逐段"施工的阶段。

环道沥青混合料施工是从2015年9月初开始的。对于总长约1700m的沥青路面试验段(另300m为水泥混凝土试验段),整体的工程量并不大,与其他结构层施工一样,仍遵照正常的施工工艺和流程,只是强化了质量管理与控制方面的技术措施,以确保施工质量。在这1700m长的环道上,包括25个沥青路面试验路段,其中涉及4类不同公称最大粒径的矿料级配、7种不同品质的沥青胶结料,以及2类密实状态,共21种沥青混合料。所以,沥青混凝土是整个环道施工最为烦琐的结构层。此外,由于沥青混合料的技术指标多、施工流程多,加之环道施工工期比较紧(考虑气候原因,应在10月下旬完工),为了确保施工质量,在沥青混凝土施工期间投入了大量的试验和检测人员,高峰期达到近30名。

环道沥青混凝土施工的主要技术特点是配合比设计和过程化的质量控制手段。首先,与一般工程的配合比设计相比,环道增加了沥青混合料"理论"配合比设计阶段,主要目的是:基于实际工程使用的矿料和沥青,通过多种级配的试验比较,选择合理的施工用级配曲线,并在此基础上进一步开展目标配合比和生产配合比设计。

其次,环道沥青混合料均采用粗集料断级配的矿料结构,按照"三控制点,双曲线"的模式,设计各类混合料的目标级配曲线,并采用"最紧密状态"的体积设计方法,进行各类沥青混合料的配合比设计,包括密实型混合料和开级配混合料。

第三,针对今后环道的试验状态,借鉴国外相关经验,采用重载交通沥青混合料的设计标准,由此涉及混合料配合比设计时的压实方法和压实标准问题,以及实体工程的验证问题。

第四,为了有效控制生产过程中混合料的矿料级配,在环道施工过程中,进行了大量燃烧标定试验,提出了生产过程中评价、控制混合料矿料级配的有效方法。

第五,密度是沥青混合料配合比设计和压实度评价时的关键指标,在环道施工过程中,统一采用真空法测量混合料的理论密度,采用塑封法测量混合料的毛体积密度。这样操作尽管试验工作量、试验周期,以及试验成本大幅度增加,但确保了混合料体积状态评价更加准确。

总之,面对繁多的沥青混合料类型、多种试验和检测指标,以及紧张的工期要求,环道参建各方紧密协作,以期达到良好的技术要求。然而,与一般工程一样,环道建设过程中也出现了质量不合格问题,与大多数工程不一样的是,对于不合格路段进行彻底返工,单车道返工里程就可达到约 2000m。

本章主要介绍环道各个路段沥青混合料配合比和施工情况。总体上环道沥青混合料施工质量还是可以的,达到了预期期望,但并不是十全十美,也存在某些指标不满足设计要求的情况,这也许就是路面工程,百分之百的"合格"并不存在。作为一个工程"实例",将环道沥青混凝土施工的情况如实记录下来,可为今后的环道研究提供可靠的施工信息。此外,本章还介绍了环道防水黏结层的施工情况。

4.1 施工期间沥青性能评价

足尺环道建设所用沥青包括普通沥青和改性沥青。普通沥青按针入度等级分为 30 号、50 号和 70 号三种,指标满足重交通道路沥青 A 级的要求;改性沥青以 SBS 改性沥青为主,分为三个等级:I-D 级改性沥青(记为 SBS1)、在 I-D 级改性沥青的基础上增加软化点 10℃ 的 I-DS10 级改性沥青(记为 SBS2)和复合改性沥青(HV4)(记为 SBS3)。I-D 级改性沥青主要用于直线段和缓和曲线段的改性沥青混凝土,以及所有试验路段防水黏结层的洒铺。I-DS10 级改性沥青主要用于圆曲线段改性沥青混凝土的使用。复合改性沥青(HV4)主要用于多孔隙沥青混凝土的使用。除针入度指数外,其余指标应满足现行《公路沥青路面施工技术规范》(JTG F40)中关于 SBS 改性沥青 I-D 的要求。橡胶沥青中使用的废胎胶粉应满足现行《路用废胎橡胶粉》(JT/T 797)的相关规定,且粒度在 60~80 目(含)之间,环道使用胶粉改性沥青的胶粉含量为 22% 和 24%。

这些沥青可分为两大类,一类是配合比试验期间使用的沥青,除 70 号沥青外,都是中试或试验室小规模加工的;另一类是环道建设期间工业化生产的沥青,由于拌和厂存储能力有限,在施工期间根据工程进度需求,分批进厂。环道沥青检测内容包括现行规范指标性能、黏度指标、PG 分级指标、表面自由能及与集料黏附性能、微观组分分析及光谱分析、沥青相态转变分析(DMA)。以下对各项检测内容做具体介绍。

4.1.1 现行规范指标体系

我国道路沥青性能评价方法采用针入度指标体系,主要技术指标有:针入度、软化点、延度、闪点、质量损失、黏韧性、离析针入度指数等。根据试验室现有试验条件,目前主要对配合比试验阶段使用沥青和环道施工期间实际使用的沥青进行了针入度、软化点和延度的性能测定,各性能试验测定方法参照《公路工程沥青及沥青混合料试验规程》(JTG E20—2011)。试验结果见表 4-1 和表 4-2。

配合比沥青基本性能数据　　　　　　表4-1

沥　青	延度(cm)			针入度,25℃(0.1mm)	软化点(℃)
	15℃	10℃	5℃		
30号	脆断	—	—	22.2	61.1
50号	>100	11.9	—	51.9	52.7
70号	>100	37.3	—	71.5	48.4
SBS1	—	48.7	28.5	63.4	72.7
SBS2	—	47.9	29.4	62.6	75.5
SBS3	—	44.9	16.3	52.3	77.6
橡胶沥青(22%)	—	—	6.7	37.8	70.0
橡胶沥青(24%)	—	—	7.4	39.9	72.9

环道生产用沥青基本性能数据　　　　　　表4-2

沥　青	生产日期	延度(cm)			针入度,25℃(0.1mm)	软化点(℃)
		15℃	10℃	5℃		
A30	9月8日	6.9	—	—	23.2	61.0
	9月10日	2.7	—	—	25.7	56.1
	9月11日	9.3	—	—	24.5	56.2
A50	9月8日	>100	9.3	—	48.3	52.8
	9月15日	>100	2.3	—	43.6	49.1
A70	9月14日	>100	93.8	—	68.6	49.1
	10月9日	>100	15.9	—	60.1	47.9
SBS1	9月8日	—	50.8	29.1	60.0	74.0
	9月19日	—	57.4	36.2	58.3	73.9
	10月11日	—	44.5	31.3	54.4	77.6
SBS2	9月18日	—	49.4	30.7	59.1	77.8
SBS3	10月13日	—	45.7	19.5	52.6	73.5
AR(22%)	9月8日	—	—	15.5	65.7	57.8
	10月10日	—	—	14.4	55.1	64.7

对照设计要求,配合比试验期间使用的沥青具有以下特点:

(1)50号、70号沥青针入度实测值略高于技术要求范围的上限,其余沥青品种满足环道沥青针入度技术要求范围;

(2)除复合改性沥青(HV4)的软化点为77.6℃,不满足大于80℃的技术要求外,其余沥青品种满足环道使用沥青对软化点的技术要求;

(3)70号、I-D级、I-DS10级沥青均满足环道使用沥青的延度技术要求;

(4)对于橡胶沥青,含有两种胶粉含量的橡胶沥青针入度、5℃延度均不能满足环道橡胶沥青技术要求,软化点满足不小于58℃的技术要求,两种橡胶沥青针入度过低,软化点过高,低温延展性较差(橡胶沥青试验检测有待进一步验证)。

对于环道建设期间生产的沥青,不同批次进场的沥青均分别留样,并对其中某一批次沥青进行了性能检测。检测结果表明:

(1)生产沥青均满足环道沥青针入度技术要求范围;

(2)复合改性沥青(HV4)的软化点为73.5℃,不满足大于80℃的技术要求,橡胶沥青软化点为57.8℃,不满足大于58℃的技术要求,其余沥青品种满足环道使用沥青对软化点的技术要求;

(3)70号、I-D级、I-DS10级及橡胶沥青均满足环道使用沥青的延度技术要求。

总之,除橡胶沥青相差较大外,配合比设计使用的沥青与环道建设使用的同标号沥青性质接近。

4.1.2 黏度指标体系评价

黏度表征沥青的黏滞性,与沥青混合料黏弹力学性质紧密相关,亦是沥青划分等级的重要依据,足尺环道建设对使用的沥青材料提出了60℃条件下沥青黏度的技术要求。本部分试验检测使用布洛克菲尔德黏度计,测定了环道沥青在高温流变状态下的表观黏度,用以施工温度控制及沥青黏流性质分析。试验检测方法参照《公路工程沥青及沥青混合料试验规程》(JTG E20—2011)。对于30号、50号和70号的普通基质沥青测定温度范围为115~155℃,SBS改性沥青黏度测定温度范围为135~175℃,复合改性沥青(HV4)黏度较大,存在爬杆现象,故仅测定185℃、195℃条件下的黏度;对两种粉胶比的橡胶改性沥青,测定温度范围为165~195℃。60℃条件下用于黏度分级的沥青动力黏度未进行测定,需进一步补充。环道沥青布洛克菲尔德黏度数据见表4-3。

沥青旋转黏度数据(Pa·s)　　　　　　　　表4-3

温度 (℃)	30号	50号	70号	SBS1	SBS2	SBS3	橡胶沥青 (22%)	橡胶沥青 (24%)
115	5.3000	2.5000	1.6120	—	—	—	—	—
125	2.6000	1.2920	0.8833	—	—	—	—	—
135	1.3620	0.7100	0.4958	2.7180	2.8590	—	—	—
145	0.7750	0.4250	0.3000	1.6120	1.8500	—	—	—
155	0.4708	0.2675	0.1917	1.0780	1.1780	—	—	—
165	—	—	—	0.6854	0.7965	—	4.3600	5.7000
175	—	—	—	0.4762	0.5425	—	3.2400	3.9000
185	—	—	—	—	—	1.2430	2.6600	3.1100
195	—	—	—	—	—	0.7660	2.3400	2.7400

对于普通沥青,利用不同温度下的沥青黏度数据绘制黏温曲线,可确定沥青混合料的施工温度,如图4-1所示。根据规范要求,以黏度为0.17Pa·s±0.02Pa·s时的温度作为拌和温度范围;以0.28Pa·s±0.03Pa·s时的温度作为压实成型温度范围,由黏温曲线方程可得三种普通沥青的拌和温度及压实温度,见表4-4,以此作为控制沥青混合料施工温度的参考。

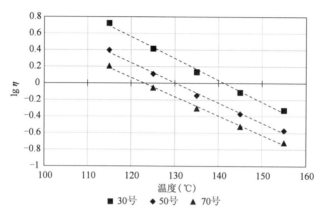

图4-1 30号、50号、70号沥青黏温曲线

普通沥青混合料施工温度范围　　　　　表4-4

施工方式	温度(℃)		
	30号	50号	70号
拌和	169~173	160~164	154~158
压实	161~164	151~155	145~149

对于改性沥青,由黏温曲线求得的沥青混合料施工温度往往过高(高于190℃),而规范中提出改性沥青135℃的黏度不超过3Pa·s的技术要求,环道使用SBS改性沥青I-D级、I-DS10级满足此项技术要求,而复合改性沥青135℃黏度无法测得,难于确定。对于橡胶沥青,足尺环道设计施工技术要求其180℃黏度范围为2.0~4.0Pa·s,胶粉含量为22%和24%的两种橡胶沥青均满足此项技术要求。

4.1.3 PG分级指标体系

沥青PG分级是美国SHRP计划中提出的沥青性能分级标准,它是依据沥青的路用性能进行分级,规范中全面考虑了沥青高温、低温、疲劳和老化的性能指标,便于道路建设选择同温度及荷载条件下相适应的沥青路用性能等级。本部分内容委托中海油(青岛)重质油加工工程技术研究中心有限公司沥青检测中心,参考AASHTO标准对环道用沥青进行PG分级性能检测及疲劳因子测定,检测沥青样品包括配合比设计阶段用沥青和环道建设期间生产用沥青,检测结果见表4-5。

环道沥青PG分级性能均满足技术要求,对比配合比设计使用的沥青与环道建设生产使用的同标号沥青,I-D级生产用沥青高温等级低于配合比用沥青高温等级6℃,建设生产使用的橡胶沥青 AR 高温等级低于配合比使用的橡胶沥青 AR 高温等级 12℃。配合比设计使用的沥青与环道建设生产使用的 30 号、50 号沥青品种的疲劳因子相差较大,其余沥青品种的疲劳因子较为接近。沥青 PG 分级指标与沥青混合料性能及后期沥青路面使用性能的相关性需进一步分析。

环道沥青 PG 分级性能　　　　　　　　　　　表 4-5

沥青品种	配合比试验所用沥青						
	30 号	50 号	70 号	I-D 级	I-DS10 级	HV4	AR(22%)
PG 分级	PG82-16	PG70-22	PG64-22	PG82-22	PG82-28	PG82-28	PG88-28
UTI 塑性温度空间	98	92	86	104	110	110	116
疲劳因子(kPa)	3110	3952	3950	507	598	693	598
沥青品种	实际生产所用沥青						
	30 号	50 号	70 号	I-D 级	I-DS10 级	HV4	AR(22%)
PG 分级	PG82-16	PG70-22	PG64-22	PG76-22	PG82-22	PG82-28	PG76-28
UTI 塑性温度空间	98	92	86	98	104	110	104
疲劳因子(kPa)	1797	1600	4132	910	438	926	907

4.1.4　相态转化及应变扫描

本试验采用动态力学试验法,以复数模量、储能模量、损耗模量及相位角正切值为指标研究沥青动态力学性能,试验仪器采用微观动态力学分析系统(DMA),该仪器可以实现高低温和高频率等各种试验要求。沥青试件采用浇筑的方法成型,成型后切割为薄片(图 4-2),试件尺寸约为长 60mm × 宽 13mm × 厚 3.5mm;夹具选用双悬臂,受力形式为三点弯拉模式。采用的试验频率为 1Hz,应变水平为 25με,试验由低温到高温的升温速率为 2℃/min,每种沥青做 4 次平行试验。

图 4-2　沥青浇筑成型图

图 4-3 为沥青动态力学扫描得到的复数模量、储能模量、损耗模量及相位角随温度变化的关系图。从图 4-3 中可以看出,对于沥青材料,其复数模量和储能模量随着温度的升高迅速减小,呈反 S 曲线变化关系,其复数模量随温度的变化曲线不同于一般的非晶聚合物材料,沥青混合料不具有典型的玻璃态、高弹态、黏弹态和黏流态四种物理状态的转变。损耗模量值先增大后减小,存在峰值点;损耗角的正切值,即损耗和储能模量的比值随温度的增加先增大后离散,不存在特征值点。由 DMA 试验仪器自带的分析软件(Universal Analysis)分析沥青动态力学扫描得到的模量曲线,以损耗模量峰值点对应的温度及复数模量曲线步阶转变的起点、切点、终点对应的温度对沥青的相态转变温度进行分析,试验结果见表 4-6。

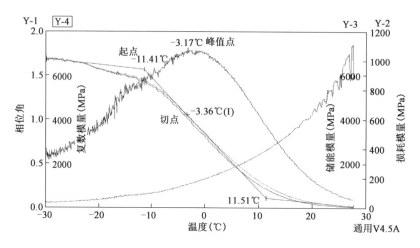

图 4-3 沥青动态扫描曲线图

沥青相态转变温度 表 4-6

沥青	扫描温度范围 ℃	样本量	参数	损耗模量峰值		复数模量曲线					
				温度（℃）	模量（MPa）	特征温度（℃）			对应模量（MPa）		
				T1	E1	T2	T3	T4	E2	E3	E4
30 号	−20~35	4	均值	2.45	851	−4.58	5.26	15.76	1078	679	256
			C_v（%）	19.7	11.1	−46.5	14.6	13.4	14.0	11.3	30.0
50 号	−30~30	5	均值	−2.82	872	−7.53	−2.05	10.91	1088	828	225
			C_v（%）	−20.1	6.1	−34.5	−96.5	4.9	13.2	15.0	4.0
70 号	−30~30	4	均值	−7.86	964	−10.55	−7.07	4.11	1151	911	287
			C_v（%）	−11.3	6.7	−6.3	−8.8	30.8	8.4	8.7	14.8
I-D	−30~30	4	均值	−12.29	992	−18.87	−7.83	4.16	1307	742	236
			C_v（%）	−1.0	3.3	−1.5	−12.0	4.0	3.6	4.5	3.0
I-DS10	−35~30	6	均值	−12.29	999	−20.18	−11.47	1.18	1417	941	279
			C_v（%）	−6.6	8.0	−3.0	−11.1	37.1	6.2	8.1	5.7
HV4	−30~30	4	均值	−14.48	1076	−19.13	−9.49	2.23	1324	795	240
			C_v（%）	−10.5	10.1	−4.4	−22.0	38.9	8.0	14.2	2.7
AR22	−60~30	3	均值	−24.85	1218	−35.33	−23.07	−1.54	1593	1149	274
			C_v（%）	−15.1	14.1	−22.2	−44.1	−293.8	27.4	35.2	26.2

　　损耗模量值先增大后减小且存在峰值点，对于具有较高温度敏感性的沥青材料而言，随着温度的升高，其中沥青所含有的高分子组分热运动加强，材料不可逆形变明显增强，由于黏性形变（不可逆）而损耗的能量大小，反映材料黏性大小，即表现为损耗模量的增大。在低温条件下，损耗模量越大，低温受力形变能力越强，材料受力不至于发生脆断，因此损耗模量峰值点对应的温度越低，表明沥青材料的低温性能越好。比较

环道 7 种沥青材料的损耗模量峰值点温度可得:对于普通基质沥青,沥青标号越高,损耗模量峰值点温度越低,表明低温抗裂性能越好;对于改性沥青,I-D 级、I-DS10 级沥青损耗模量对应峰值点温度相同,复合改性沥青最低,低温抗裂性能最好,三种改性沥青的损耗模量峰值点温度均低于 70 号基质沥青,说明沥青经过改性后低温性能均提高;胶粉含量为 22% 的橡胶沥青的损耗模量峰值点温度在 7 种沥青中最低,表明 70 号沥青经过胶粉改性后大大增强了其低温性能。

复数模量曲线的步阶转变起点温度代表了沥青由玻璃态向高弹态转变的温度点,切点温度代表复数模量随温度的变化率最大的温度点,以此两点对应的温度来评价沥青低温适用范围与以损耗模量峰值点对应温度评价结果一致,3 个温度点皆是沥青相态转变的特征点,可为沥青低温性能评价及确定不同品质沥青的低温适用范围提供参考。

4.1.5 黏附性及沥青与矿料黏附功和表面能

本研究采用 Drop Shape Analysis (DSA)100 接触角测量仪(图 4-4),通过测定已知表面能及其色散分量、极性分量、不同标准液在沥青和集料表面的接触角数据,求得沥青和集料的表面自由能,进而计算得到沥青与集料的黏附功,评价沥青与集料的黏附性能。

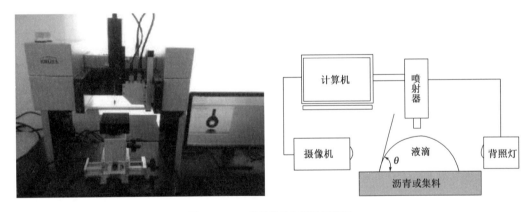

图 4-4 DSA 仪器设备和测量原理图

试验选用蒸馏水、甲酰胺、丙三醇为标准液,其表面能及色散分量和极性分量数据见表 4-7。

标准液及标准液参数　　　　表 4-7

标　准　液	表面能(MJ/m^2)	色散分量(MJ/m^2)	极性分量(MJ/m^2)
甲酰胺	59.0	39.4	19.6
丙三醇	65.2	28.3	36.9
蒸馏水	72.3	18.7	53.6

躺滴法要求试样表面光滑、洁净,对于集料,试验是将粒径大于 36mm 的集料用精密切割仪切成 3mm 左右厚度的薄片,然后分别用蒸馏水和酒精清洗表面,放入 105℃真空干燥箱中烘干 2h,取出后放置于干燥器中 24h 后备用。对于沥青,为获得表面均

一光滑的沥青表面,先将沥青加热到高于软化点80～90℃且呈流动状态下,将在同样温度下预热好的长50mm、宽25mm的玻璃片插入沥青中,停留5～10s后迅速取出用刮刀将玻璃片两面多余沥青刮除,使沥青在玻璃片表面呈均匀的薄层,再将沥青放在一张洁净、平整的白纸上,连同白纸一起放入真空干燥箱内,在高于软化点50～60℃条件下恒温1h,目的是使沥青在玻璃片上均匀铺展形成光滑的表面,然后取出放入干燥器中冷却干燥24h后备用。沥青与集料样品如图4-5所示。

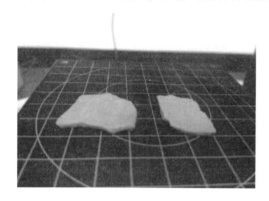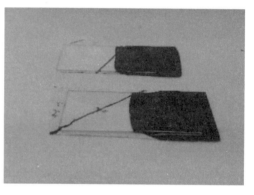

图4-5 沥青与集料样品示图

试验采用躺滴法测定了3种标准液在沥青表面的接触角,试验数据见表4-8。

标准液与沥青接触角数据(三次平行)　　　　表4-8

试剂	30号		50号		70号		I-D级		I-DS10级		I-DS10级	
	均值	C_v(%)	均值	C_v(%)	均值	C_v(%)	均值	C_v(%)	均值	C_v(%)	均值	C_v(%)
甲酰胺	85.6	0.07	90.4	1.45	93.6	1.96	91.4	0.89	92	1.50	92.6	0.81
丙三醇	96.6	0.53	98.2	1.09	98.1	0.54	99.9	0.40	100.4	2.39	99.8	1.16
蒸馏水	103.1	1.01	105.6	1.10	106.2	0.95	106.8	1.53	107.4	0.79	106.1	0.78

由标准液与沥青接触角数据得到沥青的表面自由能数据见表4-9。

沥青表面自由能　　　　表4-9

沥青	表面能(MJ/m²)	色散分量(MJ/m²)	极性分量(MJ/m²)
30号	19.4	18.1	1.3
50号	15.3	13.2	2.1
70号	13.9	11.2	2.7
I-D级	15.3	13.8	1.4
I-DS10级	14.6	12.8	1.8
HV4	13.3	10.5	2.8

对比分析表4-9中沥青表面自由能数据和表4-1中沥青基本性能数据可以得出:(1)沥青表面自由能以色散分量为主,极性分量所占比例较小,说明沥青属于弱极性材料;(2)对于基质沥青,随沥青标号的增大、黏度降低,表面自由能及其色散分量减小,极性分量增加。总之,对于普通沥青,延度和针入度越小,软化点和动力黏度越高,则表面能

越大,环道三种普通沥青中 30 号沥青具有较高的表面能;对于 SBS 改性沥青,表面能越大,沥青的延度和针入度越大,软化点越低,即环道三种 SBS 改性沥青材料中 I-D 级具有较高的表面能。

同样测定三种标准液在集料表面的接触角试验数据见表 4-10。

标准液与沥青接触角数据 表 4-10

统计参数	石 灰 岩			玄 武 岩		
	甲酰胺	丙三醇	蒸馏水	甲酰胺	丙三醇	蒸馏水
样本	8	9	9	5	6	6
均值	36.6	54.1	55.0	16.6	31.2	43.1
$C_v(\%)$	10.5	12.1	6.8	12.2	22.2	14.0

由标准液与集料的接触角数据得到集料的表面自由能数据见表 4-11。根据表中数据,比较两种不同岩性的集料的表面能数据可以看出,石灰岩表面能小于玄武岩,两种集料色散分量大于极性分量。

集料表面自由能 表 4-11

集 料	表面能(MJ/m^2)	色散分量(MJ/m^2)	极性分量(MJ/m^2)
玄武岩	57.7	30.6	27.1
石灰岩	48.0	27.0	21.0

根据黏附功公式[式(4-1)],结合沥青和集料的表面自由能参数计算得到沥青与集料在无水条件下的黏附功,试验数据见表 4-12。

$$W_{\text{adhesion,dry}} = 2(\sqrt{\gamma_{s,\text{asphalt}}^d \gamma_{s,\text{aggregate}}^d} + \sqrt{\gamma_{s,\text{asphalt}}^p \gamma_{s,\text{aggregate}}^p}) \quad (4-1)$$

$W_{\text{adhesion,dry}}$ 代表沥青与集料在无水条件下的黏附功,$\gamma_{s,\text{asphalt}}^d$ 与 $\gamma_{s,\text{asphalt}}^p$ 分别为沥青表面能的色散分量和极性分量,$\gamma_{s,\text{aggregate}}^d$ 与 $\gamma_{s,\text{aggregate}}^p$ 分别为集料表面能的色散分量和极性分量。

根据表 4-12 中数据,作图比较分析沥青与集料无水条件下的黏附功,如图 4-6a)所示。由图可以得出,同种沥青与玄武岩的黏附功大于石灰岩;对于基质沥青,沥青针入度越小,黏度、软化点越高,其与集料的黏附性能越好;对于改性沥青,三种品质的沥青与集料的黏附性能较为接近。

沥青与集料无水条件下黏附功数据(MJ/m^2) 表 4-12

沥 青	无水条件下黏附功		有水条件下黏附功	
	石灰岩	玄武岩	石灰岩	玄武岩
30 号	54.66	58.94	33.7	26.0
50 号	51.04	55.28	31.0	23.2
70 号	49.84	54.13	29.4	21.7
I-D 级	49.45	53.42	32.6	24.5
I-DS10 级	49.48	53.55	31.4	23.5
HV4	49.01	53.27	29.0	21.3

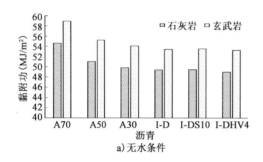 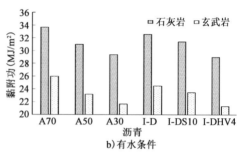

图 4-6 沥青与集料黏附功对比图

根据黏附功公式[式(4-2)],结合沥青和集料的表面自由能参数计算得到沥青与集料在有水条件下的黏附功,试验数据如图 4-6b)所示。

$$W_{\text{adhesion,wet}} = 2(\gamma_{\text{water}} + \sqrt{\gamma_{\text{s,asphalt}}^d \gamma_{\text{s,aggregate}}^d} + \sqrt{\gamma_{\text{s,asphalt}}^p \gamma_{\text{s,aggregate}}^p} - \sqrt{\gamma_{\text{s,asphalt}}^d \gamma_{\text{water}}^d} - \sqrt{\gamma_{\text{s,asphalt}}^p \gamma_{\text{water}}^p} - \sqrt{\gamma_{\text{s,aggregate}}^d \gamma_{\text{water}}^d} - \sqrt{\gamma_{\text{s,aggregate}}^p \gamma_{\text{water}}^p})$$

(4-2)

$W_{\text{adhesion,wet}}$ 代表沥青与集料在有水条件下的黏附功,γ_{water} 代表水的表面自由能,γ_{water}^d、γ_{water}^p 代表水表面能的色散分量和极性分量。

由表 4-12 中数据可知,在有水条件下,沥青与集料的黏附功均小于无水条件,水的存在大大降低了沥青与集料的黏附性,且有水条件下沥青与石灰岩的黏附性大于玄武岩。对于基质沥青,沥青针入度越小,黏度、软化点越高,其与集料的黏附性能越好;对于改性沥青,改性沥青针入度越大,黏度、软化点越低,其与集料的黏附性越好。同一种集料与不同沥青的黏附性接近。

在有水和无水条件下的黏附功代表了沥青与集料在两种环境条件下的黏附性能,与沥青混合料的抗水损害性能的相关性需进一步试验研究。

4.1.6 光谱及元素分析

沥青的化学组成和分子结构决定其性质,主要涉及沥青的分子结构类型、分子组成结构、分子体积大小、分子极性和官能团类型等性质,环道试验过程中委托中科院青岛生物能源与过程研究所进行了沥青样品的分子量、元素组成、红外光谱、核磁共振谱分析等检测,其中沥青分子量检测、元素分析、核磁共振分析只针对基质沥青,试验结果如下:

1) **分子量检测**(凝胶色谱法)

凝胶色谱法得到的检测参数见表 4-13,相应色谱图如图 4-7 所示。

沥青分子量检测参数 表4-13

参　　数	配合比沥青			生产沥青		
	30号	50号	70号	30号	50号	70号
Mw/Mn	2.372(3%)	2.228(3%)	2.228(2%)	2.203(3%)	2.137(2%)	2.176(3%)
Mz/Mn	4.994(4%)	4.387(4%)	4.543(3%)	4.583(4%)	4.530(3%)	4.380(4%)
Mn	1.204×10^6 (2%)	1.039×10^6 (3%)	1.122×10^6 (2%)	1.022×10^6 (2%)	1.193×10^6 (2%)	1.002×10^6 (2%)
Mp	1.072×10^6 (1%)	1.044×10^6 (1%)	1.089×10^6 (1%)	9.905×10^5 (2%)	1.252×10^6 (1%)	1.011×10^6 (1%)
Mw	2.857×10^6 (2%)	2.316×10^6 (1%)	2.500×10^6 (1%)	2.252×10^6 (2%)	2.549×10^6 (1%)	2.180×10^6 (2%)
Mz	6.015×10^6 (4%)	4.560×10^6 (3%)	5.098×10^6 (3%)	4.685×10^6 (3%)	5.402×10^6 (3%)	4.390×10^6 (3%)

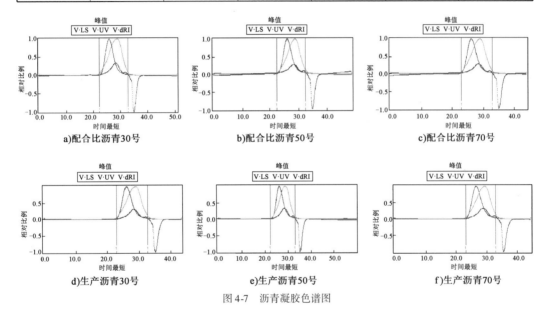

图4-7 沥青凝胶色谱图

2) 红外光谱分析

图4-8为生产和配合比试验期间使用的14种不同沥青的红外光谱图。

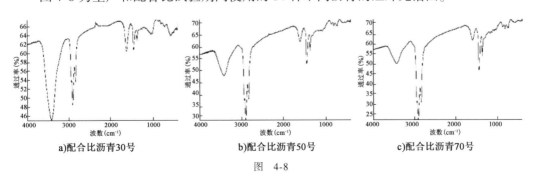

图 4-8

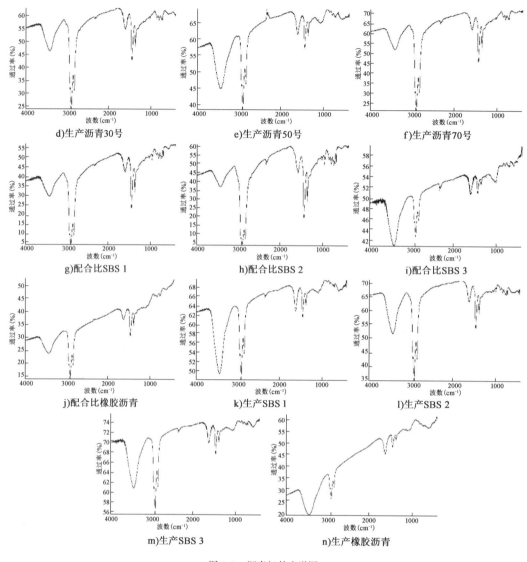

图 4-8 沥青红外光谱图

3) 元素分析

委托中科院青岛生物能源与过程研究所对沥青的元素组成进行了分析,检测结果见表 4-14。送检为盲样检测,各种普通沥青的元素含量分布如图 4-9 所示。

沥青元素组成分析　　　表 4-14

沥 青	平行	N%	C%	H%	S%	C/N	C/H
配合比沥青 30 号	1	0.80	76.21	7.03	4.37	95.6	10.8
	2	0.70	76.26	7.39	4.23	109.1	10.3
	3	0.68	76.19	8.05	4.29	111.3	9.5

续上表

沥青	平行	N%	C%	H%	S%	C/N	C/H
配合比沥青 50 号	1	0.61	76.28	7.55	4.22	125.3	10.1
	2	0.63	76.03	7.18	4.18	121.3	10.6
	3	0.69	75.93	8.50	4.28	109.6	8.9
配合比沥青 70 号	1	0.58	76.66	6.13	4.00	132.6	12.5
	2	0.59	75.62	7.14	4.02	127.9	10.6
	3	0.51	74.77	6.48	4.67	146.4	11.5
生产比沥青 30 号	1	0.00	0.15	1.69	0.31	0.0	0.1
	2	1.74	186.95	16.47	10.10	107.3	11.4
	3	0.56	75.49	5.68	4.05	134.9	13.3
生产比沥青 50 号	1	0.69	76.07	8.01	4.13	110.9	9.5
	2	0.63	75.86	7.91	4.18	121.2	9.6
	3	0.61	75.95	6.86	4.24	124.6	11.1
生产比沥青 70 号	1	0.59	75.94	6.79	4.08	128.4	11.2
	2	0.63	75.93	7.32	4.05	120.0	10.4
	3	0.59	75.73	7.28	4.19	128.2	10.4

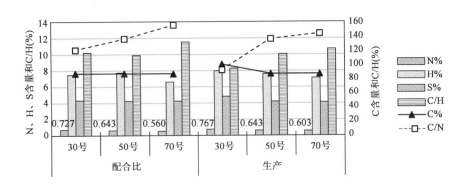

图 4-9 环道用各种普通沥青的元素含量分布

4) 核磁共振定量 H 谱分析

图 4-10 为生产和配合比设计期间使用的 6 种普通沥青的核磁共振定量 H 谱分析图谱。

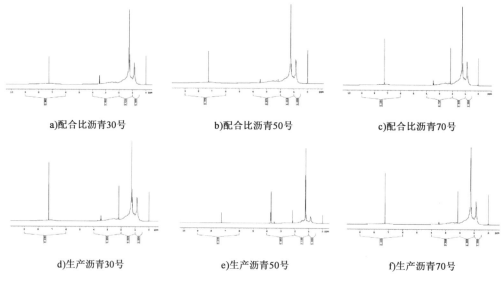

图 4-10　核磁共振定量 H 谱图

4.1.7　小结

本章主要介绍了环道沥青路面使用沥青的技术性能。首先,对全部 7 种沥青开展了三套指标体系的检测,包括我国现行行业标准体系、黏度指标体系,以及 PG 分级指标体系。检测结果表明:除橡胶沥青外,其他的基质沥青、改性沥青在前后两次检测中基本保持稳定,且技术指标均可满足设计要求。另外,作为数据积累,通过外委试验的方式,对沥青的分子量、元素组成等进行了检测。

沥青的检测评价中,也开展了两种新方法评价沥青的温度敏感性和沥青与集料的黏附性。通过动态力学试验法,以复数模量、储能模量、损耗模量及相位角正切值为指标研究沥青动态力学性能,以低温条件下损耗模量拐点对应的温度,评价了 7 种沥青的低温抗变形能力。采用沥青与集料的黏附功作为评价指标,测试结果表明,集料对于黏附功的影响大于沥青间差异,对于基质沥青,黏附功将随标号降低而降低;对于改性沥青,不同的沥青之间的差异较小。对比有水和无水两种测试条件,在有水条件下的黏附功显著降低。

4.2　沥青混合料施工

环道 19 个主试验段和 6 个抗车辙试验段(圆曲线 B 段)共有 21 种沥青混合料,其中包括:7 种用于下面层或基层的 AC25 型混合料,6 种用于中面层或下面层(2 层结构)的 AC20 型混合料,7 种用于表面层的 AC13 型混合料和 1 种用于应力吸收层的 AC10 型混合料。这21种混合料使用了7种沥青胶结料:30号、50号、70号、SBS1、SBS2、SBS3和橡胶沥青(AR22),此外,还包括热再生沥青混合料、添加抗车辙剂的沥青混合料和多空隙沥青混合料。

面对品种繁多的沥青混合料和紧迫的工期压力,为了确保环道沥青混合料结构层的施工质量,系统积累可靠、全面的建设信息,环道沥青混合料施工本着"严格控制关键指标,如实记录施工状态"的原则,按照配合比设计、工艺控制和质量抽检等三个环节进行施工管控。

由于混合料品种较多,为了保障施工进度,在施工过程中,按照公称最大粒径的不同,将环道沥青混合料分为AC25、AC20、AC13和AC10等四大类,根据施工顺序依次分类进行混合料的配合比设计。

为了保障沥青混合料设计的合理性和可靠性,各类沥青混合料严格按照理论配合比设计、目标配合比设计、生产配合比设计,以及试验路验证等四阶段进行配合比设计,最终确定各种沥青混合料的油石比和工程级配。其中理论配合比设计是其中的关键环节,主要目的是根据环道沥青混合料所使用的矿料特征选择合理的矿料级配曲线。

在施工过程中,针对每个试验路段、每个结构层使用的沥青混合料进行高频率的质量抽检,主要抽检的项目有:矿料级配和油石比的抽检、现场空隙率和压实度检测、混合料高温性能和水稳定性能检测等。施工抽检以施工现场的摊铺机前取料为基准。如实记录施工检测数据是环道施工中的基本要求,不论试验检测数据是否满足技术要求,均应如实记录。本着统计分析、综合评判的原则,对于环道各个试验路段各个结构层沥青混凝土的施工质量进行评价,同时对于施工中出现的普遍性的严重质量问题进行返工处理。

此外,为了满足环道后期研究的需要,在施工期间进行了大量的留样试验,其中包括标准或非标准试件的成型,以及各种原材料的保存。

4.2.1 沥青混合料配合比设计

环道沥青混合料配合比设计的主要技术特点有两方面:一是采用四阶段配合比设计流程;二是采用粗集料断级配的矿料结构和最紧密状态的设计原理,并按照重载交通的技术标准进行混合料设计。

1) 四阶段配合比设计流程

所谓四阶段配合比设计流程是在传统的三阶段配合比设计流程的基础上,增加了理论配合比设计阶段,从而明确各阶段混合料设计的主要目标,完善设计流程,提高混合料设计的合理性和可靠性。该四阶段混合料设计的主要目标是:

第一阶段为理论配合比设计阶段,针对每一类型的沥青混合料(如AC25),选择有代表性的沥青,进行配合比试验。其主要设计目标是:针对技术要求和工程使用矿料特征,选择合理的**理论目标级配曲线**,并确定重交通下混合料配合比试验的压实方法和压实标准。该阶段设计时,将矿料逐档筛分(每个粒径一级),按照级配构成原理,掺配不同形式的矿料级配,并按照统一的试验方法成型试件,通过混合料的体积指标和技术性能指标(主要是高温性能和水稳定性)的比选,选择合理的理论目标级配曲线。

第二阶段为目标配合比试验。根据第一阶段确定的各类沥青混合料的理论目标级配曲线,结合实际工程使用的各档原材料级配特征,以关键筛孔通过率(4.75mm 通过率)为主要控制节点,进行混合料掺配,形成**目标级配曲线**。然后成型相关的试件,进行混合料体积性能和技术性能的评价和验证。为了保证试验结果的可靠性,与上阶段配合比设计一样,在成型过程中,将各档矿料逐档筛分,并按掺配后的级配曲线进行**回配**。

目标配合比试验的另一项工作是,根据各档原材料级配的变异范围,确定每种沥青混合料生产级配的控制范围,其方法同水泥稳定碎石级配范围的确定方法。

总之,本阶段配合比设计的主要目标是:确定各种沥青混合料的冷料仓比例及其相应的级配范围。

第三阶段是生产配合比试验,主要任务是确定热料仓的比例和通过燃烧试验确定各种沥青混合料的油石比、矿料级配的标定曲线或参数。本工程采用 5000 型拌和楼,并基本按照 5mm 一级划分热料仓,因此有利于混合料生产过程中的级配控制。热料仓掺配过程中仍是以关键筛孔通过率为控制指标,同时尽可能考虑各个热料仓的均衡性,以减少施工期间等料、溢料的现象发生,提高施工效率,降低施工成本。

除确定热料仓比例外,生产配合比试验中有两次油石比的标定工作:一是混合料燃烧试验(或抽提试验)的标定,以利于生产过程中混合料的品质控制;二是拌和楼喷油准确性的标定,以便最终确定沥青混合料实际生产过程中拌和楼油石比的设定。第二次标定是在第一次标定的基础上完成的。

除了油石比标定,各种混合料级配标定参数的确定是此次环道配合比设计的一个特点。以往沥青路面工程中通过抽提试验或燃烧试验确定混合料油石比的标定曲线及 0.075mm 通过率的修正参数,但对于混合料矿料级配的标定缺乏有效的手段,导致实际生产过程中混合料矿料级配的稳定性难以进行评价。为此,本项目针对目标级配进行大量的燃烧试验,通过统计分析,得到每个级配各档筛孔通过率的修正参数,并以此为基础,对生产过程中各种混合料燃烧试验得到矿料级配进行修正、评价。

具体操作流程是:每种混合料按照目标配合比确定的目标级配曲线掺配 10 份混合料,每 2 份为一组,每一组设定一个油石比,进行燃烧试验。这样可以得到 5 个不同油石比沥青混合料的燃烧试验数据,可以建立比较可靠的油石比标定曲线。与此同时,将 10 份混合料燃烧后的矿料进行逐档筛分,然后计算各个筛孔通过率的均值,并以此为基础,与目标级配进行对比,即可得到各个筛孔通过率的修正参数。

【算例】表 4-15 为一组沥青混合料的燃烧试验结果汇总表。在工程中,为了建立较为可靠的油石比修正曲线,一般需要进行4~5个不同油石比混合料的燃烧试验,每个油石比有2个对比试验样本。在建立油石比修正曲线的同时,对各个燃烧后的矿料进行筛分,得到10组筛分结果(见表4-15中数据)。通过对这些筛分结果统计分析发现,10组样本中各个筛孔通过率的极值比较小,级配是比较稳定的,因此,筛分后的均值级配与目标级配对应筛孔的差值可作为生产过程中相同目标级配、相同结合料的混合料燃烧后级配的修正值,用以标定生产混合料级配的稳定性。

一组沥青混合料的燃烧试验结果汇总表　　表4-15

设定油石比 w(%)	样本	实测油石比 w_b(%) 测量值	实测油石比 w_b(%) 均值	下列各个筛孔(mm)的通过率(%)									
				19	13.2	9.5	4.75	2.36	1.18	0.6	0.3	0.15	0.075
3.4	1	3.81	3.8	100	78.3	55.6	32.8	22.2	14.7	12.1	9.8	7.9	6.8
	2	3.85		100	78.1	54.4	32.5	22.0	15.1	12.4	10.1	8.5	7.4
3.8	1	4.19	4.2	100	79.1	55.3	31.3	22.2	14.7	12.2	10.1	8.4	6.7
	2	4.26		100	78.1	53.3	30.6	21.7	14.8	12.2	9.9	8.2	6.7
4.2	1	4.63	4.6	100	77.9	54.7	32.3	21.8	14.6	12.0	9.7	7.8	6.1
	2	4.65		100	77.7	54.5	33.4	21.7	14.6	12.1	9.9	8.1	6.6
4.6	1	5.00	5.0	100	77.6	55.1	33.2	21.7	14.4	12.2	10.0	8.4	7.2
	2	5.08		100	80.2	54.7	30.9	21.9	14.4	12.1	9.9	8.0	6.7
5.0	1	5.45	5.5	100	78.7	54.8	31.9	21.9	14.5	12.1	10.0	8.3	7.0
	2	5.56		100	79.2	54.3	30.5	21.7	14.3	11.8	9.8	8.0	6.4
实测级配统计		均值		100	78.5	54.7	31.9	21.9	14.6	12.1	9.9	8.2	6.8
		极差		0	2.6	2.3	2.9	0.5	0.7	0.6	0.4	0.6	1.2
目标级配				100	72.9	52.6	30.4	21.1	14.7	12.0	9.5	7.7	5.9
级配修正值				0	5.6	2.1	1.6	0.8	-0.1	0.1	0.4	0.5	0.8

第四阶段是铺设试验路验证,主要任务是验证混合料矿料级配和油石比的工程可行性和技术可靠性,以及确定相关施工工艺和质量控制的操作流程。由于环道沥青混合料的品种较多,不可能每种混合料都铺设试验路段,因此,针对每类沥青混合料(AC10除外)选择代表性的混合料铺设试验路。

2)粗集料断级配的构成

环道沥青路面有多种结构形式,沥青混凝土结构层有12cm、18(16)cm、24(28)cm、36cm、52(48)cm等多种不同厚度,为了保障今后环道试验的顺利进行,避免过早出现较严重的车辙病害,提高各种沥青混合料的高温稳定性是配合比设计的首要目标,同时也为了综合改善其他路用性能。因此,环道21种沥青混合料均采用粗集料断级配的矿料结构。

环道沥青混合料粗集料断级配的构成采用"三控制点、双曲线"的方法。对于任何一个矿料级配设定三个控制点,即:公称最大粒径、粗细集料间断点和0.075mm,粗细集料间断点设定为4.75mm,同时设定三个控制点的通过率。为了保障混合料的均匀性,公称最大粒径的通过率设为100%。为了保障混合料中合理的粉胶比,保障粗集料断级配的密实性,同时减少摊铺过程中产生油斑,0.075mm的通过率随混合料公称最大粒径的减小逐渐增大,一般高于相同公称最大粒径连续型级配混合料1~2个百分点。4.75mm通过率作为衡量混合料间断特性的关键指标,一般要求是:在保证混合料密实性的前提下,尽可能增加4.75mm及其以上碎石含量,即降低4.75mm的通过率。

当三个控制点及其通过率确定以后,其余筛孔的通过率将根据幂函数曲线模型予以确定。形成从公称最大粒径到4.75mm间断点之间的粗集料级配曲线和0.075mm到4.75mm之间的细集料级配曲线,即所谓的"双曲线"。其中有三点说明:

一是,当粗集料由两档矿料组成时,如AC13型混合料的粗集料由4.75~9.5mm和9.5~13.2mm两档组成,可通过排列组合的方式,通过捣实VCA试验方法,以捣实VCA最小为标准,确定这两档矿料的最佳比例关系。在环道AC13混合料的级配设计中就采用这种方法。当粗集料由大于两档矿料组成时,由于排列组合过于烦琐,采用粗集料曲线形式进行设计。

二是,粗集料级配曲线和细集料级配曲线在理论上有多种表达形式,例如幂函数曲线模型、指数函数曲线模型、对数函数曲线模型,以及线性模型等。经过以往工程经验的总结,从混合料的密实性和施工的均匀性等多项指标的综合评价,认为粗集料采用幂函数是一个较为合理、适用的级配。试验表明,当采用指数函数模型时,尽管混合料粗集料中大粒径含量会增加,混合料的密实性提高,但是施工工艺的要求也随之提高,否则极易产生离析;与之相反,当采用对数函数模型时,尽管施工的均匀性会大大改善,离析现象减少,当用于表面层时,纹理深度会大大降低,混合料的密实性会降低。因此,选择幂函数模型是相对较为实用的粗集料曲线模型。

三是,评价一个混合料级配的粗细,不仅看混合料公称最大粒径的大小,而且看混合料中粗集料的含量,即4.75mm及其以上碎石的含量。如AC25型混合料与AC20型混合料比较粗细时,当两者4.75mm通过率相同时,一般AC25型混合料较AC20型混合料粗;当AC25型混合料4.75mm通过率大于AC20型时,这两种混合料谁粗?谁细?则不宜简单判断。因此,环道使用的AC13和AC10型混合料,尽管按公称最大粒径评价属于细粒式沥青混合料,为了达到粗集料断级配的矿料结构,在保证密实性的前提下,尽可能减小4.75mm通过率。除PAC13外,环道AC13混合料目标级配4.75mm的通过率一般不大于30%,AC10也达到了40%。这些指标远小于相同公称最大粒径、连续性级配4.75mm的通过率。因此,环道使用的沥青混合料,不论公称最大粒径的大小,均属于粗集料断级配的矿料结构。

【算例】构建AC20型混合料级配。令:公称最大粒径19mm集料的通过率为100%,0.075mm集料的通过率为6%,粗、细集料间断点4.75mm的通过率为29%,粗、细集料级配曲线设定为幂函数[式(4-3)]。

$$y = ax^b \tag{4-3}$$

建立粗集料级配曲线方程组和细集料级配曲线方程组,见式(4-4)和式(4-5)。由此计算得到粗、细集料级配曲线的系数。

粗集料级配曲线方程组:

$$\begin{aligned} 100 &= a_C \times 19^{b_C} \\ 29 &= a_C \times 4.75^{b_C} \end{aligned} \tag{4-4}$$

细集料级配曲线方程组:

$$\begin{aligned} 6 &= a_F \times 0.075^{b_F} \\ 29 &= a_F \times 4.75^{b_F} \end{aligned} \tag{4-5}$$

$a_C = 7.2136, b_C = 0.8929; a_F = 16.047, b_F = 0.3798$。

根据以上计算结果,可以计算得到不同筛孔粒径的通过率,由此得到AC20型混合料4.75mm通过率为29%时的级配曲线,如图4-11所示。图中按同样方法得到4.75mm通过率为25%、33%的级配曲线,以示对比。这3个级配曲线将用于环道AC20混合料的理论配合比设计。

此外,以上粗集料级配曲线均采用幂函数模型,同样亦可用其他两参数模型构建粗集料级配曲线。图4-12分别比较了线性、幂函数、指数函数和对数函数等4种模型的粗集料级配曲线。由此看出,尽管这4条粗集料级配曲线4.75mm的通过率均为29%,但由于模型的不同,导致粗集料级配曲线的形状有较大差异。对数函数粗集料中大粒径碎石的含量较少,而指数函数粗集料中大粒径的含量较多,幂函数和线性函数居中。这将对混合料的体积状态和路用性能产生较大影响,因此评判粗集料断级配混合料的技术性能不能仅仅关注4.75mm的通过率,而应根据工程具体情况进行选择。

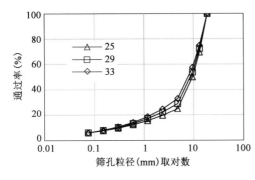

图4-11 3条AC20级配曲线比较

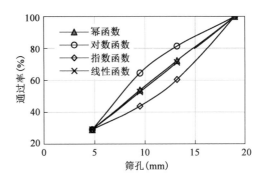

图4-12 不同模型的粗集料级配曲线比较

一般来说,对数函数构建的粗集料级配曲线,大粒径碎石含量少,混合料铺筑的外观比较均匀致密,但是粗集料之间的干涉比较严重,混合料内部的密实性较差,按空隙率设计时的油石比偏高。当采用指数函数构建粗集料级配曲线时,大粒径碎石含量明显增加,粗集料之间的干涉较弱,混合料密实性好,油石比较小,但是对材料均匀性和施工工艺要求比较高,否则施工期间极易产生离析。因此,兼顾两种函数模型的利弊,一般工程推荐采用幂函数模型构建粗集料级配曲线,环道各种 AC25 和 AC20 的级配曲线均采用幂函数模型。

3) 最紧密状态设计原理

环道沥青混合料均采用最紧密状态原理进行配合比设计,确定混合料的设计油石比。对于任何一种沥青混合料而言,在一定的压实状态下成型后存在两种体积状态,一个是以空隙率为表征指标的混合料密实状态,另一个是以矿料间隙率(VMA)等指标表征的混合料矿料的紧密状态。这两种状态随混合料油石比增加的变化趋势而变化:混合料的密实状态是随油石比增加而单调减小的;而紧密状态则存在一个峰值点(如 VMA 最小)。这个峰值点表明混合料在压实过程中矿料结构达到了最紧密的状态,以此为依据形成了沥青混合料的最紧密状态设计方法。关于"三控制点、双曲线"级配构成方法、最紧密状态设计方法的详细介绍请参见《基于骨架嵌挤型原理的沥青混合料均衡设计方法》一书。

这种粗集料断级配沥青混合料最紧密状态设计方法被广泛应用于环道各种沥青混合料的配合比设计,不仅用于密实型的沥青混合料,也用于多空隙沥青混合料,以及 SMA 和抗疲劳的 AC10 型沥青混合料。这种方法的主要设计流程为:

(1)按照"三控制点、双曲线"方法或原理构造级配曲线。

(2)按照规定的压实方法和压实功成型沥青混合料试件,并按规定的方法测定混合料的理论密度和毛体积密度。

(3)计算不同油石比条件下混合料试件的矿料间隙率、粗集料间隙率、干密度(G_g)以及空隙率,并绘制与油石比相关的变化曲线。

(4)按照矿料间隙率和粗集料间隙率最小,以及干密度最大的标准,确定混合料相应条件下的平均油石比,作为混合料在这种压实状态下的最紧密状态时的油石比。

(5)根据该油石比确定混合料对应的空隙率,当空隙率满足设计要求时,进行混合料路用性能评价。

(6)当混合料空隙率不满足要求时,返回到步骤(1)重新构建混合料级配,然后进行(2)至(5)步的试验过程,直至混合料空隙率满足要求。

(7)第(5)步混合料性能评价满足设计要求时,配合比试验结束,确定相应的级配曲线、油石比。如不满足设计要求,则返回步骤(1)重构级配曲线或返回步骤(2)重新选择压实方法和压实功,然后进行以上步骤试验,直到混合料的空隙率和路用性能满足设计要求。

在以上试验中,理论密度采用真空法测定,毛体积密度采用塑封法或蜡封法测定。

【算例】表 4-16 为一组不同油石比条件下 50 号-AC20 沥青混合料旋转压实(SGC) 160 次的体积指标汇总表。该组试验共进行 5 个不同的油石比试验,每个油石比间隔 0.4%,每个油石比进行 6 次平行试验(即每个油石比有 6 个样本),以保证试验结果的稳定性及统计意义。表中 G_e 为理论密度，G_m 为采用塑封法测定的毛体积密度，G_v 为按试件几何体积测定的密度，G_g 为混合料试件的干密度。

50 号-AC20 旋转压实（SGC160 次）体积指标汇总表　　　　表 4-16

ω_b(%)	G_e(g/cm³)	G_v(g/cm³)	G_m(g/cm³)	VV(%)	G_g(g/cm³)	VMA(%)	VCA(%)	VFA(%)
3.4	2.6581	2.5009	2.5097	5.58	2.4272	13.27	39.67	57.95
3.8	2.6422	2.5212	2.5350	4.06	2.4422	12.73	39.30	68.23
4.2	2.6279	2.5393	2.5489	3.01	2.4462	12.59	39.20	76.12
4.6	2.6151	2.5444	2.5581	2.18	2.4456	12.61	39.21	82.74
5	2.6033	2.5393	2.5529	1.94	2.4313	13.12	39.57	85.24

根据表 4-16 中试验数据，分别绘制油石比与混合料毛体积密度、干密度、矿料间隙率（VMA）、粗集料矿料间隙率（VCA）、空隙率（VV）和饱和度（VFA）的统计曲线，如图 4-13～图 4-15 所示。从曲线形式可以看出，随着油石比变化，这些指标呈现出有规律的变化。分别采用二次曲线模型拟合油石比与 G_g、VMA 和 VCA 的关系曲线，获得良好的相关性，按照二次曲线极值的计算公式，可以分别得到混合料 G_g 最大、VCA 最小或 VMA 最小时所对应的油石比，见表 4-17。当这 3 个指标达到极值状态时，混合料处于最紧密状态。

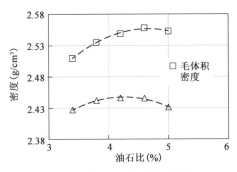

图 4-13　油石比与密度关系曲线

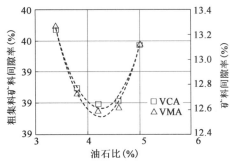

图 4-14　油石比与 VMA、VCA 关系曲线

从表 4-17 的数据可以看出，这 3 个指标达到极值时，相应的油石比十分接近，这本身符合混合料最紧密状态原理——最紧密状态是唯一的。之所以存在一定的油石比偏差，是由于试验误差所导致的。这也就是为什么需要通过 3 个指标共同确定最紧密状态下的油石比——尽量消除试验误差，提高最紧密状态下油石比确定的可靠性。

根据表 4-17 确定的混合料最紧密状态下的油石比，计算混合料相应的体积指标，汇总于表 4-18。得到该试验结果后需要进行体积指标判断，即之前设计流程中的第(5)步。本试验的结果是：在最紧密状态下，混合料的空隙率（VV）为 2.91%。这个空隙率水平是否满足要求，需要设计人员根据工程需求进行

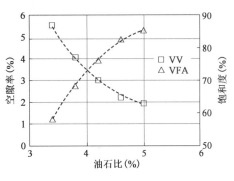

图 4-15　油石比与 VV、VFA 关系曲线

判断。如果满足要求,则可进行下一步的混合料性能验证(如高温性能、水稳性能等),如不满足要求,则需要重新调整级配,重新进行压实试验,确定调整后级配最紧密状态下的油石比及其相应的空隙率。

最紧密状态下的油石比确定   表4-17

参数	模型参数			最紧密状态 ω_b
	a	b	c	(%)
G_g	−0.0282	0.2401	1.9373	4.26
VMA	0.0101	−0.0858	0.3078	4.25
VCA	0.007	−0.0597	0.5185	4.26
均值	—	—	—	4.26

最紧密状态下,混合料相应的体积指标汇总表   表4-18

参数	ω_b(%)	G_m(g/cm³)	VV(%)	G_g(g/cm³)	VMA(%)	VCA(%)	VFA(%)
指标	4.26	2.5518	2.91	2.4484	12.56	39.12	77.32

4)重载交通的配合比设计标准

对于环道沥青路面的荷载水平,不论从加载车的轴载水平,还是轴载作用次数角度,均属于"极重"荷载等级,因此,环道沥青混合料配合比设计时需要充分考虑这种使用需求。

沥青混合料配合比试验中的压实方法与压实功是其中一个关键因素,不仅直接影响到混合料设计时的毛体积密度和空隙率水平,还影响到施工期间沥青混合料压实度和现场空隙率等质量评定标准。由于现行相关施工技术规范中要求按照马歇尔击实75次/面的标准成型试件,显然难以满足重载交通条件下的荷载水平;另外,美国SUPERPAVE设计方法中提出采用旋转压实(简称SGC)方法成型试件,且提出根据不同荷载水平采用不同的压实次数,并提出了压实次数标准,这个压实次数是否合理,亦有待于工程验证;再者,近十多年来我国一些省份采用美国工程兵旋转压实方法(简称GTM设计)进行重载交通沥青混合料设计,产生毛体积密度过大、油石比过低等不利于现场施工的问题。因此,采用哪种压实方法、何种压实功水平是环道沥青混合料配合比设计时需要重点论证的问题,从而完善重载交通条件下,沥青混合料的配合比设计。

既提高毛体积密度,又有利于现场使用压实,是环道配合比设计中需要兼顾的两方面要求。在环道施工过程中,结合具体的试验条件和能力,分别采取两种方法进行对比研究,一是增加马歇尔击实次数,二是采用SUPERPAVE推荐的SGC最高碾压次数。最终推荐SGC旋转压实163次作为环道沥青混合料配合比设计的压实标准。

4.2.2 沥青混合料施工概述

环道沥青混合料的摊铺施工是从2015年9月7日开始,到10月14日结束,共38d。环道21种沥青混合料施工的台账记录汇总于表4-19。根据环道设计需要,在施工期间有时同一天需要铺筑 3~4 种沥青混合料，频繁的材料更换不仅导致现场抽检试验工作量的成倍增加，而且容易产生施工质量不稳定的隐患。表中也列出一些路段在施工期间出现质量问题，进行返工的情况。

环道沥青混合料施工台账记录　　　　　　表4-19

施工日期（月/日）	结构编号	混合料种类	备注	施工日期（月/日）	结构编号	混合料种类	备注
9.7	YB-STR1	AC25（70号）		9.16	STR10	AC25（70号）	第一层
	YB-STR2	AC25（70号）			STR16	AC25（70号）	
9.8	YB-STR3	AC25-AR		9.17	STR7	AC25（70号）	
	YB-STR3	AC20-AR			STR8	AC25（70号）	
	YB-STR4	AC25-再生			STR9	AC25（70号）	
9.9	STR18	AC10（SBS1）	第一层		STR16	AC25（70号）	第二层
	STR19	AC25（30号）			STR18	AC25（50号）	第三层
	STR18	AC25（50号）		9.18	STR15	AC25（50号）	第二层
	STR17	AC25（30号）			STR11	AC25（70号）	
	STR4	AC10（SBS1）			STR10	AC25（70号）	
9.11	STR6	AC10（SBS1）	第二层	9.21	STR14	AC25（70号）再生	需铣刨、返工
	STR10	AC10（SBS1）			YB-STR6	AC25（SBS2）	需铣刨、返工
	STR19	AC25（30号）		9.23	STR15	AC20（50号）	
	STR18	AC25（50号）			STR18	AC20（50号）	
	STR17	AC25（30号）		9.26	STR7	AC20（SBS1）	
9.12	STR5	AC10（SBS1）	第三层		STR8	AC20（SBS1）	
	STR6	AC25（30号）			STR9	AC20（SBS1）	
	STR19	AC25（30号）			YB-STR6	AC25（SBS2）	返工后
	YB-STR5	AC25（30号）		9.27	STR1	AC20（30号）	返工后
9.13	STR1	AC20（30号）	需铣刨、返工		STR2	AC20（30号）	返工后
	STR2	AC20（30号）	需铣刨、返工		STR3	AC20（30号）	返工后
	STR3	AC20（30号）	需铣刨、返工		YB-STR5	AC20（30号）	返工后
9.14	STR5	AC20（30号）			STR14	AC25（70号）再生	返工后
	STR4	AC20（30号）		10.1	YB-STR6	AC20（SBS2）	
	STR19	AC20（30号）			STR5	AC20（30号）	
	STR17	AC20（30号）			STR4	AC20（30号）	
9.15	YB-STR5	AC20（30号）	需铣刨、返工	10.2	YB-STR1	AC20（抗车辙）	
	STR12	AC25（70号）			YB-STR2	AC20（抗车辙）	
	STR13	AC25（70号）			YB-STR4	AC20（再生）	
9.16	STR15	AC25（50号）	第一层	10.3	STR13	AC20（SBS1）	
	STR11	AC25（70号）			STR12	AC20（SBS1）	

续上表

施工日期(月/日)	结构编号	混合料种类	备注	施工日期(月/日)	结构编号	混合料种类	备注
10.3	STR14	AC20(SBS1)		10.12	STR10	AC13(SBS1)65%	
	STR10	AC20(SBS1)			STR14	AC13(SBS1)65%	
	STR11	AC20(SBS1)			STR12	AC13(SBS1)65%	
10.10	YB-STR3	AC13(AR)			STR13	AC13(SBS1)65%	
10.11	YB-STR2	AC13(SBS2)70%		10.13	STR5	AC13(SBS1)70%	
	YB-STR4	AC13(SBS2)70%			STR4	AC13(SBS1)70%	
	YB-STR5	AC13(SBS2)70%			STR6	AC13(SBS1)70%	
	YB-STR6	AC13(SBS2)70%			STR7	AC13(SBS1)70%	
	YB-STR1	AC13(抗车辙)			STR8	AC13(SBS1)70%	
10.12	STR1	AC13(SBS1)65%			STR9	PAC13(80%)	
	STR2	AC13(SBS1)65%		10.14	STR16	SMA13(SBS1)75%	
	STR3	AC13(SBS1)65%			STR17	SMA13(SBS1)75%	
	STR15	AC13(SBS1)65%			STR18	SMA13(SBS1)75%	
	STR11	AC13(SBS1)65%			STR19	SMA13(SBS1)75%	

环道沥青混合料摊铺施工首先从圆曲线 B 段开始,以下为施工期间沥青混合料施工日志的记录情况。

9 月 7 日当天计划施工圆曲线 B 段的 AR22-AC25、70 号-AC25(两段)、再生 70 号-AC25 和 AR22-AC20 等四种混合料。但由于前两天下雨,尽管已晾晒一天,基层仍有局部潮湿,采用酒精燃烧干燥的方法,直到中午才处理完毕。

另外,该路段原设计为采用 SBS 改性沥青施工防水黏结层,但由于该路段橡胶沥青混合料(AR22-AC25 和 AR22-AC20)的施工路段很短(两种混合料加起来也只有 100m),仅需要几吨橡胶沥青,厂家难以生产。为了增加产量,便于工业化生产,在保障技术品质,不增加造价的前提下,将此段防水黏结层改为橡胶沥青,橡胶沥青洒铺量为 $2.4kg/m^2$,同时按 50% 撒布率撒布 19~26.5mm 碎石,约 $13kg/m^2$。但是,由于施工中橡胶沥青的出厂温度不足,导致现场加热耗费了大量时间,直到下午 6 点多才将温度升到可施工的温度,7 点才开始洒铺橡胶沥青防水黏结层。为了保证施工质量,临时决定当晚仅施工 100m 的 70 号-AC25 混合料,其余留在第二天施工。

由于前一天施工滞后,9 月 8 日施工了圆曲线 B 段的 AR22-AC25、再生 70 号-AC25 和 AR22-AC20 及 STR18 的 SBS1-AC10 等四种混合料。从现场和室内试件成型看,AR22-AC25 和 AR22-AC20 的油石比较大,特别是 AC25。其原因之一是 AR22 经过一晚高温保温后,黏度下降。早上拌和厂检测 AR22 的黏度为 $2.5~3.0Pa·s(180℃)$。

9 月 9 日,铺设 STR19 的 30 号-AC25 的第一层、STR18 的 AC50-AC25 第一层、STR17 的 30 号-AC25 的第一层,以及 STR6、STR4(大部分)的 SBS1-AC10;同时完成了 STR1、

STR2、STR3 结构的 SBS1 改性沥青防水黏结层。

9月10日,由于下雨,施工暂停。9月11日,恢复正常施工,铺设了 STR15 的 SBS1-AC10、STR19 和 STR17 的 30 号-AC25,以及 STR18 的 50 号-AC25。

9月12日,铺设了 STR5 的 SBS1-AC10,STR6 的 10cm 30 号-AC25、YB-STR5 的 8cm 30 号-AC25 和 STR19 的 12cm 30 号-AC25 最后一层。

同时,开始在施工现场采用实际生产使用的混合料成型大尺寸的沥青混合料试件,包括不同厚度、直径 1m 和 50cm 大圆盘,以及 30cm×30cm×10cm 和 43cm×30cm×8cm 的长方体试件。这些试件作为留样,主要用于后期的结构试验、疲劳试验和车辙试验。这些试件均采用重型压路机成型,如图 4-16 所示。

图 4-16 大尺寸沥青混合料试件现场成型

9月13日,开始中面层施工,铺设了 STR1、STR2、STR3 的 30 号-AC20 结构。14日继续铺设了 STR5、STR4、STR17、STR19 的 30 号-AC20。15日又铺设 YB-STR5 的 30 号-AC20,STR12、STR13 的 70 号-AC25。9月16日,铺设了 STR15 第一层的 50 号-AC25、STR11 第一层、STR10 第一层和 STR16 第一层的 70 号-AC25。

环道开工以来,按要求对每一路段、每一种材料都要进行从室内到现场的质量检查,试验工作量很大,尽管已投入近 30 人的检测力量,但由于试验周期的限制,试验检测结果难免滞后。另外,经过前期多次的试验、调试和施工期间现场旁站监督,还是出现了问题。通过钻芯取样发现,9月14日铺设的 30 号-AC20 空隙率偏大,特别是 STR4 结构,近似于多空隙结构。

为此,将开工以来所有铺设 30 号-AC20 路段的燃烧试验结果进行分析,发现:(1)油石比基本正常、矿粉含量基本正常;(2)唯独 4.75mm 通过率比设计级配增加 2%~5%(绝对值),说明级配偏粗,拌和楼料源出现问题;(3)同时出料温度在 170℃左右,偏设计要求的下限,考虑到出料较早(早上 6 点多),气温较低,导致混合料摊铺碾压温度偏低,碾压不够充分。特别是第(2)、第(3)原因是主要原因。为此,与施工单位沟通后达成初步决定:(1)通知拌和厂检查料源,查明原因;(2)提高出料温度;(3)STR4 返工处理,其他路段待全部检测数据出来后再做决定。

接下来几天主要工作为：一是暂停 AC20 型混合料施工，查明空隙率偏大的原因，并在连接线上试铺，调整级配和工艺；二是继续施工其他路段的 AC25 型混合料；三是加快进行 AC13 型混合料的配合比设计。

9月17日，铺设了 STR7、STR8、STR9、STR16（第二层）的 70号-AC25 和 STR18（第三层）的 50号-AC25。上午拌和厂与我方商讨前两天 30号-AC20 空隙率偏大的问题，指出拌和厂的燃烧结果与我们类似，4.75mm 通过率在 26%～27%，由此证明了级配偏粗的问题。并达成以下共识：(1)拌和厂检查原材料的级配是否发生变化；(2)AC20 施工暂停，先修圆曲线匝道和其他辅路，验证 AC20 的级配，直到稳定后再施工主线；(3)对已修建的 AC20 路段进行返工；(4)提高拌和温度，按照上限规定控制；(5)施工单位增加大振幅的双钢轮压路机。

9月18日，铺设了 STR15、STR11、STR10 的第二层 70号-AC25。由于拌和楼故障，原计划的再生-AC25 没有施工。

9月19日，按照重新调整的 AC20 冷热料仓比例在匝道下面层铺设 70号-AC20 的混合料。从钻芯芯样外观上看，密实性显著提升。最终调整结果待20日 SBS1-AC20 施工检测结果确定（在连接线上施工）。

9月20日，继续在连接线上铺设 AC20-1 的级配，验证这个级配的稳定性。同时根据现场质量评定结果，与施工单位明确了 STR1、STR2、STR3、STR4、STR5 和 YB-STR5 共6个路段（加宽段除外）进行返工，第二天开始铣刨。这样前3段需要将原有防水黏结层铣刨掉，重新做。同时，将这些路段的传感器挖除。

9月21日，留样室开始正式施工。为了长期存储足尺环道所有的原材料及混合料试件，决定自筹科研经费，建设留样室。

9月21日，铺设 YB-STR6 的 SBS2-AC25 和 STR14 的再生 70号-AC25，但这两段均出现明显的泛油，立刻停工检查原因。直观感觉是拌和楼又出现了问题，但拌和楼初查并没有发现问题，还要继续查，否则不敢进一步施工。

9月22日，继续检查拌和楼问题，主线未施工，只是铺了一段连接线。上午召开了一个工作会，把前一阶段试验室工作中存在的一些问题进行了总结、分析，鼓励大家坚持。施工单位这几天返工较多，损失较大，情绪受到影响，但从质量方面考虑，也只能下狠心进行。

针对 AC20 原材料变化和19、20日两天试生产情况，重新确定了冷料仓和热料仓比例。与上次不同在于：为避免拌和楼不稳定的影响，AC20-1 和 AC20-2 采用相同的冷料仓比例。这样尽管不尽合理，热料仓可能出现不均衡现象，导致废料增加，但为了保证混合料级配稳定也只能如此。

9月23日下午，铺设了 50号-AC20 的两段结构，初步检测结果，油石比仍然偏大，大约 0.6% 左右。为此，拌和楼趁停电间隙，拆除了拌和楼筛网，进行彻底检查。

9月24日,现场停工,主要是解决AC13型混合料室内试验问题。根据最紧密状态原理进行SMA13混合料设计,其70℃时车辙动稳定度只有2000次/mm、1600次/mm、780次/mm,结果过低,与以往工程经验出入较大。

9月25日,综合考虑试件成型方法、压实功等因素,根据大量的室内试验结果,对环道用AC13型的7种混合料最终的油石比和毛体积密度进行优化调整,用于正式施工。

9月26日,铺设了STR7、STR8、STR9、STR16的SBS1-AC20,其中STR7和STR8采用原设定沥青用量4.2%,下午铺设的STR9和STR16将沥青用量调整为4.0%,多余的0.2%调整到5号仓,并分别取样检验。此外,铺设了YB-STR6返工路段的SBS2-AC25。原计划的STR14再生70号-AC25改在第二天铺设。

9月27日,返工铺设了STR1、STR2、STR3和YB-STR5的30号-AC20,分两次抽检,并铺设了STR14的70号再生-AC25(抽检一次)。在铺设30号-AC20时,发现局部泛油的一个原因——摊铺机收斗导致料斗侧壁的细集料胶浆聚集。这种现象对于小摊铺机十分突出,特别是起步时,摊铺机停留较长时间(由于取料),容易导致泛油。

造成这种现象的原因有:一是这种粗集料断级配,粉料较多以填充混合料的空隙,当混合料温度较高时,容易导致细集料积聚,因此像SMA之类的混合料,在摊铺时严禁收斗;二是混合料温度较高;三是油石比相对较高(与温度相比)。今后再施工30号-AC20时,首先保证温度不变,同时规定不收料斗,然后适当降低沥青用量0.2%,将剩余量调整到5号仓,见表4-20。

AC-20生产中热料仓比例(%) 表4-20

热仓	6号仓 18.5~22	5号仓 15.5~18.5	4号仓 11~15.5	3号仓 6~11	2号仓 3~6	1号仓 0~3	矿 粉	沥青用量
原比例	3.8	9.6	34.5	16.3	6.7	19.1	5.7	4.3
调整后	3.8	9.8	34.5	16.3	6.7	19.1	5.7	4.1

这样环道中将有3种情况的30号-AC20,一个是STR17、STR19(按原配合比设计),一个是STR1、STR2、STR3和YB-STR5(返工),另一个是STR4、STR5(返工后调整)。

9月28日上午,雨,下午进行AC13的热料仓筛分。首先进行冷料仓筛分,发现拌和厂10~15mm料存在两种规格,一种偏粗,一种偏细,偏细料几乎不存在13.2mm以上的料。热料仓筛分时采用了偏细规格的料。另外,在进行AC13-65的热料仓筛分时发现:2号仓与4号仓串料比较严重,2号仓中有不少4号仓的料。据了解这是该拌和楼固有的问题,一时难以解决,为此,施工单位对4个热料仓进行筛分,重新确定了AC13的热料仓比例。

9月29日,雨,现场停工,拌和厂因2号仓串料问题,整修设备,热料仓筛分改在第二天。

9月30日,雨转晴转雨。确定下步几种AC20油石比的调整方案,30号沥青、SBS2、再生沥青等均下调0.2%,并将其调整到5号仓。目的是防止高温摊铺时泛油。第二天预报是晴天,但是大风,及时通知施工单位拌和、运料时注意保温。

10月1日,上午晴、大风。下午4点多开始铺设YB-STR6的SBS2-AC20。如果顺利,计划再有2d完成中面层的AC20铺筑。因此,也需要加快AC13的生产配比试验,希望10月5日左右能够铺试验路。

10月2日,晴。上午完成STR5、STR4的30号-AC20的返工路段,外观效果良好。下午,首先铺设了YB-STR1、YB-STR2的中面层70号抗车辙-AC20,施工现场、室内成型普遍反映难以压实,燃烧试验表明沥青用量少了0.4%,这对高温稳定性固然有利,但是,需要通过第二天的现场检测结果,确定压实度和现场空隙率是否满足要求。

在YB-STR4铺设再生-AC20时,当拌和楼生产了一半,出了一车料后,设备故障,还差一车料。据拌和厂反映,设备故障较严重,维修需要较长时间。为了不延误工期,该试验段只好仅铺设了一半,另一半改用70号抗车辙-AC20。再生-AC20实际铺设路段位置在环道内侧车道3m宽的位置,以及靠近30号-AC20路段一侧整幅20m宽的位置。

10月3日,下午铺设了最后五段的SBS1-AC20:STR10、STR11、STR12、STR13、STR14,至此环道中面层全部施工完毕。从现场情况看,油石比略显偏大,局部出现泛油。根据燃烧试验结果,前两次抽检油石比反而低了0.35%,后面补充抽检,油石比大了0.35%。说明拌和楼不稳定,取样的代表性不强。

10月4日,晴。根据10月3日热料筛分的结果,初步确定SMA13-75、PAC13-80、AC13-70、AC13-65等四种混合料的热料仓比例。由于2号仓串料严重,在配置SMA13和PAC13时,2号仓不用。同时,4号仓与2号仓串料,导致4号仓料不足,但配料时4号仓的料用量较多,这样在生产时将会导致其他料仓等料、溢料问题比较严重,影响生产效率,增加生产成本。经与拌和厂沟通,得到了对方的配合。10月5日,仍然进行上面层AC13混合料的生产配合比试验。

10月6日,中午铺设了AC13-65和SMA13的试验路。从铺设效果看,AC13-65采用双钢轮初压,重胶轮复压的碾压方式,碾压后表面发亮,感觉油石比偏大。正式施工时是否需要再次调整油石比,都要等检测数据出来后决定。这种现象也可能与碾压方式有关,为此,计划再进行一次试铺,改变碾压方式,全部采用钢轮碾压。

采用全钢轮碾压后,SMA13外观效果尚可,但级配略显细。设计级配的碎石含量已达到75%,且9.5mm碎石含量占其中60%以上,似乎不应出现这种问题。此外,现在还需关注一个问题,油石比降低后,压实混合料的密实程度如何,混合料的实际密度水平如何。这一切需要等第二天数据出来再看。

10月7日,上午继续铺了SBS1-AC13-65、SBS2-AC13-70和SBS2-AC13-80(降油0.2%)三种材料的试验路,统一采用双钢轮碾压方式,外观效果良好。需要等待第二天钻芯效果和相关的试验数据。

10月8日,晴。进行试验路的检测与试验工作。

10月9日下午,我方主持召开了环道上面层施工的开工准备会。施工单位、总监、拌和厂、洒油施工单位、传感器施工单位等参加。主要讨论以下12项内容：

（1）总结试拌、试铺情况。

（2）前期沥青混合料生产情况总结——需注重拌和楼的稳定，AC20 生产质量不如 AC25。

（3）确定生产参数，由于2号仓串料严重和混合料间断级配的要求，等料、溢料将会比较严重，产量较低，请拌和厂配合。

（4）由于气温较低，需保证出料温度，重点是矿料温度和拌和时间。

（5）施工单位需增加2台双钢轮压路机，全部采用钢轮碾压，需组织好。

（6）计划10月10日铺筑橡胶沥青，确定加工温度和时间。

（7）计划10月11日施工圆曲线 B 段。

（8）确定上面层沥青混合料的布置方案：

①STR1、STR2、STR3、STR15、STR11、STR10、STR14、STR12、STR13 采用 SBS1-AC13-65；

②STR5、STR4、STR6、STR7、STR8 采用 SBS1-AC13-70；

③STR9 采用 SBS3-PAC13；

④STR16、STR17、STR18、STR19 采用 SBS1-SMA13。

（9）确定冷、热料仓比例、油石比、标准密度等最终施工参数。

（10）落实橡胶沥青的施工组织。

（11）明确对防水黏结层施工队伍的工艺要求，包括沥青洒铺温度，撒布碎石的除尘和过筛，并确保白天施工等。

（12）传感器安装时需要减少对已施工路段的污染，确保安装质量，确保安装进度。

10月10日，风，正式开始主环道上面层施工。上午10点左右冒着5级左右的大风进行橡胶沥青防水黏结层施工。由于开工前会议的反复强调，沥青的温度加热到190℃以上，碎石也按要求进行加热筛分。碎石的粒径要求在 13.2～19mm，但实际上偏向13.2mm。由于粒径的减小，碎石撒布量也适当调整。总体看撒布效果较好，比较均匀，也未重叠。

拌和厂出现故障，油路不通导致橡胶沥青混合料直到下午5点多才运到现场。橡胶沥青在高温状态下长时间保存，黏度衰减较大，实测结果为 2.8Pa·s。这样橡胶沥青混合料的油石比不得不进行调整，再次下调0.2%。摊铺时，天已黑，只能采用钢轮碾压。同时气温较低，由于出料温度较高，摊铺时混合料的温度仍有 160～180℃。

施工单位反映，连续两批的 SBS1 改性沥青的延度都偏小（10cm 左右），只能用于洒铺防水黏结层使用，正式生产不行，急需解决。同时，通州沥青厂的油路问题也需要尽快解决，否则接下来施工会受到影响。

10月11日，风，最高气温已由昨天的17℃升至22℃左右。按施工顺序，先后铺设了 YB-STR4、YB-STR5、YB-STR6、YB-STR1 的 SBS2-AC13-70，之后铺设了 YB-STR2 的 70 号 + 抗车辙 0.8%-AC13-70。

在YB-STR4、YB-STR6、YB-STR2先后进行了三次抽检。试验室反映SBS2-AC13-70旋转压实难以成型,待燃烧和密度测量结果出来再决定。

10月12日,晴,据预报好天气还可延续几天,这样可保证环道施工的顺利进行。当天铺设了环道西侧的直线段,共9个路段,均是SBS1-AC13-65。从目前铺设效果看,基本良好。

10月10日,橡胶沥青路段的施工检测结果表明,无论是车辙试验结果还是现场空隙率、压实度、渗水系数、抗滑指标都比较理想。

10月13日,晴。上午铺设了SBS1-AC13-70的STR5、4、6、7、8,总体效果良好,直到下午3点多SBS3-PAC13才到现场,铺设了STR9。

10月14日,晴,铺设了环道最后的SMA13路段,至此环道沥青混凝土路段施工全部完成。

4.2.3 质量控制措施

沥青混合料结构层是环道施工质量控制最关键的环节。由于试验路段多、长度短,沥青混合料的品种多、层次多,给环道沥青混合料施工质量的有效控制带来较大困难。为此,在环道沥青混合料铺筑过程中,以相同材料同时施工为原则,进行施工路段划分,以尽可能保证施工的连续性,而不是按试验路段进行施工;另一方面,实行施工期间的全过程"动态"设计,加强施工过程中的质量抽检,对暴露出来的质量问题,及时查找原因,必要时调整既定的配合比设计参数。在环道施工过程中采取以下措施,加强过程化管控。

(1)各种沥青混合料严格按照"四阶段"配合比设计流程进行试验及验证。

配合比设计是施工质量控制的首要环节。如前所述,环道21种沥青混合料均采用粗集料断级配的矿料结构,包括SMA、OGFC等沥青混合料。这种沥青混合料已研究、推广使用了20多年,在国内许多工程上成功应用。但对于此次环道建设,由于原材料、施工环境的改变,以往的成功经验仅仅是借鉴、参考,并不能直接照搬到环道建设中,因此,从施工质量过程化控制角度看,环道使用的每一种沥青混合料都需要重新确定相应的矿料级配曲线。在通常的"三阶段"配合比设计的基础上增加理论配合比设计环节,实施"四阶段"配合比设计是必不可少的。

同时,施工级配和油石比也是通过"四阶段"配合比设计逐步进行优化、完善,实现理论设计与实际施工的紧密结合。在配合比设计阶段,一种沥青混合料的沥青胶结料类型和品质一般保持不变,但是矿料品质将会发生改变。在理论配合比设计阶段对应的是标准粒径的矿料级配,在目标配合比阶段面对着石料加工生产分档的冷料仓矿料,在生产配合比阶段面对着不同分档规格的热料仓矿料,在试验路铺筑过程中又面临着有可能受到生产效率、生产成本等诸多因素干扰的矿料级配。因此,配合比设计是整个混合料生产中的全链条设计。针对不同阶段配合比设计所面临的特殊问题,逐步完善配合比设计的相关指标,使相关技术指标既满足工程设计要求,又符合实际施工条件。

(2)投入足够的人力,把握施工过程中质量控制的关键节点,及时反馈质量检测信息。

质量控制依靠于大量的试验检测,试验检测又需要足够的试验人员来完成。因此,充足的试验人员是确保工程质量有效控制的基本条件。在环道沥青混合料的施工过程中,既涉及沥青混合料自身的施工质量检测试验,又涉及上一道工序半刚性基层的质量评定检测。根据施工场地和试验要求,沥青混合料质量检测与控制分为四个不同节点:节点一,拌和厂的质量控制和原材料抽检,即后场质量控制;节点二,摊铺现场的质量控制,即前场质量控制;节点三,试验室试验;节点四,施工后的前场抽检与相关试验。每个控制节点都需要有专人负责,特别是试验室,21种沥青混合料的试验工作量巨大,人员投入相对较多。在整个环道沥青混合料施工过程中,共有近30人参与相关的试验和检测工作。

这四个节点在沥青混合料施工质量控制中的作用是不同的。鉴于环道施工混合料品种多、长度短、工期紧的特点,环道施工的首要控制节点在于前场施工,包括混合料的进场时间、摊铺温度、碾压组合,以及碾压后状态的外观评价等。由于试验室试验数据存在一定的滞后性,前场的外观评价具有即时性,对于施工质量的有效控制尤为重要。事实也表明,在环道施工期间发现的拌和楼不稳定、油石比偏大、矿料级配偏粗等质量问题,都是首先通过外观评价及时发现的,然后才通过试验室检测数据证明。

同时,由于混合料运输距离较远,在后场的拌和厂生产过程中,除安排专职人员监控拌和楼冷料仓、热料仓的比例,拌和时间及每辆车的出料温度外,还根据施工期间的气象条件和工程进度,及时调整混合料出料时间,以保障混合料到场摊铺的温度满足技术要求。

在环道施工过程中,原则上要求试验室对每种混合料、每个试验路段、每个结构层次都要进行相关试验评价,包括混合料成型及体积指标评价(混合料的理论密度、成型试件的毛体积密度、钻芯试件的毛体积密度),混合料的油石比和级配检测(燃烧试验及其矿料筛分),混合料成型及常规路用性能检测(车辙试验、水稳定性试验)等。取样均在摊铺机前的搅笼位置。受施工进度影响,有时1d需要进行2~3种的混合料试验评价,工作量比较大,因此,个别路段的相同材料、相同层次的混合料合并检测。

(3)高频率抽检,如实记录试验检测数据,综合评价施工质量,严把质量关。

为了保证试验结果的可靠性,每个试验项目都按相关规程要求进行平行试验,有的增加样本量。例如:为了准确评价混合料的现场压实效果,室内试验确定混合料毛体积密度时,平行试验样本不少于6个,不论哪个层次的沥青混合料,现场钻芯数量不少于9个。

试验数据的真实性、可靠性是环道施工质量控制过程中的基本要求。对于沥青路面这类的土木工程,由于原材料变异性较大,施工过程中的影响因素较多,要求所有检测数据都满足要求是不现实、不科学的,因此,采用概率统计的思想,通过多方面因素分析,进行合理的质量判断尤为必要。例如:压实度、现场空隙率是一般沥青施工过程中重要的质量控制指标,但在环道施工过程中并没有单纯强调这两个指标,也没有单纯因为这两个指标的不合格而要求返工,因为,在实际工程中影响这两个指标的因素是多方面的。

混合料试件的毛体积密度确定和芯样试件毛体积密度确定是进行压实度、现场空隙率评价的关键参数。由于环道沥青混合料均采用粗集料断级配混合料,这种混合料具有表面纹理大的特点,试件(芯样)表面的开口空隙率和表面纹理相互干扰较大,传统的表干法密度测量方法不适用于这类混合料,因此,环道沥青混合料均采用塑封法测量密度,由此导致混合料测定的毛体积密度偏小,计算的相应现场空隙率、压实度偏低。尽管如此,由于这种方法评价的混合料现场压实状态更符合实际情况,因此在环道检测过程中应认定这些试验结果。

另外,现场空隙率和压实度是一个合理的波动范围,而不应是一个确定的数值。在实际检测过程中,尽管某些混合料或路段、层次的检测指标不满足规定的数值,但是需要结合其他相关的检测试验数据,如:混合料的级配、油石比、车辙试验结果,以及现场压实情况和施工后的外观状态等进行综合评价,确定是否属于质量的容许偏差范围。

此次环道沥青混合料的铺筑施工总体上是比较顺利的,施工质量也比较好,这得益于相关参建单位的高度重视和大力配合。但在施工过程中也出现了两次比较大的质量问题:一次是 AC25 第二阶段施工时,局部路段出现了比较严重的泛油现象(图4-17);另一次是 30 号-AC20 初期施工时现场空隙率偏大(图4-18)。这两次问题发现后都进行了无条件的返工处理。

图4-17 泛油

图4-18 孔隙率偏大

为什么会出现这些本不该出现的问题?单纯从技术上讲,有拌和楼控制问题、有现场质量失控问题,也有室内试验质量评价不及时的问题。另一方面,建设工程是一个系统问题,任何一个工程质量问题的产生都是多方面因素造成的。此次环道沥青路面设计采用了一些新技术,如混合料配比,施工单位对此还不熟悉,没能熟练掌握操作要求;另外,施工工期紧,气候影响因素大,一些正常的工艺和质量控制流程被压缩,导致原本小范围的质量问题没能及时处理,造成质量问题的扩大化。这些都是在今后的工程质量管理方面值得汲取的教训。

(4)抓住核心指标,采取新措施,消除质量控制的盲点。

除前文所述的混合料"毛体积密度"测量方法外,此次环道施工检测中另一个主要控制点是施工过程中混合料的级配稳定性,特别对于粗集料断级配混合料,级配的偏差对混合料路用性能的影响是显著的。在以往的工程中,主要是通过抽提或燃烧试验检测混合料中的油石比和矿粉(填料)含量,评价生产过程中混合料的级配状态,缺乏整体级配的评价手段。采用燃烧法代替抽提试验,可以大大提高混合料级配抽检的试验效率,但是大量试验表明,在混合料高温燃烧过程中,不仅将沥青烧尽,而且还将矿料中某些成分烧掉(不仅仅是矿粉),导致矿料筛分时级配评定不准确,或无法评定。

因此,此次环道施工中按照燃烧试验级配标定方法,建立所有沥青混合料的级配标定曲线,实现对施工期间各种沥青混合料矿料级配的及时评价和控制。这是此次环道沥青混合料质量控制中的一个特点。

客观来说,由于混合料现场抽检试验量较大,有些试验需要必要的试验周期,因此,有些试验结果当天不能及时得出(如:车辙试验、钻芯密度)。为了确保施工过程中有效的质量监控,一方面加强施工现场的质量管理,如:现场的压实温度、压实机械组合、压实次数,以及成品外观的监控;另一方面,采用同种材料前一天的质量检测数据或配合比设计时的数据作为当天施工质量评定的参考,待当天检测数据出来后,再进行修正。

(5)大规模留样,以便后期质量追溯和相关研究。

为了进行有效的性能追溯和环道后期的试验研究,在施工期间,除了每天的试验检测任务外,还要制备一定数量、各种尺寸的留样试件。如建立了6个专门的留样室或场地。

4.3 AC25型混合料施工

基于以往的工程经验,为了形成良好的骨架密实结构,AC25型沥青混合料中4.75mm及其以上的碎石含量一般控制在70%以上。但是,为了确定最佳的碎石含量及其相应的级配曲线,需要进行全面的配合比设计。

4.3.1 理论配合比设计

按照"三控制点、双曲线"间断级配的构成原理构造AC25型混合料级配。为了保障AC25型混合料的均匀性和稳定性,消除超粒径的含量,公称最大粒径26.5mm的通过率设定为100%;0.075mm的通过率设定为5%。为了优选AC25的级配曲线,4.75mm的通过率分别设定为21%、25%、29%和33%(即每个级配的粗集料含量依次递增4%);粗集料级配曲线(26.5~4.75mm)和细集料级配曲线(4.75~0.075mm)均采用幂函数模型。由此形成AC25-1、AC25-2、AC25-3和AC25-4等4条试验级配曲线,见表4-21。表中同时列出相应级配粗集料的捣实VCA(VCA_{DRC})的试验数据。

AC25 理论配合比试验的 4 个比选级配　　图 4-21

级配	下列各个筛孔(mm)的通过率(%)										VCA$_{DRC}$ (%)
	26.5	19	13.2	9.5	4.75	2.36	1.18	0.6	0.3	0.15	0.075	
AC25-1	100	73.9	53.1	39.4	21.0	16.5	13.0	10.3	8.1	6.4	5.0	—
AC25-2	100	76.5	57.0	43.7	25.0	19.1	14.6	11.2	8.6	6.5	5.0	38.55
AC25-3	100	78.7	60.5	47.8	29.0	21.6	16.1	12.1	9.0	6.7	5.0	38.31
AC25-4	100	80.7	63.8	51.6	33.0	24.0	17.5	12.9	9.4	6.9	5.0	37.95

根据环道 AC25 使用沥青的要求,选择 50 号沥青为本阶段配合比试验的基准沥青,分别针对 AC25-2、AC25-3、AC25-4 3 种级配进行大型马歇尔击实试验(每面击实 112 次),并按最紧密状态方法确定这 3 种混合料的各项体积指标,见表 4-22。从这些数据可以看出:一是这 3 种混合料的油石比偏高,在 4.3% ~4.6%,而一般工程 AC25 的油石比为 3.5% ~3.8%;二是 AC25-3、AC25-4 级配混合料的粗集料矿间隙率大于相应级配的 VCA$_{DRC}$,说明混合料的骨架结构不理想;三是从空隙率角度看,仅 AC25-3、AC25-4 在最紧密状态下属于密实型混合料,AC25-2 混合料的空隙率偏高。

AC25-2、AC25-3、AC25-4 最紧密状态下的相关体积指标(均值)
汇总(50 号沥青)　　表 4-22

级配	G_g (g/cm^3)	VMA (%)	VCA (%)	ω_b (%)	G_m (g/cm^3)	VV (%)	VFA (%)
AC25-2	2.3651	15.51	36.95	4.28	2.4652	6.52	58.46
AC25-3	2.4027	14.09	39.34	4.27	2.5059	4.97	65.20
AC25-4	2.4133	13.68	42.40	4.56	2.5246	3.79	72.28

对于以上试验结果,初步判断可能是大型马歇尔击实方法不适用于这种粗集料断级配混合料的试件成型,故改用 SGC 旋转压实成型方法对 AC25-2、AC25-3 级配混合料进行成型试验。根据美国 SUPERPAVE 提出的不同荷载水平选择不同的碾压次数的原则,分别选择中等荷载的 125 次和重型荷载的 160 次作为旋转碾压次数。同时,对 AC25-2 级配亦采用 AR-22% 的橡胶沥青做结合料进行试验。按照混合料最紧密状态原则,确定这 4 种混合料体积指标见表 4-23。

AC25-2、AC25-3 混合料旋转压实试验结果汇总　　表 4-23

沥青	级配	碾压次数	G_g (g/cm^3)	VMA (%)	VCA (%)	ω_b (%)	G_m (g/cm^3)	VV (%)	VFA (%)
50 号	AC25-3	SGC125	2.4601	12.06	37.87	4.41	2.5684	2.35	80.86
	AC25-3	SGC160	2.461	12.08	37.86	4.24	2.5663	2.66	77.90
	AC25-2	SGC160	2.4501	12.44	34.57	4.28	2.5552	2.96	75.87
AR22	AC25-2	SGC160	2.4119	14.49	36.09	5.17	2.5166	3.51	75.20

基于表 4-23 试验结果,对比表 4-16 中数据可以看出:

(1)改为 SGC 方法压实后,AC25-2、AC25-3 型混合料最紧密状态下的油石比变化不大,但混合料的矿料间隙率(VMA)、粗集料矿料间隙率(VCA)和空隙率(VV)数值显著减小,同时混合料的饱和度(VFA)显著增大。说明,SGC 方法压实后混合料内部的矿料结构状态发生较大变化,比大型马歇尔击实更加紧密。

(2)旋转压实次数从 125 次增加到 160 次后,混合料 VMA、VCA 指标变化不大,但油石比明显减小。因此,之后环道 AC25 型混合料配合比设计均采用旋转碾压 160 次的成型方法,替代 125 次和大型马歇尔击实。

(3)AC25-3 级配混合料旋转压实 160 次后,VV 偏小,VFA 偏高,说明混合料中碎石含量还可以适当增加,进一步改善混合料的骨架结构。对比表中 AC25-2 级配试验结果发现,增加 4% 粗集料后,混合料油石比变化不大,但其他体积指标均有明显变化,VMA 和 VV 增加,VCA 和 VFA 明显减小,混合料总体的体积状态明显改善。

(4)与 AC25-3 相比,AC25-2 级配混合料变化不大,但仍有增加的趋势,说明 AC25-2 混合料在最紧密状态时的油石比基本达到饱和状态,如再增加粗集料含量,不仅导致混合料的 VV 增加,而且会导致油石比增加,即混合料中自由沥青含量增加,不利于混合料高温性能的改善。因此,AC25-2 将作为环道 AC25 型混合料的推荐级配。

(5)对于黏度较高的橡胶沥青(AR22),与 50 号沥青相比,采用 AC25-2 级配混合料在最紧密状态时,饱和度基本相当,VCA、VV 和油石比均有明显提高。说明沥青品质对混合料体积状态的影响也十分显著。

总之,根据以上试验结果得到以下基本结论:对于粗集料断级配的 AC25 应采用 SGC 旋转压实 160 次进行配合比试验,以获得良好的密实性。AC25-2 作为本阶段试验的初步推荐级配,但考虑到环道 AC25 使用的沥青品种较多,试验量较大,没有时间做进一步的验证,因此,根据已有试验规律,对于黏度较大的沥青,推荐使用 AC25-1 级配(4.75mm 通过率 21%)。AC25 混合料理论配合比试验暂告一段落,下阶段直接针对环道用的 30 号、50 号、70 号、SBS2 和橡胶沥青进行目标配合比试验。

4.3.2 目标配合比设计

根据理论配合比的试验推论和各档矿料的天然级配,以 4.75mm 通过率 25% 和 21% 为标准,确定 AC25 型混合料两种不同的目标级配,见表 4-24。表中目标掺配 2 级配主要用于 70 号、50 号和 30 号沥青的混合料,目标掺配 1 级配主要用于 SBS2、橡胶沥青和再生沥青混合料。

表 4-25 为两种级配、不同沥青的 AC25 型混合料最紧密状态下混合料的体积指标汇总,总体看混合料各项体积指标基本满足要求。

设定AC25型两种目标级配 表4-24

目标级配	下列各个筛孔(mm)的通过率(%)									
	26.5	19	13.2	9.5	4.75	2.36	1.18	0.6	0.3	0.15	0.075
AC25-1	99.7	74.3	52.8	38.9	21.1	14.8	10.8	9.1	7.5	6.3	5.1
AC25-2	99.7	77.9	56.8	42.8	25.9	18.5	12.9	10.4	8.2	6.6	5.0

AC25目标级配的最紧密状态下体积指标(SGC160) 表4-25

级配	沥青	G_g (g/cm³)	VMA (%)	VCA (%)	ω_b (%)	G_m (g/cm³)	VV (%)	VFA (%)
AC25-2	70号	2.4333	13.42	35.22	4.07	2.5312	4.06	68.57
	50号	2.4334	13.43	35.22	3.95	2.5298	4.54	65.82
	30号	2.4372	13.28	35.11	4.12	2.5369	3.81	71.44
AC25-1	SBS2	2.3924	15.00	36.39	4	2.4881	5.90	61.28
	AR22	2.3709	15.79	37.06	5.58	2.5031	3.48	77.64

表4-26和表4-27分别为AC25型混合料目标级配最紧密状态下的水稳定性和车辙试验结果的汇总表。需要说明,环道所有沥青混合料冻融劈裂试验及车辙试验的试件成型均按98%压实度标准成型,AC25型混合料的车辙试件高度为10cm。

AC25目标级配的最紧密状态下混合料水稳定性试验结果(98%压实度) 表4-26

试验内容	级配	AC25-2			AC25-1		
	沥青	30号	50号	70号	SBS2	AR22	再生
残留稳定度试验	浸水48h(kN)	20.21	17.88	13.99	21.50	19.58	16.59
	浸水60min(kN)	20.68	18.23	15.20	20.61	20.13	16.63
	残留稳定度(%)	97.70	98.10	92.10	104.30	97.30	99.80
冻融劈裂试验	冻融(MPa)	1.24	0.79	0.62	0.82	0.97	0.98
	未冻融(MPa)	1.78	1.22	1.01	1.08	1.42	1.28
	TSR(%)	69.60	65.00	61.20	76.40	68.10	76.30

AC25目标级配的最紧密状态下混合料车辙试验结果汇总(98%压实度) 表4-27

级配	AC25-2			AC25-1		
沥青	30号	50号	70号	SBS2	AR22	再生
DS(次/mm)	6869	3585	2287	5625	6800	4710
ε(%)	1.27	1.84	2.18	1.27	1.41	1.56

从试验数据看,混合料的水稳定性和高温性能均较好,满足工程需要。值得说明的是,混合料的冻融劈裂试验结果并不高,但是由于混合料试件是按照98%静压成型的方法制备,比现行规范的击实成型方法更苛刻,根据以往的试验结果,两者TSR可相差50%左右。因此,本试验TSR为60%~70%,相当于标准方法的80%~90%。

本工程拌和厂准备了8档不同规格的矿料(含矿粉)用于混合料生产,各档料级配及相应各筛孔通过率的统计分析见表4-28和表4-29。表中各档级配的上、下限是根据级配均值加、减2倍标准差计算得到,当大于100时,取100,当小于0时,取0。表中各档矿料的级配均值与目标配合比所用冷料的主要差异有:

(1)5mm以上粗料的超粒径含量显著增加;

(2)原有0~5mm料分为3~5mm和0~3mm两档;

(3)矿粉细度明显提高。

各档冷料仓筛分结果(一) 表4-28

规格(mm)	统计参数	下列各个筛孔(mm)的通过率(%)							
		31.5	26.5	19	16	13.2	9.5	4.75	2.36
25~30	均值	99.5	84.8	20.8	11.3	5.9	1.9	1.1	—
	C_v(%)	0.6	11.3	107.2	125.7	127.1	68.4	27.3	—
	上限	100	100	65.5	39.6	21	4.5	1.6	—
	下限	98.3	65.7	0	0	0	0	0.6	—
20~25	均值	—	100	77.7	48.8	26.5	10.3	2.3	1.7
	C_v(%)	—	0.0	7.1	32.2	57.4	75.7	43.5	41.2
	上限	—	100	88.6	80.1	56.8	25.8	4.2	3.2
	下限	—	100	66.8	17.4	0	0	0.3	0.2
15~20	均值	—	100	98.9	86.2	56.3	20.8	3.2	1.2
	C_v(%)	—	0.0	2.3	13.8	34.8	68.8	68.8	75.0
	上限	—	100	100	100	95.5	49.5	7.5	3
	下限	—	100	94.2	62.4	17.1	0	0	0
10~15	均值	—	—	99.9	99.5	88.9	32.6	3.8	1.9
	C_v(%)	—	—	0.1	0.5	4.4	24.2	71.1	52.6
	上限	—	—	100	100	96.6	48.4	9.2	4
	下限	—	—	99.7	98.4	81.1	16.9	0	0

各档冷料仓筛分结果(二) 表4-29

规格(mm)	统计参数	下列各个筛孔(mm)的通过率(%)							
		9.5	4.75	2.36	1.18	0.6	0.3	0.15	0.075
5~10	均值	96	21.2	4.2	2.6	2.2	1.8	1.7	1.5
	C_v(%)	5.6	40.1	31.0	23.1	18.2	22.2	17.6	20.0
	上限	100	38.1	6.7	3.8	3	2.6	2.4	2.2
	下限	85.2	4.2	1.7	1.4	1.3	1.1	1	0.8
3~5	均值	100	80.1	11.6	5.8	4.2	3.1	2.7	2.2
	C_v(%)	0.0	14.6	67.2	56.9	47.6	41.9	40.7	40.9
	上限	100	100	27.1	12.3	8.3	5.7	4.9	4
	下限	100	56.8	0	0	0.1	0.6	0.5	0.4

续上表

规格(mm)	统计参数	下列各个筛孔(mm)的通过率(%)							
		9.5	4.75	2.36	1.18	0.6	0.3	0.15	0.075
机制砂	均值	—	99.9	85.9	53.3	35.2	19.7	14.4	9.7
	C_v(%)	—	0.2	4.8	24.6	33.2	37.1	47.2	48.5
	上限	—	100	94	79.4	58.7	34.4	27.9	19.1
	下限	—	99.5	77.8	27.1	11.8	5.1	0.9	0.2
矿粉	均值	—	100	100	100	100	99.8	97.5	87.15

表4-30为将用于再生沥青混合料生产的>10mm旧沥青混合料的筛分结果,其中试验室进行了6次燃烧筛分,拌和厂进行了2次。

>10mm 的旧沥青混合料筛分统计结果　　　　　　　　　表4-30

参数	下列各个筛孔(mm)的通过率(%)									
	19	16	13.2	9.5	4.75	2.36	1.18	0.6	0.3	0.15	0.075
均值	89.8	75.1	56.4	28.3	15.2	12.2	10.3	8.7	7	6.1	4.7
C_v(%)	3.4	6.5	10.6	10.4	9.7	8.2	7.0	6.8	6.7	8.9	13.8
上限	95.8	84.9	68.4	34.2	18.2	14.2	11.7	9.9	7.9	7.2	6.0
下限	83.8	65.3	44.4	22.4	12.2	10.2	8.9	7.5	6.1	5.0	3.4

根据该矿料级配均值,针对目标级配进行掺配,确定冷料仓比例,见表4-31。由表可看出,10~15mm和3~5mm两档矿料没有使用,实际使用6档料。表4-32为相应的合成级配中值及其上、下限。表中合成级配上、下限的计算是根据表4-30中各档料的掺配比例和表4-28、表4-29中相应各档料的上、下限级配计算得到的,是实际生产过程中混合料级配的控制范围。

AC25 两种级配的冷料比例　　　　　　　　　表4-31

目标级配	25~30mm	20~25mm	15~20mm	10~15mm	5~10mm	3~5mm	0~3mm	矿粉
AC25-2	0.2	0.22	0.26	0	0.1	0	0.18	0.04
AC25-1	0.24	0.22	0.26	0	0.14	0	0.14	0.04

AC25 两种级配的冷料掺配级配及上、下限　　　　　　　　　表4-32

目标级配		下列各个筛孔(mm)的通过率(%)										
		31.5	26.5	19	13.2	9.5	4.75	2.36	1.18	0.6	0.3	0.15	0.075
AC25-2	中值	99.9	97.0	79.0	53.7	39.7	25.6	19.9	13.9	10.6	7.6	6.5	5.2
	上限	100.0	100.0	90.6	73.5	51.5	29.0	21.6	18.7	14.9	10.2	8.9	6.9
	下限	99.7	93.1	71.2	36.5	30.5	22.5	18.2	9.0	6.3	4.9	4.1	3.5
AC25-1	中值	99.9	96.4	75.8	49.9	35.7	21.7	16.4	11.7	9.2	6.8	5.9	4.8
	上限	100.0	100.0	89.2	70.4	47.2	25.1	17.8	15.2	12.5	8.8	7.8	6.2
	下限	99.6	91.8	67.2	32.5	26.5	18.6	15.1	7.9	5.8	4.7	4.0	3.5

4.3.3 生产配合比与试铺

通过以上试验确定了环道使用的 6 种 AC25 沥青混合料的级配形式,下步进行相关生产配合比试验的工作。首先是燃烧炉的标定试验。按照目标级配掺配沥青混合料,每种沥青混合料分别设定 5 个油石比,每个油石比进行 2 个平行试验,这样每种沥青混合料进行 10 次燃烧试验,一方面可以建立设定油石比与燃烧结果的修正曲线,另一方面,可统计分析燃烧后各混合料各个筛孔的级配误差,结果见表 4-33 和表 4-34。该结果可用于生产时混合料实际级配的检测。表 4-35 所示为环道用 6 种 AC25 型混合料燃烧试验确定的油石比标定方程,表中 x 为燃烧试验得到的油石比,y 为修订后油石比。

AC25-2 混合料燃烧试验的级配统计表　　　　　表 4-33

沥青	统计参数	下列各个筛孔(mm)的通过率(%)									
		19	16	13.2	9.5	4.75	2.36	1.18	0.6	0.3	0.15	0.075
30 号	均值	82.6	69.5	58.2	44.2	26.5	18.9	13.2	10.6	8.3	7.3	5.7
	C_v(%)	2.81	1.72	1.75	1.77	1.45	4.28	7.54	3.92	4.09	8.71	6.79
	误差修正	4.7	1	1.4	1.4	0.6	0.4	0.3	0.2	0.1	0.7	0.7
50 号	均值	79.3	68.7	58	44.6	26.8	19.3	12.6	10.6	8.5	7.1	5.8
	C_v(%)	2.35	1.70	0.90	2.11	0.56	0.83	2.58	2.21	3.78	5.59	7.72
	误差修正	1.4	0.2	1.2	1.8	0.9	0.8	−0.3	0	0.3	0.5	0.8
70 号	均值	80.8	69.6	58.1	45.8	28.1	21.1	14.3	11.9	9.6	7.8	5.5
	C_v(%)	1.50	1.80	1.68	3.35	4.18	4.65	3.94	3.77	5.13	4.82	6.08
	误差修正	2.9	1.1	1.3	3	2.2	2.6	1.4	1.5	1.4	1.2	0.5

AC25-1 混合料燃烧试验的级配统计表　　　　　表 4-34

沥青	统计参数	下列各个筛孔(mm)的通过率(%)									
		19	16	13.2	9.5	4.75	2.36	1.18	0.6	0.3	0.15	0.075
AR22	均值	78.7	65.9	55.2	40.4	21.5	15.4	10.9	9.3	7.7	6.6	5.3
	C_v(%)	2.22	1.62	2.22	1.77	2	2.12	2.76	3.01	3.57	3.61	4
	修正误差	4.4	1.3	2.4	1.5	0.4	0.6	0.1	0.2	0.2	0.3	0.2
SBS2	均值	82.2	69.7	57.1	40.8	22.7	15.4	10.8	9.2	7.8	6.5	5.2
	C_v(%)	1.92	1.57	1.15	1.18	3.07	1.55	1.82	2.09	2.36	2.74	4.44
	修正误差	7.9	5.1	4.3	1.9	1.6	0.6	0	0.1	0.3	0.2	0.1
再生	均值	83.4	72.7	63.7	44.9	25.6	18.1	12.5	10.4	8.6	6.9	5.7
	C_v(%)	1.96	1.58	1.61	2.02	3.09	3.52	4.18	4.73	5.09	5.35	6.34
	修正误差	9.1	8.1	10.9	6	4.5	3.3	1.7	1.3	1	0.6	0.6

环道用各种 AC25 型混合料燃烧试验油石比标定方程　　表 4-35

混合料类型	设定 ω_b(%)	燃烧炉修正方程
30 号-AC25	4.12	$y = 0.916x - 0.0803$
50 号-AC25	3.95	$y = 0.8875x + 0.0159$
70 号-AC25	4.07	$y = 0.9277x - 0.129$
再生 AC25	2.79	$y = 1.0104x - 1.9968$
AR22-AC25	5.58	$y = 0.959x - 0.0485$
SBS2-AC25	4	$y = 0.8424x + 0.2907$

拌和厂使用 5000 型拌和楼生产混合料,拌和楼共有 8 个料仓(表 4-36),为严格控制混合料生产级配提供了条件。经过拌和楼单一料仓筛分、混合料仓筛分最终确定各个热料仓的比例,见表 4-37。

拌和楼各仓筛孔尺寸汇总　　表 4-36

料仓	1 号	2 号	3 号	4 号	5 号	6 号	7 号	8 号
筛网尺寸范围(mm)	0~3	3~6	6~11	11~15.5	15.5~18.5	18.5~22	22~31	31~42

调整后 AC25 热料仓比例(拌和楼用)　　表 4-37

级配	说明	7 号仓	6 号仓	5 号仓	4 号仓	3 号仓	2 号仓	1 号仓	矿粉	沥青用量
AC25-2	70 号沥青	0.183	0.115	0.086	0.154	0.135	0.067	0.173	0.048	0.039
	50 号沥青	0.183	0.115	0.087	0.154	0.135	0.067	0.173	0.048	0.038
	30 号沥青	0.182	0.115	0.086	0.154	0.134	0.067	0.173	0.048	0.040
AC25-1	SBS2 沥青	0.231	0.115	0.087	0.154	0.135	0.067	0.125	0.048	0.038
	AR22 沥青	0.227	0.114	0.085	0.152	0.133	0.066	0.123	0.047	0.053
	40% 再生沥青, 70 号沥青	0.233	0.117	0.088	0.156	0.136	0.068	0.126	0.049	0.027

拌和楼调试之后,进行混合料的试拌和试验路铺设。由于环道所用沥青较多,拌和厂没有足够的沥青罐存放,故仅铺设 70 号沥青 AC25-2 混合料的试验路验证施工工艺。表 4-38 为试验路用 70 号-AC25-2 混合料拌和厂和试验室燃烧试验结果的汇总。由于拌和厂的燃烧炉的油石比没有标定修正,故没有修正值。

70 号-AC25-2 级配燃烧试验结果　　表 4-38

条件	统计	下列各个筛孔(mm)的通过率(%)										ω(%)	
		26.5	19	13.2	9.5	4.75	2.36	1.18	0.60	0.30	0.15	0.075	实测	修正
试验室	1	100	81.5	55.3	43.4	29.6	23.1	16.0	12.3	9.2	7.4	6.0	4.72	
	2	100	79.0	59.6	46.8	30.2	23.3	16.4	12.6	9.5	7.5	6.0	4.9	4.32
	均值	100	80.3	57.5	45.1	29.9	23.2	16.2	12.5	9.4	7.4	6.0	4.81	

续上表

条件	统计	下列各个筛孔(mm)的通过率(%)										ω(%)	
		26.5	19	13.2	9.5	4.75	2.36	1.18	0.60	0.30	0.15	0.075	实测	修正
拌和厂	1	98.4	84.8	59.8	49.7	31.2	21.4	14.7	11.4	8.7	7.3	5.7	4.66	
	2	97.6	82.0	57.8	47.4	29.0	21.1	14.2	11.0	8.3	7.0	5.5	4.55	—
	均值	98.0	83.4	58.8	48.6	30.1	21.3	14.5	11.2	8.5	7.2	5.6	4.60	
总平均		99.0	81.8	58.1	46.9	30.0	22.3	15.3	11.8	8.9	7.3	5.8	4.7	—

从燃烧结果看,混合料的级配明显偏细,4.75mm通过率比设定值高6%左右,同时油石比高0.3%左右。说明混合料生产时拌和楼的控制还需要完善。由于工期太紧,将在正式施工之前对此进一步修正。

同时,对试验路70号-AC25-2混合料水稳定性和抗车辙进行试验检测。其残留稳定度为95.2%。98%压实度下,冻融劈裂强度比值为77.0%,动稳定度的均值为4828次/mm,相对变形为1.47%,均满足技术要求。表4-39为试验路检测的压实度和现场空隙率数据汇总,数据表明,混合料的现场压实水平良好,甚至有些超密,这与试验路混合料级配偏细有关。

70号-AC25-2混合料试验路压实状态评价　　　　　　　　　　　表4-39

指标	现场VV(%)			现场压实度(%)			
	均值	99%上限	99%下限	均值	σ	99%上限	99%下限
数据	2.98	3.92	2.05	98.66	0.57	97.52	99.79

4.3.4 施工期间级配和油石比控制

表4-40为环道使用的6种AC25型沥青混合料施工中设定的冷料仓和热料仓比例,以及相应的矿粉添加量、沥青用量和再生料比例,其中涉及2个目标级配:AC25-1和AC25-2,5种沥青胶结料和1种再生混合料。从表中数据可以看出,生产过程中AC25型混合料按照5档备料(矿粉除外,以5mm为一级,逐级分档)、生产,与此同时,热料仓分为7个,说明拌和楼的规格要求严格,以保障混合料生产的稳定。

AC25型混合料拌和楼施工参数汇总表　　　　　　　　　　　表4-40

冷料仓参数		AC25-2型(mm)	AC25-1型(mm)
冷料仓	25~30mm	20	24
	20~25mm	22	22
	15~20mm	26	26
	5~10mm	10	10
	机制砂	18	14
	矿粉	4	4

续上表

热料仓参数		比例(%)	混合料			比例(%)	混合料		比例(%)	再生混合料
			70号	50号	30号		SBS2	AR22		
热料仓	7号仓	19	18.3	18.3	18.3	24	23.1	22.7	24	23.4
	6号仓	12	11.6	11.6	11.5	12	11.5	11.4	8	7.8
	5号仓	9	8.7	8.7	8.6	9	8.7	8.5	0	0
	4号仓	16	15.4	15.4	15.4	16	15.4	15.2	0	0
	3号仓	14	13.5	13.5	13.5	14	13.5	13.3	8	7.8
	2号仓	7	6.7	6.7	6.7	7	6.7	6.6	9	8.8
	1号仓	18	17.3	17.3	17.3	13	12.5	12.3	8	7.8
矿粉		5	4.8	4.8	4.8	5	4.8	4.7	3	2.9
沥青用量		—	3.7	3.7	3.9	—	3.8	5.3	—	2.6
再生料		—	—	—	—	—	—	—	40	39

在混合料摊铺过程中,在摊铺机前取料,对每个路段、每个层次、每种沥青混合料进行燃烧试验(取两次平行试验的均值),验证实际生产混合料的级配稳定性。根据生产配合比阶段获得的各种沥青混合料油石比、矿料级配的修正系数,对燃烧试验结果进行修正,相关数据汇总于表4-41和表4-42。表中"-1""-2""-3"表示铺筑的层次(自下而上),如70号-AC25的STR16-2表示STR16结构第二层的70号-AC25,STR10-1表示STR10结构第一层的70号-AC25,以此类推。表4-41为70号、50号和30号三种沥青AC25-2型级配的燃烧试验结果汇总表,表4-42为另外三种AC25-1型级配混合料的燃烧结果汇总表。表中同时列出这两个级配的标准级配数值,以便对比。

环道AC25-2型沥青混合料燃烧试验结果汇总表　　　表4-41

混合料	路段	下列各个筛孔(mm)的通过率(%)											ω_b(%)
		19	16	13.2	9.5	4.75	2.36	1.18	0.6	0.3	0.15	0.075	
70号-AC25	STR7/STR8	74	62.9	55.2	43.7	25.7	14.5	10.6	8.3	6.8	5.5	4.8	4.05
	STR9/STR16-2	74.1	65.1	60.3	47.6	28.9	17.5	12.6	8.8	7	5.7	5.1	4.01
	STR10-1/STR11-1	76.8	68.7	55.1	38.5	23.6	16.9	13	10	7.8	6.3	5.3	3.91
	STR10-2/STR11-2	85.7	70.3	59.2	46.4	29.4	20.9	14.5	10.8	8.1	6.4	5.2	3.9
	STR12	72.4	64.7	51.9	36.9	23.6	16.5	12.6	10	8	6.3	4.9	3.92
	STR13	76.3	68.9	51.8	34	22.9	16.7	13	10.1	7.9	6.2	4.9	3.78
	STR16-1	77	65.2	52.6	36.4	24.6	16.1	13.2	10.6	8.2	6.1	4.8	3.79
70号-AC25	Y-STR1/Y-STR2	75	64.9	55	39.4	24.6	18.4	14	10.6	7.9	6.3	5.6	3.98
	均值	76.4	66.3	55.1	40.4	25.4	17.2	12.9	9.9	7.7	6.1	5.1	3.9
	C_v(%)	5.3	3.9	5.8	12.4	9.6	10.9	8.9	9.1	6.8	4.9	5.6	2.47
50号-AC25	STR15-1	84.3	73.8	63.6	49.1	27.5	18.6	13.7	10.6	8.5	6.9	5.4	4.07
	STR15-2	85.7	76.5	63.4	48.5	29.7	21.4	16	12	9.2	7.2	5.2	4.07

续上表

混合料	路 段	\multicolumn{11}{c}{下列各个筛孔(mm)的通过率(%)}	ω_b (%)
		19	16	13.2	9.5	4.75	2.36	1.18	0.6	0.3	0.15	0.075	
50号-AC25	STR18-1	74.6	66.2	56	43.2	24.9	18.8	13.6	10.4	8.3	6.8	5.3	3.93
	STR18-2	80.5	70.4	61.9	45.7	26.7	18.5	13.9	10.6	8.5	6.9	5.2	3.89
	STR18-3	78	68.4	54.3	43.7	23.8	16.2	13	10.1	8	6.3	4.5	4.08
	均值	80.6	71.1	59.8	46	26.5	18.7	14.1	10.7	8.5	6.8	5.1	4.0
	C_v(%)	5.6	5.8	7.3	5.8	8.6	9.9	7.9	6.9	5.1	4.8	6.7	2.26
30号-AC25	STR6	66.5	59.5	46.2	36.4	26.3	20.2	14.8	11.7	9.3	6.9	5.4	4.02
	STR17-1	73.8	70.2	59	41.8	27.3	21.1	16.2	12.8	9.9	7.2	5.5	4.33
	STR17-2	71.9	65.8	54	37.5	22.9	16.8	12.3	10.1	8.5	6.5	5.2	4
	STR19-1	76.3	71	60.1	46.1	27.9	21.9	16.3	12.8	9.9	7.4	5.9	4.23
	STR19-2	72.1	65.3	53.7	40.9	26	18.8	13.3	10.7	8.9	6.9	5.7	4.08
	STR19-3/Y-STR6	66.7	58.4	47.1	36.1	22.5	17.1	12.8	10.2	8.3	6.2	4.8	3.95
	均值	71.2	65.1	53.3	39.8	25.5	19.3	14.3	11.4	9.1	6.9	5.4	4.1
	C_v(%)	5.5	8.1	10.9	9.8	9.0	11.0	12.2	10.9	7.6	6.6	6.8	3.6
	综合平均	75.9	67.2	55.8	41.7	25.7	18.3	13.7	10.6	8.4	6.5	5.2	—
	标准级配中值	76.9	67	55.2	42.3	25.4	19.9	13.8	9.5	7.4	6.8	5	—

环道AC25-1型沥青混合料燃烧试验结果汇总表　　　　表4-42

混合料	路 段	\multicolumn{11}{c}{下列各个筛孔(mm)的通过率/%}	ω_b (%)
		19	16	13.2	9.5	4.75	2.36	1.18	0.6	0.3	0.15	0.075	
SBS2-AC25	Y-STR5	67.8	62.5	56.1	44.3	27.2	20.4	15.4	11.8	8.8	7.1	6	4.81
	Y-STR5返工	69.7	61.9	51.7	39.9	20.1	14.4	11.3	9.6	7.7	6.6	5.4	3.85
AR22-AC25	Y-STR3	71.7	60.3	48.1	32.3	20.2	14.6	10.9	8.9	7.5	6.3	5.4	5.55
再生AC25	STR14	58.3	52.7	44.6	38.1	21	13.8	11.6	9.6	7.9	6.9	5.6	2.41
	STR14返工	71.8	56.6	48.2	37.1	20.3	13.3	10.8	8.9	7.2	6	4.8	2.71
	Y-STR4	72	60.9	50.4	39.5	23.2	15.9	13.2	11	9	7.7	6.4	2.73
	均值	68.6	59.2	49.8	38.5	22	15.4	12.2	10	8	6.8	5.6	—
	C_v(%)	7.7	6.4	7.8	10.2	12.8	17.0	14.7	12.1	9.1	9.2	9.9	
	标准级配中值	73.3	63.3	51.5	38.6	21.5	16.5	12.5	9.3	7.3	6.8	4.9	—

从表中数据可以看出,70号-AC25-2、50号-AC25-2和30号-AC25-2三种沥青混合料各自的平均级配曲线,以及三种AC25-1混合料的平均级配曲线分别与相应标准级配中值相比,比较接近,图4-19和图4-20为这些均值曲线与相应标准级配上、下限的比较图。

采用相同目标级配(AC25-2)的30号、50号和70号三种沥青混合料平均的实际生产级配比较接近,特别是4.75mm通过率的均值相差仅1.1个百分点,0.075mm通过率的均值相差0.3个百分点,19mm通过率的均值相差9.4个百分点。另外,从三种混合料级配的综合平均指标看,19mm、4.75mm和0.075mm三个控制点通过率均值与目标级配相比,分别相差 1.0、0.3 和 0.2 个百分点,因此,总体上可以认为,AC25-2 生产级配比较稳定。对于 AC25-1 级配,19mm、4.75mm 和 0.075mm 三个控制点通过率均值与目标级配相比,分别相差 4.7、0.5 和 0.7 个百分点,AC25-1 生产级配也比较稳定。

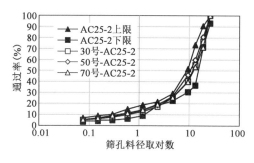 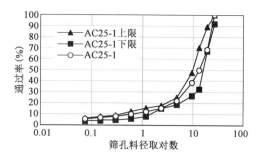

图 4-19　AC25-2 型混合料燃烧级配曲线　　　图 4-20　AC25-1 型混合料燃烧级配曲线

根据表中数据,进一步分析生产过程中 AC25-1 和 AC25-2 两种级配混合料的级配和油石比的稳定性。根据表中各种混合料历次筛分结果,分别计算 70 号-AC25-2、50 号-AC25-2、30 号-AC25-2 和 AC25-1 等 4 种(类)混合料各个筛孔通过率的极差(图 4-21),以及这 4 种(类)混合料平均级配的各个筛孔通过率与相应标准级配的偏差(图 4-22)。通过率的极差指同一类级配混合料,不同批次、不同路段检测的相同筛孔通过率最大值与最小值的差值;通过率的偏差指同一类级配混合料,不同批次、不同路段检测的筛孔通过率与目标级配要求通过率的差值的均值。这两个数值反映生产级配的稳定性及与目标级配的符合性。通过率极差越小,说明级配越稳定,偏差越小,说明与目标级配的符合性越好。

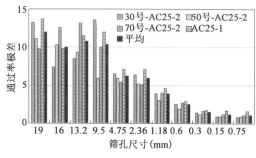

图 4-21　AC25 混合料各个筛孔通过率极差比较图　　　图 4-22　AC25 混合料各个筛孔通过率偏差比较图

图 4-21 反映出环道 AC25 型混合料较粗粒径筛孔的稳定性较差,19mm 筛孔的平均极差达到 12% 左右,随着粒径逐渐减小,筛孔通过率极差逐渐减小,4.75mm 以下细集料筛孔通过率极差小于 6%。从图 4-22 可以看出,AC25 混合料的粗集料级配的符合性劣于细集料级配,粗集料的筛孔通过率偏差范围在 −6% ~5%。

另外,根据表中计算的 4 类 AC25 型混合料筛分级配通过率的变异系数分布(图 4-23)可以看出,总体上各个筛孔通过率的变异系数不超过 20%,通过率变异系数较大的筛孔主要集中在 4.75 ~1.18mm,筛孔较大或较小的通过率变异系数较小。

从油石比角度看,70 号-AC25-2 混合料施工期间共进行 8 次抽检,最大油石比为4.05%,最小为3.78%,极差为0.27%,均值为 3.9%,均值与表 4-30 中设定的油石比(将沥青用量折算为油石比,下同)相比,相差 0.06%。50 号-AC25-2 混合料施工期间共进行 5 次抽检,最大油石比为4.08%,最小为3.89%,极差为0.19%,均

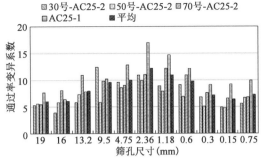

图 4-23　4 种(类)AC25 型混合料级配通过率

值为4.0%,均值与表4-30中设定的油石比相比,相差0.16%。30 号-AC25-2 混合料施工期间共进行 6 次抽检,最大油石比为4.33%,最小为3.95%,极差为0.38%,均值为4.1%,均值与表 4-30 中设定的油石比相比,相差 0.04%。另外,SBS2-AC25-1(按返工计算)、AR22-AC25-1和再生 AC25-1(按返工计算)等 3 种混合料生产抽检油石比与设定的油石比分别相差0.1%、0.05%和 0.05%。总之,AC25 施工期间混合料的油石比控制比较稳定。

4.4　AC20 型混合料施工

4.4.1　理论配合比设计

借鉴 AC25 配合比试验的结果,为了形成骨架密实型的矿料结构,AC20 理论配合比试验时,设定了 3 条粗集料断级配曲线。三个关键控制点的条件为:公称最大粒径的通过率为 100%(即 19mm 通过率为100%),0.075mm 的通过率提高至 6%,间断点 4.75mm 的通过率分别设定为 25%、29%和 33%。采用幂函数模型构建粗、细级配曲线,表 4-43 所示为 AC20 理论配合比设计用级配,AC20-1 级配 4.75mm 通过率为 25%,AC20-2 级配4.75mm 通过率为 29%,AC20-3 级配 4.75mm 通过率为 33%。表中同时列出三种级配的粗集料捣实矿料间隙率 VCA_{DRC}。

AC20 理论配合比设计用级配　　　　表 4-43

级配	下列各个筛孔(mm)的通过率(%)										VCA_{DRC} (%)
	19	13.2	9.5	4.75	2.36	1.18	0.6	0.3	0.15	0.075	
AC20-1	100.0	69.5	50.0	25.0	19.7	15.5	12.3	9.7	7.6	6.0	38.23
AC20-2	100.0	72.2	53.8	29.0	22.2	17.1	13.2	10.2	7.8	6.0	38.31
AC20-3	100.0	74.7	57.4	33.0	24.8	18.6	14.1	10.6	8.0	6.0	38.57

AC20 型混合料理论配合比设计采用 50 号沥青(与 AC25 一样)。由于 AC20 混合料的公称最大粒径为 19mm,理论上可以采用标准马歇尔击实的方法成型试件。为此,为了减轻试验强度,在理论配合比的初期阶段,采用标准马歇尔试件进行配合比试验。同时,考虑到重载交通的试验环境,以 100 次/面的击实次数为标准,进行不同击实次数的对比

试验,并按照最紧密状态设计原则确定各种混合料的体积指标,试验数据见表4-44。

AC20型混合料(50号)马歇尔击实试验结果 表4-44

级配	击实次数	G_g (g/cm³)	VMA (%)	VCA (%)	w_b (%)	G_m (g/cm³)	VV (%)	VFA (%)
AC20-2	75次	2.4119	13.83	38.93	4.52	2.5226	3.83	72.45
	100次	2.4209	13.32	38.72	4.52	2.5294	3.41	74.36
	125次	2.435	12.85	38.35	4.54	2.5455	2.81	77.86
AC20-1	100次	2.3856	14.65	36.20	4.85	2.5021	4.04	72.83
AC20-3	100次	2.4347	13.97	41.55	4.55	2.546	2.86	79.88

从表中数据可以看出:

(1)对于AC20-2型混合料,随着击实次数的增加,混合料的VMA、VCA和VV逐渐减小,这是意料之中的。但是,击实次数增加对混合料油石比影响不大,说明对于同一种矿料结构,随着击实功的增加,对混合料最紧密状态下的油石比影响不大。也正因为如此,导致混合料的饱和度逐渐增加。

对于重载交通环境,标准击实75次的击实功明显偏小,增加击实功是必然的。通过本试验结果表明,采用100次/面或125次/面的击实功是可行的。但考虑到击实125次/面的试验时间较长,不利于控制混合料的击实温度,故采用100次/面为标准击实次数。与75次/面相比,这相当于增加33%的击实功。

(2)对比三种级配混合料击实100次/面后的体积特征,碎石含量最高的AC20-1级配混合料的体积特征为:VMA、VV最大,VCA最小,且明显小于VCA_{drc},为骨架结构,但油石比最大,VFA最小。碎石含量最少的AC20-3级配混合料的VCA最大,已不满足骨架结构的要求,VV最小,VFA最大;碎石含量居中的AC20-2级配混合料,VCA处于骨架结构的临界状态,油石比与AC20-3基本相当,VFA居中。

从混合料体积指标状态看,AC20-2和AC20-1级配的骨架结构较好,特别是AC20-1级配混合料,尽管骨架结构良好,但VV和油石比较大,仍有进一步优化的余地。

按照以上100次/面击实试验结果,对这3个级配混合料的水稳定性和高温稳定性进行评价,试验结果见表4-45和表4-46。从水稳定性指标看,AC20-2和AC20-3的试验结果比较接近,残留稳定度试验结果明显好于AC20-1级配混合料,而冻融劈裂试验结果则略低于AC20-1混合料。这与混合料的密实状态和级配特征有关。

AC20型混合料(50号)水稳定性试验结果 表4-45

级配	残留稳定度试验			冻融劈裂试验(98%压实度)		
	稳定度(kN)		比值(%)	劈裂强度(MPa)		TSR(%)
	浸水48h	浸水60min		冻融	未冻融	
AC20-1	9.18	12.19	75.3	0.64	0.78	81.90
AC20-2	12.31	11.72	105	0.64	0.92	70.10
AC20-3	14.59	13.79	105.8	0.74	1.01	73.00

AC20 型混合料(50 号)车辙试验结果(98%压实度) 表 4-46

级配	AC20-1	AC20-2	AC20-3
DS(次/mm)	1791	2365	3388
ε(%)	4.58	3.91	3.15

从车辙指标上看,骨架结构最好的 AC20-1 混合料的动稳定度反而最低,骨架结构最差,AC20-3 混合料反而最好,AC20-2 居中。这即正常,又不正常。AC20-1 混合料尽管有较好的骨架结构,但油石比较高,不利于增强混合料内部的高温抗剪切能力,从而导致高温性能的衰减。说明 AC20-1 混合料尽管骨架结构良好,但矿料之间的间隙率较大(VMA 最大),导致在压实后,矿料之间填充较多的自由沥青,尽管填充了矿料之间空隙,降低了混合料空隙率,但造成高温性能不稳定的隐患。

由于工期较紧,对于这个问题将结合目标配合比试验进一步验证。通过本阶段试验可初步确定 AC20-2 为理论配合比试验选择的目标级配。

4.4.2 目标配合比设计

根据设计要求,环道 AC20 型混合料的胶结料共有 6 种:50 号、30 号、SBS1、SBS2、AR22 和 70 号+抗车辙剂,因此有 7 种 AC20 型混合料(包含一种再生沥青混合料)。借鉴 AC25 的试验规律,对于 SBS2 改性沥青、橡胶沥青、添加抗车辙剂和再生沥青混合料,4.75mm 通过率宜适当减小,增加混合料中的碎石含量和矿料结构的间隙率。因此,在理论配合比确定的 AC20 目标级配基础上,增加了一个较粗的级配,即理论配合比中的 AC20-1。

根据表 4-27 和表 4-28 中冷料筛分结果,按照 AC20-1 和 AC20-2 的理论目标级配进行掺配,表 4-47 为相应的冷料仓掺配比例,表 4-48 为相应的合成级配曲线。

AC20 型混合料目标配比各档料的比例 表 4-47

矿料规格	15~20mm	10~15mm	5~10mm	机制砂	矿粉
AC20-2	0.36	0.16	0.23	0.195	0.055
AC20-1	0.4	0.15	0.26	0.13	0.06

AC20 型混合料合成目标级配曲线 表 4-48

级配	下列各个筛孔(mm)的通过率(%)										适用条件
	19	16	13.2	9.5	4.75	2.36	1.18	0.6	0.3	0.15	0.075	
AC20-2	100	95.3	72.9	52.6	30.4	21.1	14.7	12	9.5	7.7	5.9	50号、30号、SBS1
AC20-1	100	94.8	70.3	49.4	25.1	16.6	12.2	10.4	8.6	7.3	5.8	SBS2、AR、AC20-抗、再生

结合理论配合比试验中的遗留问题,对两种级配混合料进行进一步的对比试验,分别采用标准马歇尔试件击实 100 次/面和 SGC 旋转压实 160 次两种成型方法进行对比。如 AC25 试验一样,标准马歇尔试件击实 100 次/面与 SGC 旋转压实 160 次并不存在量化的

压实功比较,只能从混合料压实后的体积状态指标进行比较。需要指出的是,从击实功角度看,标准马歇尔试件击实 100 次/面的击实功大于大型马歇尔击实 112 次/面的击实功。

表 4-49 分别为目标级配 AC20-1 和 AC20-2 的 6 种沥青混合料最紧密状态下的体积指标汇总。从试验数据看,不论哪种沥青混合料,SGC160 次压实后混合料的 VMA、VCA 均比马歇尔击实 100 次/面的小,VFA 增大,相应的混合料最佳油石比,除橡胶沥青混合料明显增加,30 号沥青混合料基本相当外,均明显降低。尤为指出的是,最佳油石比条件下,混合料的毛体积密度均明显增加。总之,无论是 AC20-1,还是 AC20-2 级配混合料,经 SGC160 次碾压后,混合料的密实性和矿料紧密程度均明显提高。

AC20 两种成型状态下最紧密状态的体积指标汇总 表 4-49

级配	沥青	成型方法	G_g (g/cm³)	VMA (%)	VCA (%)	w_b (%)	G_m (g/cm³)	VV (%)	VFA (%)
AC20-2	30 号	马歇尔	2.4048	14.03	40.18	4.57	2.5142	4.50	67.81
		SGC	2.428	13.25	39.64	4.6	2.5411	3.44	73.48
	SBS1	马歇尔	2.4097	13.83	40.18	4.73	2.5223	3.35	75.66
		SGC	2.4307	13.18	39.61	4.48	2.5407	2.93	76.44
	50 号	马歇尔	2.4157	13.59	39.99	4.52	2.5248	3.58	73.90
		SGC	2.4484	12.56	39.12	4.26	2.5518	2.91	77.39
AC20-1	抗车辙	马歇尔	2.317	17.22	37.99	5.4	2.4421	5.19	69.88
		SGC	2.3698	15.38	36.61	4.93	2.4863	3.83	75.44
	SBS2	马歇尔	2.3395	16.47	37.28	4.76	2.4524	6.32	61.48
		SGC	2.3606	15.71	41.31	4.52	2.4682	5.98	61.43
	AR22	马歇尔	2.2937	18.15	38.70	5.49	2.4203	6.98	62.35
		SGC	2.3402	16.47	37.43	5.71	2.4749	4.47	73.47

导致这种现象的原因,除了两种方法压实功的差异外,混合料试件尺寸的边界效应也不可忽视。SGC 试件尺寸为直径 150mm,高度 90mm 左右,远大于马歇尔击实的试件尺寸,更适合于碎石含量较高的混合料中较大粒径碎石的紧密排列。

根据表 4-49 中 6 种混合料 SGC 试验确定的油石比和毛体积密度,进行车辙试验,结果见表 4-50。对比两种成型方法的车辙试验结果可以看出,采用 SGC 旋转压实 160 次标准后,由于密度显著增加,高温稳定性显著提高。除 50 号-AC20-2 混合料的高温性能较低外,其余沥青混合料均表现出较优异的高温性能。

AC20 车辙试验结果(98% 压实度) 表 4-50

级配		AC20-2			AC20-1		
成型方法	指标	50 号	30 号	SBS1	70 号+抗车辙	SBS2	70 号+再生
马歇尔 100 次	DS(次/mm)	1348	2832	4032	—	—	—
	ε(%)	6.67	1.71	1.52	—	—	—
SGC (160 次)	DS(次/mm)	2369	7144	7952	6730	5654	11894
	ε(%)	3.92	1.90	1.83	2.02	2.06	1.97

表 4-51 为 7 种 AC20 型混合料的残留稳定度和冻融劈裂试验结果,总体上各种混合料的水稳定性指标基本满足技术要求。

AC20 沥青混合料水稳定性试验结果 表 4-51

级 配	沥 青	残留稳定度试验			冻融劈裂试验(98%压实度)		
		稳定度(kN)		比值(%)	劈裂强度(MPa)		TSR(%)
		浸水 48h	浸水 60min		冻融	未冻融	
AC20-2	30 号	14.7	12.6	116.20	0.94	1.5	62.70
	50 号	9.6	10.2	94.40	0.56	1	55.80
	SBS1	13.5	12.9	104.80	0.56	0.76	74.00
AC20-1	SBS2	11.7	10.53	111.20	0.5	0.66	76.20
	AR22	10.22	10.03	101.90	0.43	0.79	54.60
	抗车辙	9.82	10.04	97.80	0.78	0.87	89.50
	再生	10.75	9.58	112.30	0.81	1.15	70.60

在目标配合比即将完成之际,发现拌和厂的原材料级配发生较大变化,需要重新核定冷料仓的比例。为此,与拌和厂确认,在正式生产之前及其生产期间原材料不再产生变化,并重新进行各档原材料的筛分分析。以原目标级配为基准,重新进行掺配,各冷料仓比例见表 4-52,掺配后的合成级配及其范围见表 4-53。

AC20 目标配比冷料仓掺配比例汇总(含再生混合料) 表 4-52

级 配		15~20mm	10~15mm	5~10mm	3~5mm	0~3mm	再生料	矿粉
AC20-2		0.46	0.18	0.1	0	0.22		0.04
AC20-1	一般混合料	0.5	0.18	0.1	0	0.18		0.04
	再生混合料	0.2	0.1	0.14	0	0.13	0.4	0.03

AC20 型混合料目标级配范围 表 4-53

级 配		下列各个筛孔(mm)的通过率(%)									
		19	16	13.2	9.5	4.75	2.36	1.18	0.6	0.3	0.15	0.075
AC20-2	中值	99.5	93.6	77.9	51.1	30.2	23.3	16.0	12.0	8.3	7.1	5.6
	上限	100	100	97.3	67.5	34.9	25.3	21.9	17.2	11.6	10.1	7.7
	下限	97.3	82.4	58.5	37.6	26.3	21.3	10.1	6.7	5.1	4.1	3.5
	原目标	100	95.3	72.9	52.6	30.4	21.1	14.7	12	9.5	7.7	5.9
AC20-1	中值	99.4	93.0	76.2	47.9	26.4	19.9	13.9	10.6	7.6	6.5	5.2
	上限	100	100	97.3	65.5	31.2	21.6	18.7	14.9	10.2	8.9	6.9
	下限	97.1	80.9	55.2	33.6	22.3	18.2	9.0	6.3	4.9	4.1	3.5
	原目标	100	94.8	70.3	49.4	25.1	16.6	12.2	10.4	8.6	7.3	5.8

4.4.3 生产配合比与试铺

表 4-54 为燃烧试验得到的各种 AC20 型混合料的油石比标定方程。表中 x 为燃烧试

验得到的油石比，y 为修订后油石比。表中 30 号-AC20 型混合料原确定的油石比为 4.6%，在施工期间，根据现场情况，在铺设 STR4、STR5 结构的返工路段时油石比调整为 4.4%。同样，SBS1-AC20 混合料原确定的油石比为 4.48%，在铺设 STR10、STR11、STR12、STR13、STR14 路段时，油石比现场调整为 4.28%。其余混合料的施工油石比未调整。表 4-55 为 AC20 2 种级配、7 种混合料各个级配的修正误差汇总表。

环道用各种 AC20 型混合料燃烧试验油石比标定方程 表 4-54

混合料类型	设定 w_b(%)		油石比标定方程
30 号-AC20	4.6	4.4	$y = 1.0224x - 0.5348$
50 号-AC20	4.26		$y = 0.958x - 0.2518$
SBS1-AC20	4.48	4.28	$y = 0.9147x - 0.0384$
SBS2-AC20	4.52		$y = 0.7884x + 0.356$
抗-AC20	4.73		$y = 0.7234x + 0.1183$
AR22-AC20	5.71		$y = 1.0227x - 0.7454$
再生 AC20	2.91		$y = 0.7055x - 0.9348$

AC20 沥青混合料的燃烧标定级配 表 4-55

条件		下列各个筛孔(mm)的通过率(%)								
		19	13.2	9.5	4.75	2.36	1.18	0.6	0.3	0.15	0.075
AC20-2		100	72.9	52.6	30.4	21.1	14.7	12	9.5	7.7	5.9
30 号	实测	100	77.7	54.7	31	21.9	14.5	12.1	9.9	7.8	6.7
	修正值	0	4.8	2.1	0.6	0.8	-0.2	0.1	0.4	0.1	0.8
50 号	实测	100	78.5	54.7	31.9	21.9	14.6	12.1	9.9	8.2	6.8
	修正值	0	5.6	2.1	1.6	0.8	-0.1	0.1	0.4	0.5	0.8
SBS1	实测	100	77.6	55.4	31.8	22.4	15.1	12.6	10.4	8.6	7
	修正值	0	4.7	2.8	1.5	1.3	0.4	0.6	0.9	0.9	1
AC20-1		100	70.3	49.4	25.1	16.6	12.2	10.4	8.6	7.3	5.8
SBS2	实测	100	72.4	53.5	25.8	17.4	12.1	10.4	8.8	7.5	6.2
	修正值	0	2.1	4.1	0.7	0.8	-0.1	0	0.2	0.2	0.4
AR22	实测	100	76.8	53.9	25.8	17.3	12.5	10.8	9.2	7.7	6.7
	修正值	0	6.5	4.5	0.7	0.7	0.3	0.4	0.6	0.4	0.9
70 号+抗车辙剂	实测	100	73.3	52.4	26	17.6	12	10.3	8.7	7.4	6.1
	修正值	0	3	3	0.9	1	-0.2	-0.1	0.1	0.1	0.3
再生 40%	实测	97.9	84.9	66.1	36.4	27.4	19.2	15.2	11.8	10	8.2
	修正值	-2.1	14.6	16.7	11.3	10.8	7	4.8	3.2	2.7	2.4

表 4-56 为按照表 4-52 中冷料仓比例，AC20-2 和 AC20-1 两种混合料热料仓的筛分结果。根据这个结果，按照目标级配曲线要求，确定热料仓掺配比例，见表 4-57。在施工中先后进行了两次掺配。第一次掺配后，进行合成级配的计算并通过热料仓混合料燃烧试

验的筛分验证分析掺配级配的合理性,相关数据见表4-58。表中拌和厂燃烧试验由于未进行标定,其结果仅供参考。从试验室燃烧结果看,AC20-1 和 AC20-2 两种级配的 13.2mm、4.75mm 和0.075mm通过率与目标掺配的中值曲线、理论目标级配曲线相比偏低,即混合料偏粗,因此,需要进行第二次掺配调整。

AC20型混合料热料仓筛分结果 表4-56

级配	料仓	下列各个筛孔(mm)的通过率(%)										
		26.5	19	16	13.2	9.5	4.75	2.36	1.18	0.6	0.3	0.15	0.075
AC20-2	6号	100	82.3	22.4	9.9	1.7	0.8	—	—	—	—	—	—
	5号	100	100	74.4	15.4	8.6	0.3	—	—	—	—	—	—
	4号	100	100	100	80.5	7	0.4	—	—	—	—	—	—
	3号	100	100	100	100	90.1	2.6	0.6	—	—	—	—	—
	2号	100	100	100	100	100	38.4	1.8	0.9	—	—	—	—
	1号	100	100	100	100	100	100	87.4	57.7	32.3	16.6	13.3	4.3
AC20-1	6号	100	96.6	47.3	31.3	7.6	4.1	—	—	—	—	—	—
	5号	100	100	74.5	11.9	4.7	0.3	—	—	—	—	—	—
	4号	100	100	100	82.7	11.6	1.7	1	—	—	—	—	—
	3号	100	100	100	100	89.4	1.2	0.4	—	—	—	—	—
	2号	100	100	100	100	100	40.3	2.7	1.4	—	—	—	—
	1号	100	100	100	100	100	100	85.2	54.6	33	19.2	10.8	3.2

AC20型混合料热料仓掺配比例 表4-57

	级配	热料仓比例						矿粉
		6号	5号	4号	3号	2号	1号	
第一次	AC20-2	0.08	0.15	0.28	0.17	0.06	0.21	0.05
	AC20-1	0.08	0.19	0.28	0.17	0.06	0.17	0.05
第二次	AC20-2	0.04	0.1	0.36	0.17	0.07	0.2	0.06
	AC20-1	0.06	0.12	0.36	0.17	0.07	0.16	0.06

第一次掺配后混合料级配的燃烧试验验证 表4-58

级配	条件	下列各个筛孔(mm)的通过率(%)									
		19	13.2	9.5	4.75	2.36	1.18	0.6	0.3	0.15	0.075
AC20-2	中值	99.5	77.9	51.1	30.2	23.3	16.0	12.0	8.3	7.1	5.6
	目标级配	100	72.9	52.6	30.4	21.1	14.7	12	9.5	7.7	5.9
	生产掺配	98.6	74.6	50.7	29	23.6	17.2	11.8	8.5	7.7	5.3
	试验室	100	71.7	49.2	29.4	22.1	15.6	10.7	6.9	5.9	3.1
	拌和厂	100	73	50.6	29.6	22.9	15.5	12.2	9.5	8.1	6.5
AC20-1	中值	99.4	76.2	47.9	26.4	19.9	13.9	10.6	7.6	6.5	5.2
	目标级配	100	70.3	49.4	25.1	16.6	12.2	10.4	8.6	7.3	5.8
	生产掺配	99.7	72.9	47.9	25.5	20	14.4	10.6	8.3	6.7	4.9
	试验室	99	64.5	43.4	24.8	19.2	14.1	10.3	7	6.1	3.6
	拌和厂	100	74.8	47.8	26.9	19.6	13.4	10.9	9.1	8	6.2

第二次掺配结果见表4-59,与第一次相比,降低了粗集料含量,增加1%矿粉含量。降低粗集料含量的另一个目的是,拌和楼反映混合料生产时6号仓等料现象比较严重。表4-59为第二次掺配后,AC20-2混合料燃烧试验的级配验证结果。从数据看,调整后4.75mm和0.075mm通过率略高于设计值,这作为级配密实性的安全储备可以接受。试验室使用12个样本,拌和厂使用3个样本。

第二次掺配后AC20-2混合料级配的燃烧试验验证　　表4-59

条 件		下列各个筛孔(mm)的通过率(%)								
		19	13.2	9.5	4.75	2.36	1.18	0.6	0.3	0.15	0.075
试验室	均值	100	79.3	51.6	32	25.5	17.5	13.4	10.3	8.4	6.5
	σ	0	1.63	1.86	0.99	1.19	1.37	1.18	0.84	0.62	0.67
拌和厂	均值	100	76.9	53.6	28.5	23.2	16.1	12.6	9.2	7.9	6.4
	σ	0	2.8	1.73	1.94	1.84	1.83	2.04	1.29	1.12	0.53
生产掺配		99.3	80.9	51.8	29.3	23.7	17.6	12.5	9.3	8.5	6.1

AC20型混合料试验路与AC25型混合料试验路同时施工,采用30号沥青,由于拌和厂没有储备用于AC20-1型混合料的沥青,故仅铺设AC20-2型混合料。

试验路施工严格按照确定的冷料仓比例和第二次确定的热料仓比例进行混合料生产,施工机械和碾压方式与AC25相同。

表4-60为试验路30号-AC20-2混合料室内马歇尔击实(100次/面)试验和现场钻芯取样相关指标的统计结果。之所以仍采用马歇尔击实试验,主要是为了减少正式施工期间混合料成型试验的工作量,但从数据看,按照马歇尔击实密度评价的现场空隙率较小,远小于室内SGC旋转压实的试验结果,且压实度均值大于100%。因此,在后期正式施工期间均采用旋转压实方法成型试件。

30号-AC20-2试铺材料马歇尔击实试验结果(100次)　　表4-60

统计指标	马歇尔试验(100次)			现场芯样检测		
	G_m (g/cm^3)	G_e (g/cm^3)	VV (%)	芯样密度 (g/cm^3)	VV_f (%)	压实度 (%)
样本量	12	—	12	10	10	10
均值	2.5224	2.6036	3.12	2.5344	2.66	100.48
σ	0.0157		0.60	0.0122	0.47	0.49
C_v	0.62%	—	19.38%	0.48%	17.69%	0.48%

通过燃烧试验测定试验路30号-AC20-2混合料的油石比为5.02%,修正后为4.6%,与设定值一致。表4-61为燃烧后级配(修正后),可以看出与设定级配相比,试验路混合料级配明显偏细,正式施工时,应对生产配合比进行调整。

30 号-AC20-2 试铺燃烧试验测定的级配　　　　表 4-61

筛孔(mm)	19	13.2	9.5	4.75	2.36	1.18	0.6	0.3	0.15	0.075
通过率(%)	100.0	76.0	54.6	34.0	27.0	20.1	15.4	11.4	9.4	7.2

试验路混合料车辙试验结果比生产配合比混合料试拌时的动稳定度略有提高,动稳定度均值为 2759 次/mm,相对变形为 3.93%,但仍小于 3000 次,与设计要求存在差距。主要原因有:(1)车辙试件成型是按照试拌时混合料的毛体积密度计算用料,但试验路检测时混合料的毛体积密度有明显提高;(2)混合料级配明显偏细。

表 4-62 为试验路混合料的水稳定性试验结果,试验结果均满足要求,特别是 TSR 又有了进一步提高,这也与混合料级配偏细有关。

30 号-AC20-2 试验路混合料水稳定性试验结果　　　　表 4-62

残留稳定度试验			冻融劈裂试验		
稳定度(kN)		比值	劈裂强度(MPa)		TSR
浸水 48h	浸水 30min		冻融	未冻融	
17.15	18.34	93.50%	0.7	0.81	86.70%

4.4.4　施工期间级配和油石比控制

在以上试验的基础上,9 月 13 日至 15 日连续 3d,环道首先在 STR1、STR2、STR3、STR5、STR4、STR17、STR19 和 YB-STR5 等路段上铺设了 30 号-AC20-2 混合料。然而,16 日所有现场检测数据出来后发现,除 STR17、STR19 路段外,其余 6 段混合料的现场空隙率大于 7%,有 3 个路段甚至大于 10%,从压实度角度看,有 2 段小于 96%,见表 4-63。由此说明:30 号-AC20-2 混合料的现场施工质量不理想,矿料级配可能出现了问题。

30 号-AC20-2 混合料现场空隙率和压实度的检测结果汇总　　　　表 4-63

路段	位置	VV_f(%)	压实度(%)	路段	位置	VV_f(%)	压实度(%)
STR3	内 1m	11.96	93.82	STR4	内 1m	12.28	93.19
	中	9.61	96.33		中	9.88	95.75
	外 1m	10.11	95.79		外 1m	10.27	95.33
	总平均	10.56	95.31		总平均	10.13	95.48
STR2	内 1m	8.82	98.58	STR17	内 1m	6.77	100.27
	中	7.32	100.20		中	5.71	101.41
	外 1m	9.41	97.94		外 1m	8.48	98.43
	总平均	8.52	98.91		总平均	6.99	100.04
STR1	内 1m	6.62	100.96	STR19	内 1m	5.08	102.09
	中	7.43	100.08		中	6.64	100.42
	外 1m	7.27	100.26		外 1m	8.02	98.93
	总平均	7.35	100.17		总平均	6.58	100.48

续上表

路 段	位 置	VV_f(%)	压实度(%)	路 段	位 置	VV_f(%)	压实度(%)
STR5	内1m	8.88	96.81	YB-STR5	内1m	5.89	102.57
	中	7.57	98.20		中	8.14	100.11
	外1m	8.24	97.49		外1m	12.65	95.20
	总平均	7.91	97.84		总平均	10.40	97.66

表4-64为这些路段现场取样混合料燃烧试验的测定结果(修正后)。从表中数据可以看出,各路段混合料的油石比均值为4.66%,极差为0.24%;级配中0.075mm通过率的均值为6.15%,极差为0.5%,均值与标准要求相差0.05%,说明这两个指标在生产过程中还是比较稳定,且满足要求。但是,4.75mm通过率的均值为27.2%,明显小于设计要求的29.3%,导致级配偏粗,压实不密实。需要指出的是,STR17和STR19级配也较粗,但现场压实效果尚可,说明现场摊铺、碾压的不均匀性也是导致某些路段压实不良好的原因之一。根据拌和厂反映,混合料出料温度在170℃左右,偏技术要求的下限,同时每天混合料的出料时间较早(6点多)、气温较低,导致混合料摊铺时的温度偏低,碾压不够充分。

不同路段30号-AC20-2混合料燃烧试验结果　　　　　　　表4-64

路 段	w_b(%)	下列各个筛孔(mm)的通过率(%)								
		19	13.2	9.5	4.75	2.36	1.18	0.6	0.3	0.15	0.075
STR1/2	4.72	98.5	76.7	53.3	27	20.1	15.6	12.1	9.6	8.4	6.2
STR3	4.49	100	81.4	51.1	25.7	19.8	15.7	12.5	10.1	8.8	6.5
STR4	4.64	98.9	76.5	50.7	27.5	22	16.9	13	9.7	8.1	6
STR5	4.64	98.9	76.5	50.7	27.5	22	16.9	13	9.7	8.1	6
STR17	4.73	99.4	80.6	53.3	27.7	21.3	16.4	13	10.3	8.9	6.1
STR19	4.73	99.4	80.6	53.3	27.7	21.3	16.4	13	10.3	8.9	6.1
平均	4.66	99.2	78.7	52.1	27.2	21.1	16.3	12.8	9.9	8.5	6.15
极差	0.24	1.5	4.9	2.6	2	2.2	1.3	0.9	0.7	0.8	0.5
生产级配 标准掺配		99.3	80.9	51.8	29.3	23.7	17.6	12.5	9.3	8.5	6.1
生产级配 误差		-0.15	-2.17	0.25	-2.11	-2.63	-1.29	0.27	0.63	0.02	0.05

综合以上分析,为了保证大规模AC20型混合料的施工质量,提出以下对策:(1)暂停AC20混合料的施工,重新调整AC20型混合料的级配;(2)提高出料温度,要求不低于180℃;(3)加强施工过程中的碾压管理和控制;(4)压实度和现场空隙率不合格路段全部返工处理。

首先,重新筛分、检查冷料仓矿料的级配情况(表4-65)。通过筛分发现,此时原材料级配与8月底目标和生产配合比试验时相比,发生较大差异,这可能是混合料生产级配偏差的主要原因。故针对目标级配AC20-2曲线对冷料仓比例进行重新调整,并以此合成AC20-2级配。从表中可以看出:调整后,9.5mm的通过率误差仍较大,但4.75mm通过率拟合较好,同时 4.75~2.36mm 间的矿料减少,0.075mm 通过率增加 0.7%,这都有利于保证混合料的密实性。

各档原材料重新筛分结果(最终依据)　　　　　　　　　　　　　　　表 4-65

规格	调整后比例	下列各个筛孔(mm)的通过率(%)								
		19	13.2	9.5	4.75	2.36	1.18	0.6	0.3	0.15	0.075
15~20mm	0.44	100	40.9	6.3	1.2	0.5	—	—	—	—	—
10~15mm	0.18	100	80.5	22.5	2.5	1.7	—	—	—	—	—
5~10mm	0.1	100	100	91.9	10.3	4.5	3.4	2.9	2.4	1.9	1.3
机制砂	0.24	100	100	100	100	84.7	56.8	38.2	25.2	17.2	12.3
矿粉	0.04	100	100	100	100	100	100	100	99.8	97.5	87.15
调整后级配		100.0	70.5	44.0	30.0	25.3	18.0	13.5	10.3	8.2	6.6
目标级配		100.0	72.9	52.6	30.4	21.1	14.7	12.0	9.5	7.7	5.9
调整前级配		100.0	69.3	42.1	28.0	23.6	16.8	12.7	9.8	7.9	6.3

同时,为了保证正式生产后冷料仓级配的稳定,简化工程程序,决定:无论 AC20-1 还是 AC20-2 均采用这个冷料比例,至于两个级配的差异,将在热料仓比例中调整。

冷料仓调整后,按照初定的热料仓比例,6 号:5 号:4 号:3 号:2 号:1 号:矿粉 = 4:8:36:17:7:22:6,于 17 日和 20 日先后在连接线上进行两次试拌、试铺,并在混合料生产前和生产中分别从各个热料仓中取样进行筛分,各热料仓矿料的平均筛分结果见表 4-66。同时,重新确定了各个热料仓的比例,并合成相应的级配曲线。

试铺期间热料仓筛分及掺配级配　　　　　　　　　　　　　　　表 4-66

热料仓	下列各个筛孔(mm)的通过率(%)										热料仓比例(%)
	19	13.2	9.5	4.75	2.36	1.18	0.6	0.3	0.15	0.075	
6 号	96.9	5.5	4	1.6	0.3	0.3	0.3	0.3	0.3	0.3	4
5 号	99.9	10.8	4.6	1.6	0.2	0.2	0.2	0.2	0.2	0.2	8
4 号	100	75.7	9.9	1.9	0.9	0.3	0.3	0.3	0.3	0.3	36
3 号	100	100	73.9	2.8	0.7	0.1	0.1	0.1	0.1	0.1	17
2 号	100	100	92.1	54.4	6.6	2	0.5	0.5	0.5	0.5	7
1 号	100	100	100	96.9	64.7	34.4	21	10.2	6.8	4	22
矿粉	100	100	100	100	100	100	100	99.8	97.5	87.15	6
热料仓合成级配	99.9	80.3	51.1	32.5	21.2	13.9	10.8	8.4	7.5	6.3	—

从 4.75mm 通过率看,热料仓合成级配偏细 2% 左右,主要是为正式生产时的级配误差做储备,保证混合料现场空隙率满足要求;另外 13.2mm 通过率显著增加,使混合料中的粗集料更加集中于 13.2~4.75mm,以减少施工过程中的离析现象。

为了进一步验证调整后混合料级配的稳定性，连续几日对混合料级配进行燃烧试验验证，汇总结果见表4-67。总体看，混合料级配与调整后热料仓合成的目标级配基本相当。

调整后连续几日混合料燃烧试验结果汇总 表4-67

项 目	下列各个筛孔(mm)的通过率(%)									
	19	16	13.2	9.5	4.75	2.36	1.18	0.6	0.3	0.15	0.075
17日生产中	99.8	94.5	85.4	50.3	32.9	18	12	9.9	8.5	7.8	6.6
拌和楼19日（干筛）	100	95.6	81.7	51.2	29.2	21.95	14.65	11.65	9.05	7.5	5.5
试验室19日（湿筛）	100	95.5	82.7	54	32.6	25.5	17.1	13	10.1	8.3	7
	100	94.5	84.7	52.8	31.3	25.1	17.3	12.9	9.8	8.1	6.8
20日	99.9	95.8	83.3	54.2	31.5	23.7	17.3	12.5	8.2	7.3	6.2
均值	99.9	95.2	83.6	52.5	31.5	22.9	15.7	12.0	9.1	7.8	6.4

为了减少施工期间由于料仓调整导致的混合料级配的不稳定，决定AC20-1混合料的冷料仓比例与AC20-2相同，只是调整热料仓比例。这样可减少生产中的操作环节，利于质量控制，但是生产过程中可能造成热料仓的不均衡，生产效率降低，好在这种混合料需求不多，对整体生产影响不大。表4-68为AC20-2级配混合料调整后的生产目标级配。

调整后AC20-1级配混合料的热料仓比例及合成的目标级配 表4-68

热料仓	6号	5号	4号	3号	2号	1号	矿粉		
比例	0.06	0.12	0.36	0.17	0.07	0.16	0.06		
筛孔(mm)	19	13.2	9.5	4.75	2.36	1.18	0.6	0.3	0.15	0.075
通过率(%)	99.8	79.1	49.4	25.9	20.2	14.8	11.3	9.1	7.6	5.7

表4-69为环道使用的7种AC20沥青混合料施工中设定的热料仓比例，以及相应的矿粉添加量、沥青用量和再生料比例。与AC25相比，AC20少用一个热料仓。另外，如上所述原因，30号-AC20和SBS1-AC20有两个热料仓比例和沥青用量设定。

环道7种AC20沥青混合料热料仓比例等施工参数汇总表 表4-69

级配	混合料	6号仓	5号仓	4号仓	3号仓	2号仓	1号仓	矿粉	沥青用量	再生料
AC20-2	50号-AC20	3.8	7.7	34.6	16.3	6.7	21.2	5.8	3.9	—
	30号-AC20	3.8	7.7	34.5	16.2	6.7	21.1	5.7	4.3	—
		3.8	7.9	34.5	16.2	6.7	21.1	5.7	4.1	—
	SBS1-AC20	3.8	7.7	34.5	16.3	6.7	21.1	5.7	4.2	—
		3.8	7.9	34.5	16.3	6.7	21.1	5.7	4	—
AC20-1	SBS2-AC20	3.8	13.4	34.5	16.3	6.7	15.3	5.7	4.3	—
	0.6%抗-70号-AC20	3.8	13.4	34.5	16.2	6.7	15.3	5.7	4.6	—
	AR22-AC20	5.7	11.4	34.1	16.1	6.6	15.1	5.7	5.4	—
	再生40%-70号-AC20	—	—	23.3	11.9	7.8	11.6	3.9	2.7	38.8

施工期间 AC20-2 和 AC20-1 沥青混合料燃烧试验结果分别汇总于表 4-70 和表 4-71。表 4-70 中 STR1、STR2、STR3、Y-STR6、STR4 和 STR5 为返工后的检测结果。由表中数据可以看出,采用相同目标级配(AC20-2)的 30 号、50 号和 SBS1 三种沥青混合料的实际生产平均级配比较接近,19mm、4.75mm 和 0.075mm 三个控制点的通过率均值相差分别为 0.5、3.1 和 1.0 个百分点。另外,从三种混合料级配的综合平均指标看,这三个控制点通过率均值与目标级配相比,分别相差 0.0、3.1 和 0.0 个百分点,因此,总体上可以认为,AC20-2 生产级配比较稳定。从表 4-71 可以看出:AC20-1 级配的 19mm、4.75mm 和 0.075mm 三个控制点通过率均值与目标级配相比,分别相差 0.2、1.0 和 0.7 个百分点,AC20-1 生产级配也比较稳定。

环道 AC20-2 沥青混合料燃烧试验汇总表 表 4-70

混合料	路段	下列各个筛孔(mm)的通过率(%)										ω_b (%)
		19	13.2	9.5	4.75	2.36	1.18	0.6	0.3	0.15	0.075	
50 号-AC20	STR15	99.7	71.6	48.1	29.4	22.4	18.4	16	13.2	10.6	8.4	4.83
	STR18	99.3	73.4	44.8	24.8	19	14.1	10.8	8.4	7	5.6	3.8
	均值	99.5	72.5	46.4	27.1	20.7	16.3	13.4	10.8	8.8	7	4.3
30 号-AC20	STR1/STR2	100	76.7	51	30.5	22.6	17	13	9.6	7.9	5.6	4.49
	STR3/Y-STR6	100	78	54.9	31.5	21.5	15.5	12	9.4	8	5.9	4.79
	STR4/STR5	100	77	52.8	31.1	22.4	17.1	13.6	10.8	9	6.5	4.45
	STR17/STR19	99.4	80.6	53.3	27.7	21.3	16.4	13	10.3	8.9	6.1	4.73
	均值	99.8	78.1	53	30.2	21.9	16.5	12.9	10	8.4	6	4.6
	C_v(%)	0.32	2.29	3.01	5.68	3.04	4.54	5.01	6.41	7	6.3	3.68
SBS1-AC20	STR7/STR8	100	71.8	48.6	29.7	23.6	17.6	13.1	9.7	7.7	6	4.43
	STR9	100	69.5	52.1	27.2	19.9	15	11.4	9.1	7.6	5.6	4.32
	STR10	100	75.2	56.9	32.1	21.3	15.5	12.4	10.1	8.6	6.9	4.22
	STR11	100	74.6	52	30.1	20.7	15.1	12.1	9.9	8.4	6.7	4.83
	STR12/STR13	100	69.6	48.7	29.3	21.4	15.9	12.6	9.9	8.2	6.5	4.12
	STR14	100	75.2	56.9	32.1	21.3	15.5	12.4	10.1	8.6	6.9	4.22
	STR16	100	69.5	52.1	27.2	19.9	15	11.4	9.1	7.6	5.6	4.32
	均值	100	72.2	52.5	29.7	21.3	15.6	12.2	9.7	8.1	6.3	4.4
	C_v(%)	0	3.77	6.43	6.81	5.89	5.8	5.14	4.81	5.59	9.09	5.35
综合平均		99.9	74.1	51.7	29.4	21.3	16.0	12.6	10.0	8.3	6.3	—
标准级配中值		99.9	80.3	51.1	32.5	21.2	13.9	10.8	8.4	7.5	6.3	—

环道 AC20-1 沥青混合料燃烧试验汇总表 表 4-71

混合料	路段	下列各个筛孔(mm)的通过率(%)										油石比(%)
		19	13.2	9.5	4.75	2.36	1.18	0.6	0.3	0.15	0.075	
抗-AC20	Y-STR1	100	69.7	41.1	22.5	16.9	13.2	10.9	9.2	8	6.4	4.45
	Y-STR2											
AR22-AC20	Y-STR3	100	69.2	50.6	26.3	17.6	13.8	11.9	9.5	7.8	6	5.69

续上表

混合料	路段	下列各个筛孔(mm)的通过率(%)									油石比(%)
		19	13.2	9.5	4.75	2.36	1.18	0.6	0.3	0.15	0.075	
再生AC20	Y-STR4	100	71.5	42.8	23	12.6	10.8	9.9	8.9	7.6	6.3	2.78
SBS2-AC20	Y-STR5	100	73.4	46.4	27.9	20.2	15.5	12.6	10.1	8.5	6.9	4.34
均值		100	70.9	45.2	24.9	16.8	13.3	11.3	9.4	8	6.4	—
C_v(%)		1.04	2.7	9.29	10.41	18.57	14.7	10.33	5.41	5.07	5.46	—
标准级配中值		99.8	79.1	49.4	25.9	20.2	14.8	11.3	9.1	7.6	5.7	—

与AC25一样,绘制50号-AC20-2、30号-AC20-2、SBS1-AC20-2和AC20-1各种沥青混合料各个筛孔通过率极差比较图(图4-24)和偏差比较图(图4-25)。与AC25相比,AC20混合料各个筛孔的极差大为减小,级配稳定性明显好于AC20;同时,AC20混合料的粗集料主要为负偏差,细集料与AC25一样为正偏差,这与原材料级配特点和拌和楼筛孔控制有关。

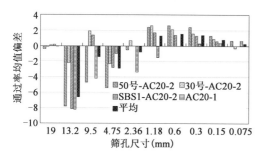

图4-24 AC20混合料各个筛孔通过率偏差比较图　　图4-25 AC20混合料各个筛孔通过率极差比较图

另外,根据表中计算的3类AC20混合料(30号-AC20-2、SBS1-AC20-2和AC20-1)筛分级配通过率的变异系数分布(图4-26)可以看出,与AC25类似,各个筛孔通过率的变异系数不超过20%,通过率变异系数较大的筛孔主要集中在4.75～1.18mm,筛孔较大或较小的通过率变异系数较小。

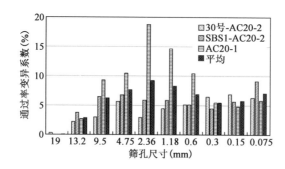

图4-26 3类AC20混合料级配通过率

从油石比角度看,30号-AC20-2混合料施工期间共进行4次抽检,最大油石比为4.79%,最小为4.45%,极差为0.34%,均值为4.6%,均值与设定油石比(沥青用量折算为油石比)相比,相差0.11%。SBS1-AC20-2混合料施工期间共进行7次抽检,最大油石比为4.83%,最小为4.12%,极差为0.71%,均值为4.4%,均值与设定油石比相比,相差0.02%。另外,0.6%抗-70号-AC20、AR22-AC20、再生AC20和SBS2-AC20等4种混合料生产抽检油石比与设定油石比分别相差0.37%、0.02%、0.01%和0.15%。总之,AC20施工期间混合料的油石比控制比较稳定。

4.5 AC13型混合料施工

环道表面层(上面层)共有7种AC13型沥青混凝土,均采用粗集料断级配的矿料结构,并按空隙率水平分为密实型和开级配两类。按照4.75mm及其以上的碎石含量,这些沥青混合料可分为4种:碎石含量65%的记为AC13-65,碎石含量70%的记为AC13-70,碎石含量75%的记为AC13-75(或SMA13),碎石含量80%的记为AC13-80(即PAC13)。前三种按照密实型混合料设计,后一种按照开级配混合料设计。

这些AC13型混合料均采用5档矿料(含矿粉),分别为9.5~13.2mm、4.75~9.5mm、2.36~4.75mm、2.36mm以下,以及矿粉。其中,前三档料为玄武岩,2.36mm以下为石灰岩。表4-72为这些矿料的筛分结果。

AC13混合料原材料矿料筛分 表4-72

矿料品质	规格(mm)	下列各个筛孔(mm)的通过率(%)								
		16	13.2	9.5	4.75	2.36	1.18	0.6	0.3	0.15	0.075
玄武岩	9.5~13.2	99.7	95.7	16.7	0.5	—	—	—	—	—	—
	4.75~9.5	100	100	99	26.3	2.3	0.8	—	—	—	—
	2.36~4.75	100	100	100	85.4	4.6	2.6	0.8	—	—	—
	0~2.36	100	100	100	100	82.8	50.9	32.7	20.2	15.2	9.1
石灰岩	0~2.36	100	100	100	99.9	85.9	53.3	35.2	19.7	14.4	9.7
矿粉		100	100	100	100	100	100	100	100	100	90

4.5.1 理论配合比设计

基于以往工程经验及环道技术要求,环道AC13型混合料4.75mm及其以上碎石含量已经确定。与AC25、AC20级配设计不同,为了确定AC13混合料粗集料的最佳骨架结构,AC13混合料级配设计中增加了两档粗集料(即4.75~9.5mm和9.5~13.2mm)最佳比例关系的确定性试验。通过捣实VCA试验,以矿料间隙率最小为指标,确定这两档碎石的最佳比例关系。

表4-73为4.75~9.5mm和9.5~13.2mm两档粗集料不同比例关系时,捣实VCA的试验结果汇总,图4-27为相应的散点图。表中13.2~9.5mm为8,9.5~4.75mm为2,意味着,将粗集料分为10等份,其中13.2~9.5mm占8份,9.5~4.75mm占2份,其余以此类推。

不同比例关系下,AC13 粗集料捣实 VCA 试验结果汇总 表 4-73

13.2~9.5mm 比例(%)	10	8	6	4	2	0
9.5~4.75mm 比例(%)	0	2	4	6	8	10
矿料密度(g/cm³)	2.8428	2.8405	2.8382	2.8359	2.8337	2.8314
捣实密度(g/cm³)	1.709	1.746	1.753	1.733	1.710	1.680
VCA_{DRC}(%)	39.90	38.52	38.24	38.91	39.66	40.66

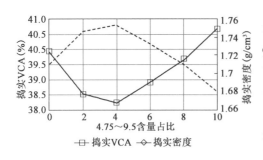

图 4-27 粗集料不同比例关系的散点图

根据图表数据可以看出,当 4.75~9.5mm 碎石含量占比为 4,即 9.5~13.2mm:4.75~9.5mm = 6:4 时,捣实矿料的密度最大,捣实 VCA 数值最小,也就是说,此时两档粗集料处于最佳的紧密状态。由此,环道 AC13 混合料的两档粗集料的比例关系确定为 6:4,相应的粗集料 VCA_{DRC} 为 38.24%。

需要指出的是,以上捣实试验是将矿料严格筛分以后,单一粒径状态下的试验结果。但是实际矿料中存在超粒径含量,表 4-72 中 9.5~13.2mm 的矿料中,大于 13.2mm 的矿料有 4.3%,小于 9.5mm 的矿料有 16.7%,也就是说该档矿料中 9.5~13.2mm 的比例仅为 79%。为此,需要将 9.5~13.2mm 与 4.75~9.5mm 理论上的比例关系,转化为实际工程的比例关系。

根据表 4-72 的筛分结果,9.5~13.2mm 档中大于 9.5mm 的含量为 83.3%,小于 9.5mm 的含量为 16.7%;4.75~9.5mm 档中大于 4.75mm 为 73.7%。

设:9.5~13.2mm 矿料的工程含量为 X,4.75~9.5mm 矿料的工程含量为 Y,

则:$0.833X/(0.167X + 0.737Y) = 6/4$,

由此可以解出 $X/Y = 1.87$,

即 9.5~13.2mm 与 4.75~9.5mm 的工程比例关系为 1.87。

按照环道 AC13 沥青混合料的设计要求,并考虑 9.5~4.75mm 中小于 4.75mm 的含量达到 26.3%,即所有粗集料中小于 4.75mm 的含量为 26.3%/(1 + 1.87) = 9.16%,计算不同碎石含量级配所对应的实际粗集料含量如下:

AC13-65 混合料中实际粗集料为:65%/(1 - 9.16%) = 71.6%,即:9.5~13.2mm 和 4.75~9.5mm 两档料总含量约 72%;

AC13-70 混合料中实际粗集料为:70%/(1 - 9.16%) = 75.0%,即:9.5~13.2mm 和 4.75~9.5mm 两档料总含量约 75%;

AC13-75 混合料中实际粗集料为:75%/(1 - 9.16%) = 82.6%,即:9.5~13.2mm 和 4.75~9.5mm 两档料总含量约 82.6%;

AC13-80 混合料中实际粗集料为:80%/(1 - 9.16%) = 88.1%,即:9.5~13.2mm 和 4.75~9.5mm 两档料总含量约 88.1%。

此外,AC13-65、AC13-70 和 AC13-75 混合料中 0.075mm 通过率均设定为 7%。对于

SAM13混合料,其碎石骨架结构同AC13-75,但0.075mm通过率设定为10%。AC13-80(PAC13)0.075mm通过率设定为2.5%。

根据以上计算方法和设定的条件,确定环道用各种AC13型混合料的级配掺配比例,见表4-74(0~2.36mm为石灰岩),其中AC13-75级配是SMA13的对比级配,各个级配9.5~13.2mm与4.75~9.5mm的工程比例平均为1.865,与之前分析结果基本一致。表4-75为相应的级配曲线。表4-76为根据这个级配曲线计算的各种级配的典型密度,用于下一步混合料设计的体积分析。

不同级配AC13的掺配比例 表4-74

级 配	9.5~13.2mm	4.75~9.5mm	0~2.36mm	矿 粉	粗集料比例
AC13-65	47	25	22.5	5.5	1.880
AC13-70	50	27	17	6	1.852
AC13-75	54	29	10	7	1.862
PAC13-80	58	31	9	2	1.870
SMA13-75	54	29	7	10	1.862
平均					1.865

不同级配AC13的目标级配曲线 表4-75

目标级配	下列各个筛孔(mm)的通过率(%)									
	16	13.2	9.5	4.75	2.36	1.18	0.6	0.3	0.15	0.075
AC13-65	100.0	98.0	60.6	34.8	25.4	17.7	13.4	9.9	8.8	7.1
AC13-70	100.0	97.9	58.1	30.3	21.2	15.3	12.0	9.4	8.5	7.0
AC13-75	100.0	97.7	54.7	24.9	16.3	12.5	10.5	9.0	8.4	7.3
AC13-80	100.0	97.5	51.4	19.4	10.4	7.0	5.2	3.8	3.3	2.7
SMA13-75	100.0	97.7	54.7	24.9	16.7	14.0	12.5	11.4	11.0	9.7

不同级配AC13的矿料密度汇总(g/cm³) 表4-76

级 配	矿料表干相对密度	矿料毛体积密度	粗集料毛体积密度
AC13-65	2.9030	2.8194	2.8370
AC13-70	2.9072	2.8232	2.8389
AC13-75	2.9120	2.8279	2.8371
PAC13-80	2.9104	2.8287	2.8384
SMA13-75	2.9201	2.8309	2.8388

4.5.2 目标配合比设计

一般来说,AC13型混合料配合比设计采用马歇尔击实成型试件,考虑重载交通的使用环境,本环道采用100次/面的击实次数标准。这里没有采用SGC成型方法的主要原因有两方面,一是SGC试件的用料多,试验强度大;二是从试件的尺寸效应角度看,AC13型混合料的矿料粒径完全适用于标准马歇尔试件尺寸。

根据环道设计要求,目标配合比设计针对 8 种不同 AC13 型沥青混合料进行击实试验。其中,SBS1-AC13-75 为 SBS1-SMA13 的对比混合料,SBS1-AC13-70 是 SBS1-AC13-65 的对比混合料;另外,借鉴 AC20、AC25 的试验经验,对于 AR22、SBS2、SBS1 + 抗车辙剂这三种黏度较高的沥青,混合料中碎石含量需要增加一个等级,因此这三种沥青胶结料的混合料均采用 AC13-70 的矿料级配。表 4-77 为马歇尔击实条件下,这些混合料试件最紧密状态的体积指标汇总表。

8 种 AC13 型混合料最紧密状态下的体积指标   表 4-77

指标	SBS1-AC13-65	SBS1-AC13-70	SBS1-AC13-75	AR22-AC13-70	SBS1-抗车辙-AC13-70	SBS2-AC13-70	SBS1-SMA13	SBS3-AC13-80（PAC13）
$w_b(\%)$	5.35	5.46	4.95	6.54	5.7	5.33	5.82	4.55
$G_m(g/cm^3)$	2.5043	2.4741	2.3875	2.4241	2.4103	2.4706	2.4199	2.2452
$G_g(g/cm^3)$	2.377	2.3455	2.2753	2.276	2.2797	2.347	2.2851	2.1487
VMA(%)	15.80	16.93	19.68	19.42	19.25	17.06	19.23	24.07
$VCA_{mix}(\%)$	45.36	42.42	39.88	43.9	44.03	42.46	39.59	39.46
VV(%)	3.99	5.15	9.30	6.03	5.92	5.36	6.46	15.02
VFA(%)	75.79	70.12	53.71	69.56	68.76	69.32	66.55	37.83

从表中试验结果可以看出:

(1)SBS1-AC13-65、SBS1-AC13-70 和 SBS1-AC13-75 三种混合料,随着碎石含量的增加,混合料空隙率逐渐增加。SBS1-AC13-65 的空隙率为 3.99%,满足密实性要求;SBS1-AC13-75 的空隙率为 9.30%,接近于开级配状态,不满足设计要求;SBS1-AC13-70 的空隙率为 5.15%,接近于半开级配,在实际工程中可通过严格控制压实,保证其密实性。

(2)AR22、SBS2、SBS1 + 抗车辙剂三种混合料的空隙率水平也属于接近半开级配状态;SBS1-SMA13-75 属于标准的 SMA 级配,但空隙率却为 6.46%,属于半开级配状态;用于 PAC13 的 SBS3-AC13-80 的空隙率水平 15.02%,是一个比较理想的空隙状态,利于 PAC13 的耐久。

(3)从 VCA 指标看,这些混合料的粗集料矿料间隙率均大于前文试验得到的 VCA_{DRC} 为 38.24% 的指标,特别是 PAC13 的 VCA_{mix} 为 39.46%,这从级配原理上是难以解释的。对此,以往的试验研究认为,对于细粒式沥青混合料(AC13 属于细粒式)在严格压实的状态下,合理的骨架结构指标应满足式(4-3)的要求。本试验中不仅 SMA13,而且 PAC13 均采用击实 100 次/面的压实标准,因此可用式(4-6)的标准评价混合料的骨架结构。

$$VCA_{DRC} \geqslant VCA_{mix} - (1\% \sim 2\%) \qquad (4-6)$$

由此可知,SBS1-AC13-75、SBS1-SMA13 和 PAC13 等 3 种混合料可认为符合骨架结构的要求,但是其他 5 种混合料明显不满足骨架结构的要求。

(4)从油石比角度看,有些混合料油石比明显偏高,这种情况在 AC20 和 AC25 混合料设计中没有出现。如 SBS1-AC13-65 混合料的油石比达到 5.35%,这种级配混合料在国内其他工程上使用了已有十多年,是一个相对比较成熟的级配,但是没有见过这么高的油石比;再如橡胶沥青混凝土 AR22-AC13-70 油石比达到 6.54% 也是比较罕见的。另外,SMA13 混合料的油石比为 5.82%,这是一个比较正常的状态。

这样就出现一个问题,为什么在相同的试验方法、相同的矿料类型情况下,有些混合料的油石比偏高,有些油石比又比较合理?选择两种混合料进行了初步的车辙试验验证,SBS1-SMA13 的动稳定度平均为 1976 次/mm,相对变形为 6.12%,SBS1-PAC13 的动稳定度平均为 163 次/mm,相对变形为 25.4%,其高温稳定性远远不能满足设计要求。

总之,采用马歇尔击实试验和最紧密状态原理确定的环道 AC13 型混合料油石比和体积状态并不理想,这很是奇怪。马歇尔击实试验是一个传统的试验方法,同时,最紧密状态设计原理这些年也在国内一些工程中使用,效果良好,而且环道 AC20、AC25 等 10 多种混合料都采用这个原理进行设计,没有出现这个问题。

为此,判断导致问题的原因是:击实试验确定的混合料毛体积密度可能偏低。根据试验人员反映,成型车辙板时,几乎不用几次碾压就可成型,这证实了混合料密度偏低。而导致密度偏低的原因还可能是试件成型方法问题,这在 AC20 型混合料试验中曾有一定的反映。较粗的 AC20-1 混合料,SGC160 与马歇尔击实 100 次的密度比的均值为 1.02,较细的 AC20-2 为 1.012 左右。

此次环道使用的 AC13 型混合料的碎石含量均比较高,采用马歇尔击实方法成型,难以使混合料的矿料结构充分紧密,这不仅仅是混合料粒径的尺寸效应问题,而是混合料中粗集料的骨架排列问题。

由于工期进度紧,已没有时间再重新进行配合比试验,为此根据以往工程经验,对 AC13 型混合料的相关指标进行修正,待施工期间,结合工程抽检试验,再进一步验证。

为此,将表 4-77 中 AC13 混合料的毛体积密度统一乘以 1.02,进行修正,同时理论密度保持不变,重新计算混合料的体积指标,见表 4-78。

修正密度后混合料最紧密状态下体积指标 表 4-78

指标	SBS1-AC13-65	SBS1-AC13-70	SBS1-AC13-75	AR22-AC13-70	抗-AC13-70	SBS2-AC13-70	SBS1-SMA13	SBS3-PAC13
w_b(%)	5.35	5.46	5.03	6.52	5.70	5.35	5.82	4.54
G_m(g/cm^3)	2.5542	2.5233	2.4363	2.4750	2.4569	2.5198	2.4701	2.2904
VV(%)	1.88	3.17	7.23	4.17	3.98	3.38	4.52	13.31
G_g(g/cm^3)	2.4231	2.3925	2.3197	2.3228	2.3253	2.3923	2.3320	2.1913
VMA(%)	14.01	15.37	18.03	17.94	17.72	15.30	17.26	22.33
VCA(%)	44.33	41.28	38.50	43.10	42.91	41.27	38.41	38.30
VFA(%)	86.51	79.36	60.90	77.05	76.89	78.58	73.43	40.56
调整 w_b(%)	5.05	5.16	4.73	6.22	5.40	5.05	5.82	4.54

毛体积密度增加2%意味着在相同油石比条件下，混合料的压实度增加2%左右。由表中数据看出，毛体积密度修正后，混合料的空隙率明显下降，VCA和VMA也不同程度下降，而饱和度VFA显著增加。需要指出的是，SBS1-AC13-65混合料尽管碎石含量已达到65%，属于粗集料断级配混合料，但从VCA指标看，仍不满足骨架结构的要求，属于近似骨架结构的粗集料断级配。另外，AR22-AC13-70和抗车辙-AC13-70两种混合料的骨架结构也不理想，考虑到空隙率指标已达到4%左右的水平，故没有进一步增加碎石含量。

调整毛体积密度后，混合料的最佳油石比没有明显变化，大部分沥青混合料的油石比仍然偏高。对于油石比问题，根据以往工程经验，为了避免混合料铺设后，在使用过程中过早出现泛油现象，可适当降低油石比0.2%~0.3%。本项目采用100次/面的击实，油石比本不应偏高，但情况仍然如此，因此对一些混合料的油石比强行降低0.3%（SMA13和PAC13除外）。

针对以上配合比试验，除SBS1-AC13-75外，按调整后的毛体积密度和油石比进行混合料的水稳定性试验，结果见表4-79。从试验结果看，SBS1-抗车辙-AC13-70混合料的水稳定性最好，其次是SBS2-AC13-70和SBS3-PAC13。特别是开级配混合料SBS3-PAC13的残留稳定度比值和 *TSR* 均高于密实型的SBS1-AC13-65，这是比较奇怪的，但是从具体的强度数值看，SBS3-PAC13明显小于SBS1-AC13-65。这说明，评价一种混合料的水稳定性，不仅看强度的衰减，而且要关注混合料本身的强度水平。

7种AC13混合料水稳定性试验结果汇总 表4-79

混合料类型	残留稳定度			冻融劈裂试验		
	稳定度（kN）		比值	劈裂强度（MPa）		*TSR*
	浸水48h	浸水60min		冻融	未冻融	
SBS3-PAC13	15.75	13.06	120.60%	0.36	0.6	60.70%
SBS1-SMA13	15.19	14.21	106.90%	0.58	0.99	58.60%
SBS1-AC13-65	16.62	17.45	95.30%	0.68	1.27	53.50%
SBS1-AC13-70	16.76	15.69	106.90%	0.56	1.05	53.30%
SBS2-AC13-70	20.07	15.45	129.90%	0.56	0.99	56.20%
AR22-AC13-70	13.82	14.32	96.50%	0.36	0.93	39.20%
SBS1-抗车辙-AC13-70	26.85	19.36	138.70%	0.86	1.15	74.60%

为适应重载交通的使用需求，环道表面层沥青混合料进行70℃高温的车辙试验，表4-80为这些混合料的车辙试验结果。从表中数据可以看出，SBS1-抗车辙-AC13-70动稳定度最高，橡胶沥青混合料其次，SBS3-PAC13最小，这与一般的工程判断一致。需要指出的是，尽管PAC13混合料使用了黏度最高的沥青SBS3，但是由于自身混合料不够密实，空隙率较大，导致其动稳定度仅有1000左右，远不能满足技术要求。因此，混合料的密实性是提高高温性能不可或缺的因素之一。作为环道试验路的验证内容之一，尽管PAC13混合料的动稳定度这一性能不理想，但也仍按该技术指标进行铺设，有待今后加载试验的进一步验证。

AC13型混合料车辙试验结果汇总（70℃）　　　　　表4-80

材料类型	SBS1-SMA13	SBS3-PAC13	SBS1-AC13-65	SBS1抗-AC13-70	SBS2-AC13-70	SBS1-SAC13-70	AR22-AC13-70
DS(次/mm)	4081	1143	3646	17342	3898	2494	9723
ε(%)	2.49	7.81	3.31	1.45	2.82	4.17	2

对于PAC13混合料，有关的飞散试验和析漏试验结果如图4-28和图4-29所示。从图可以看出，在最紧密状态4.55%油石比下，PAC13的非浸水飞散试验的磨耗率为10%左右，浸水条件下为15%以内，满足设计要求；同时PAC13的析漏率为0.5%，也基本满足设计要求。

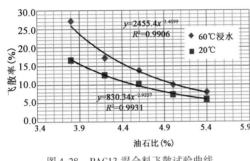
图4-28　PAC13混合料飞散试验曲线

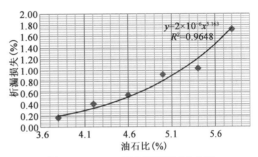
图4-29　PAC13混合料析漏试验曲线

4.5.3　生产配合比与试铺

首先按照前述AC20和AC25的方法，通过燃烧试验，标定环道使用的7种AC13沥青混合料的油石比和级配的标定曲线，见表4-81～表4-83。表4-83中x为燃烧试验得到的油石比，y为修订后油石比。

三种AC13型混合料燃烧试验级配标定结果　　　　　表4-81

材料	筛孔(mm)	下列各个筛孔(mm)的通过率(%)								
		13.2	9.5	4.75	2.36	1.18	0.6	0.3	0.15	0.075
SBS1-AC13-65	标准值	98	60.6	34.8	25.4	17.7	13.4	9.9	8.8	7.1
	实测 均值	99.4	61.4	38.3	25.3	17.1	13.3	10.4	8.9	7.6
	实测 σ	0.28	0.325	0.367	0.232	0.332	0.194	0.147	0.155	0.169
	修正值	1.43	0.78	3.55	-0.1	-0.62	-0.12	0.52	0.11	0.55
SBS1-SMA13	标准值	97.7	54.7	24.9	16.7	13.9	12.5	11.4	11	9.7
	实测 均值	100	55.5	26.6	16.7	13.6	12.3	11.4	10.6	9.2
	实测 σ	0	0.475	0.729	0.288	0.285	0.255	0.252	0.288	0.287
	修正值	2.3	0.81	1.72	-0.05	-0.34	-0.17	0.04	-0.44	-0.5
SBS3-PAC13	标准值	97.5	51.4	19.4	10.4	7	5.2	3.8	3.3	2.7
	实测 均值	99.3	54.8	22.6	10.9	7.2	5.8	4.9	4.3	3.8
	实测 σ	0.161	0.881	0.691	0.159	0.198	0.204	0.233	0.256	0.273
	修正值	1.84	3.4	3.15	0.49	0.16	0.61	1.06	1.01	1.09

AC13-70 4种混合料的燃烧试验级配标定结果 表4-82

材料	项目	下列各个筛孔(mm)的通过率(%)								
		13.2	9.5	4.75	2.36	1.18	0.6	0.3	0.15	0.075
	标准值	97.9	58.1	30.3	21.2	15.3	12	9.4	8.5	7
SBS1-AC13-70	均值	99.2	58.9	32.7	20.9	14.5	11.6	9.4	8	6.8
	σ	0.097	0.223	0.683	0.234	0.28	0.228	0.264	0.273	0.28
	修正值	1.34	0.79	2.41	-0.28	-0.85	-0.44	0.01	-0.46	-0.21
SBS2-AC13-70	均值	99.2	58.7	33.1	21.1	14.8	11.9	9.8	8.4	7.2
	σ	0.175	0.326	0.546	0.355	0.309	0.254	0.241	0.213	0.221
	修正值	1.27	0.57	2.81	-0.06	-0.51	-0.05	0.42	-0.07	0.16
SBS1-抗车辙-AC13-70	均值	99.1	59	32.7	20.9	14.4	11.5	9.3	8	6.7
	σ	0.069	0.18	0.405	0.227	0.223	0.202	0.22	0.217	0.225
	修正值	1.22	0.87	2.43	-0.27	-0.92	-0.49	-0.06	-0.52	-0.28
AR22-AC13-70	均值	99.2	58.6	33	21.5	15	12.2	10	8.6	7.3
	σ	0.331	0.302	0.29	0.197	0.188	0.138	0.155	0.212	0.18
	修正值	1.26	0.52	2.67	0.25	-0.26	0.17	0.58	0.15	0.34

环道用各种AC13型混合料燃烧试验油石比标定方程 表4-83

混合料类型	设定w_b(%)	油石比标定方程
SBS1-AC13-65	4.8	$y = 0.9565x - 1.488$
SBS1-AC13-70	4.9	$y = 1.0657x - 1.8907$
SBS3-PAC13	4.3	$y = 0.9194x - 0.6141$
SBS1-SMA13	5.6	$y = 1.0338x - 2.139$
抗-AC13-70	5	$y = 0.9126x - 1.2966$
SBS2-AC13-70	5.2	$y = 0.834x - 0.6243$
AR22-AC13-70	6.28	$y = 1.0374x - 1.7809$

按照之前确定的不同AC13型级配的冷料仓比例,进行相应的热料仓筛分以确定生产时混合料各个热料仓的比例。在进行热料仓筛分的同时,进行各个热料仓均衡系数的确定,结果见表4-84。这个系数是确定混合料实际热料仓比例的参考值,以减小实际生产时拌和楼等料、溢料现象的发生,提高生产效率,降低生产成本。测定系数时,拌和楼设定产量200t/h,连续上料10min,表中热料仓比例即为热料仓的均衡系数。

不同AC13型混合料热料仓均衡系数汇总表 表4-84

混合料	热料仓	1号	2号	3号	4号	合计(kg)
AC13-65	称量质量(kg)	10840	4710	11300	8130	34980
	热仓料比例(%)	31	13.5	32.3	23.2	
AC13-70	称量质量(kg)	8600	3490	10010	9755	31855
	热仓料比例(%)	27	11	31.4	30.6	

续上表

混合料	热料仓	1号	2号	3号	4号	合计(kg)
AC13-75	称量质量(kg)	4120	3345	12305	11665	31435
	热仓料比例(%)	13.1	10.6	39.1	37.1	
AC13-80	称量质量(kg)	5850	3600	12005	12235	33690
	热仓料比例(%)	17.4	10.7	35.6	36.3	

表4-85~表4-88为4类AC13型混合料级配的热料仓比例及相应的合成级配汇总表,表中同时列出生产配合比设计时混合料的燃烧结果,每个混合料有3个不同油石比的6次燃烧试验。经过前文确定的燃烧试验的级配标定修正,实际级配与目标级配十分接近。

AC13-65型混合料热料仓比例及合成级配　　表4-85

规　　格	比例(%)	下列各个筛孔(mm)的通过率(%)								
		13.2	9.5	4.75	2.36	1.18	0.6	0.3	0.15	0.075
4号仓(12~15mm)	39	97.6	12.2	1.6	1.2	0.4	0.4	0.4	0.4	0.4
3号仓(6~12mm)	20	100	84.5	2.9	1.5	1.1	0.3	0.3	0.3	0.3
2号仓(3~6mm)	10	100	90.3	50.2	6.5	3.6	1.3	1.3	1.3	1.3
1号仓(0~3mm)	25.5	100	97.4	91.4	75.4	39.8	23.4	12.4	9.2	6.7
矿粉	5.5	100	100	100	100	100	100	100	100	90
合成级配		99.1	61	35	26.1	16.4	11.8	9	8.2	7
目标级配		98	60.6	34.8	25.4	17.7	13.4	9.9	8.8	7.1
燃烧验证	均值	99.3	60.3	36.7	27.8	18.8	13.9	10	7.9	6.6
	σ	0.63	1.2	0.68	0.31	0.33	0.21	0.2	0.24	0.26

AC13-70型混合料热料仓比例及合成级配(SBS2)　　表4-86

规　　格	比例(%)	下列各个筛孔(mm)的通过率(%)								
		13.2	9.5	4.75	2.36	1.18	0.6	0.3	0.15	0.075
4号仓(12~15mm)	39	98.6	17.4	1.5	1.1	0.6	0.6	0.6	0.6	0.6
3号仓(6~12mm)	20	99.8	87.1	6.1	2.2	0.8	0.8	0.8	0.8	0.8
2号仓(3~6mm)	15	99.2	73	35	5	3.3	2.8	2.5	2.2	1.6
1号仓(0~3mm)	20.5	100	98.9	92.8	76.4	45.5	29.9	16.7	12.2	8.7
矿粉	5.5	100	100	100	100	100	100	100	100	90
合成级配		99.3	60.9	31.6	22.8	15.7	12.4	9.7	8.7	7.4
目标级配		97.9	58.1	30.3	21.2	15.3	12	9.4	8.5	7
燃烧验证	均值	99.5	61.8	33.1	22.9	15.3	11.6	9.2	7.9	6.7
	σ	0.48	3.48	1.93	0.98	0.94	0.77	0.55	0.4	0.34

AC13-75(SMA13)型混合料热料仓比例及合成级配 表4-87

规　格	比例(%)	下列各个筛孔(mm)的通过率(%)								
		13.2	9.5	4.75	2.36	1.18	0.6	0.3	0.15	0.075
4号仓(12~15mm)	55	98.5	29	2.3	1.5	0.4	0.4	0.4	0.4	0.4
3号仓(6~12mm)	18	100	80.9	4.2	0.8	0.2	0.2	0.2	0.2	0.2
2号仓(3~6mm)	—	99.8	81.2	32.3	2.4	1.4	1.1	0.9	0.8	0.5
1号仓(0~3mm)	19	100	98.9	76.5	47.5	26.2	15.2	7.9	5.4	3.7
矿粉	8	100	100	100	100	100	100	100	100	90
合成级配		99.2	57.3	24.6	18	13.2	11.1	9.8	9.3	8.2
目标级配		97.68	54.71	24.87	16.68	13.95	12.47	11.38	11.01	9.68
燃烧验证 均值		99.4	57.9	27.3	22.7	16.7	13.6	11.5	10.1	8.7
燃烧验证 σ		0.67	4.31	2.01	2.01	1.8	1.67	1.56	1.5	1.51

AC13-80(PAC13)型混合料热料仓比例及合成级配 表4-88

规　格	比例(%)	下列各个筛孔(mm)的通过率(%)								
		13.2	9.5	4.75	2.36	1.18	0.6	0.3	0.15	0.075
4号仓(12~15mm)	62	99.1	28.1	2.1	1.4	0.4	0.4	0.4	0.4	0.4
3号仓(6~12mm)	17	100	84.7	4.1	1.2	0.3	0.3	0.3	0.3	0.3
2号仓(3~6mm)	—	99.8	82.5	40.5	5.6	3.7	3.3	3.1	3	2.1
1号仓(0~3mm)	20	100	96.5	75.4	49.2	28.6	20.5	14.3	10.6	7
矿粉	1	100	100	100	100	100	100	100	100	90
合成级配		99.4	52.1	18.1	11.9	7	5.4	4.2	3.4	2.6
级配中值		97.5	51.4	19.4	10.4	7	5.2	3.8	3.3	2.7
燃烧验证 均值		99.7	50.8	21	16.3	10.9	7.6	5.5	4.3	3.3
燃烧验证 σ		0.41	2.73	1.08	1.07	1.11	0.78	0.42	0.22	0.16

试验路试铺。10月6日和10月7日先后两次在匝道上铺设AC13型混合料的试验路。第一次,10月6日中午铺设了AC13-65和SMA13的试验路。从铺设效果看,AC13-65采用双钢轮初压,重轮胎压路机复压的碾压方式,碾压后表面发亮,似乎油大了(图4-30),正式施工时是否需要进一步调油,需要等检测数据验证。这种现象一般与油石比有关,也与碾压方式有关。SMA13没有采用轮胎压路机碾压,仅采用钢轮压路机碾压,效果尚可(图4-31),但级配略显细。

图4-30　AC13-65轮胎压路机碾压后状态　　图4-31　SMA-13钢轮压路机碾压铺筑效果

为此,10月7日进行了第二次的试验路铺设,此次铺设了 SBS1-AC13-65、SBS2-AC13-70 和 SBS2-PAC13(降油 0.2%)三种材料的试验路,统一采用双钢轮碾压方式,外观效果良好。由此说明 6 日铺设的 SBS1-AC13-65 混合料出现"糊面"现象主要是轮胎压路机碾压所导致的。

在试验路 2d 的施工过程中发现一些施工操作的细节问题,需要在今后正式施工中注意。首先,为了减少混合料摊铺过程中的温度离析,保证混合料摊铺的均匀性,混合料在摊铺过程中应严禁收料斗;其次,AC13 型混合料为粗集料断级配密实型混合料(PAC13 除外),混合料中矿粉含量较高,长时间的摊铺容易在搅笼位置积聚沥青胶浆,并遗撒到摊铺的表面,碾压后造成油斑,为此在摊铺过程中应由专人负责清理。

试验路试拌、试铺期间 4 种混合料燃烧试验的级配统计分析结果汇总于表 4-89。表中列出历次燃烧试验的级配均值、标准差、最大值、最小值,以及根据最大、最小值计算的极差,并根据相应混合料各个筛孔的级配修正系数,对级配均值进行修正,得到修正后的级配均值,最后根据相应混合料的目标级配,计算各个筛孔通过率的偏差。

4 种级配混合料试拌、试铺燃烧试验级配统计分析　　　表 4-89

材料	项目	各筛孔通过率(%)								
		13.2	9.5	4.75	2.36	1.18	0.6	0.3	0.15	0.075
SBS1-AC13-65	均值	99.4	62.7	37.2	28	18.9	14.2	10.5	8.5	7.1
	σ	0.49	2.64	1.24	0.96	0.8	0.59	0.58	0.68	0.71
	最大值	100	68.7	39.5	29.9	20.4	15.5	11.6	9.9	8.5
	最小值	98.5	59.2	35	25.9	17	13.3	9.8	7.8	6.4
	极差	1.5	9.5	4.4	4	3.4	2.2	1.8	2.1	2.1
	修正系数	1.4	0.8	3.5	−0.1	−0.6	−0.1	0.5		0.5
	修正后均值	98	61.9	33.7	28.1	19.5	14.3	10	8.4	6.6
	目标级配	98	60.6	34.8	25.4	17.7	13.4	9.9	8.8	7.1
	偏差	0	1.3	−1.1	2.7	1.8	0.9	0.1	−0.4	−0.5
SBS1-SMA13	均值	99.3	57.7	27.2	22.3	16.5	13.6	11.6	10.2	8.8
	σ	0.69	3.41	1.85	1.85	1.4	1.28	1.19	1.14	1.14
	最大值	100	63.5	29.4	25.5	19.6	16.4	14.2	12.6	11.2
	最小值	97.9	51.5	23.8	19.4	13.9	11.2	9.3	7.9	6.4
	极差	2.1	12	5.6	6.1	5.7	5.2	4.9	4.8	4.8
	修正系数	2.3	0.8	1.7	0	−0.3	−0.2	0	−0.4	−0.5
	修正后均值	97	56.9	25.5	22.3	16.8	13.8	11.6	10.6	9.3
	目标级配	97.7	54.7	24.9	16.7	13.9	12.5	11.4	11	9.7
	偏差	−0.7	2.2	0.6	5.6	2.9	1.3	0.2	−0.4	−0.4
SBS1-AC13-70	均值	99.6	61	32.7	23	15.3	11.9	9.4	8	6.8
	σ	0.4	3	1.6	0.9	1	0.9	0.7	0.5	0.5

续上表

材料	项目	各筛孔通过率(%)								
		13.2	9.5	4.75	2.36	1.18	0.6	0.3	0.15	0.075
SBS1-AC13-70	最大值	100	67.8	35.9	24.1	16.5	13.5	10.7	9	7.8
	最小值	98.9	58.1	30.2	21.2	13.9	10.6	8.5	7.2	6.1
	极差	1.1	9.7	5.7	2.9	2.7	2.9	2.2	1.8	1.7
	修正系数	1.3	0.6	2.8	−0.1	−0.5	−0.1	0.4	−0.1	0.2
	修正后均值	98.3	60.4	29.9	23.1	15.8	12	9	8.1	6.6
	目标级配	97.9	58.1	30.3	21.2	15.3	12	9.4	8.5	7
	偏差	0.4	2.3	−0.4	1.9	0.5	0	−0.4	−0.4	−0.4
SBS3-PAC13	均值	99.6	51.7	21.6	14.3	9.5	7	5.4	4.4	3.6
	σ	0.49	3.48	1.4	2.62	1.86	0.88	0.36	0.22	0.37
	最大值	100	59.9	23.9	18.3	12.8	8.9	6.3	4.7	4.2
	最小值	98.8	46.7	20.1	10.9	7.1	6.1	5	4	3.2
	极差	1.2	13.2	3.8	7.3	5.7	2.8	1.3	0.7	1
	修正系数	1.8	3.4	3.2	0.5	0.2	0.6	1.1	1	1.1
	修正后均值	97.8	48.3	18.4	13.8	9.3	6.4	4.3	3.4	2.5
	目标级配	97.5	51.4	19.4	10.4	7	5.2	3.8	3.3	2.7
	偏差	0.3	−3.1	−1	3.4	2.3	1.2	0.5	0.1	−0.2

从总体看,生产级配基本满足设计要求。图4-32为4种混合料级配的极差分布图,图4-33为4种混合料平均级配与标准级配的偏差分布图。从极差分布图可以看出,4种混合料9.5mm通过率的极差数值较大,在9~14,从偏差分布图可以看出,4种混合料4.75mm的通过率比较稳定,偏差较小,但是2.36mm通过率的偏差较大,其次为9.5mm和1.18mm的通过率。

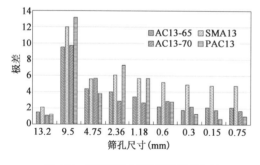

图4-32 试验路混合料级配的极差分布

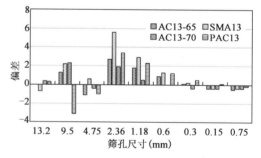

图4-33 试验路混合料级配的偏差分布

表4-90为相应油石比检测结果,平均油石比与设定油石比基本一致,不同检测结果的极差达到0.34。

4 种混合料试拌、试铺燃烧试验油石比统计分析   表4-90

材　料	设定w_b(%)	w_b试验结果				
		样本量	均值(%)	σ	最大值(%)	最小值(%)	极差
AC13-65	5	12	5.08	0.13	5.21	4.87	0.34
SMA13	5.8	8	5.76	0.06	5.84	5.67	0.17
AC13-70	5.2	6	5.16	0.09	5.27	5.06	0.21
PAC13	4.3	6	4.26	0.17	4.42	3.98	0.44

AC13混合料试验路的铺设与AC20、AC25混合料主要的不同点在于，验证配合比试验中调整的毛体积密度和油石比的工程可行性和技术合理性。

为此，在试验路的试拌和铺筑过程中分别取样进行SGC旋转压实160次和马歇尔击实100次/面的成型试验，根据当天的燃烧试验结果(实际油石比和矿料级配)，分析相关试件的体积状态。其中一组SGC试件的平行试验样本量为6个，马歇尔试件为4个。表4-91为4种混合料试拌时，分别采用两种方法成型试件后测定的毛体积密度汇总表；表4-92为试验路施工时，现场取样分别采用两种方法成型试件后测定的相关体积指标汇总表。需要说明：在试拌时，PAC13混合料的实际油石比偏低，在试验路施工时略有调整。

4种混合料不同成型方法试件毛体积密度比较(试拌)   表4-91

混合料	w_b(%)		统计参数	SGC(g/cm³)		马歇尔(g/cm³)		SGC/马歇尔(g/cm³)	
	设定	实测		G_v	G_m	G_v	G_m	G_v	G_m
SBS2-AC13-70	5.2	5.16	均值	2.4094	2.4651	2.3800	2.4387	1.012	1.011
			σ	0.0071	0.0052	0.0237	0.0194		
SBS1-AC13-65	5	4.87	均值	2.5172	2.5513	2.4633	2.5095	1.022	1.017
			σ	0.0069	0.0024	0.0137	0.0112		
SBS1-SMA13	5.8	5.7	均值	2.3820	2.4411	2.3927	2.4565	0.996	0.994
			σ	0.0100	0.0071	0.0106	0.0085		
SBS3-PAC13	4.2	4.07	均值	2.1989	2.2614	2.1987	2.2786	1.000	0.992
			σ	0.0234	0.0266	0.0162	0.0066		

4种混合料不同成型方法试件的体积指标分析(试验路)   表4-92

混合料	w(%)		成型方法	日期	样本	统计参数	G_v (g/cm³)	G_m (g/cm³)	VV (%)	VMA (%)	VCA (%)
	设定	实测									
SBS1-AC13-65	5	5.08	SGC	10/6	12	均值	2.4922	2.5319	2.27	14.50	43.80
						C_v(%)	0.47	0.36	14.80	2.14	0.46
				10/7	6	均值	2.4432	2.4899	3.89	15.83	45.12
						C_v(%)	0.43	0.55	13.58	2.93	0.67
			马歇尔	10/6	8	均值	2.4562	2.5058	3.28	15.38	44.38
						C_v(%)	1.15	0.84	25.20	4.64	1.06
				10/7	4	均值	2.4167	2.4676	4.76	16.59	45.62
						C_v(%)	0.42	0.24	4.88	1.22	0.29

续上表

混合料	w(%) 设定	w(%) 实测	成型方法	日期	样本	统计参数	G_v (g/cm³)	G_m (g/cm³)	VV (%)	VMA (%)	VCA (%)
SBS1-SMA13	5.8	5.76	SGC	10/6	12	均值	2.3768	2.4298	4.90	18.68	39.59
						C_v(%)	0.99	0.98	14.72	4.25	1.49
			马歇尔		8	均值	2.3865	2.4361	4.66	18.46	39.44
						C_v(%)	1.05	0.87	12.54	3.82	1.33
SBS2-AC13-70	5.2	5.16	SGC	10/7	6	均值	2.4093	2.4613	4.61	17.02	41.66
						C_v(%)	0.87	0.73	15.10	3.57	1.02
			马歇尔		4	均值	2.4342	2.4707	4.24	16.70	41.44
						C_v(%)	0.55	0.53	12.01	2.65	0.75
SBS3-PAC13	4.30	4.26	SGC	10/7	6	均值	2.2829	2.3401	10.77	21.32	36.62
						C_v(%)	0.60	0.42	3.52	1.80	0.73
			马歇尔		4	均值	2.2461	2.3092	11.95	22.47	37.99
						C_v(%)	0.59	0.60	4.41	2.05	0.97

从表中数据可知，SBS-AC13-65混合料10月6日的矿料毛体积密度为2.8159g/cm³，粗集料毛体积密度为2.8361g/cm³，第一次检测理论密度为2.5888g/cm³，第二次为2.5924g/cm³。10月7日混合料的矿料毛体积密度为2.8167g/cm³，粗集料毛体积密度为2.8385g/cm³，理论密度为2.5907g/cm³。SBS1-SMA13混合料的矿料毛体积密度为2.8228g/cm³，粗集料毛体积密度为2.8389g/cm³，第一次检测理论密度为2.5613g/cm³，第二次为2.5487g/cm³。SBS1-AC13-70混合料的矿料毛体积密度为2.8205g/cm³，粗集料毛体积密度为2.8363g/cm³，理论密度为2.5802g/cm³。SBS3-PAC13混合料的矿料毛体积密度为2.8311g/cm³，粗集料毛体积密度为2.8388g/cm³，理论密度为2.6224g/cm³。

从表中数据可以看出，对于不同的成型方法，混合料毛体积密度是不同的，而且对于不同的混合料，这种毛体积密度的差异性也是不同的。

两次试验中，SBS1-AC13-65混合料SGC旋转压实密度均明显大于马歇尔击实密度；SBS1-AC13-70混合料在试拌时SGC旋转压实密度明显大于马歇尔击实密度，但在试验路施工时则正好相反；SBS1-SMA13混合料两次试验中SGC旋转压实密度均略小于马歇尔击实密度；对于SBS3-PAC13混合料，试拌时油石比略低，SGC旋转压实密度均略小于马歇尔击实密度，铺设试验路时，油石比有所提高，SGC旋转压实密度明显大于马歇尔击实密度。总之，改变成型方法后，对于混合料毛体积密度会产生不同程度的影响，这不仅与混合料的级配有关，而且与油石比大小有关。

表4-93为试验路现场钻芯的密度检测结果，并计算相应的压实度、现场空隙率及其他体积指标。在混合料配合比设计时，考虑诸多因素，提高了混合料的毛体积密度，改善了混合料室内试验的路用性能，但是关键问题是，现场施工能否达到室内试验的标准。从现场压实度检测结果看，按照SGC旋转压实密度标准，现场压实度能够满足要求，现场空隙率也保证密实状态，从而说明提高毛体积密度标准后现场施工的可行性。

4 种混合料现场芯样体积状态统计分析　　　　　　　　　　表 4-93

混合料	日期（月/日）	统计参数	芯样密度	成型密度（g/m³）		压实度（g/m³）		G_e（g/m³）	VV_f（%）	VMA（%）
				SGC	马歇尔	SGC	马歇尔			
SBS1-AC13-65	10/6	均值	2.4701	2.5319	2.5058	97.6	98.6	2.5906	4.65	16.58
		C_v（%）	1.16	—	—	1.16	1.16	—	23.87	5.86
	10/7	均值	2.4696	2.4947	2.4676	99.0	100.1	2.5907	4.67	16.51
		C_v（%）	1.40	—	—	1.40	1.40	—	28.54	7.08
SBS1-SMA13	10/6	均值	2.4109	2.4297	2.4361	99.2	99.0	2.5550	5.64	19.31
		C_v（%）	2.98	—	—	2.98	2.98	—	49.88	12.46
SBS2-AC13-70	10/7	均值	2.4088	2.4613	2.4707	98.3	97.9	2.5802	6.27	18.79
		C_v（%）	1.82	—	—	1.25	1.25	—	18.73	7.87
SBS3-PAC13	10/7	均值	2.2844	2.34	2.3092	97.6	98.9	2.6224	12.89	22.64
		C_v（%）	2.08	—	—	2.08	2.08	—	14.08	7.12

注：VMA 是现场空隙率状态下的取值。

通过以上试验路数据的分析，基本验证了配合比设计阶段确定的混合料级配、油石比和毛体积密度等工程技术指标的合理性和可行性。在目标级配的基础上调整的混合料毛体积密度和油石比，不仅改良了各种 AC13 混合料的技术性能，而且在实际施工过程中能够满足压实度要求，工程级配也基本保持稳定。

4.5.4　施工期间级配和油石比控制

表 4-94 为环道使用的 7 种 AC13 型沥青混合料施工设定的冷料仓和热料仓比例，以及相应的矿粉添加量、调整后的油石比和毛体积密度。

环道 7 种 AC13 沥青混合料主要施工参数汇总表　　　　　　　　　　表 4-94

混合料		SMA13 + 0.3%	PAC13	AC13-70	AC13-65	AC13-70	AC13-70	AC13-70
沥青		SBS 1	SBS 3	SBS 1	SBS 1	AR22	SBS2	抗+70号
冷料仓	机制砂	7.8	9.2	18.1	24	18.1	18.1	18.1
	玄武岩 5-10	32.2	31.6	28.7	26	28.7	28.7	28.7
	玄武岩 10-15	60	59.2	53.2	50	53.2	53.2	53.2
热料仓	4 号仓(12-15)	55.0%	62.0%	39.0%	39.0%	39.0%	39.0%	39.0%
	3 号仓(6-12)	18.0%	17.0%	20.0%	20.0%	21.0%	20.0%	21.0%
	2 号仓(3-6)	0.0%	0.0%	15.0%	10.0%	14.0%	15.0%	14.0%
	1 号仓(0-3)	19.0%	20.0%	20.5%	25.5%	20.5%	20.5%	20.5%
	矿粉	8.0%	1.0%	5.5%	5.5%	5.5%	5.5%	5.5%
调整最佳 ω_b		5.80%	4.50%	5.10%	5.00%	6.20%	5.00%	5.20%
98% 毛体积密度		2.3781	2.2904	2.4294	2.4592	2.3829	2.4260	2.3655

环道主试验段和圆曲线段 AC13 沥青混合料燃烧试验结果分别汇总于表 4-95 和表 4-96。从表 4-95 中数据看出:SBS1-AC13-65 在施工期间进行了 4 次燃烧抽检试验,13.2mm、4.75mm 和 0.075mm 3 个控制点的通过率均值与目标级配分别相差 0.3、0.8 和 0.2 个百分点;SBS1-AC13-70 在施工期间进行了 3 次燃烧抽检试验,3 个控制点的通过率均值与目标级配分别相差 0.1、0.6 和 0.3 个百分点;SBS1-SMA13 在施工期间进行了 3 次燃烧抽检试验,3 个控制点的通过率均值与目标级配分别相差 0.9、0 和 0.1 个百分点;SBS3-PAC13 在施工期间进行了 1 次燃烧抽检试验,3 个控制点的通过率均值与目标级配分别相差 0.4、3.0 和 0.5 个百分点。因此,总体上可以认为,环道主试验段上 AC13 混合料生产级配比较稳定。

环道主试验段 AC13 混合料的燃烧试验结果 表 4-95

混合料	路 段	各筛孔通过率(%)									w_b (%)
		13.2	9.5	4.75	2.36	1.18	0.6	0.3	0.15	0.075	
SBS1-AC13-65	STR1	97.5	59.7	34.2	27.4	19.1	13.8	10.2	8.7	6.5	4.81
	STR2										
	STR3										
	STR10	97.5	58.9	33.7	24.3	17.9	14.3	11.1	9.6	7.4	4.8
	STR14										
	STR11	97.8	56.6	32.7	25.3	18.5	14.3	10.6	9	6.8	4.67
	STR15										
	STR12	98.1	63.3	33.8	26.2	17.2	13	9.9	8.7	6.7	4.69
	STR13										
	均值	97.7	59.6	33.6	25.8	18.2	13.8	10.5	9	6.9	4.7
	C_v(%)	0.28	4.68	1.94	5.17	4.32	4.21	5.00	4.98	5.50	1.53
	目标级配	98	60.6	34.8	25.4	17.7	13.4	9.9	8.8	7.1	5.0
SBS1-AC13-70	STR4	97.9	55.5	28.8	23	16.9	13	9.8	8.6	6.8	5.2
	STR5										
	STR6	97.9	60.4	30.6	22.9	16.7	12.8	9.6	8.5	6.6	5.24
	STR7										
	STR8	98.1	63.9	29.8	22.2	16.4	12.7	9.6	8.5	6.6	5.07
	均值	98	59.9	29.7	22.7	16.6	12.8	9.7	8.5	6.7	5.2
	C_v(%)	0.10	7.00	3.14	2.02	1.46	1.23	1.14	0.87	1.60	1.72
	目标级配	97.9	58.1	30.3	21.2	15.3	12	9.4	8.5	7	5.1
SBS1-SMA13	STR16	96.9	59	23.9	20.4	16	13.6	11.8	10.7	9.4	5.52
	STR17	96.7	52.2	23.5	21.2	16.1	13.8	12	10.9	9.7	5.56
	STR18	96.8	53.7	27.4	20.5	16.7	13.7	11.6	10.8	9.5	5.55
	STR19										

续上表

混合料	路段	各筛孔通过率(%)									w_b(%)
		13.2	9.5	4.75	2.36	1.18	0.6	0.3	0.15	0.075	
SBS1-SMA13	均值	96.8	55	24.9	20.7	16.2	13.7	11.8	10.8	9.6	5.5
	C_v(%)	0.09	6.47	8.67	2.07	2.39	0.88	1.54	0.72	1.73	0.41
	目标级配	97.7	54.7	24.9	16.7	13.9	12.5	11.4	11	9.7	5.8
SBS3-PAC13	STR9	97.1	51.2	16.4	13.6	7.8	5.2	3.5	2.9	2.2	4.29
	目标级配	97.5	51.4	19.4	10.4	7	5.2	3.8	3.3	2.7	4.5

环道圆曲线段 AC13 混合料的燃烧试验结果　　表4-96

混合料	路段	各筛孔通过率(%)									w_b(%)
		13.2	9.5	4.75	2.36	1.18	0.6	0.3	0.15	0.075	
抗-AC13-70	Y-STR2	98.4	57.4	27.4	20.3	16.0	13.0	10.4	9.1	7.1	5.07
AR22-AC13-70	Y-STR3	98.6	59.7	28.5	20.9	15.3	11.7	9.0	8.0	6.5	6.26
SBS2-AC13-70	Y-STR1	98.2	55.4	29.2	21.8	16.4	13.1	10.3	9.0	6.9	5.06
	Y-STR4	97.6	60.5	29.0	21.0	15.8	12.4	9.5	8.2	6.7	5.28
	Y-STR6										
	Y-STR5	98.7	64.0	29.5	22.4	16.5	13.5	10.1	8.7	7.0	5.11
均值		98.3	59.4	28.7	21.3	16.0	12.7	9.9	8.6	6.9	—
C_v(%)		0.43	5.43	2.76	3.87	2.99	5.53	6.06	5.56	3.36	
目标级配		97.9	58.1	30.3	21.2	15.3	12	9.4	8.5	7	—

对于圆曲线段上4种AC13混合料,尽管沥青胶结料有所不同,但都是采用AC13-70矿料级配。从表4-96可以看出:19mm、4.75mm和0.075mm 3个控制点通过率均值与目标级配相比,分别相差0.4、1.6和0.1个百分点,AC20-2生产级配也比较稳定。

与AC25、AC20一样,绘制主试验路段 SBS1-AC13-65、SBS-AC13-70、SBS1-SMA13和圆曲线B段AC13-70等4种沥青混合料各个筛孔通过率极差比较图(图4-34)和偏差比较图(图4-35)。AC13混合料极差较大的筛孔为9.5mm,与AC20相比,4.75mm及其以下筛孔的极差大为减小,整体级配稳定性明显好于AC20。同时,AC13混合料4.75mm和2.36mm通过率的偏差变化幅度较大,由较大的负偏差变为较大的正偏差,其余筛孔通过率的偏差幅度较小,这与原材料级配特点和拌和楼筛孔控制有关。

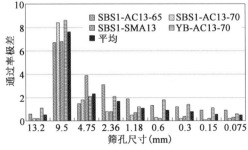

图4-34　4类AC13混合料的通过率极差

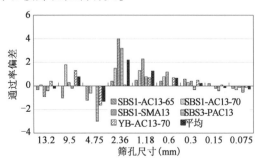

图4-35　4类AC13混合料的通过率偏差

另外,根据表中计算的 4 类 AC13 混合料(SBS1-AC13-65、SBS1-AC13-70、SBS1-SMA13 和圆曲线 AC13)筛分级配通过率的变异系数分布(图4-36)可以看出,各个筛孔通过率的变异系数不超过 10%。

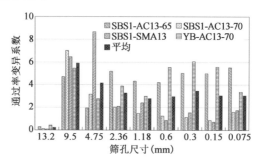

图 4-36　4 类 AC13 型混合料级配通过率的变异系数分布

从油石比角度看,施工期间 SBS1-AC13-65 混合料的最大油石比为 4.81%,最小为 4.67%,极差为 0.14,均值为 4.7%,均值与表 4-94 中设定油石比相比,相差 0.3%;SBS1-AC13-70 混合料的最大油石比为 5.24%,最小为 5.07%,极差为 0.17,均值为 5.20%,均值与表 4-94 中设定油石比相比,相差 0.1%;SBS1-SMA13 混合料的最大油石比为 5.56%,最小为 5.52%,极差为 0.04,均值为 5.55%,均值与表 4-94 中设定油石比相比,相差 0.25%。另外,0.6% 抗-SBS1-AC13-70、AR22-AC13-70 和 SBS2-AC13-70 等 3 种混合料生产抽检油石比与设定油石比分别相差 0.13%、0.06% 和 0.15%。总之,环道 AC13 型混合料施工期间油石比控制比较稳定。

4.6　AC10 型混合料施工

环道在 STR4、STR5、STR6、STR10 和 STR18 等 5 个试验路段上设置 AC10 应力吸收层混凝土结构,其主要目的是作为上部沥青混凝土结构层与下部结构层的过渡层,改善沥青混凝土结构层受力状态,实现路面结构的功能化设计。

STR4 和 STR5 为刚性基层,其上有一定数量的施工缝,为了防止这些裂缝的反射,设置应力吸收层沥青混凝土是技术措施之一,在我国一些高速公路和重要道路的水泥路面加铺改造工程中得以应用,本试验段铺设这个功能层的目的是进一步验证其使用效果。

STR6 沥青混凝土结构层总厚度为 16cm,按照以往上、中、下面层的厚度划分,一般是 4cm + 5cm + 7cm 或 4cm + 6cm + 6cm,此次为了进一步明晰三层沥青混凝土结构层的使用功能,调整为 4cm + 10cm + 2cm,最下层 2cm 的 AC10 为应力吸收层,主要目的是防止反射裂缝的产生,同时发挥 AC10 密水性的特点,作为结构内部的防水层。

STR10 中 AC10 功能层上面的沥青混凝土结构层厚度达到 26cm,且其下面为级配碎石结构层,所以不存在反射裂缝的问题。但是,由于级配碎石的整体性差,在行车荷载作用下沥青混凝土结构层底部将会产生比较大的拉应力,导致疲劳损伤。设置 AC10 功能层可以缓解过大的拉应力,改善沥青混凝土结构层的疲劳性能,因此可以称之为抗疲劳的功能层。

STR18 是一个典型的根据欧美柔性基层长寿命沥青路面结构设计的试验段,沥青混凝土结构层总厚度达到 48cm,其下为 48cm 的级配碎石结构层,其间没有半刚性结构层。为了改善厚沥青混凝土结构层底部的抗疲劳能力,因此在其下又增设了 4cm 的 AC10 应力吸收层,作为抗疲劳层。

总之,在这些路面结构中设置 AC10 沥青混凝土功能层主要的作用是延缓反射裂缝、结构防水及抗疲劳。为了达到这个目标,AC10 是一个富油型的、超密实状态且具有一定力学强度的混合料,为此采用曾在广西柳(州)南(宁)高速公路大修工程中研发的应力吸收层混合料平衡设计的方法。

增加混合料中沥青用量是提高沥青混合料基于应变控制模式下抗疲劳性能的有效措施,但是沥青含量过高不仅导致沥青混合料力学强度的降低,而且影响施工的和易性,因此需要合理控制沥青用量。另外,这种混合料的设计空隙率水平一般为 2% 左右,明显小于一般沥青混合料 4% 左右的水平,属于超密实状态。

综合以上因素,根据以往研究成果,环道 AC10 型沥青混合料采用基于矿料最紧密状态的均衡设计方法进行设计。综合考虑了混合料的矿料最紧密状态、高温性能(车辙试验评价)、变形适应性(小梁低温弯曲试验评价)和施工和易性(析漏试验评价)等四方面指标,最终确定混合料的最佳油石比。

4.6.1 配合比设计

用于应力吸收层的细粒式沥青混合料一般可选用 AC5 和 AC10 两类级配。根据以往研究成果,AC5 的密实性、0℃以上条件下的变形适应性明显好于 AC10,但是高温性能不足,且在极低负温条件下的变形适应性衰减很快,甚至劣于 AC10。对于北京地区气候环境宜选择使用 AC10。因此本环道设计采用 AC10 型混合料。

环道 AC10 试验过程中选择了三种不同级配形式的 AC10,见表 4-97。这三个级配 4.75mm 通过率分别为 35%、45% 和 55%,即从接近骨架结构,到完全悬浮结构。为了保证混合料在负温条件下仍保持良好的变形适应性,混合料中含有一定的碎石是必须的。同时为了减少高油石比状态下混合料中的胶泥过多,影响施工,矿粉含量控制在 8%。

AC10 配合比设计选择的三个级配 表 4-97

级配	各筛孔通过率(%)								
	9.5	7.20	4.75	2.36	1.18	0.6	0.3	0.15	0.075
AC10-1	100.0	65.7	35.0	27.3	21.3	16.8	13.1	10.2	8.0
AC10-2	100.0	72.7	45.0	33.6	25.2	19.0	14.2	10.7	8.0
AC10-3	100.0	78.7	55.0	39.7	28.8	21.0	15.2	11.0	8.0

表4-98为这三种级配混合料马歇尔击实(75次/面)确定的最紧密状态下的体积指标。按照塑封法测定的毛体积密度通常比常用的表干法测定的密度偏小,因此确定的混合料空隙率大约为3%左右,AC10-3级配混合料的空隙率最小。另外,随着混合料中碎石含量的减少,最紧密状态下混合料的油石比逐渐降低,说明对于这种矿料品质的AC10混合料,碎石含量45%(即4.75mm通过率55%)的矿料级配的紧密状态优于碎石含量65%的级配(即4.75mm通过35%)。从这个试验结果看,倾向于选择AC10-3级配。

AC10-1/-2/-3 最紧密状态下体积指标　　　　　　　表4-98

混合料	ω_b(%)	G_m(g/cm³)	VV(%)	G_g(g/cm³)	VMA(%)	VCA(%)	VFA(%)
AC10-1	5.7	2.4857	3.24	2.3501	15.46	45.37	79.76
AC10-2	5.51	2.5074	2.87	2.3749	14.54	53.10	81.48
AC10-3	5.22	2.5204	2.74	2.3967	13.79	61.35	80.76

图4-37为三种级配混合料在油石比5%~7%范围内的析漏试验曲线。每种混合料有两种条件下的析漏曲线,一个是高温条件下的析漏,即试样高温保温后立即测定混合料的析漏水平,另一个是常温条件下的析漏,即试样高温保温后,在常温条件下静置一段时间后,再测定混合料的析漏水平。

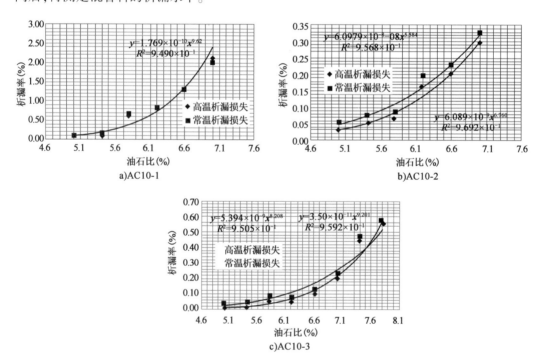

图4-37　AC10混合料析漏试验曲线

从曲线图可以看出,AC10-1混合料,两种条件下混合料的析漏水平基本一致,如按0.1%的析漏率水平控制,油石比不能大于5%,低于最紧密状态下确定的5.7%的油石比,显然不合理。

AC10-2 级配混合料在相同油石比条件下,常温下析漏水平明显大于高温时的析漏水平。按 0.1% 析漏水平控制,常温下析漏试验确定的油石比为 5.65%,高温条件下为 5.95%。

与 AC10-2 混合料相同,AC10-3 级配混合料在相同油石比条件下,常温下析漏水平明显大于高温时的析漏水平。按 0.1% 析漏水平控制,常温下析漏试验确定的油石比为 6.0%,高温条件下为 6.5%。

4.6.2 高温性能评价

图 4-38 和图 4-39 为三种沥青混合料不同油石比时车辙试验的动稳定度和相对变形指标的变化曲线。由图可以看出,在相同油石比情况下,AC10-3 型混合料的动稳定度明显好于前两种混合料,AC10-1 混合料的动稳定度最低,这从马歇尔击实的体积分析结果可以预判。从相对变形指标看,也可得出类似的规律,但有一点值得注意,在油石比 6.3% 附近时,试验曲线出现了交叉,AC10-3 混合料的相对变形大于其他两种混合料。说明 AC10-3 混合料的高温性能对油石比变化的敏感性大于其他两种混合料。相对来说,AC10-1 混合料的油石比敏感性较低,这与该级配混合料中碎石含量较高有直接关系。

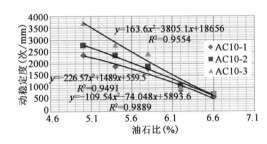

图 4-38　AC10-1/-2/-3 车辙试验动稳定度曲线　　图 4-39　AC10-1/-2/-3 车辙试验相对变形曲线

另外,这组车辙试验没有测定出混合料高温性能的极值状态,这与试验采用的油石比范围有关。一般来说,油石比越低,混合料的高温性能越好,但是当油石比进一步降低,混合料达到贫油状态,其高温稳定性反而会降低。此次试验的最低油石比为 5%,接近于混合料最紧密状态下的油石比,因此未出现混合料高温性能衰减的状态,如油石比设定为 4.0% 和 4.5%,则可发现此规律。这是这次车辙试验不完整的地方。

4.6.3 变形适应性评价

表 4-99 为三种级配的低温小梁弯曲试验结果,分别测试了四种温度条件下的最大弯拉强度、弯拉应变,计算了弯曲进度模量。由试验结果可见,在相同的油石比条件下,AC10-3 级配具有最佳的低温抗变形能力。

不同级配的 AC10 混合料小梁低温弯曲试验结果汇总　　　表 4-99

混合料	统计参数	油石比 w_b (%)	0℃ 弯拉强度 R_T (MPa)	0℃ 极限弯拉应变 ε_{max} (10^{-6})	0℃ 弯拉模量 S (MPa)	-10℃ 弯拉强度 R_T (MPa)	-10℃ 极限弯拉应变 ε_{max} (10^{-6})	-10℃ 弯拉模量 S (MPa)	-20℃ 弯拉强度 R_T (MPa)	-20℃ 极限弯拉应变 ε_{max} (10^{-6})	-20℃ 弯拉模量 S (MPa)	-30℃ 弯拉强度 R_T (MPa)	-30℃ 极限弯拉应变 ε_{max} (10^{-6})	-30℃ 弯拉模量 S (MPa)
AC10-1	均值	5	10.60	4475	2383	10.37	2348	4434	10.12	1869	5600	8.61	1536	5656
AC10-1	均值	5.4	12.39	5052	2513	10.72	2514	4358	10.56	2069	5261	9.81	1874	5329
AC10-1	均值	5.8	11.81	5758	2132	11.40	2561	4556	11.87	2395	5031	10.39	1753	5962
AC10-1	均值	6.2	12.11	6490	1884	12.08	2785	4405	12.09	2411	5078	10.86	1814	6103
AC10-1	均值	6.6	12.55	6883	1864	12.45	2763	4553	12.18	1964	6257	11.40	2023	5743
AC10-1	C_v (%)	5	12.25	13.43	9.95	11.49	13.75	6.42	11.37	19.33	21.23	10.32	11.51	12.59
AC10-1	C_v (%)	5.4	10.19	15.15	19.57	13.14	13.82	21.50	11.20	19.78	19.43	12.23	13.06	19.19
AC10-1	C_v (%)	5.8	9.54	21.09	22.00	11.98	15.47	19.84	11.52	15.17	14.65	17.47	10.93	18.33
AC10-1	C_v (%)	6.2	8.60	12.08	11.47	9.13	13.49	15.58	11.95	16.90	11.44	27.55	8.01	30.18
AC10-1	C_v (%)	6.6	7.33	13.22	19.59	8.04	14.87	8.54	6.81	9.97	11.10	11.67	17.22	16.65
AC10-2	均值	5	11.44	4838	2396	10.40	2379	4417	10.17	1893	5438	9.75	1722	5817
AC10-2	均值	5.4	12.62	5400	2384	11.01	2616	4277	11.09	2061	5497	10.62	1817	5962
AC10-2	均值	5.8	12.32	5957	2108	12.60	2974	4313	12.30	2304	5488	10.92	1979	5626
AC10-2	均值	6.2	12.82	6596	1971	11.94	2903	4162	11.82	2207	5393	11.64	1876	6298
AC10-2	均值	6.6	12.44	7115	1765	12.76	2880	4448	12.87	2308	5654	11.74	1838	6484
AC10-2	C_v (%)	5	14.60	13.82	18.12	14.65	13.07	17.31	13.91	13.96	16.16	15.14	22.20	17.40
AC10-2	C_v (%)	5.4	14.33	13.27	21.33	9.32	13.95	15.62	13.72	14.70	21.27	13.90	16.34	19.78
AC10-2	C_v (%)	5.8	13.67	13.80	20.13	4.73	12.66	16.49	8.22	17.70	18.91	10.51	14.76	18.02
AC10-2	C_v (%)	6.2	10.40	12.69	16.25	22.19	12.22	25.25	7.21	7.72	12.01	11.38	12.00	17.38
AC10-2	C_v (%)	6.6	8.40	8.48	14.34	7.85	6.94	9.74	8.54	13.56	14.17	12.21	11.59	17.45
AC10-3	均值	5	11.92	4993	2439	11.72	2948	4167	10.70	2192	5014	10.93	1791	6192
AC10-3	均值	5.4	14.24	6114	2362	12.68	2633	4867	12.35	2317	5419	12.19	2274	5576
AC10-3	均值	5.8	13.52	6425	2149	13.04	3154	4203	12.75	2392	5352	12.55	2241	5755
AC10-3	均值	6.2	12.83	7170	1854	12.15	3303	3728	12.37	2565	4872	12.45	2101	6069
AC10-3	均值	6.6	11.99	8443	1463	12.13	3493	3524	11.99	2615	4625	12.28	1984	6312
AC10-3	C_v (%)	5	16.55	14.84	23.52	9.05	21.38	25.54	8.25	18.30	18.26	8.69	13.35	14.44
AC10-3	C_v (%)	5.4	8.12	10.04	15.85	10.39	9.06	15.92	6.25	13.82	14.15	8.79	17.68	25.33
AC10-3	C_v (%)	5.8	11.60	13.06	20.11	7.22	13.35	16.08	4.35	8.57	6.72	6.21	16.66	18.93
AC10-3	C_v (%)	6.2	17.75	15.51	28.66	8.08	11.43	15.35	8.10	9.36	14.19	6.98	17.33	16.40
AC10-3	C_v (%)	6.6	13.56	13.30	24.45	8.40	12.84	15.08	10.86	10.25	14.19	7.79	16.54	15.17

表4-100为AC10混合料燃烧试验结果,由于工期较紧,AC10混合料未来得及进行燃烧炉标定,因此该试验结果未经过修订处理。不过从油石比情况看,施工过程中油石比比较稳定。

AC10 混合料燃烧试验结果汇总　　　　表 4-100

项目	各筛孔通过率(%)								w (%)
	9.5	4.75	2.36	1.18	0.6	0.3	0.15	0.075	
STR4 和 STR6	99.5	63.2	41.3	26.3	18.8	13.5	10.6	8.3	7.60
STR5	98.0	50.6	28.4	18.5	13.7	10.4	8.6	7.3	7.63
STR18	98.3	58.6	45.4	30.8	21.5	15.3	11.7	9.1	7.45
均值	98.6	57.5	38.4	25.2	18.0	13.1	10.3	8.2	7.56

4.7 混合料工程性能的综合评述

与一般工程一样,环道沥青混合料施工期间的质量控制指标主要有:生产级配与油石比、现场空隙率与压实度、混合料的高温性能和水稳定性等。其中,前文已介绍了生产过程中各种混合料的级配与油石比的检测情况,在此不再赘述。本节主要介绍施工期间各种沥青混合料的压实状态和高温性能与水稳定性的检测结果,主要目的是全面了解环道沥青混合料的施工状态,为环道加载期间服役性能的演化趋势研究奠定基础,同时进一步总结环道各个试验路段的施工水平,为长寿命沥青路面建造技术的研究提供参考。

4.7.1 混合料现场压实状态

在施工过程中,采用现场空隙率和压实度两个指标评价各种沥青混合料的现场压实状态。现场空隙率是根据现场芯样的毛体积密度和当天混合料的理论密度计算得到,压实度是根据现场芯样的毛体积密度和当天混合料室内压实密度计算得到。因此,芯样毛体积密度测定是确定混合料压实状态的关键指标。

由于在钻芯、整形切割过程中,芯样吸附了大量水分,为了准确测定芯样的毛体积密度,在试验期间,首先将切割好的芯样试件自然晾干24h,然后再用吸水力强的干毛巾包裹放入真空容器中抽真空,使芯样内部的水尽量流出,反复抽真空,直至试件表面干燥。最后采用与配合比设计时相同的"塑封法"测量芯样的毛体积密度。这里,之所以采用塑封法,而不采用通常的表干法,也是因为钻芯、切割后,芯样四周的碎石已失去沥青的裹覆,在密度试验过程中将会吸附一定的水分,影响密度测量的准确性。一般来说,采用塑封法测量芯样密度比表干法略小,从而空隙率增加,现场空隙率和压实度评价更为可靠。

此外,混合料理论密度也取用当天施工现场取样的材料,通过真空法测定。混合料试件的压实密度,按照旋转压实160次的成型方法和塑封法测定。

环道每个试验路段、每层结构 AC25 沥青混合料的压实状态汇总于表 4-101，AC20、AC13 沥青混合料压实状态分别汇总于表 4-102 和表 4-103。

环道各个试验路段、每层结构 AC25 沥青混合料的压实状态汇总表　　　　表 4-101

编号	结构	材料	样本量	G_m 均值 (g/cm^3)	C_v (%)	G_e (g/cm^3)	现场 VV 均值 (%)	C_v (%)	试件密度 (g/cm^3)	压实度 均值 (%)	C_v (%)
1	STR7	70号-AC25	12	2.4683	2.36	2.6486	6.81	32.3	2.4233	101.9	2.36
2	STR8	70号-AC25	12	2.4997	1.56	2.6286	4.90	30.3	2.4233	103.2	1.56
3	STR9	70号-AC25	12	2.4955	1.31	2.6566	6.07	20.4	2.5028	99.7	1.31
4	STR10-1	70号-AC25	12	2.503	1.10	2.6371	5.09	20.6	2.4898	100.5	1.10
5	STR10-2	70号-AC25	11	2.4372	1.19	2.6505	8.05	13.6	2.5151	96.9	1.19
6	STR11-1	70号-AC25	12	2.4772	1.84	2.6371	6.06	28.5	2.4898	99.5	1.84
7	STR11-2	70号-AC25	12	2.4639	1.97	2.6505	7.04	26.0	2.5151	98.0	1.97
8	STR12	70号-AC25	12	2.4866	1.65	2.6519	6.23	24.8	2.4534	101.4	1.65
9	STR13	70号-AC25	12	2.4871	1.30	2.6472	6.05	20.2	2.4551	101.3	1.30
10	STR16-1	70号-AC25	12	2.511	1.35	2.6692	5.93	21.4	2.529	99.3	1.35
11	STR16-2	70号-AC25	12	2.5511	1.40	2.6566	3.97	33.9	2.5028	101.9	1.40
12	Y-STR1	70号-AC25	6	2.4897	1.13	2.6535	6.17	17.2	2.5712	96.8	1.13
13	Y-STR2	70号-AC25	7	2.5254	1.10	2.6535	4.83	21.6	2.5712	98.2	1.10
14	STR15-1	50号-AC25	11	2.5167	1.84	2.6449	4.85	36.1	2.4984	100.7	1.84
15	STR15-2	50号-AC25	12	2.5204	1.83	2.6462	4.75	36.6	2.5178	100.1	1.83
16	STR18-1	50号-AC25	11	2.4844	1.71	2.642	5.97	26.9	2.4895	99.8	1.71
17	STR18-2	50号-AC25	11	2.4751	1.34	2.6451	6.43	19.5	2.4985	99.1	1.34
18	STR18-3	50号-AC25	12	2.5149	1.38	2.6705	5.82	22.4	2.4402	103.1	1.38
19	STR6	30号-AC25	12	2.4696	2.42	2.6392	6.42	35.3	2.4841	99.4	2.42
20	STR17-1	30号-AC25	10	2.4426	2.31	2.6108	6.44	33.5	2.519	97.0	2.31
21	STR17-2	30号-AC25	12	2.4917	1.40	2.6423	5.70	23.1	2.4754	100.7	1.40
22	STR19-1	30号-AC25	13	2.4971	1.59	2.6308	5.08	29.7	2.5344	98.5	1.59
23	STR19-2	30号-AC25	11	2.4765	1.97	2.6273	5.74	32.4	2.4727	100.2	1.97
24	STR19-3	30号-AC25	7	2.4898	2.52	2.6491	6.02	39.4	2.4643	101.0	2.52
25	Y-STR6	30号-AC25	12	2.4408	1.36	2.6491	7.86	16.0	2.4643	99.1	1.36
26	Y-STR3	AR22-AC25	11	2.4753	1.65	2.5904	4.44	35.5	2.5437	97.3	1.65
27	Y-STR5	SBS2-AC25	4	2.5511	1.33	2.6578	4.02	31.8	2.3759	107.4	1.33
28	Y-STR4	再生AC25	11	2.4789	2.43	2.6343	5.90	38.9	2.5364	97.7	2.43
29	STR14	再生AC25	4	2.4739	2.20	2.6587	6.95	29.4	2.4137	102.5	2.20

环道各个试验路段、每层结构 AC20 型沥青混合料的压实状态汇总表　　　表 4-102

编号	结构	材　料	样本量	G_m 均值 (g/cm³)	C_v (%)	G_e (g/cm³)	现场 VV 均值 (%)	C_v (%)	试件密度 (g/cm³)	压 实 度 均值 (%)	C_v (%)
1	STR15	50号-AC20	6	2.5189	0.61	2.6296	4.21	13.8	2.4919	101.1	0.61
2	STR18	50号-AC20	6	2.4697	1.74	2.6404	6.47	25.1	2.4349	101.4	1.74
3	STR1	30号-AC20	12	2.5082	1.15	2.641	5.03	21.7	2.4976	100.4	1.15
4	STR2	30号-AC20	4	2.4777	0.86	2.641	6.18	13.0	2.4976	99.2	0.86
5	STR3	30号-AC20	4	2.4696	1.97	2.6222	5.82	31.9	2.4747	99.8	1.97
6	STR4	30号-AC20	6	2.4367	1.05	2.6128	6.74	14.6	2.4514	99.4	1.05
7	STR5	30号-AC20	6	2.4622	0.76	2.6128	5.77	12.5	2.4514	100.4	0.76
8	STR17	30号-AC20	12	2.4184	2.62	2.6000	6.99	34.8	2.4174	100.0	2.62
9	STR19	30号-AC20	12	2.4289	2.06	2.6000	6.58	29.3	2.4174	100.5	2.06
10	Y-STR6	30号-AC20	4	2.4666	1.74	2.6222	5.93	27.6	2.4747	99.7	1.74
11	STR7	SBS1-AC20	6	2.5068	2.44	2.6251	4.51	51.7	2.5078	100.0	2.44
12	STR8	SBS1-AC20	6	2.4638	1.37	2.6251	6.15	20.9	2.5251	97.6	1.37
13	STR9	SBS1-AC20	6	2.4947	0.94	2.6464	5.73	15.5	2.4204	103.1	0.94
14	STR10	SBS1-AC20	9	2.4348	1.82	2.6223	7.15	23.6	2.5229	96.5	1.82
15	STR11	SBS1-AC20	9	2.4439	1.36	2.6232	6.84	18.5	2.5234	96.9	1.36
16	STR12	SBS1-AC20	7	2.4903	1.33	2.6223	5.03	25.0	2.5229	98.7	1.33
17	STR13	SBS1-AC20	12	2.5302	1.25	2.6223	3.51	34.2	2.5229	100.3	1.25
18	STR14	SBS1-AC20	11	2.4905	1.08	2.6232	5.06	20.3	2.5234	98.7	1.08
19	STR16	SBS1-AC20	6	2.4838	1.38	2.6464	6.14	21.0	2.4204	102.6	1.38
20	Y-STR1	抗-AC20	9	2.401	1.48	2.605	7.83	17.4	2.3987	100.1	1.48
21	Y-STR2	抗-AC20	9	2.3708	1.11	2.605	8.99	11.2	2.3987	98.8	1.11
22	Y-STR3	AR22-AC20	11	2.48	2.66	2.5808	3.91	65.4	2.4821	99.9	2.66
23	Y-STR5	SBS2-AC20	10	2.4481	1.88	2.6178	6.48	27.2	2.4657	99.3	1.88
24	Y-STR4	再生 AC20	10	2.3708	1.75	2.6306	9.88	16.0	2.5104	94.4	1.75

环道各个试验路段、每层结构 AC13 型沥青混合料的压实状态汇总表　　　表 4-103

编号	结构	材　料	样本量	G_m 均值 (g/cm³)	C_v (%)	G_e (g/cm³)	现场 VV 均值 (%)	C_v (%)	试件密度 (g/cm³)	压 实 度 均值 (%)	C_v (%)
1	STR1	SBS1-AC13-65	12	2.4829	1.24	2.5958	4.35	27.2	2.4921	99.6	1.24
2	STR2	SBS1-AC13-65	9	2.4766	1.32	2.5958	4.59	27.4	2.4921	99.4	1.32
3	STR3	SBS1-AC13-65	9	2.4615	0.78	2.5958	5.17	14.2	2.4921	98.8	0.78
4	STR10	SBS1-AC13-65	9	2.4911	0.55	2.6005	4.21	12.5	2.515	99.1	0.55

续上表

编号	结构	材料	样本量	G_m 均值 (g/cm³)	C_v (%)	G_e (g/cm³)	现场 VV 均值 (%)	C_v (%)	试件密度 (g/cm³)	压实度 均值 (%)	C_v (%)
5	STR11	SBS1-AC13-65	9	2.4877	0.82	2.6005	4.34	18.0	2.515	98.9	0.82
6	STR12	SBS1-AC13-65	9	2.4789	0.71	2.6035	4.79	14.0	2.4819	99.9	0.71
7	STR13	SBS1-AC13-65	12	2.4746	1.02	2.6035	4.95	19.7	2.4819	99.7	1.02
8	STR14	SBS1-AC13-65	9	2.4919	0.79	2.6035	4.28	17.5	2.4819	100.4	0.79
9	STR15	SBS1-AC13-6	9	2.458	1.94	2.6005	5.48	33.4	2.515	97.7	1.94
10	STR4	SBS1-AC13-70	9	2.4505	0.62	2.6097	6.10	9.6	2.4598	99.6	0.62
11	STR5	SBS1-AC13-70	12	2.4682	1.43	2.6097	5.42	25.0	2.4598	100.3	1.43
12	STR6	SBS1-AC13-70	9	2.4618	1.58	2.5802	4.59	32.8	2.4598	100.1	1.58
13	STR7	SBS1-AC13-70	9	2.4476	1.93	2.5802	5.14	35.6	2.4534	99.8	1.93
14	STR8	SBS1-AC13-70	9	2.4678	0.87	2.5802	4.35	19.1	2.4534	100.6	0.87
15	STR9	SBS3-PAC13	9	2.3025	2.58	2.6738	13.88	16.0	2.1854	105.4	2.58
16	STR16	SBS1-SMA13	9	2.4485	0.79	2.5552	4.18	18.1	2.4604	99.5	0.79
17	STR17	SBS1-SMA13	9	2.4103	0.82	2.5594	5.83	13.3	2.4604	98.0	0.82
18	STR18	SBS1-SMA13	9	2.4251	1.25	2.5594	5.25	22.6	2.4635	98.4	1.25
19	STR19	SBS1-SMA13	12	2.4429	1.29	2.5594	4.55	27.1	2.4635	99.2	1.29
20	Y-STR2	抗-AC13-70	9	2.3952	0.46	2.5971	7.78	5.4	2.4286	98.6	0.46
21	Y-STR3	AR22-AC13	9	2.4194	0.62	2.555	5.31	11.1	2.4121	100.3	0.62
22	Y-STR1	SBS2-AC13-70	9	2.4183	0.94	2.6045	7.15	12.3	2.4286	99.6	0.94
23	Y-STR4	SBS2-AC13-70	9	2.3581	1.03	2.5943	9.10	10.3	2.393	98.5	1.03
24	Y-STR5	SBS2-AC13-70	8	2.3449	1.46	2.5943	9.61	13.8	2.393	98.0	1.46
25	Y-STR6	SBS2-AC13-70	9	2.3495	1.78	2.5943	9.44	17.0	2.393	98.2	1.78

从表中数据可以看出：

(1) 全路段各层位各种 AC25 混合料现场空隙率的均值为 5.85%，最大为 8.05%，最小为 3.97%，变异系数为 17.13%，按 1 倍标准差评价，现场空隙率代表值为 6.85%；AC20 混合料现场空隙率的均值为 6.12%，最大为 9.88%，最小为 3.51%，变异系数为 14.97%，按 1 倍标准差评价，现场空隙率代表值为 7.60%；除 STR19 多空隙沥青混凝土 PAC13 外，其余密实型 AC13 混合料现场空隙率的均值为 5.67%，最大为 9.61%，最小为 4.18%，变异系数为 17.59%，按 1 倍标准差评价，现场空隙率代表值为 7.36%。因此，环道这三种密实型沥青混合料的现场空隙率水平基本满足密实型的技术要求，但是变异系数较大。

(2) 从压实度角度看，全路段各层位各种 AC25 混合料的均值为 100.1%，最大为

107.4%,最小为96.8%,变异系数2.29%,按1倍标准差评价,压实度代表值为97.8%;AC20混合料的均值为99.6%,最大为103.1%,最小为94.4%,变异系数1.81%,按1倍标准差评价,压实度代表值为97.7%;AC13混合料的均值为99.5%,最大为105.4%,最小为97.7%,变异系数1.40%,按1倍标准差评价,压实度代表值为98.0%。因此,环道这三种沥青混合料的现场压实度基本满足密实型的技术要求。

根据表中数据,按照各种混合料类型,分析其平均的压实状态,如图4-40~图4-42。由图可以看出,对于AC25混合料,SBS2-AC25混合料的现场空隙率最小,压实度最大,其余混合料的压实度基本相当;对于AC20混合料,再生AC20混合料的现场空隙率最大,压实度最小,其余混合料的压实度基本相当;对于AC13混合料,除PAC13外,SBS2-AC13-70混合料的现场空隙率最大,压实度最小。基于这些数据,建立现场空隙率与压实度的散点关系图(除PAC13外),如图4-43所示。由图可以看出,现场空隙率与压实度指标之间存在弱相关性。尽管这两个指标都是根据芯样的毛体积密度计算得到的,但是一个与混合料的理论密度相比较得到,一个与混合料室内成型试件相比较得到。因此,在实际工程中,这两个指标评价沥青混合料的压实性能具有一定的独立性。

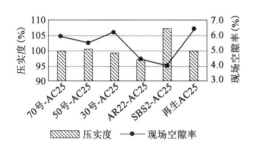

图4-40 AC25型混合料压实度与现场空隙率分布图

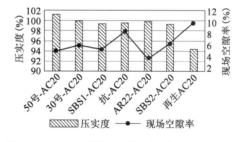

图4-41 AC20型混合料压实度与现场空隙率分布图

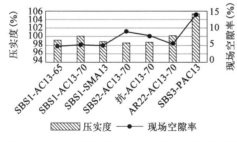

图4-42 AC20型混合料压实度与现场空隙率分布图

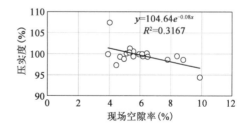

图4-43 现场空隙率与压实度散点关系图

可以看出,现场空隙率和压实度评价混合料压实性能最显著的区别在于变异系数相差较大。图4-44~图4-46为三类混合料各个路段层次现场空隙率变异系数和压实度变异系数的分布图。由图可以看出,各路段层次压实度的变异系数一般不大于3%,而现场空隙率变异系数则在10%~60%的范围内。这是由于空隙率自身数值较小,而压实度数值较大引起的。

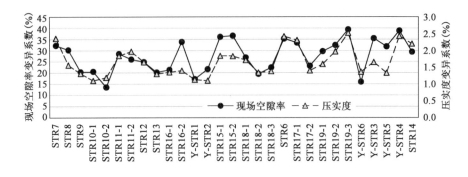

图 4-44 AC25 型沥青混合料现场空隙率和压实度变异系数分布图

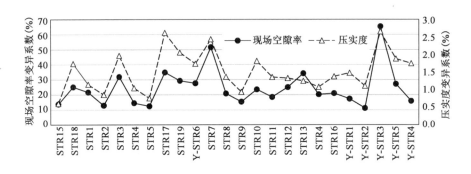

图 4-45 AC20 型沥青混合料现场空隙率和压实度变异系数分布图

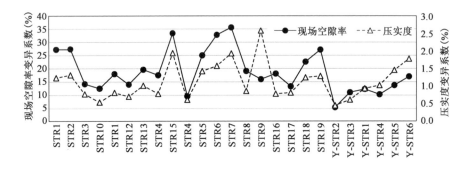

图 4-46 AC13 型沥青混合料现场空隙率和压实度变异系数分布图

表 4-104 为 AC10 混合料现场空隙率和压实度检测结果。从结果看，STR4、STR5 和 STR6 现场空隙率约 6%，压实度较低；而 STR18 的现场空隙率不到 3%，与设计状态一致。导致这种现象的原因主要有两方面，一是 AC10 混合料摊铺厚度不同，二是 AC10 下卧层刚度不同。STR18 的 AC10 摊铺厚度为 4cm，而 STR4、STR5 和 STR6 为 2cm，且前者的下卧层为刚度较低的级配碎石层，而后者为刚性和半刚性基层结构层，因此，STR18 的 AC10 更易于碾压，密实性较高。另外，由于 STR4、STR5 和 STR6 的 AC10 仅为 2cm，在现场取芯时难度较大，导致试验误差较大。

AC10 混合料现场空隙率和压实度检测结果汇总 表 4-104

结构	样本量	G_m 均值（g/cm³）	C_v	G_e（g/cm³）	现场 VV 均值	C_v	标准密度	压实度 均值	C_v
STR5	12	2.4023	1.60%	2.5559	6.01%	25.01%	2.4353	98.65%	1.60%
STR4 和 STR6	6	2.3735	1.39%	2.5424	6.65%	19.46%	2.4755	95.88%	1.39%
STR18	10	2.4616	1.02%	2.5322	2.79%	35.40%	2.4877	98.95%	1.02%

总体上看,环道各种沥青混合料的压实状态"基本"满足一般高速公路的技术要求,各种混合料现场空隙率的平均水平在6%左右,而且 AC25、AC20 和 AC13 的压实度平均在100%左右。这里"基本"的含义是指:以上现场空隙率和压实度评价指标是按照每个路段、每种混合料检测结果的均值进行统计评价的,从可靠性角度看,仅有50%的可靠度。为了提高沥青混合料现场压实性能评价的可靠性,有必要引入保证率的概念。

前文在讨论半刚性材料等结构层的压实度时,采用 2 倍标准差指标,评价总体的压实状态,即压实度均值减去 2 倍标准差,对此,也应用于沥青混合料压实度指标评价。对于现场空隙率指标,鉴于该指标的变异系数较大,采用 1 倍标准差指标,即现场空隙率均值加上 1 倍标准差。表 4-105 为环道三种主要沥青混合料现场空隙率和压实度在不同保证率条件下的压实状态汇总表。表中 50% 保证率即为表 4-101 ~ 表 4-103 中现场空隙率和压实度均值统计的结果,表中现场空隙率的代表值为均值的 1 倍标准差,压实度的代表值为均值的 2 倍标准差。

环道三种主要沥青混合料在不同保证率条件下的压实状态汇总表 表 4-105

混合料	指标	保证率	统计参数				
			均值	最大值	最小值	C_v(%)	代表值
AC25	现场 VV（%）	50%保证率	5.85	8.05	3.97	17.13	6.85
		1 倍 σ	7.42	9.14	5.30	15.38	8.57
	压实度	50%保证率	100.1	107.4	96.8	2.29	95.5
		2 倍 σ	96.7	104.5	92.5	2.50	91.9
AC20	现场 VV（%）	50%保证率	6.12	9.88	3.51	24.16	7.60
		1 倍 σ	7.55	11.46	4.71	20.80	9.11
	压实度	50%保证率	99.5	103.1	94.4	1.88	95.8
		2 倍 σ	96.5	101.2	91.1	2.33	92.0
AC13	现场 VV（%）	50%保证率	5.67	9.61	4.18	29.84	7.36
		1 倍 σ	6.69	11.04	4.74	26.78	8.48
	压实度	50%保证率	99.5	105.4	97.7	1.48	96.6
		2 倍 σ	97.2	100.0	93.9	1.45	94.4

从表中数据可以看出,当考虑一定保证率后,混合料压实状态产生了显著变化:三种混合料现场空隙率的均值由 5.67% ~ 6.12% 提高到 6.69% ~ 7.55%,相应的代表值由

6.85%~7.60%提高到8.48%~9.11%;同样,三种混合料压实度的均值由99.5%~100.1%降低到96.5%~97.2%,相应的代表值由95.5%~96.6%降低到91.9%~94.4%。

至此可以看出,采用保证率概念评价沥青混合料的现场压实状态,尽管密实性指标明显下降,但评价结论的可靠性显著提升。

4.7.2 混合料高温性能评价

环道施工期间AC25、AC20、AC13和AC10沥青混合料的车辙试验结果汇总于表4-106~表4-108。所有试件材料均直接从施工现场获取,并按98%压实度标准,由压路机成型。AC25混合料的试件高度为10cm,其余混合料为5cm。AC25、AC20和AC10混合料的试验温度为60℃,AC13为70℃。所有混合料各进行3次平行试验,取均值作为该混合料的车辙性能指标,车辙试验均采用动稳定度和相对变形两个指标评价。

环道不同类型的AC25混合料车辙试验结果　　　　表4-106

材料类型	沥青路面结构层	施工成型日期	试验日期	DS（次/mm）	ε（%）
AC25-70号	STR7、STR8 第二层	20150917(一)	20150918	5169	2.03
	STR9、STR16 第二层	20150917(二)	20150918	2425	2.18
	STR10、STR16	20150916(下午)	20150917	2181	3.27
	STR10、STR11 第二层	20150918	20150919	3673	1.88
	STR11	20150916(上午)	20150917	1961	2.48
	STR12	20150915 上午	20150916	3722	1.93
	STR13	20150915	20150916	3592	1.57
	YB-STR1&STR2	20150907 晚上	20150908	6634	1.03
AC25-50号	STR15	20150916	20150917	7175	1.23
	STR15 第二层	20150918	20150919	6175	1.27
	STR18(第一层)	20150909	20150911	6401	0.94
	STR18(第二层)	20150911	20150913	6247	1.06
	STR18 第三层	20150917	20150918	2153	2.36
AC25-30号	STR6	20150912	20150913	4725	1.50
	STR17(第一层)	20150909 下午	20150912	7701	1.05
	STR17(第二层)	20150911 下午	20150913	8000	1.15
	STR19(第一层)	20150909 上午	20150911	6000	1.14
	STR19(第二层)	20150911 上午	20150912	7013	1.26
	STR19(第三层)	20150912	20150914	7445	1.10

续上表

材料类型	沥青路面结构层	施工成型日期	试验日期	DS（次/mm）	ε（%）
再生-AC25	YB-STR4	20150908	20150909	7013	1.16
	STR14（返工）	20150927	20150929	4687	1.90
SBS2-AC25	YB-STR5（返工）	20150926	20150929	4353	1.74
AR22-AC25	YB-STR3	20150908	20150909	4941	1.14

环道不同类型的AC20混合料车辙试验结果 表4-107

材料类型	沥青路面结构层	施工成型日期	试验日期	DS（次/mm）	ε（%）
AC20-30号	STR1和STR2	20150913上午	20150914	4807	2.64
	STR1、STR2（返工）	20150927（上午）	20150928	9321	1.89
	STR3	20150913下午	20150914	5759	2.17
	STR3、YB-STR6（返工）	20150927（下午）	20150929	7833	1.78
	STR4和STR5	20150914上午	20150915	5480	2.40
	STR5和STR4	20151002	20151003	12250	1.39
	STR19和STR17	20150914下午	20150915	6535	2.54
	YB-STR6	20150915上午	20150916	5542	1.97
AC20-50号	STR15	20150923（一）	20150924	2455	4.62
	STR18	20150923（二）	20150924	3351	3.88
SBS1-AC20	STR7、STR8	20150926（上午）	20150928	9002	1.68
	STR9、STR16	20150926（下午）	20150928	5680	2.54
	STR14和STR10和STR11	20151003	20151004	9877	1.41
	STR13和STR12	20151003	20151004	5480	1.82
抗车辙-AC20	YB-STR1和YB-STR2	20151002	20151003	7852	1.89
AR22-AC20	YB-STR3	20150908	20150909	4360	2.80
再生-AC20	YB-STR4	20151002	20151003	12122	1.71
SBS2-AC20	YB-STR5	20151001	20151002	7847	1.56

环道不同类型的AC13和AC10混合料车辙试验结果 表4-108

材料类型	沥青路面结构层	施工成型日期	试验日期	DS（次/mm）	ε（%）
SBS1-AC13-65	STR1和STR2和STR3	20151012（一）	20151014	6795	1.62
	STR15和STR11和STR10	20151012（二）	20151014	7295	2.06
	STR14和STR12和STR13	20151012（三）	20151014	8465	1.93
SBS1-AC13-70	STR5和STR4和STR6	20151013（一）	20151014	7000	1.85
	STR7和STR8	20151013（二）	20151014	5348	2.58

续上表

材料类型	沥青路面结构层	施工成型日期	试验日期	DS（次/mm）	ε（%）
PAC13-80	STR9	20151013	20151015	2671	4.12
SMA	STR16 和 STR17	20151014（二）	20151016	4875	2.57
	STR18 和 STR19	20151014（一）	20151015	5250	2.26
SBS2-AC13	YB-STR2 和 YB-STR4	20151011（一）	20151012	4096	2.87
	YB-STR5 和 YB-STR6	20151011（二）	20151013	7663	1.81
AR22-AC13	YB-STR3	20151010	20151011	4791	2.40
抗车辙70号-AC13	YB-STR1	20151011	20151012	2836	3.62
SBS1-AC10	STR4 和 STR6	20150909	20150912	4664	2.30
	STR5	20150912	20150914	3830	3.12
	STR18	20150908	20150910	2279	4.47

按照施工进度，AC25 混合料共进行了 23 次车辙试验，其中 70 号-AC25 进行了 8 次，50 号-AC25 进行了 5 次，30 号-AC25 进行了 6 次，40% 再生-70 号-AC25 进行了 2 次，SBS2-AC25 和 AR22-AC25 各进行 1 次。70 号-AC25 混合料 8 次现场抽检中有 3 次小于 3000 次/mm 的情况，50 号-AC25 混合料 5 次抽检中有 1 次小于 3000 次/mm 的情况，其中原因有混合料质量问题，也有试验操作问题，因此并没有返工处理，仅详细记录了这些混合料所使用的结构，待环道试验后验证实际的车辙水平。

环道施工期间，AC20 混合料共进行 17 次车辙试验，其中 30 号沥青混合料 8 次，50 号沥青混合料 2 次，SBS1 沥青混合料 4 次，其余混合料各 1 次。从试验结果看，除 50 号-AC20 型混合料的抗车辙性能指标明显较低外，其余混合料基本满足动稳定度大于 5000 次/mm 的设计要求，但有部分混合料不满足相对变形小于 2% 的技术要求，特别是 AR22-AC20 混合料。

环道施工期间，AC13 混合料共进行 12 次车辙试验，其中 SBS1-AC13-65 沥青混合料 3 次，SBS1-AC13-70 沥青混合料 2 次，SMA13 混合料 2 次，SBS2-AC13-70 混合料 2 次，其余混合料各 1 次。AC10 混合料进行了 3 次车辙试验。

按照设计要求，AC13 混合料要求 70℃ 条件下，动稳定度不小于 3000 次/mm，相对变形不大于 4%。对比表中数据，SBS3-PAC13 混合料尽管使用高黏度沥青，但高温性能不满足技术要求，掺加抗车辙剂的 AC13 混合料，动稳定度指标略低，但相对变形指标满足要求。

对于应力吸收层使用的 AC10 混合料，尽管设计中对其高温性能要求并不高，但实测数据表明，其仍具有较高的抗车辙能力，STR4 和 STR6 的动稳定度达到 4000 次/mm 以上。这一方面与采用了新型配合比设计方法有关，另外可能与试验操作有关。由于这种混合料粒径较小、油石比较大,在车辙试件成型过程中易于压实,导致超压。

将施工期间 21 种沥青混合料历次车辙试验结果平均,得到各种沥青混合料抗车辙性能的平均状态,如图 4-47 所示。总体上看,环道各种沥青混合料的抗车辙性能差异较大。在相同试验条件下,AC25 混合料中,30 号沥青混合料的高温性能最佳,70 号沥青混合料最低;AC20 混合料中,再生沥青混合料的高温性能最佳,50 号沥青混合料最低;AC13 混合料中,SBS1-AC13-65 沥青混合料的高温性能最佳,PAC13 沥青混合料最低;SBS1-AC10 混合料的高温性能好于相同试验条件下的 50 号-AC20 混合料。

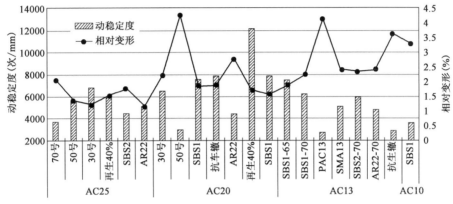

图 4-47 环道 21 种沥青混合料施工期间平均车辙试验结果汇总图

此外,基于以上试验结果,统计分析动稳定度指标与相对变形指标的相关性。图 4-48 为动稳定度与相对变形指标的散点图。由图可以看出,对于具有相同试件厚度的 AC20、AC13 和 AC10 三类沥青混合料,尽管试验温度不同,但动稳定度指标与相对变形指标之间仍具有良好的统计关系,采用对数函数模型拟合的相关系数平方为 0.8896。对于 AC25 混合料,其动稳定度与相对变形指标的关系相对其他三类混合料更离散,试验分析认为,这是由于 AC25 型混合料车辙试验的试件厚度(10cm)不同所导致的。因此可以推断,当试件厚度相同时,沥青混合料车辙试验的动稳定度与相对变形指标之间具有一定的统计关系。采用相同的拟合模型,AC25 混合料的相关系数平方为 0.6236,当样本量增加后,其相关系数有望提升。

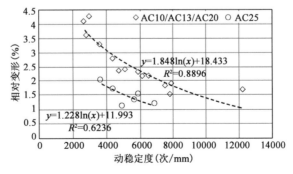

图 4-48 不同沥青混合料的动稳定度与相对变形指标的散点图

4.7.3 混合料水稳定性评价

图4-49和图4-50分别为施工期间环道各种沥青混合料冻融劈裂和残留稳定度抽检试验结果的对比图。从冻融劈裂曲线看,除SBS2-AC13-70混合料的 TSR 数值较低外(小于0.6),其余均大于0.7;从残留稳定度曲线看,SBS2-AC25、50号-AC20、SBS1-AC20和抗车辙-AC20等四种混合料的残留稳定度比值小于0.7,其余均大于0.8。总体来看,环道使用的这些混合料的水稳定性指标并不算最佳,有些不满足现行规范的指标要求,但是考虑到两个原因,对环道沥青混合料的水稳定性没有强制要求。一个原因是,环道水稳定性的评价方法不同于现行规范的试验条件,是按现场压实度98%的试验条件进行评价的,相应的试验结果小于规范指标要求属正常现象;第二个原因是,环道各个试验路段设置了较为完善的结构防水措施,即上面层沥青混凝土层下面均设有改性沥青防水黏结层,可有效防止沥青路面结构的水损坏。

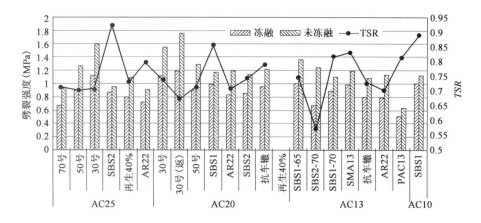

图4-49 环道各种沥青混合料冻融劈裂试验结果统计图

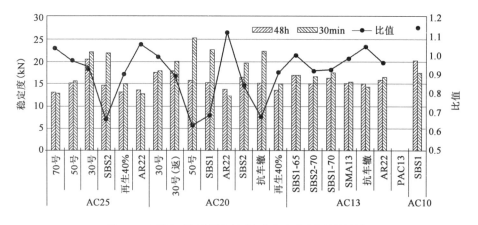

图4-50 环道各种沥青混合料残留稳定度试验结果统计图

表4-109为环道AC10、AC13、AC20和AC25四种沥青混合料水稳定性试验结果的统计汇总表,图4-51和图4-52为相应指标的比较图。这里需要说明,AC25和AC20混合料的稳定度试验是采用直径150mm的试件,按照体积折算,稳定度数值需除以2.25,折算为直径100mm试件的稳定度数值。

环道4种混合料水稳定性指标统计表 表4-109

混合料类型	统计参数	冻融劈裂强度试验			残留稳定度试验		
		冻融	未冻融	TSR	48h	30min	比值
AC10	样本量	3	3	3	2	2	2
	均值	1.01	1.13MPa	88.87%	20.2	17.5kN	114.64%
	C_v	9.07%	10.13%	1.19%	21.25%	6.81%	14.55%
AC25	样本量	25	25	25	24	24	24
	均值	0.86	1.18MPa	73.10%	34.2	36.7kN	95.63%
	C_v	26.18%	26.77%	10.82%	20.70%	27.31%	14.87%
AC20	样本量	17	17	17	17	17	17
	均值	0.98	1.40MPa	75.34%	36.7	45.0kN	84.27%
	C_v	14.86%	20.95%	13.64%	13.88%	20.76%	20.74%
AC13	样本量	12	12	12	11	11	11
	均值	0.78	1.16MPa	74.31%	15.8	16.4kN	96.86%
	C_v	22.69%	18.31%	17.10%	6.61%	8.44%	7.21%

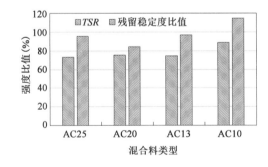

图4-51 四种混合料强度比值柱状图　　图4-52 四种混合料强度比较折线图

从以上图表数据可以看出,随着混合料公称最大粒径的减小,混合料的劈裂强度比值(TSR)和残留稳定度比值有增加的趋势,但混合料冻融后的劈裂强度和残留稳定度数值存在一定的波动,特别是劈裂强度的波动幅度较大。AC13混合料冻融后的劈裂强度均值为0.78MPa,按2倍标准差取值,劈裂强度的代表值为0.43MPa,该数值可用于一般工程冻融后劈裂强度的控制指标。需要说明,环道的AC10混合料用于应力吸收层使用,属于超密实型混合料,因此其TSR和残留稳定度数值明显高于其他混合料。

4.8 防水黏结层施工

按环道设计方案,沥青路面试验路段设有 1~2 层改性沥青防水黏结层。一层设置于上面层底部,称为防水黏结层 Ⅰ;另一层设置于半刚性基层顶面(沥青混凝土层厚度大于 24cm,或设有应力吸收层混凝土、级配碎石层的除外),称为防水黏结层 Ⅱ。这两层防水黏结层主要功能和工艺要求是一样的,主要区别在于两层防水黏结层的沥青洒铺量和碎石撒布规格略有不同。相对而言,在半刚性基层上施工的防水黏结层涉及基层清扫问题,施工难度更大一些。

4.8.1 基层表面清扫

基层清扫的目的是:清除在摊铺、碾压和强度形成过程中在水稳碎石基层表面形成的浮浆,以利于洒铺沥青的黏结,保证防水黏结层的使用功能。

图 4-53 为基层表面清扫的一般过程。首先,采用带有钢丝的清扫车在基层表面反复清扫;然后,对于局部浮浆比较严重的路段采用钢丝刷人工清扫;最后,采用 3~5m^3 的空压机将基层表面的浮尘吹净。这里需要说明的是,一些工程采用类似于森林灭火器的空压机清除浮尘,但实践证明,这种空压机功率太小,施工效果不理想。同时,采用空压机清扫也是检验基层表面强度的有效措施。

a) 钢丝清扫车清扫

b) 人工钢丝刷清扫

c) 大型空压机清扫

图 4-53 基层表面清扫的一般过程

在基层表面清扫过程中,遇到降雨。为了保障洒铺沥青与基层表面的有效结合,经过 24h 的晾晒,以使基层表面干燥,但仍存在局部路段潮湿的现象。由于此时已是秋天,气温不高,同时施工工期很紧,没有足够的晾晒时间,为此,对局部潮湿路段采用人工烘烤或酒精燃烧的方式加快基层干燥的速度,如图 4-54 所示。

水稳碎石基层清扫后达到露骨、干燥无浮尘的状态,如图 4-55 所示。对于刚性基层,如 STR5,尽管铺设应力吸收层沥青混凝土,但也应进行铣刨处理,如图 4-56 所示。对比两张图,可以发现,优质基层清扫后的状态比较接近于水泥混凝土铣刨后的状态,由此也说明水稳碎石基层的强度是确保基层表面清理质量的基本条件。由于环道水稳碎石强度要求相对较高,为基层清扫创造了有利条件。

图 4-54 基层表面烘烤　　　　　　　图 4-55 清扫后基层标准状态

另外,在基层表面清理过程中发现个别裂缝,如图 4-57 所示。这些裂缝原本已经产生,经过基层的清理,裂缝更加清晰了。对于这种情况,只要基层承载能力没有问题,就不必在意,因为其上面将会洒铺 2mm 厚的改性沥青,不必担心水会通过裂缝渗入基层。前文介绍水泥稳定级配碎石基层时,谈到基层顶面弯沉水平很小。因此,环道个别路段基层出现裂缝后没有进行专门处理。

图 4-56 CC 板铣刨后状态　　　　　　图 4-57 基层表面裂缝

4.8.2 洒铺改性沥青防水黏结层

本工程原设计采用 SBS 改性沥青铺设改性沥青防水黏结层,但在施工过程中考虑到工序的衔接和配合问题,故将圆曲线 B 段的 SBS 改性沥青改为橡胶沥青。橡胶沥青的黏度大、弹性好,作为防水黏结层沥青优于 SBS 改性沥青,同时价格较低。

在原设计中,考虑到环道本身的沥青品种、混合料类型较多,为了铺设防水黏结层,大规模生产橡胶沥青,增加了施工难度,不利于质量控制,故没有采用这个方案,最后采用易于施工的 SBS 改性沥青。但在圆曲线 B 段有橡胶沥青混凝土结构的试验路段,且长度较短(仅 50m),实际生产时所需橡胶沥青很少(只有几吨),造成生产的困难。为了达到橡胶沥青工业化生产的最低产量,除了用于橡胶沥青混合料的生产,剩余部分正好用于圆曲线 B 段的防水黏结层施工。故做了适当变更。

碎石撒布量是防水黏结层施工的一个关键参数。由于设计时并不知道实际撒布碎石的品质,因此设计文件中只有撒布状态的描述(如满铺的60%~70%),并没有具体的量化指标。为此,在实际施工前,根据具体的石料品质进行量化标定。根据不同的粒径碎石和不同的撒布量制定标准试件[图4-58a)],然后根据经验确定合适的撒布状态,最后计算出相应的每平方米碎石撒布重量,用于工程计量。根据试验,分别确定用于基层顶面防水黏结层的碎石撒布规格和状态[图4-58b)],以及用于上面层底面防水黏结层的碎石撒布规格和状态[图4-58c)]。

a) 测定碎石撒布状态的标准块　　　b) 基层顶面标准状态　　　c) 上面层底面标准状态

图4-58　不同位置防水黏结层的碎石撒布状态

由于防水黏结层表面界面是沥青和碎石,施工后如果不马上摊铺沥青混合料,在受到降雨、风尘等自然环境影响,极易受到污染,且污染后难以清理,导致与沥青混合料结合能力下降。为此,防水黏结层最佳的施工时机应是沥青混合料摊铺施工前2h,一般不超过1d。

环道沥青混合料施工首先是从圆曲线B段开始。如前所述原因,该路段防水黏结层沥青改为橡胶沥青。由于橡胶沥青加工厂与施工现场较远,且当时气温较低,橡胶沥青加工后打入洒铺车,运到现场后,橡胶沥青降温较快,无法洒铺。为此在施工现场花了近6h加温,直到傍晚7点左右才升温到190℃。顺便说明,目前工程上使用的沥青洒铺车虽具有升温、保温功能,但主要以保温为主,升温的效率很低。因此,为了保证沥青的洒铺效率,保证施工质量,保障沥青装车温度非常重要。这次施工前虽反复强调,但仍然出了这个不该出现的问题。直接导致当天沥青混合料施工进度延后。

图4-59为防水黏结层施工流程。首先采用一台计算机控制的15m³的专用沥青洒铺车洒铺沥青,然后采用碎石撒布车紧随其后撒布碎石,最后用轻型胶轮压路机碾压成型。

对于正常大型工程,施工沥青洒铺车与碎石撒布车的数量比例宜为1:2,这样施工效率最高。根据施工经验,2台碎石撒布车所装载的碎石量刚好与1台沥青洒铺车沥青量相匹配(按$2.0 \sim 2.4 kg/m^2$洒铺量计),碎石撒布车在施工期间不需要返回拌和厂装载石料。而1台沥青洒铺车装载的沥青可洒铺600m左右的施工断面(洒铺宽度11m计),又刚好满足沥青混合料摊铺半天的施工断面。这样可以实现沥青防水黏结层与沥青混合料当天同时施工的要求。本项目由于工程量小,防水黏结层施工单位属于无偿配合,因此没有强制要求碎石撒布车的数量。

a) 橡胶沥青洒布车

b) 碎石撒布

c) 轻型轮胎压路机碾压

d) 防水黏结层施工

e) 人工清捡多余碎石

f) 空压机清除浮动碎石

图 4-59 防水黏结层施工流程

另外,本工程要求撒布的碎石需经过拌和楼除尘、加热和筛分处理后方可装车。经拌和楼加热后一方面利于除掉裹覆在碎石表面的粉尘,另一方面使碎石具有足够的温度,撒布时易于与洒铺的沥青黏结,保证施工质量。本项目要求撒布时碎石温度不低于80℃,即高于沥青的软化点。至于拌和楼碎石的加热温度,需综合考虑除尘效果、碎石运输时间、施工间隔时间,以及气温等因素,一般可参考沥青混合料拌和时的碎石加热温度。

拌和楼筛分是保证碎石粒径规格的有效手段,工程表明,碎石粒径越均匀,撒布后碎石的表面越均匀。为了不影响拌和楼的正常生产,利用拌和楼已有的筛孔,取其中某一热料仓的碎石即可使用。本项目基层顶面防水黏结层撒布的碎石实际选取拌和楼7号仓的碎石,其筛孔尺寸范围为22mm×22mm～31mm×31mm;上面层底面的防水黏结层撒布的碎石实际选取拌和楼6号仓的碎石,其筛孔尺寸范围为18.5mm×18.5mm～22mm×22mm。

值得注意的是,撒布碎石时,宜避免在撒布车轮胎上洒水,以防止影响撒布碎石与沥青的黏结效果。一般来说导致黏轮的主要原因有:一是沥青温度较高,二是撒布碎石的粒径偏小和撒布量偏少导致的。对于前者,当沥青洒铺后可稍微等一会儿,使沥青表面温度下降后,再撒布碎石。对于后者应注意,这也是尽量撒布粒径较大碎石的原因。

由于第一天施工,且又临近傍晚视线不好,导致局部路段碎石洒布量过多。为此,要求施工单位总结教训,在今后施工中杜绝此问题出现,同时安排施工人员将多余的碎石清除,如图 4-59e) 和图 4-59f) 所示。

防水黏结层施工是"一次性"工程,如果出现质量问题,后期处理是非常麻烦的。采用人工将多余的碎石捡出,往往不彻底,而且效率低,采用大型空压机将浮动的碎石吹出是相对可行的措施。

经过第一天的施工总结后,施工单位及时改进工艺操作,之后的防水黏结层施工质量明显提高,基本达到了设计要求。另外,考虑到沥青混合料摊铺施工比较早,为不影响沥青面层施工,防水黏结层一般提前1d施工。

为保证防水黏结层施工后不被施工机械碾压破坏,洒铺防水黏结层路段被封闭交通,采用平板拖车调运压路机和摊铺机。

洒铺用改性沥青应在沥青罐中加热到190℃后方可装入洒铺沥青车中,并在沥青车上的存储罐中保温,并适当升温至正常的可喷洒的温度。

按照设计要求,撒布用碎石应为单一粒径的碎石,规格分别为13.2~16mm或19~26.5mm,且超粒径含量应不大于15%。在使用前,应经过拌和楼加热、除尘、筛分。加热温度应不低于160℃。碎石经过拌和楼后可直接装入碎石撒布车上,宜同时装满两辆碎石撒布车。

4.8.3 防水黏结层施工步骤

1) 下承层准备

下承层施工验收合格后才能洒布改性沥青防水黏结层;洒布改性沥青前,应将下承层路面的浮尘、泥土、杂草、树叶等杂物用森林灭火器或人工方式清扫干净,严禁洒水清理。洒布时气温不应低于10℃,风速适度,路面潮湿、浓雾、下雨或视线不良时,不允许洒铺沥青。

2) 试洒铺

防水黏结层施工前应在路况条件与施工路段相近的周边道路上进行试洒铺,具体满足下列要求:

(1)试洒铺沥青时,应经过反复试验和检测,按照设计的洒铺量,确定沥青的密度、发动机转速、行驶车速,以及喷头打开程度、喷头高度等工程参数。

(2)试撒布碎石时,应经过反复试验和检测,按照设计的碎石撒布量,确定行驶的车速、料斗倾斜程度、布料器的转速等工程参数,必要时可制作标准模板作为标定参照。

(3)当碎石撒布量确定后,收集1m² 面积内的碎石,称重,得到每平方米碎石撒布的重量,作为工程计量使用。

3) 改性沥青洒铺

改性沥青洒铺前应封闭施工路段,非施工人员和车辆禁止上路。

洒布车到达施工现场后应进行加热,一般宜为180~190℃,并逐一开启每一个喷头进行试喷,保证沥青流畅。

按照试洒铺时确定的相应参数进行施工。洒铺沥青时,施工人员应注意安全,避免烫伤。

喷洒沥青应均匀,不得有洒花、漏空或成条状,也不得有堆积。当发现问题时,应及时停车,查找原因,解决后方可重新施工,可采用人工方式修补。喷洒区附近的结构物和树木表面应加以保护,以免溅上沥青受到污染。

沥青洒布过程中,应注重接头的施工处理,主要包括横向接头和纵向接头的处理,具体满足下列要求:

(1)在横向接头的位置,可在每次横向接头洒布前采用油毛毡或铁皮沿接头边缘将已洒铺的路段遮挡覆盖住,然后再进行施工。再次施工时应与前次施工紧密衔接,横向接缝处沥青不得重叠。

(2)在纵向接头施工时,为保证洒布边缘沥青用量满足设计要求,需保证最外侧喷头与接头边缘线在同一条线上。

4)碎石撒布

沥青洒铺后即可撒布碎石。碎石撒布时的温度应不低于80℃。

根据路幅宽度、沥青洒布宽度及施工现场安排,确定每次碎石撒布的宽度。

撒布碎石时,应按照试撒布时确定的相应施工参数施工。

对于两侧边缘0.5~1.0m的范围内,沥青混合料摊铺时运输车碾压不到的路段,可不撒布碎石。

撒布碎石时,应有专人指挥,车辆应行走顺直。

撒布碎石时,应避免重叠和漏撒。当出现重叠时,应及时调整碎石撒布宽度,并将重叠范围内的多余碎石人工清理掉;当出现漏撒时,应采用人工方式补撒。

碎石撒布过程中,应安排2~3名人员,将散落在非撒布路段上的碎石清理干净,以免影响下阶段施工。

碎石撒布结束后,可用轻型胶轮压路机复压1~2遍,防止碎石滑动。

5)交通管制及其他

防水黏结层应在沥青混合料摊铺前3~12h内完成,在此期间,严禁除沥青混合料运输车外的其他车辆、行人通过,避免黏层二次污染。

严禁钢轮压路机在防水黏结层上行驶。

在施工期间,摊铺机、压路机不宜停放在防水黏结层上,如摊铺机必须停放在防水黏结层上时,应用彩条布或防水土工布垫在下面,防止柴油等腐蚀液体遗洒到防水黏结层上。

如遇到气候原因,防水黏结层施工后未能及时摊铺沥青混凝土,而后又要摊铺沥青混凝土时,应采用吹风机将防水黏结层表面清理干净。

5 环道初始状态评估

2015年10月下旬RIOHTrack环道各个沥青路面试验段铺设完成后,按照一般高速公路沥青路面质量验收要求,进行质量评定,主要是弯沉、平整度和抗滑性能等三个指标。由于在施工期间已经通过高密度的钻芯取样对路面的压实度进行检测,且基本满足要求,同时环道上面层底面均设有改性沥青防水黏结层,因此,未对渗水性能指标进行专项评价。

此外,环道建成后至2016年11月底,对环道的各种主要技术性能(如:弯沉、抗滑性能、结构内部力学响应,以及路面/轮胎噪声性能指标)进行了为期1年的"零荷"状态检测。"零荷"状态检测是指在非荷载作用损伤下,对路面服役性能进行的试验检测。其目的是:评价自然环境变化(主要是温度变化)对路面服役性能的影响,为今后环道加载试验期间,评价荷载与环境同步耦合作用下的路面服役性能演化规律,提供可靠的试验参照;同时也为环道加载试验期间,确定合理可行的服役性能检测项目,规范检测方法和操作流程。

本章主要介绍环道建成后19个主要试验路段的弯沉状态,以及2016年"零荷"状态的检测结果和初期规律。

5.1 路面各结构层的弯沉状态

如前文介绍,在环道的施工过程中,针对每个试验路段,采用FWD逐层进行弯沉检测,相应的检测数据已在之前相关章节中予以介绍。现以每个试验路段为单位,绘制每个结构层FWD中心点弯沉和弯沉盆面积的变化曲线。

绘制环道19个主试验路段(STR1~STR19)路面结构各个结构层FWD中心点弯沉和弯沉盆面积的变化曲线,如图5-1所示。图中AC13_0cm表示在路表(0cm)位置AC13沥青混凝土层顶面的弯沉;CBG-1_32cm表示在路表以下32cm位置,第一层CBG结构层顶面的弯沉;土基_92cm表示在路表以下92cm位置,路基顶面的弯沉,其余依此类推。

根据19个试验路段各层弯沉的变化曲线可以看出,随着结构层次的逐渐增加,各个结构的弯沉(无论是中心点弯沉,还是弯沉盆面积)总体上呈现出逐渐减小的趋势。但是,由于各个结构组合形式的差异,各结构的弯沉表现出不同的变化规律。主要的特征有:

1）级配碎石底基层与半刚性材料底基层的弯沉差异

环道 19 个主试验路段中，STR3、STR15 和 STR18 与其他结构不同，采用级配碎石底基层。STR3 级配碎石底基层的厚度为 20cm，STR15 为 44cm，STR18 为 48cm。除 STR3 因特殊原因未检测弯沉外，STR15 和 STR18 分两层铺设级配碎石，当铺设第一层级配碎石层后，尽管与土基相比弯沉有所下降，但下降的幅度远小于其他铺设水泥稳定土底基层的结构。

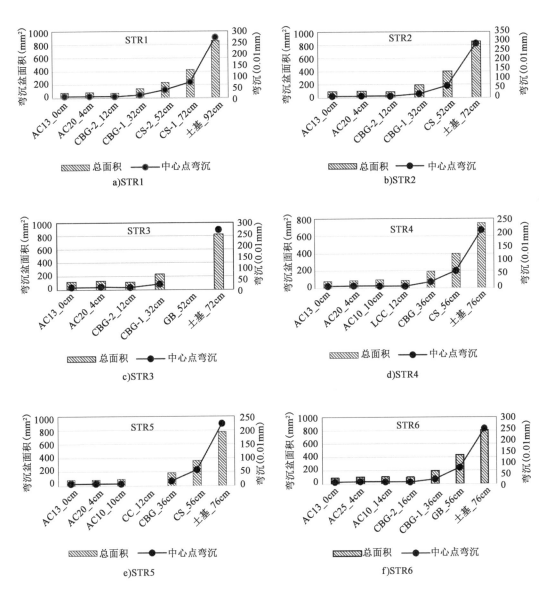

图 5-1

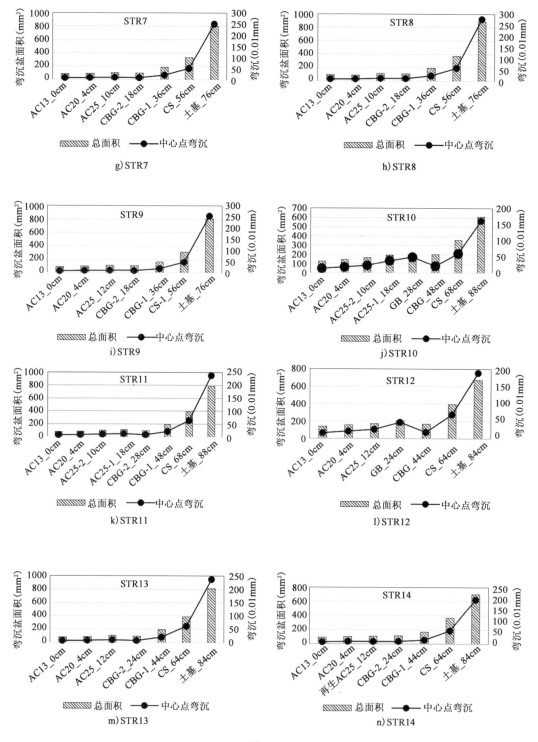

图 5-1

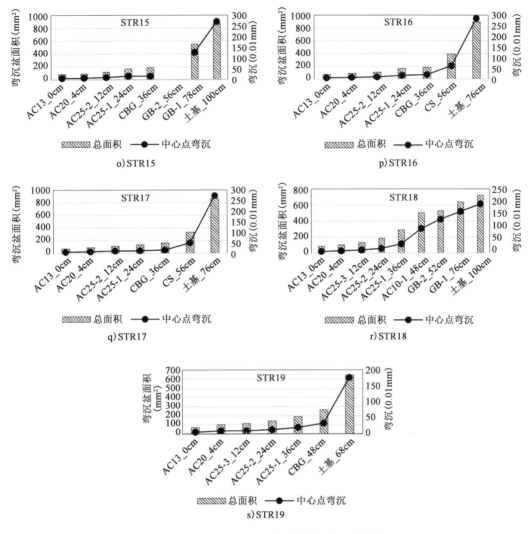

图 5-1 环道 19 个试验路段路面结构各层弯沉变化情况

对于铺设水泥稳定土底基层导致弯沉大幅度下降的现象,前文描述为"弯沉的正跳跃"。在《公路沥青路面设计规范》(JTG D50—2006)推荐的参数体系中,级配碎石的模量一般为 300~400MPa,水泥稳定土的模量一般为 500~700MPa,当采用动态试验(荷载频率 10Hz)时,水泥土的模量可以达到 800~1200MPa,按照线弹性层状体系计算,铺设一层 20cm 的水泥土层,无法使得路面结构的弯沉产生如此显著的下降,因此称之为弯沉的跳跃。这种跳跃现象的产生,说明当非整体性结构层(土基)上面加铺具有一定刚度的整体性结构层(水泥土)后,结构的变形响应(即弯沉)并不是线弹性的变化规律。

2) 结构内部级配碎石层对弯沉的影响

与 STR3、STR15 和 STR18 结构不同,STR10 和 STR12 在半刚性材料结构层与沥青混凝土结构层之间铺设了一层 20cm 的级配碎石层。由图 5-1 中曲线可以看出,在整体性的半刚性材料结构层上面加铺了非整体性的级配碎石层后,结构弯沉非但没有进一步减小,反而表现出明显的反弹——增加,这种现象称之为"弯沉的反跳跃",这也是违背弹性层状体系理论的。因为按照沥青路面弹性层状体系理论,各个结构层均假设为小变形、线弹性的材料层,在一个结构层上面加铺另一结构层后,变形响应应减小,而不应增大。这种现象的存在反映出非整体性材料结构层在路面结构内部复杂的力学响应特性。特别当非整体性材料结构层介于两层整体性材料层之间时,相关的结构力学模型有待进一步深入研究。

3) 沥青混凝土层对弯沉的影响

环道大多数路面结构都设有半刚性材料结构,有的只有一层(如 STR19),有的有 4 层(如 STR1),在其上铺设一层沥青混凝土后,有的结构弯沉减小,有的弯沉反而增大。图 5-2 为环道这些结构中心点弯沉和弯沉盆面积的变化图。从图中曲线看出,当半刚性材料结构层顶面中心点弯沉在约 15(0.01mm) 及其以下时,铺设一层沥青混凝土后,弯沉反而增加,且弯沉盆面积也随之增大;当半刚性材料结构层顶面中心弯沉大于 15(0.01mm) 时,如 STR15、STR16、STR17 和 STR19,加铺一层沥青混凝土后,弯沉减小。

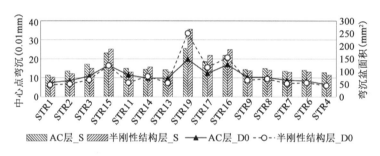

图 5-2 环道半刚性结构层与相邻沥青混凝土层的弯沉比较图

弯沉数值的大小反映下承层结构的刚度状态。当下承层刚度达到一定状态,弯沉小到一定数值后,再铺设沥青混凝土时,受到沥青混凝土自身的黏弹特性影响,从而导致弯沉反而增大,这与前文所述 STR10、STR12 级配碎石层对弯沉的影响类似,是另外一种形式的"弯沉的反跳跃"。这是在整体性结构层上面的反跳跃——与级配碎石不同,沥青混凝土结构层在路面结构设计中,当作整体性结构层。

由此可以看出,半刚性材料结构层与沥青混凝土层,尽管在结构设计和力学分析中都被看作整体性结构层,但是由于自身材料特性的不同,在结构中表现出不同的变形响应特性,不能以简单的模量指标反映其结构变形响应规律的不同。

4) 相同材料的结构层变形响应的一致性

以上讨论弯沉的反跳跃和正跳跃现象,都是当结构层材料品质发生变化时产生的。无论是由非整体性结构层到整体性结构层、整体性结构层到非整体性结构层,还是从整体性的半刚性、刚性材料结构层到整体性的沥青混凝土结构层,当结构层材料品质产生显著变化后,都会导致结构变形响应的"非弹性"变化,即现有的线弹性层状体系理论无法解释的现象。

另一方面,对于相同类型材料组成的结构层,其变形响应规律基本一致。如STR1的4层半刚性材料结构层,STR18和STR19的5~6层沥青混凝土结构层的弯沉变化规律则比较正常,随着结构层数的增加,弯沉逐渐减小,尽管这些材料的品质仍存在较大差异,如STR1基层的水泥稳定碎石材料的强度和模量相当于底基层水泥土的3倍以上。

至此,根据一般沥青路面结构的材料组成,可以将结构内部的变形响应规律分为三大类:一类是非整体性材料结构层的变形响应,第二类是半刚性材料(包括刚性材料)结构层的变形响应,第三类为沥青混凝土层的变形响应。每一类材料都有其自身的变形响应规律,当各类材料结构层产生交叉时,变形响应规律将发生改变。

5.2 环道零荷状态的性能检测

2015年11月RIOHTrack环道建成后,为了全面掌握环道各个试验路面结构的初始状态,为今后加速加载试验过程中服役性能演化规律研究提供必要的技术支撑,在2015年11月至2016年11月间,对尚未加载的环道进行了为期一年的"零荷"状态试验。其主要目的有:

(1)全面、准确掌握环道路面结构各种路用性能的初始状态,为今后在加载试验期间评价路面结构与材料在不同环境条件下的使用状态,提供可靠的参考依据。

(2)制定适用于环道路面多元服役行为评价的检测方法和组织流程,锻炼检测队伍,以适应环道试验期间的路面使用状态及时、可靠的大数据信息采集工作。

(3)利用环道的零荷状态,研究环境温度变化对路面表面抗滑性能、行车噪声水平、宽刚度路面结构承载能力等使用性能的影响规律,完善或填补现行规范技术体系。

"零荷"检测期共进行了7次环道环境和性能检测,分别为:环道交工期间(2015年10~12月),2016年1月底、3月底、5月底、7月底到8月初、10月底,以及环道加载试验前的11月底。相关的检测内容包括环境、抗滑性能、结构强度、动态力学响应、路表状况和路面/轮胎噪声等六大类,近30项检测项目,见表5-1。

足尺环道现场检测项目及信息汇总表　　表5-1

类　型	检 测 项 目	信 息 类 型	备注
一、环境信息	1-1 采集气象	1 气象信息	
	1-2 采集结构温度信息	2 结构内部温度信息	
	1-3 采集结构湿度信息	3 结构内部湿度信息	
二、抗滑性能信息	2-1 构造深度检测	4 路面构造深度信息	
	2-2 路面激光纹理检测	5 路表表面纹理信息	
	2-3 摆式摩擦仪检测	6 路面摆值信息	
	2-4 横向力摩擦系数检测	7 路面横向力系数信息	

续上表

类　型	检测项目	信息类型	备注
三、结构强度	3-1 BB 弯沉检测	8 BB 弯沉信息	
	3-2 FWD 弯沉检测	9 FWD 弯沉信息	
	3-3 自动弯沉仪检测	10 自动弯沉信息	
	3-4 激光弯沉仪检测	11 激光弯沉信息	
	3-5 3D 雷达检测	12 雷达图像	
四、动态力学响应信息	4-1 4 定点 FWD 加载	13 传感器动态响应信息 1	
	4-2 7 定点 FWD 加载	14 传感器动态响应信息 2	
	4-3 加载车辆	15 传感器动态响应信息 3	
		16 动态轴重检测信息	
		17 激光测距	
		18 车辆静态信息	
		19 GPS 差分信息	待验
		20 车辆运行门禁信息	待验
五、表面状况信息	5-1 多功能车	21 平整度 1	
		22 车辙数据 1	
		23 裂缝图像	
	5-2 人工巡视	24 平整度 2	
		25 车辙数据 2	
		26 裂缝统计	
	5-3 高清摄像监视	27 路面图像信息	
六、噪声检测	6-1 通过法检测	28 通过法噪声声压级	
	6-2 拖车法检测	29 拖车法噪声信息 1	
		30 拖车法噪声信息 2	

需要指出的是:"零荷"检测并不是评价环道哪个试验路段性能的好坏,而是确定环道各个试验路段的初始状态,同时完善今后环道加载期间的检测方案,指导相应的检测工作。本节将主要介绍环道这 7 次"零荷"检测的有关情况及检测中发现的有关问题和规律。

5.2.1　环道交工检测

2015 年 10 月底至 12 月中旬,结合环道沥青路面的交工验收,进行了第一次"零荷"状态检测。检测内容包括弯沉、平整度、抗滑性能(包括摆值和构造深度)和渗水系数等指标,同时,结合环道传感器系统的安装调试,进行对点 FWD 弯沉检测。

弯沉检测是此次检测的主要项目,共开展了三种形式的检测:一是,采用 BB 进行静态弯沉检测,检测频率为每个车道、每 10m 一个点;二是,采用 FWD 进行动态弯沉检测

(图 5-3),检测频率与 BB 检测相同,每个点分别加载 5t、7t、9t 和 11t 等 4 级荷载;三是,结合传感器调试工作,在沥青路面 23 个埋设传感器的断面上,在相关传感器顶面和周边设置固定的 7 个点进行 FWD 弯沉检测(图 5-4),荷载同前。

环道沥青路面长度 1700m,每个车道、每 10m 测量一点,共有 340 个测点;23 个传感器断面,每个断面 7 个点,共 161 个点,总共 501 个测点。由于每个测点进行 4 级荷载试验,每级荷载需要锤击 4 次,则每个测点需锤击 16 次。这么大的试验量对试验设备是个考验。在

图 5-3 环道使用 FWD 检测

试验过程中发现,FWD 每检测 3~4h 就需要充电 3h,这样,FWD 弯沉全部检测完成需要 7~8d 时间,检测周期较长,不适用于今后加速加载试验期间的弯沉检测,需要优化方案。

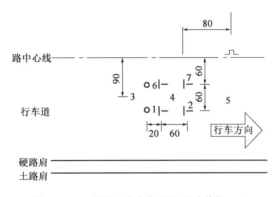

图 5-4 FWD 测试 7 个点位置图(尺寸单位:cm)

5.2.2 2016 年 1 月底检测

2016 年 1 月下旬,北京遭受寒流,极端低温达到北京南郊气象观测站近 30 年来 1 月极端最低值。为了采集极端气候条件下足尺环道的性能状态,开展了环道承载能力、抗滑性能、路面动态响应等多项指标为期 10 余天的联合检查,检查时间为 2016 年 1 月 23 日至 2016 年 2 月 3 日。此次检测前,为了准确标定各类检测项目的桩号,沿环道中线每米设置了 1 个永久标记标线。

由于气候寒冷的影响,摆值、横向力摩擦系数、激光弯沉等指标无法进行检测,同时,由于时间准备比较仓促,快速弯沉、BB 弯沉、3D 雷达检测等指标没有来得及检测。路面噪声检测安排在 2 月下旬进行。

承载能力检测取消了 BB 弯沉检测,采用 FWD 弯沉检测,检测位置、方式同前,检测

时间为 2016 年 1 月 23～25 日。通过检测发现,由于气温降低,路面弯沉比交工时的检测结果普遍减小,同时,由于环道内、外侧车道的检测时间不同(有的在清晨、有的在中午),导致同一断面内、外侧车道的弯沉值不同。再者,由于检测期间温度低,仪器电源在低温下高负荷工作,导致仪器电源亏损较为严重。

抗滑性能主要检测构造深度和激光纹理深度两项指标。构造深度采用人工砂铺法,试验用砂的粒径范围为 0.3～0.6mm,分别检测行车道的两个轮迹带和硬路肩,每 10m 一个断面。硬路肩检测的目的是:环道加载后,作为评价路面构造深度变化的参照。检测时间为 2016 年 1 月 28 日。

激光纹理深度检测采用专用仪器设备(图 5-5),检测车道为超车道和行车道。行驶速度为 50km/h,检测频率为 20m/点,每个车道检测三次,检测时间为 2016 年 1 月 25 日。

图 5-5 激光纹理深度检测车

为了检测环道沥青路面结构内部的力学响应状态,分别采用 FWD 冲击荷载方式和实车加载方式进行检测。FWD 冲击荷载方式是在上次 7 点检测的方法上进行改进的,在 23 个传感器断面上,分别用圆形标记标注出 4 个永久、固定的锤击位置。每个测点的荷载锤击级位及次数与承载能力检测时相同。

实车加载采用双后轴的 10 轮载重货车,前轴与后轴轴距为 4m,后轴距为 1.5m。试验过程中,载重车分别按照三级不同的荷载水平,和三个不同车速(20km/h、40km/h 和 60km/h)沿行车道行驶,每级荷载水平、每个车速绕环道加载三圈。与此同时,实时采集 23 个传感器断面各种力学响应信号。为了便于数据分析,在试验过程中记录每一级荷载、每个车速、每次运行的作用时间,用于与传感器信号对应,试验时间为 2016 年 1 月 28 日。

在加载试验前先测定每级荷载下的整车重、双后轴重、轮胎充气压力。经汽车衡测量,加载车整车重为 47.56t,双后轴重为 38.06t(单后轴重为 19.03t),基本满足试验预期的 20t 左右的单后轴轴载,作为实车试验的第一级荷载。同时,利用量程为 1.0MPa 的气压计测量时,发现车胎气压超量程,与驾驶员交流后得知车胎气压在 1.3MPa 左右。采用带有毫米方格纸的复写纸测量轮胎的接地面积,进而计算轮胎的接地压强,见表 5-2。

本次检测由于天气寒冷,导致用于货车配载的潮湿石屑冻结,给卸载调整轴载工作带来很大困难,因此分级加载时的荷载水平控制出现较大偏差,第二级单后轴轴重为 12.22t,第三级为 10.52t。

19.03t 轴重下各车轮轮胎接地面积和接地压强　　　　　表 5-2

轮胎接地面积（cm²）				接地压强（MPa）			
	左侧		右侧			左侧		右侧
前轴	轮胎 1	轮胎 2	轮胎 1	轮胎 2	前轴	轮胎 1	轮胎 2	轮胎 1	轮胎 2
	437		434			1.07		1.07
	轮胎 1	轮胎 2	轮胎 1	轮胎 2		轮胎 1	轮胎 2	轮胎 1	轮胎 2
后轴 1	383	372	359	353	后轴 1	1.22	1.25	1.30	1.32
后轴 2	363	338	363	367	后轴 2	1.28	1.38	1.28	1.27

在环道各项现场检测的同时，通过两种方式采集环道的环境信息，一是环道气象站信息，二是路面结构内部埋设的温湿度传感器信息。采样频率为每 1h 读取一次环境信息。由于此时环道埋设的传感器的供电系统尚未完工，采用蓄电池局部供电。然而由于天气寒冷，蓄电池工作不正常，供电能力不足，时常造成数据丢失，为此专门购买了 23 块大容量的蓄电池。此外，为了更全面掌握检测期间的环境信息，这次检测之后重新调整了采样频率，在环道检测期间，环道内部温湿度传感器的采样频率调整为每 10min 一次，气象站信息为 30min 一次。

2016 年 1 月 25 日，在路况调查时发现：在 STR3、STR1 内产生 3 条贯穿的横向裂缝（图 5-6）。由于之前并未发现裂缝，因此裂缝出现时间为 1 月 23～25 日。之后，在 1 月 30 日进行灌封时，在 STR2、STR1 又发现 2 条横向的贯穿裂缝。初步分析是由于极寒天气引起的温度裂缝，而不是一般认为的反射裂缝。因为在相同沥青混凝土厚度的 STR4、STR5 并未产生横向裂缝。这两个结构是水泥混凝土和贫混凝土的刚性基层，每隔 5m 有一条横缝，在相同的环境条件下，如果产生反射裂缝，这两个结构应最先产生，但实际并非如此。由此对比分析，目前产生的 5 条横向裂缝并不是所谓的反射裂缝。

图 5-6　横向裂缝细部

我国开展路面噪声研究已有近 20 年的历史，积累了不少实践经验和检测数据，但环境温度变化对路面/轮胎噪声的影响问题一直是一个尚未解决的关键问题。环道的"零荷"检测为解决这个问题提供了一个难得的契机。因为此时路面没有经过行车荷载的碾压，表面状态保持不变，唯一改变的是环境温度。通过在不同环境温度下检测路面噪声，可以建立环境温度与路面/轮胎噪声水平的关系模型，填补国内相关研究的空白。

环道 19 个主试验路段沥青面层共有 4 种不同表面纹理状态的沥青混凝土类型：SBS1-AC13-65、SBS1-AC13-70、SBS3-PAC13 和 SBS1-SMA13。以它们为核心，同时采用通过法和拖车法两种方式，于 2016 年春节前后开展了第一次的环道路面/轮胎噪声检测。

通过法噪声检测时，在环道主试验路段上设置 5 个固定测点进行检测；在 SBS1-

AC13-65表面层路段设置测点一(ZK1+950 STR10)和测点二(ZK0+100 STR3),在SBS1-AC13-70表面层路段设置测点三(ZK0+850 STR6),在SBS3-PAC13表面层路段设置测点四(ZK1+050 STR9),在SBS1-SMA13表面层路段设置测点五(ZK1+150 STR17)。每个测点高1.2m,距行驶车辆的车道中心7.5m。噪声检测时采用2个通用车型作为标准车:帕萨特三厢轿车和三菱越野车。每种车分别按照40km/h、60km/h和80km/h三种车速绕环道行车道匀速行驶,每个车速3圈,每圈采样1次。为了避免发动机噪声和车型影响,车辆行驶过程中关闭车窗、关闭空调,怠速通过测点。

通过法的优点在于检测设备简单,试验成本低,但受环境背景噪声影响较大,测量结果并不直接反映路面/轮胎噪声,特别是环道的西侧直线段噪声检测时经常受到附近高环试验车辆行驶噪声的影响。

拖车法噪声检测分别采用两台设备:一台是欧洲进口设备,另一台是部公路所自研设备。这两台设备都符合ISO噪声检测设备的技术要求,如图5-7和图5-8所示。进口设备有两个测试轮位于拖车两侧,同时也是支撑轮,优点在于设备紧凑、轻巧,便于更换测试轮胎,不足之处在于无法检测无测试轮条件下的环境箱内的本底噪声,且无法调整测试轮的轴重。

图5-7 进口噪声检测拖车

图5-8 自研噪声检测拖车

部公路所自研设备已于2008年获得国家发明专利。该设备只有一个检测轮,位于拖车中间,后部有两个小的支撑轮。该设备的特点在于,可调整检测轮的配重,检测不同轮重条件下路面/轮胎噪声,同时,可以将测试轮胎拆除,检测环境箱内的本底噪声水平。但检测轮胎更换比较困难是这台设备的一个缺点。

噪声检测时,按ISO标准,测试轮胎的充气压力均确保达到0.2MPa,并记录测试轮胎的轴重和轮胎接地面积。车辆行驶速度分别为40km/h、60km/h和80km/h(直线段),每种速度测试3圈。自研设备的配重为300kg。

5.2.3　2016年3月底检测

在总结前两次检测的基础上,3月检测前进行了充分准备,3月18~28日开展了第三次大规模的"零荷"检测工作,这是环道历次检测工作中投入设备、人员最多的一次,检测项目也最齐全。

3月天气渐渐转暖,正是华北地区的春融时节,也是评价路面承载能力最不利的时节。经过充分准备后,此次环道承载能力检测,不仅沿用以前的FWD(10m)弯沉检测,还增加了BB、自动弯沉仪和激光弯沉仪等检测手段。

FWD(10m)弯沉试验的检测设备、试验方法与1月相同,检测时间为2016年3月20~23日。BB弯沉检测采用10t标准车,分别检测行车道和超车道,检测频率为点/10m。试验的时间为3月21日和22日,检测时长共计1d。为了确保检测结果的可靠性,检测前对标准车的后轴轴重和轮胎接地面积进行标定。标准车整车重16.32t,后轴轴重为9.98t,标准车标定数据见表5-3。

标准车各车轮轮胎接地面积和接地压强　　　　　　　　表5-3

	轮胎接地面积(cm²)					接地压强(MPa)			
	左侧		右侧			左侧		右侧	
前轴	轮胎1	轮胎2	轮胎1	轮胎2	前轴	轮胎1	轮胎2	轮胎1	轮胎2
	412		430			0.75		0.72	
后轴	轮胎1	轮胎2	轮胎1	轮胎2		轮胎1	轮胎2	轮胎1	轮胎2
	349	357	346	361	后轴1	0.70	0.68	0.71	0.68

在BB弯沉检测过程中,伴有短时的大风,对检测结果影响较大。加之环道各试验路段结构刚度较大,弯沉数值较小,从而导致弯沉测量数值的变异性较大。

激光弯沉检测采用我国第一台进口的激光弯沉车(图5-9)。分别测量环道的行车道和超车道,检测速度50km/h,每个车道重复测试三次,测点频率为点/10m。试验检测时间为3月28日,检测单位为国家道路及桥梁质量监督检验中心。

自动弯沉仪是我国目前国检中常用的弯沉检测设备(图5-10)。此次分别采用2台自动弯沉仪检测环道行车道和超车道的弯沉,每个车道重复测试三次。测点频率为点/10m,速度4km/h,检测时间为3月27日(设备A)和3月28日(设备B)。

图5-9　激光弯沉仪

图5-10　自动弯沉仪

由于天气转暖,此次抗滑性能检测增加了摆值和横向力摩擦系数两个指标。构造深度检测方法和操作人员与 1 月检测相同,检测时间为 3 月 20 号。

摆值试验按照现行规程操作,分别对环道行车道的两个轮迹带进行检测(图 5-11),检测频率为点/10m。测试点位基本与构造深度一致。在试验过程中,使用红外温枪检测和记录了每一测点的空气温度和地面温度。检测时间为 3 月 20 日。

横向力摩擦系数检测分别采用 2 台横向力系数车,检测车道为行车道和超车道(图 5-12),检测频率为点/20m,每个车道重复三次,行驶速度为 50km/h。检测时间为 3 月 25 日(设备 A)和 3 月 27 日(设备 B)。

图 5-11 摆式仪检测

图 5-12 横向力摩擦系数检测

激光纹理深度检测仍采用 1 月检测的设备,检测方法和频率亦相同,检测时间为 3 月 25 日。

路面结构内部力学响应的检测方法与 1 月相同。此次 4 点 FWD 检测共有三家单位的 3 台设备参与检测,这三家单位的 FWD 型号并不相同,除原环道使用的设备外,一台是车载式 FWD,另一台是重型 FWD(H-FWD)。这 3 台设备按相同的加载顺序和点位进行试验。

车载式 FWD 的检测时间为 3 月 24 日,施加荷载为 5t、7t、9t;重型 FWD 检测时间为 3 月 23 日和 24 日,施加荷载为:7t、9t、12t、15t。原有 FWD 检测时间为 3 月 27 日,试验荷载为 5t、7t、9t、11t。为了便于后期与传感器采集数据进行比对,检测试验人员记录了每一点位荷载作用时间。

实车加载试验的检测方案与 1 月检测的方案基本一致,并对原方案进一步细化。加载车的目标轴重(单后轴重)预计设定为 10t、13t、16t、19t 共 4 级,试验时间为 3 月 26 日。

试验过程中首先对空车进行标定,测得整车重为 14.90t,双后轴重为 9.40t(单后轴重为 4.70t),然后逐渐增加配重,依次为:整车重 28.04t,双后轴重 20.46t,整车重 36.12t,双后轴重 28.14t,整车重 43.24t,双后轴重 33.50t。由于加载车两侧和后方加高不足,无法继续加载,缺少 19t 左右的试验轴载水平,十分遗憾。与 1 月试验一样,测定各级载重下轮胎接地面积和接地压强,见表5-4。

各级载重下各车轮轮胎接地面积和接地压强　　　　　表5-4

整车重(t)		轮胎接地面积(cm²)					接地压强(MPa)				
		左侧		右侧			左侧		右侧		
	前轴	轮胎1		轮胎2		前轴	轮胎1		轮胎2		
		276		238			0.98		1.13		
14.90		轮胎1	轮胎2	轮胎1	轮胎2		轮胎1	轮胎2	轮胎1	轮胎2	
	后轴1	165	171	103	121	后轴1	0.70	0.67	1.12	0.95	
	后轴2	274	274	239	267	后轴2	0.42	0.42	0.48	0.43	
	前轴	轮胎1		轮胎2		前轴	轮胎1		轮胎2		
		447		430			0.83		0.86		
28.04		轮胎1	轮胎2	轮胎1	轮胎2		轮胎1	轮胎2	轮胎1	轮胎2	
	后轴1	321	331	292	310	后轴1	0.78	0.76	0.86	0.81	
	后轴2	462	462	334	337	后轴2	0.54	0.54	0.75	0.74	
	前轴	轮胎1		轮胎2		前轴	轮胎1		轮胎2		
		459		375			0.85		1.04		
36.12		轮胎1	轮胎2	轮胎1	轮胎2		轮胎1	轮胎2	轮胎1	轮胎2	
	后轴1	387	322	267	300	后轴1	0.89	1.07	1.29	1.15	
	后轴2	448	448	386	383	后轴2	0.77	0.77	0.89	0.90	
	前轴	轮胎1		轮胎2		前轴	轮胎1		轮胎2		
		470		468			1.02		1.02		
43.24		轮胎1	轮胎2	轮胎1	轮胎2		轮胎1	轮胎2	轮胎1	轮胎2	
	后轴1	415	416	344	363	后轴1	0.99	0.99	1.19	1.13	
	后轴2	623	623	378	379	后轴2	0.66	0.66	1.09	1.08	

3月底的环境信息包括2~3月两个月的数据。其间,仍存在由于供电不稳导致有关数据采集时断时续,部分温湿度数据缺失的现象。这个问题要等整个环道平台的供电系统完善后才能解决。

在此次检测期间,对整个环道路面进行巡视,未发现有新增病害或者异常情况出现。对1月发生裂缝病害处进行仔细检查,原裂缝灌缝处理后,无进一步发展的迹象。

通过1月底和2月下旬的噪声检测,明晰了检测流程,熟悉了试验操作,3月的检测比较顺利,通过法和拖车法的检测内容基本与上次相同。

此次检测历时10余天,尽管检测的项目多,参检人员多,但检测工作比较顺利,为今后的环道检测摸索了一个可行、有效的组织模式。主要的经验有:(1)所有检测设备在检测前需要调试完毕;(2)配备充足的检测人员,对检测人员进行培训,根据检测项目划分成各个检测小组,明确每个检测项目的负责人;(3)对检测项目进行合理整合,安排检测时间。这些检测项目有的是人工检测,有的是仪器设备检测;有时检测车辆较快,有时很慢。为了保证检测工作的安全、顺利,需要将不同检测方式的项目区分,将相近检测方式的项目合并,同时进行,以提高检测效率。

通过这次检测,制定了较为完整的《足尺环道现场检测操作手册(初稿)》,明确了各个检测项目的操作规范和数据处理流程。环道检测的有些项目已有相关的部颁操作流程,结合环道检测的特殊性,进行了适当调整;但有些检测项目(如噪声、3D雷达)目前还没有相关操作规程,只能通过实际操作总结,补充制定了相关的操作手册。

5.2.4　2016年5月底检测

北京的5月适逢初夏,5月20日至6月5日开展了环道第四次"零荷"检测。延续3月的经验,此次检测仍然是六大类项目,但减少了对比性的检测工作,暂停了3D雷达检测。

按照3月检测模式,此次仍采用4类弯沉设备(BB、FWD、自动弯沉仪和激光弯沉仪),对环道各试验路段的承载能力进行弯沉检测。为了有利于FWD弯沉盆的模量反算,参照国际惯例,重新调整了9个传感器的位置。受到传感器支架的限制,调整后传感器的实际位置为:0、23、53、69、85、116、153、175、205(cm)。FWD检测时间为5月20~22日和25~26日。BB弯沉检测方法与3月相同。考虑到3月已经对标准车进行了标定,且该车也服务于其他检测项目,车辆参数应该较为稳定,因此本次检测未进行标准车的荷载参数标定。检测时间为5月24日,检测过程中,利用红外测温枪,逐点检测并记录地表温度和空气温度。激光弯沉仪检测的设备、方法与3月相同,检测时间为5月28日。此次自动弯沉车采用A设备,检测方法与3月相同,检测时间为5月25号。

此次抗滑性能检测的内容和方法与3月相同,包括构造深度、激光纹理深度、摆值、横向力摩擦系数。构造深度检测时间为2016年5月20日。激光纹理深度检测仍采用国家道路及桥梁质量监督检验中心提供的设备,检测时间为6月6日。摆值检测时间为5月20日和21日,试验过程中逐点记录了空气和环境温度。横向力摩擦系数车仍采用国家道路及桥梁质量监督检验中心提供的设备,检测时间为5月25日。

路面结构内部力学响应的检测方法与1月相同。4点FWD检测的方法与上次一样,检测时间为5月27日。试验过程中,使用红外测温枪逐点记录地表和空气温度,并记录每一点位荷载作用时间。

实车加载试验与上次检测一样,检测时间为5月26日。表5-5为各级载重下各车轮轮胎接地面积和接地压强的检测结果。

各级载重下各车轮轮胎接地面积和接地压强 表 5-5

整车重(t)	轮胎接地面积(cm²)				接地压强(MPa)			
	左侧		右侧		左侧		右侧	
15.80（双后轴重9.42）	前轴	轮胎1		轮胎2	前轴	轮胎1		轮胎2
		260		274		1.07		1.01
		轮胎1	轮胎2	轮胎1	轮胎2		轮胎1	轮胎2	轮胎1	轮胎2
	后轴1	158	162	113	142	后轴1	0.73	0.71	1.02	0.81
	后轴2	273	273	254	235	后轴2	0.42	0.42	0.45	0.49
23.42（双后轴重18.02）	前轴	轮胎1		轮胎2	前轴	轮胎1		轮胎2
		371		304		0.71		0.87
		轮胎1	轮胎2	轮胎1	轮胎2		轮胎1	轮胎2	轮胎1	轮胎2
	后轴1	276	283	192	199	后轴1	0.80	0.78	1.15	1.11
	后轴2	357	357	246	256	后轴2	0.62	0.62	0.90	0.86
31.40（双后轴重23.84）	前轴	轮胎1		轮胎2	前轴	轮胎1		轮胎2
		408		460		0.91		0.81
		轮胎1	轮胎2	轮胎1	轮胎2		轮胎1	轮胎2	轮胎1	轮胎2
	后轴1	404	399	324	317	后轴1	0.72	0.73	0.90	0.92
	后轴2	393	393	407	377	后轴2	0.74	0.74	0.72	0.77
42.12（双后轴重33.68）	前轴	轮胎1		轮胎2	前轴	轮胎1		轮胎2
		485		439		0.85		0.94
		轮胎1	轮胎2	轮胎1	轮胎2		轮胎1	轮胎2	轮胎1	轮胎2
	后轴1	413	436	361	379	后轴1	1.00	0.95	1.14	1.09
	后轴2	474	474	431	421	后轴2	0.87	0.87	0.96	0.98

本次检测虽汲取上次检测的教训，车厢两侧加高20cm，但车后仍未设挡板，致使车辆无法进一步加载，后轴重只加载到16t左右，仍未完成19t轴重的加载目标。

此次环境信息包括4~5月两个月的数据。前期仍存在供电不稳的问题，后期将电池更换为交流电供电后情况得到好转。

此次环道路况巡查未发现病害产生，路面原有裂缝受温度升高的影响逐渐愈合，无继续发育的趋势。但在ZK0+190~ZK0+220段落整幅路面及ZK1+160~ZK0+220段内侧行车道路面存在不同程度的路面污染，主要污染物为环道内部房建施工的车辆携带的淤泥及后期雨水裹挟的泥沙。

此次噪声检测的方法基本与3月相同。主要的不同在于，对于国产设备变化了配重：在原有300kg配重的基础上，增加了400kg和500kg配重，以检测不同轴重对路面噪声的影响。

此外，结合此次的检测工作，进一步完善、修订了3月制定的《足尺环道现场检测操作手册》。

5.2.5 7月底至8月初检测

此次环道检测工作原计划为7月底,但由于下雨等原因,影响了相关检测项目的进行,检测工作直至8月中旬才完成,具体时间为7月23日至8月14日,长达23d。7月是北京的盛夏时节,检测项目恢复了3D雷达的检测工作,同时增加了2015年底传感器标定时做过的7点FWD弯沉试验,评价传感器的现有状态,这也是导致检测工作延长时间的原因之一。此外,为了进一步完善足尺环道温度场数据,弥补路表温度缺失的不足,此次检测增加了环道路表温度24h连续检测的检测项目。

此次仍采用4类弯沉设备检测环道各试验路段的承载能力。FWD检测时间为7月27~29日和31日。受检测期间连续暴雨天气的影响,环道区域内温湿度变化显著,一些路段的检测数据出现异常,如有些路段(STR12)的弯沉变异性增加,在相同断面上内侧车道(行车道)的弯沉明显大于外侧车道(超车道)。这可能是由于路面结构内部湿度变化引起的。

BB检测的方案与设备同前,检测时间为8月2日。检测过程中利用红外测温枪逐点检测地表和空气温度。数据处理时可以发现此次弯沉数据较之于3月、5月有了一定的增大,但是弯沉数据的变异性仍然较大。

激光弯沉仪检测时间为7月28号,检测设备、方法与上次一致。自动弯沉仪的检测方案同前,检测设备采用3月的A、B两台设备,A设备检测时间为7月29日,B设备检测时间为8月10日。

抗滑性能检测时,由于激光纹理深度设备故障,此次未检,其余检测内容与设备、方案同前。构造深度检测时间为7月23日。摆值检测时间为7月23日和24日,检测中逐点记录空气和环境温度。横向力摩擦系数检测时间为8月7日。

此次路面结构内部力学响应检测时,同时进行4点FWD检测和7点FWD检测。4点FWD检测的时间为8月1~2日。初步分析,各点位相同荷载下的弯沉从大到小排列为:点1>点3>点2>点4或点1>点2>点3>点4,且STR12的1号点位弯沉为全线最大,为50(单位0.01mm)。7点FWD检测方案同2015年底环道交工状态检测,检测时间为8月4日下午至8日上午。检测目的是与2015年冬天检测结果进行对比,同时进一步完善传感器的标定工作。试验从断面1(ZK0+660附近)开始到断面23(ZK0+330附近)结束,每个断面按照1-2-3-4-5-6-7的检测顺序进行加载。本次检测的STR15的6号点位弯沉为全线最大,为48.92(0.01mm)。由于检测过程中受降雨影响,降雨前后路面温度差异较大,可能导致检测数据缺乏对比性。无论4点还是7点的FWD检测,在试验过程中均使用红外测温枪逐点记录地表和空气温度,并记录了每一点位的荷载作用时间。

实车加载试验的检测方案和设备同前,时间为7月27日。表5-6为各级载重下各车轮轮胎接地面积和接地压强的检测结果。

各级载重下各车轮轮胎接地面积和接地压强　　　表 5-6

整车重(t)	轴	轮胎接地面积(cm^2) 左侧 轮胎1	轮胎2	右侧 轮胎1	轮胎2	轴	接地压强(MPa) 左侧 轮胎1	轮胎2	右侧 轮胎1	轮胎2
15.12 (双后轴重9.50)	前轴	267		278		前轴	1.03		0.99	
	后轴1	162	153	134	155	后轴1	0.72	0.76	0.87	0.75
	后轴2	243	267	223	215	后轴2	0.48	0.44	0.52	0.54
29.56 (双后轴重23.12)	前轴	399		435		前轴	0.79		0.73	
	后轴1	412	388	332	325	后轴1	0.69	0.73	0.85	0.87
	后轴2	396	345	407	396	后轴2	0.72	0.82	0.70	0.72
35.12 (双后轴重27.92)	前轴	456		472		前轴	0.77		0.75	
	后轴1	424	415	324	317	后轴1	0.81	0.82	1.06	1.08
	后轴2	416	425	423	403	后轴2	0.82	0.80	0.81	0.85
42.34 (双后轴重32.34)	前轴	408		460		前轴	0.91		0.81	
	后轴1	436	425	345	339	后轴1	0.67	0.69	0.85	0.86
	后轴2	436	437	435	437	后轴2	0.67	0.67	0.67	0.67
44.78 (双后轴重35.62)	前轴	512		496		前轴	0.88		0.90	
	后轴1	468	487	423	445	后轴1	0.93	0.90	1.03	0.98
	后轴2	513	504	467	473	后轴2	0.85	0.87	0.93	0.92

总结前几次教训,此次试验实现了 4 级加载。但受到气候环境的影响,检测期间的最高气温达到 38℃以上,为防止爆胎事故,最高荷载仍未达到 19t。

7 月底的环境信息包括 6~7 两个月的数据。其中 7 月 1~15 日由于气象站供电中断,导致这期间气象数据缺失。环道于 7 月 12 日将原来采集器和湿度传感器由电池供电改为交流电供电,从而避免了因电池的原因造成的数据缺失。7 月 27~28 日,采用红外测温枪连续 48h 采集环道路表温度和空气温度,采集频率为次/1h,采集点位频率为点/20m。

在本次检测过程中,对环道的沥青路面和水泥路面进行巡检。在检查过程中发现沥青路面在行车道和超车道轮迹带位置出现了一定的磨耗,路面颜色与其他部分存在一定区分度。另外,由于 2016 年夏季雨水丰富,环道边坡及场区内部杂草长势旺盛,部分已经蔓延到了环道路面,需要安排人员定期除草。

与沥青路面路段不同,圆曲线 A 段的 300m 水泥路面在 ZK0+382、ZK0+383、ZK0+386、ZK0+387、ZK0+388、ZK0+393、ZK0+395、ZK0+402、ZK0+404、ZK0+406、ZK0+408、ZK0+410、ZK0+416、ZK0+422、ZK0+427 等桩号位置产生了较多贯穿的横向裂缝(图 5-13、图 5-14),裂缝长度 12m 左右,裂缝宽度在 1~2mm,裂缝发育速度较快。结合环道日常的检查工作,推测裂缝出现时间为 7~8 月。

 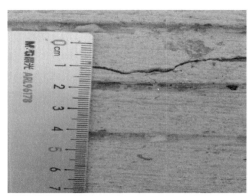

图 5-13　ZK0+382 处裂缝整体情况　　　　图 5-14　ZK0+395 处裂缝细部情况

此次噪声检测的检测方法与 5 月相同。

此次检测时间跨度较长,为了减小温度变化对对比性试验检测结果的影响,同一类试验尽量安排在一起进行。另外受间歇性降雨影响,检测期间环道温度未能达到事前期望的检测温度,这是本次联检较为遗憾之处。

检测数据越来越多,数据分析的压力也越来越大。特别是路面结构力学响应的传感器信息属于大数据级别,基于大数据的数据处理问题急需得到解决。据测算,环道有约 1000 个动态传感器,每个传感器如果采样频率为 50Hz,则每小时将采集到 $50 \times 3600 \times 1000 = 180\,000\,000$(1.8 亿)个数据,一天则有 43.2 亿个数据。如果按国际通用的 2000Hz 的采样频率,一天将会产生 1728 亿个数据,大约相当于 1T 的存储量。然而这些数据中只有不到 1% 的有效数据,如何将这些海量数据进行筛选,提取有效数据,是传感器数据分析中需要突破的第一个技术难点。

前几次动态传感器的采样频率均设定为 50Hz,这对于实际加速加载试验过程中的采样是不够的。轮胎接地圆的半径假设为 10.65cm,当车辆运行速度为 40km/h,则车辆通过 20.3cm 距离的时间为 0.01827s,大约相当于 55Hz,大于采样频率。因此在 10 月的结构力学响应试验中需提高采样频率,设定为 2000Hz。

5.2.6　10 月底和 11 月底检测

根据原定计划,于 2016 年 10 月 11 日至 11 月 2 日开展了环道第六次"零荷"检测,并于2016年11月26日开展了环道正式加速加载试验前的最后一次弯沉检测。

10月中旬的检测仍采用4类弯沉设备检测环道各试验路段的承载能力。FWD检测时间为10月13~15日和11月26日,共两次检测。BB检测的方案与设备同前,检测时间为10月24~25日。检测过程中利用红外测温枪逐点检测地表和空气温度。激光弯沉仪检测的设备、方法与3月相同,检测时间为10月30日。此次自动弯沉车采用A设备,检测方法与3月相同,检测时间为10月30日。

此次抗滑性能检测的内容和方法与3月相同,包括构造深度、激光纹理深度、摆值、横向力摩擦系数。构造深度检测时间为2016年10月11日。激光纹理深度检测仍采用国检中心提供的设备,检测时间为10月30日。摆值检测前两台摩擦仪分别更换了新的摩擦胶皮垫,检测时间为10月11日和13日,试验过程中逐点记录了空气和环境温度。横向力摩擦系数车仍采用国检中心提供的设备,检测时间为10月30日。

路面结构内部力学响应的检测方法与1月相同。4点FWD检测的方法与上次一样,检测时间为10月18日和11月26日,共两次检测。试验过程中,使用红外测温枪逐点记录地表和空气温度,并记录每一点位荷载作用时间。

10月中下旬和11月底检测的环境信息包括8~11 4个月的数据。本次同上次相比,增加了环道路表温度24h连续检测的检测项目,检测时间为10月13~14日,采用红外测温枪连续48h采集环道路表温度和空气温度,采集频率为1h/次,采集点位频率为20m/点。

此次噪声检测采用拖车法,采用300kg、400kg和500kg三种配重,检测方法与5月相同,检测时间为11月1~2日。

至此,环道"零荷"状态检测工作结束。2016年11月28日,环道正式开始第一期的加速加载试验工作。

5.3 环道初期性能评价

通过环道的"零荷"检测,评价环道各个试验路段在非荷载作用下,气候环境的变化对服役性能的影响。上节中介绍了"零荷"期间的历次检测过程和相关的检测项目,同时描述了一些路段受环境温度变化产生的裂缝情况。本节将介绍这期间环道区域的环境温度变化情况,以及受环境温度变化影响比较显著的服役性能变化趋势,如弯沉、抗滑性能指标等。

5.3.1 关于路面温度场的初步描述

环道区域内采用两种方式测量环道的温度数据:一个是通过气象站,测量环道区域内24h的大气温度;另一个是通过埋设在路面结构内部的温度传感器,测量环道19个路面结构内部不同深度位置的温度水平。

1) 大气温度的变化规律

图 5-15 为"零荷"检测期环道气温的变化趋势。由于环道建成初期，电力配套设施和仪器设施仍在配套和调试过程中（这也反映出在环道正式试验前，开展"零荷"检测的必要性），环境气温的采集并不完整，但仍然可以看出气温年度变化的"双周期"特点，即：每天 24h，气温呈现出日周期性变化规律，同时，每年随着气候环境变化，气温总体上呈现出年周期性变化的规律。气温的日周期性变化受到年周期性变化的影响，以每天气温的平均值为基点，可大致描述出气温的年周期性变化规律。

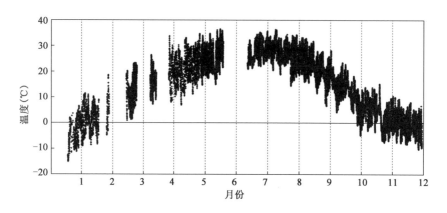

图 5-15 "零荷"检测期环道气温的变化趋势

可以认为，在路面的服役期内，每一天的气温变化都是不同的，特别当季节不同时，日气温变化的差异更是显著，但从年周期性变化角度看，由于一个地区的气候环境是相对稳定的，因此，年与年之间的气温变化总体趋势应该是稳定的，即年周期性温度的变化规律是稳定的。

另外，为了便于描述日周期性温度的变化规律，提出"5 日均值温度"的指标，作为路面服役期间内日周期性温度变化的分析基础。即将连续 5 日同时刻的温度取平均值，作为该时刻的温度代表值，绘制温度日周期变化曲线（图 5-16），这样有利于量化分析温度的日周期变化规律。按照这个方法，从月初到月末，一个月可划分为 6 个"5 日区间"，二月可将最后 26、27、28 或 29 日归结为一个"5 日区间"，对于有 31d 的月份，可将最后 6d 归结为一个"5 日区间"。由此，一个月可得到 6 组"5 日均值温度"，一年有 72 组"5 日均值温度"。

描述路面承受环境变化的影响，除了温度指标外，还有湿度因素。正如相同温度条件下，在我国南方、北方的人体感受是不同的。为此，引入（酷）热指数概念，通过温度和湿度两个指标，计算相应的热指数。

（酷）热指数原是表征人实际感受的温度，是指高温时，当相对湿度增加后，人体真正感受到的温度会超过实际温度，也就是体感温度（Apparent temperature）。该指数可能有利于评价沥青路面在夏季高温、多雨潮湿季节抵抗汽车荷载作用的能力。美国国家气象中心根据 Steadman 的研究,依据温度、相对湿度等相关气象因子,导出热指数公式,见式(5-1)。这是一个用华氏温度计算酷热指数的公式,误差为 ±1.3°F。当温度在 80°F(26.66℃)以上及相对湿度在 40% 以上时有效。根据这个公式,计算环道 6~9 月的热指数值,并绘制热指数波动曲线,如图 5-17 所示,图中同时表示出相应的大气温度。由图可以看出,大气温度和热指数变化存在明显的差异。

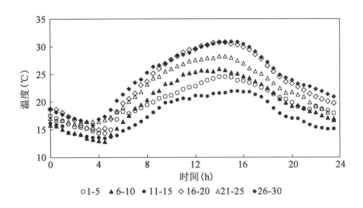

图 5-16　"5 日均值温度"日周期温度变化曲线(2016 年 5 月)

$$80.991 + 1.2731T + 14.5277R - 0.1492T \times R - 0.002110T^2 - 0.07066R^2$$
$$+ 0.0003793T^2 \times R^2 + 0.0005147T \times R^2 - 6.142 \times 10^{-7}T^2 \times R^2 \quad (5\text{-}1)$$

式中:T——气温(℃);

　　　R——相对湿度(%)。

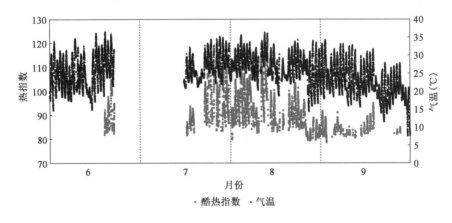

图 5-17　环道 6~9 月的热指数波动曲线

2)路面结构内部的温度

环道在试验路段不同深度位置埋设了温度传感器。图 5-18 表示为不同季节,STR2 结构内部不同深度位置的温度变化曲线。其中最浅的位置为路表面以下 4cm,即图中 19.96m 位置,最深的位置为路表面以下 2.5m,即图中 17.5m 位置。

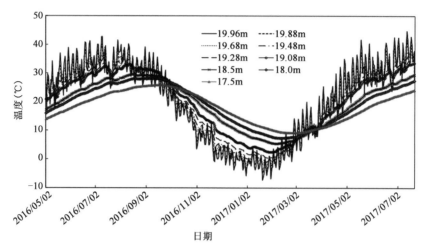

图 5-18 STR2 结构内部不同深度位置的温度变化曲线

由图可以看出：

(1) 不同深度位置温度的日周期波动幅度是不一样的。受气温影响，结构内部靠近路表面的温度波动幅度较大，随着深度的增加，波动幅度逐渐减小，结构在 52cm 深度位置，即图中 19.48m，日周期温度波动幅度几乎为零，呈现出近乎直线状态。

(2) 不同季节，结构内部不同深度位置的温度分布是不一样的。在夏季高温时，靠近路表(19.96m 位置)的温度最高，并随着深度的增加，温度逐渐降低；在冬季时，靠近路表的温度最低，随着深度的增加，温度逐渐升高；在春秋两季，路面结构内部温度并不是随着深度的增加，而单调增加或减小。

(3) 从年周期角度看，路面结构内部不同深度位置的温度均呈现出周期性的波动，且随着深度的增加，这种波动幅度逐渐减小。

总之，路面结构内部的温度也存在"双周期"的变化特征，且随着深度的变化，其温度变化规律逐渐改变。

以下探讨温度传感器的测试精度问题。

图 5-19 为 2016 年 11 月采集的环道 19 个试验路段 23 个测试断面 19.96m 位置温度统计分析波动曲线，其中包括 23 个测试断面的平均温度和最高温度，以及最低温度的波动曲线。从图中曲线形态看，尽管各个测点平均温度的变化趋势基本一致，但不同测点之间的温度波动幅度仍比较大，即最高温度与最低温度波动曲线存在明显的差异。导致各个测试断面温度差异的原因主要有温度的测量误差及各测点对应结构不同引起的温度差异。

当环道 19 个试验路段按照第 2 章 7 类结构进行分类，分别统计每类结构 19.96m 位置的平均温度，如图 5-20 所示。由图可以看出温度曲线的整体形态与图 5-19 相同，但是，各类结构之间的温度差异明显小于图 5-19 中最高温度与最低温度的差异。

根据图 5-19 和图 5-20 的数据，分别按不同结构计算相同时刻温度极差和按不同类型结构计算相同时刻的温度极差的分布曲线(图 5-21),可以清晰看出,按照不同类型结构进行温度分析时,温度极差明显小于按照 19 个结构计算的极差,其温度极差基本在 1~3℃之间,满足工程研究的需要。

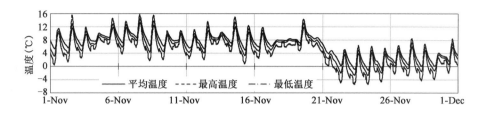

图 5-19　环道 19 个试验路段 23 个测试断面 19.96m 位置温度波动曲线

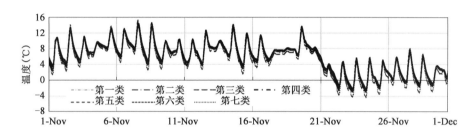

图 5-20　环道 19 个试验路段 7 类结构 19.96m 位置的平均温度

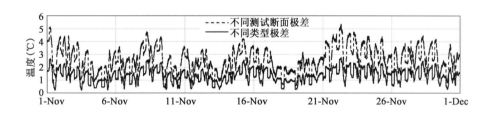

图 5-21　环道不同测试断面和不同类型结构相同时刻温度极差的分布曲线(2016 年 11 月)

图 5-22 为 2016 年 2~11 月,环道不同测试断面和不同类型结构 19.96m 位置每个月

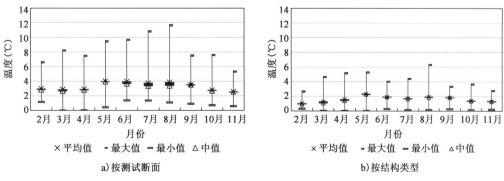

图 5-22　环道每个月温度测量的波动范围(2016 年 2~11 月)

的温度测试的最大值、最小值、平均值和中值的分布图。由图可以清楚看出,按结构类型分类统计温度后,温度测量的波动幅度大大减小,大致相当于按23个断面统计的一半。另外,从中值和平均值看,夏季高温时数值较大,而冬季数值较小;不同月份最大和最小值温度的波动范围是随机的。

3)环境温度与结构内部温度

在环道温度监测期间,除了采用传感器实时采集大气和结构内部温度变化之外,还采用人工方式,定时检测路表温度。图5-23为2016年夏季(7月)、秋季(10月)和冬季(12月)大气温度、路表温度和结构内部19.96cm位置温度连续48h检测/监测的变化曲线图。

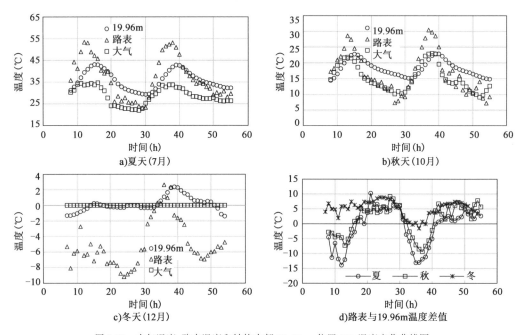

图5-23 大气温度、路表温度和结构内部19.96cm位置48h温度变化曲线图

由图可以看出,由于季节的不同,在48h内,尽管路表温度、大气温度和19.96m位置温度的变化趋势类似,但温度数值存在明显差异。在夏、秋季,中午前后的路表温度明显高于19.96m位置的温度,夜间却明显低于19.96m位置的温度。另外,受北京地区气候环境的影响,夏、秋季路表与19.96m位置的温度差异较大,冬季差异相对较小。

5.3.2 关于弯沉指标

在"零荷"检测期间,针对弯沉指标主要探讨了两件事,一是弯沉指标的温度修正问题,二是弯沉检测方法的合理性问题。环道有多种不同结构形式的试验路段,为完善弯沉指标评价的合理性提供了充分的试验条件。同时,由于各个试验路段的长度较短,为了保障弯沉检测数据的代表性,增加了检测密度,以采集足够的样本量,确保统计分析的可靠性。

1)关于弯沉温度修正的探讨

众所周知,环境温度的变化对于沥青路面弯沉测量结果的影响是显著的,有关的设计规范和试验检测提出了弯沉的温度修正公式。《公路沥青路面设计规范》(JTJ 014—1997)中提出了一套 BB 弯沉的温度修正公式,见式(5-2)~式(5-7);同时,《公路路基路面现场测试规程》(JTG 3450—2019)中也提出一套 BB 的温度修正公式,见式(5-8)和式(5-9)。

$$l_{20} = K \cdot l_T \tag{5-2}$$

当:$T \geq 20℃$

$$K = e^{\left[\frac{1}{T} - \frac{1}{20}\right]\beta} \tag{5-3}$$

当:$T \leq 20℃$

$$K = e^{0.002(20-T)h} \tag{5-4}$$

式中:l_{20}——换算为20℃的沥青路面回弹弯沉值(0.01mm);

K——温度修正系数;

l_T——测定时沥青面层内平均温度为 T 时的回弹弯沉值(0.01mm);

T——测定时沥青面层平均温度(℃),按式(5-5)计算;

$$T = a + b \cdot T_0 \tag{5-5}$$

式中:a——系数,

$$a = -2.65 + 0.52h \tag{5-6}$$

b——系数,

$$b = 0.62 - 0.008h \tag{5-7}$$

T_0——测定时路表温度与前5h平均气温之和(℃);

h——沥青面层厚度(cm)。

$$t = \frac{(t_{25} + t_m + t_e)}{3} \tag{5-8}$$

式中:t——测定时沥青面层平均温度(℃);

t_{25}——由 t_0 决定的路表下25mm处的温度(℃);

t_m——由 t_0 决定的沥青面层中间深度的温度(℃);

t_e——由 t_0 决定的沥青面层底面处的温度(℃);

t_0——为测定时路表温度与测定前5d日平均气温的平均值之和(℃),日平均气温为日最高气温与最低气温的平均值。

$$l_{20} = \kappa \cdot l_t \tag{5-9}$$

式中:l_{20}——修正后的沥青路面回弹弯沉值(0.01mm);

κ——温度修正系数;

l_t——在沥青面层平均温度 t 时的回弹弯沉值(0.01mm)。

从这两个方法的表现形式看,均以20℃为标准温度,当温度高于20℃时,温度越高,弯沉越大；当温度低于20℃时，温度越低，弯沉越小。根据这些规范、规程的解释说明，这两种方法是等效的。现以规范中的弯沉修正公式为基础，针对环道不同路面结构、不同检测时期的 BB 弯沉数据进行修正、分析。

2016年"零荷"检测期间，各个试验路段分别采用 FWD、BB、自动弯沉仪和激光弯沉仪等四种不同设备进行弯沉检测，采用以上温度修正后，绘制各个路段平均弯沉的分布曲线，如图5-24所示。由图可以看出，由于弯沉检测方法的不同，同一路段的弯沉存在较大差异。事实上，以上弯沉的温度修正公式是根据 BB 弯沉检测结果推导得出的，当用于其他设备检测弯沉数据的温度修正时，可能存在一些偏差。目前国内有关技术规范尚未提出相应的温度修正公式，所以，借用 BB 弯沉的温度修正公式进行温度修正。

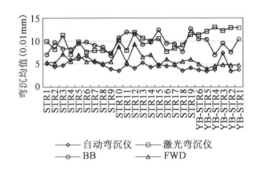

图5-24 四种弯沉检测方法得到的各路段平均弯沉(温度修正后)分布曲线

基于温度修正的原理——将不同温度条件下的弯沉数值修正为标准温度条件下的弯沉，这样，在"零荷"检测期，各个试验路段尚未承受大量的荷载作用，承载能力尚未损伤，不同时期检测的弯沉数据经过温度修正后应该基本相等。为此，引入离差系数的概念，评价目前温度修正方法的合理性和可靠性。

将不同时期检测的弯沉数值，经温度修正后，分别计算这组弯沉的最大值、最小值和平均值，并将最大值与最小值的差除以平均值作为离差系数。如果温度修正方法合理，离差系数应该趋于零，如果离差系数较大，则说明温度修正方法存在问题。图5-25为以上四种弯沉检测方法计算得到的各个路段离差系数的分布图。

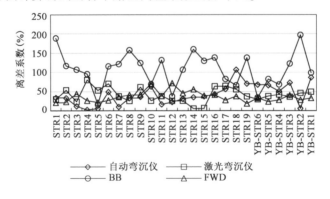

图5-25 四种弯沉检测方法的各路段弯沉离差系数分布图

由图可以看出：BB 测定的弯沉离差系数最大，平均达到 108%，最大值为 197%；其次为自动弯沉仪测定的弯沉，离差系数平均值为 42%，最大值为 107%；第三为激光弯沉仪测定的弯沉，离差系数为 41%，最大值为 81%；FWD 测定的弯沉离差系数最小，平均值 37%，最大值为 72%。由此可以看出，不同弯沉测试方法的离差系数存在一定的差异，特别是 BB 弯沉的差异显著，说明弯沉测试方法对离差系数的大小存在一定影响，而测试方法的影响实质是弯沉测试精度或可靠性的影响。另外，以上分析结果说明既有的弯沉温度修正方法存在一定的局限性，需要进一步完善。

此外，从图中曲线的波动形式看，不同结构的离差系数水平是不同的，也就是说，结构形式的差异是导致弯沉温度修正结果不稳定的另一个因素。这说明作为结构力学响应特征的弯沉指标，在荷载与环境(温度)同步耦合作用下，具有显著的结构依赖性，为了保证弯沉温度修正的可靠性，应针对每个或每类结构建立独立的温度修正公式或参数。另外，针对目前较为普遍使用的 FWD 弯沉指标，应建立相应的温度修正模型。

2) 关于弯沉检测方法的比较

除温度修正问题外，通过"零荷"检测期的弯沉数据，进一步分析这四种弯沉检测方式的可靠性。这四种方法的检测结果虽都称为"弯沉"，但由于测量原理的不同，这些弯沉不仅数值不同，而且力学原理也不尽相同，分析、比较这些弯沉数据，可为今后环道的弯沉检测选择合理、可靠的检测方式。

四种检测方法在 3 月、5 月、8 月和 10 月四次检测的各路段弯沉数值及变异系数汇总于附表 B5-1～B5-4，所列数据均为实测弯沉，未经温度修正，其中 FWD 增加了 1 月的检测结果。FWD 弯沉以中心点弯沉数值为表征。从表中数据可以看出：

(1) 对于同一路面结构，相同弯沉检测方法在不同时期检测的弯沉数值存在显著差异。在北京地区春融季节的 3 月，各个结构的弯沉数值并不是最大的。相反，FWD、BB 和激光弯沉仪检测表明，在夏季(8 月)的弯沉数值最大，而自动弯沉仪检测结果为 10 月的弯沉最大。

(2) 对于相同路段、相同检测时期，不同弯沉检测方法得到的弯沉数值存在显著差异。为此，将四种弯沉检测方法在 3 月、5 月、8 月、10 月四次检测结果平均，绘制相应的柱状分布图，如图 5-26 所示。

由图可以看出，由于弯沉检测方法的不同，导致同一路段的弯沉检测结果存在较大差异，有的弯沉数值相差近 1 倍。图 5-27 为这四种检测方法的弯沉数值之间相关系数的统计分析图。从图中数据可以看出，除激光弯沉仪与 FWD 的弯沉检测结果的相关系数均为正数外，其余检测方法之间的弯沉数值相关系数有时正，有时负。相关系数为负，说明两个检测设备的弯沉检测结果为负相关。即使是激光弯沉仪与 FWD，两者的相关系数最大也仅为 0.5 左右。由此说明，各个检测设备的弯沉数据之间并没有良好、稳定的相关性，检测结果是相互独立的。导致这种现象的主要原因是，各个弯沉检测方法的原理不同，测试精度也存在较大差异。

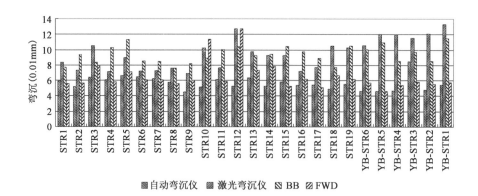

图 5-26　2016 年"零荷"检测阶段各路段不同弯沉仪的均值弯沉对比图

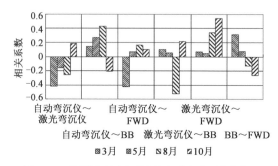

图 5-27　不同设备的弯沉数据之间的相关系数分布图

同时,需要指出:本结论是针对环道的不同结构形式统计分析得出的。在具体的实际工程中,对于同一个路面结构,不同弯沉检测设备的弯沉数据之间仍可能存在良好的相关性。本结论反映出:结构形式的差异对弯沉检测方式的影响是显著的,一个路面结构得到的不同设备的弯沉统计关系并不一定适用于另一种结构。

(3)不同弯沉检测方法的弯沉变异性差异较大,特别是 BB 检测的变异系数一般在 70% 以上,远高于一般弯沉仪检测变异性水平的要求。结合环道施工期间弯沉检测的分析,导致 BB 检测弯沉数据变异性过大的原因主要是 BB 的测量精度较低,以及被检测结构的刚度较大。与 BB 相比,FWD、激光弯沉仪和自动弯沉仪测量的弯沉测试精度一般高 1 个数量级,达到微米级,由此可知,这三个弯沉仪检测弯沉数据的变异系数明显减小。再者,FWD 是定点测量,而激光弯沉仪和自动弯沉仪是移动式测量,相较而言,FWD 测量的弯沉更稳定,变异系数最小。将附表 B5-1~附表 B5-4 中四种弯沉测量方法各个路段历次弯沉检测数据的变异系数进行统计分析,图 5-28 为这四种弯沉测量方法变异系数累计频度分布曲线。由图可以看出,FWD 测量的弯沉数据有 70% 的变异系数小于 10%,而激光弯沉仪测量的弯沉数据有 50% 的变异系数大于 20%,自动弯沉仪测量的弯沉数据有近 50% 的变异系数大于 30%,BB 测量的弯沉数据有近 70% 的大于 50%。由此说明,FWD 检测的数据最稳定。

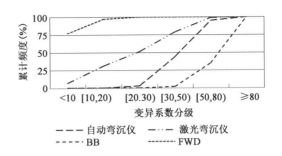

图 5-28 不同设备的弯沉变异系数频度分布图

最后,针对足尺环道不同类型路面结构的弯沉检测条件,讨论一下四种弯沉检测方法的可靠性。

环道铺设了 19 种不同结构形式的沥青路面,尽管每种路面结构刚度差异较大,弯沉数值不同。在"零荷"状态下,各个结构均未受到行车荷载的疲劳作用,仅受到环境温度变化的影响,因此各个结构承载能力的相对水平不应发生变化,即在环境温度的影响下,各个结构的弯沉数值会产生变化,但各个结构之间的弯沉相对关系不应该发生变化。例如结构 A、B 在冬季气温较低时的弯沉分别为 l_1^A 和 l_1^B,并且 $l_1^A > l_1^B$,在夏季高温时这两个结构的弯沉分别为 l_2^A 和 l_2^B,由于气温升高路面结构的弯沉会增加,即 $l_1^A < l_2^A$ 和 $l_1^B < l_2^B$,但结构 A、B 的弯沉大小关系不应改变,即仍是 $l_2^A > l_2^B$。

基于这个原理,通过对四种弯沉检测方法得到的不同环境条件下各个结构弯沉数值的自相关性分析,评判这几种弯沉检测手段的可靠性。

表 5-7 为四种弯沉检测设备在不同时期各个结构弯沉检测结果的自相关系数汇总表。所谓自相关系数是指,某个设备在某个时期(如 3 月)测定的环道各个路段的弯沉数据与另一个时期(如 5 月)测量结果的相关系数。由于在"零荷"状态下,各个路面结构均未承受荷载的疲劳损伤,不同结构的弯沉强弱等级是不变的,因此,自相关系数越高,说明该设备弯沉检测结果越稳定、越可靠。从表中数据可以看出,FWD 四次检测的弯沉数据自相关系数最高,均在 0.85 以上;其次为激光弯沉仪,自相关系数均在 0.5 以上;BB 的自相关系数最低,大多为负数。由此可以判断这四种弯沉检测方式的稳定性由高到低依次为:FWD、激光弯沉仪、自动弯沉车和 BB。

不同设备弯沉检测结果的自相关系数统计表　　表 5-7

弯沉检测方式	自动弯沉仪				激光弯沉仪			
月份	3 月	5 月	8 月	10 月	3 月	5 月	8 月	10 月
3 月	1	0.1104	0.0181	−0.1457	1	0.7692	0.5154	0.5145
5 月	—	1	0.7430	0.3009	—	1	0.6554	0.6058

续上表

弯沉检测方式	自动弯沉仪				激光弯沉仪			
月份	3月	5月	8月	10月	3月	5月	8月	10月
8月	—	—	1	0.4064	—	—	1	0.6536
10月	—	—	—	1	—	—	—	1

	BB				FWD			
	3月	5月	8月	10月	3月	5月	8月	10月
3月	1	-0.3463	-0.3068	0.1401	1	0.9047	0.8987	0.8997
5月	—	1	-0.0224	-0.0108	—	1	0.8834	0.8650
8月	—	—	1	-0.5024	—	—	1	0.8637
10月	—	—	—	1	—	—	—	1

综上所述，RIOHTrack 环道铺设的各种路面结构具有显著的弯沉差异；在"零荷"状态下，不同检测时期环境温度的变化对各个路段的弯沉水平具有显著的影响。同时，由于不同弯沉检测设备的测试原理不同，各个检测设备之间测试结果具有相对的独立性，不具备良好的相关性。从弯沉测量结果的变异性和自相关性角度分析，采用 FWD 检测弯沉具有良好的稳定性和可靠性，将作为环道加载期间弯沉检测的主要设备。

此外，从以上弯沉数据可以看出，环境温度的变化对弯沉的影响是显著的。以往的研究表明：在北方春融时节，路基内自由水增加，路基软化导致路面结构弯沉的增大，因此往往在春融时节进行弯沉检测，并作为路面结构弯沉设计的标准。但是，环道"零荷"状态的弯沉检测表明，3月的弯沉与其他季节相比并不是最大的，而是在夏季高温时节，一方面由于降雨导致路基含水率增大，另一方面由于沥青混合料高温条件下的黏弹特性显著，从而导致沥青路面的弯沉大幅度增加。

由于今后在环道加载试验过程中，为了客观评价荷载作用次数对结构承载能力演化的影响，需要进行频繁的周期性弯沉检测，以观测各个试验路面结构承载能力的变化情况。然而在每周期弯沉检测时，弯沉水平不仅受到荷载作用次数的影响，也受到气候环境的影响，将弯沉值进行温度修正是必要的，可以剥离环境温度对弯沉的影响，使得弯沉数据具有可比性。

国内外相关技术规范中，一般以沥青混凝土结构层厚度作为主要的变量，提出不同或相近的弯沉修正模型。图 5-29 为"零荷"检测期间环道不同类型沥青路面结构 FWD 中心点弯沉的分布图。由图可以看出，不同类型的路面结构，沥青混凝土层厚度存在显著差异，但是弯沉数值没有显著差异，或者说，并不是 AC 层越厚，弯沉越大。相反，当沥青混凝土层厚度相同或相近时，由于结构形式的差异，导致弯沉数值相差较大，如倒装结构的弯沉明显大于其他类结构。

再者，各类结构在每年的 5~8 月的弯沉数值最大，1 月的弯沉最小，且由于 AC 层厚度、结构形式的差异，各类结构弯沉随温度变化的变化幅度并不相同。总之，沥青路面的弯沉随温度变化存在一定的变化规律，但是不同类型沥青路面结构的弯沉变化规律是不同的,影响这个规律的因素不仅仅是 AC 层厚度,而且与结构形式有关。为此,环道研究中,针对不同路面结构应建立相应的弯沉-温度修正模型。

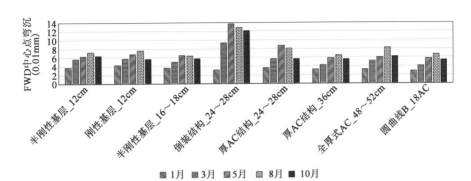

图 5-29　不同结构 FWD 中心点弯沉分布图

5.3.3　关于抗滑性能

本节简单汇总、介绍 RIOHTrack"零荷"标定过程中各种路面的抗滑性能评价结果。如前所述,1 月仅有构造深度、激光纹理深度的检测结果,3 月以后才有摆值和横向力摩擦系数的检测结果;7~8 月检测时,激光纹理深度检测仪器维修,未测,故缺数据。

1) 构造深度的变化规律

环道各个路段不同时期构造深度的检测结果汇总于表 5-8(行车道和超车道每 10m 一个测点),表中同时列出各个路段的构造深度的均值和变异系数。根据表中数据,计算各个路段纹理深度的代表值,即平均值减去 2 倍标准差,并按表面层沥青混合料类型分类统计,将历次检测的各种表面层构造深度的平均值和代表值平均,得到这些表面层沥青混合料总体的构造深度水平,如图 5-30 所示。

RIOHTrack 历次构造深度检测结果汇总　　　　　　表 5-8

面层类型	结构编号	1 月		3 月		5 月		7 月		10 月	
		均值(mm)	C_v(%)	均值(mm)	C_v(%)	均值(mm)	C_v(%)	均值(mm)	C_v(%)	均值(mm)	C_v(%)
SBS1-AC13-65	STR13	0.94	13.7	0.95	18.6	0.89	12.7	0.94	16.6	1	10.1
	STR12	0.88	10.5	0.91	10.9	0.85	7.2	0.9	11.1	0.9	6.4
	STR14	0.92	5.7	0.93	7.7	0.84	7.3	0.87	9.7	0.88	4.1
	STR10	0.84	7.9	0.87	7.8	0.81	7.6	0.85	11.1	0.85	8.6
	STR11	0.79	8.2	0.71	14	0.71	11.2	0.68	8	0.81	12.4
	STR15	0.8	7.6	0.9	15.4	0.7	9.4	0.8	13.8	0.79	11.7
	STR3	0.83	10	0.8	15	0.8	10.4	0.85	10.4	0.96	10.4
	STR2	0.79	17	0.83	17.1	0.71	20.1	0.97	22	0.89	13.9
	STR1	0.68	13.5	0.72		0.7	14.8	0.78	13.4	0.79	6.6

续上表

面层类型	结构编号	1月 均值(mm)	1月 C_v(%)	3月 均值(mm)	3月 C_v(%)	5月 均值(mm)	5月 C_v(%)	7月 均值(mm)	7月 C_v(%)	10月 均值(mm)	10月 C_v(%)
SBS1-AC13-70	STR5	1.03	13.9	1	15.2	0.93	13.5	0.87	10.7	0.95	14.5
	STR4	1.1	9.2	1.04	9.4	1	10.4	0.95	9.3	0.98	8.4
	STR6	1.1	11.8	1.02	14.2	1	12.1	0.92	12.2	1	15
	STR7	1.06	13.3	1	13.2	0.96	11.8	0.93	11.6	0.96	5.2
	STR8	0.84	8.2	0.88	10.3	0.87	8.1	0.82	7.3	0.86	5.5
SBS3-PAC13	STR9	1.39	12.8	1.55	10.3	1.46	12.9	1.38	10.8	1.45	8.1
SBS1-SMA13	STR16	0.74	12.1	0.8	11.2	0.77	9.6	0.75	10.5	0.83	6.5
	STR17	0.77	7.6	0.84	9.8	0.79	8.4	0.8	9.7	0.82	6.5
	STR18	0.68	9.6	0.78	10.2	0.72	7.6	0.77	8.8	0.83	3
	STR19	0.79	13.8	0.9	16.9	0.83	14.2	0.82	9.7	0.88	8.1
SBS2-AC13-70	YB-STR6	1.06	11.6	1.2	16.9	1.07	10.5	1.06	11.8	1.04	10.7
	YB-STR5	1.07	19.4	1.13	14.1	0.96	16.5	1.01	12.5	1.08	6.2
	YB-STR4	1.13	11.3	1.22	12.6	1.14	13.7	1.14	10.9	1.22	5.4
	YB-STR1	1.18	8.9	1.19	12.7	1.19	10.2	1.13	13.7	1.2	8.4
AR22-AC13-70	YB-STR3	0.88	10.9	1.03	15	0.94	19.8	0.98	21.6	1.02	15.1
抗70#-AC13-70	YB-STR2	1.19	9	1.21	15.2	1.13	12.2	1.06	9	1.19	11.2

由图表数据可见，多空隙 PAC13 混合料的构造深度明显大于其他密实型的混合料，这是意料之中的。另外，其他密实型混合料的构造深度平均值均大于 0.8mm，表现出良好的纹理状态，但是 AC13-70 混合料的构造深度好于 AC13-65 和 SMA13。对于前者，AC13-70 混合料中粗集料含量比 AC13-65 高 5%，因此构造深度增加；对于后者，由于 SMA13 中胶浆含量较高，尽管其碎石含量高于 AC13-70，但纹理深度较小。需要指出的是，当采用代表值评价时，各种沥青混合料的纹理深度均有明显的下降，如图 5-30 所示，平均降幅达到 23.6%。相较而言，采用代表值评价路表的纹理深度比均值评价更为可靠。

再者，将历次检测的各种密实型混合料的构造深度数值平均(不计 PAC13)，得到在"零荷"状态下，构造深度随检测月份的变化趋势图，如图 5-31 所示。检测月份的不同表示检测时期环境温度的差异，由此可以看出，环境温度变化对构造深度产生一定的影响，在 5 月、7 月检测时，环境温度较高，沥青路面的构造深度明显下降，相反，当温度较低时，构造深度有明显增加的趋势。这是因为沥青混合料由粗集料和细集料(包括胶浆)两部分组成，当温度变化时，沥青混合料产生收缩或膨胀，由于这两部分材料的收缩-膨胀特性不同,细集料的收缩-膨胀特性较粗集料更为显著。对于以粗集料断级配密实型为特征的环道表面层沥青混合料,粗、细集料的温度收缩-膨胀特性差异更为显著。当温度降低时,细集料的收缩幅度大于粗集料,导致混合料表面构造深度增大;当温度升高时,细集料的膨胀幅度大于粗集料,导致混合料表面构造深度减小。对于构造深度的环境温度修正问题值得进一步研究。

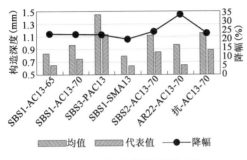

图 5-30　不同混合料构造深度比较

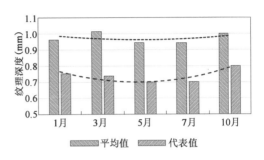

图 5-31　检测月份对构造深度的影响

2) 激光纹理深度的变化规律

激光纹理深度是一种通过自动化检测设备评价路表构造深度的指标。在环道"零荷"检测期,主要采用两种检测设备进行检测,表示为设备 A 和设备 B。这两种设备都是目前国内纹理深度检测的主流设备。设备 A 和设备 B 检测结果分别汇总于表 5-9 和表 5-10。基于表中数据,按前述方法,分别计算两种设备测定的各种混合料纹理深度的平均值和代表值,如图 5-32 所示。图中同时绘制两种设备纹理深度的降幅曲线,即代表值与平均值的差值除以平均值。降幅越大,说明代表值与平均值的差异越大,也就是试验的变异水平越大,试验越不稳定。

RIOHTrack 历次激光纹理深度检测结果汇总(设备 A)　　表 5-9

面层类型	结构编号	1月		3月		5月		10月	
		均值(mm)	C_v(%)	均值(mm)	C_v(%)	均值(mm)	C_v(%)	均值(mm)	C_v(%)
SBS1-AC13-65	STR13	1.01	13.4	1.02	14.2	0.92	13.4	1.04	9.4
	STR12	0.88	9.9	0.92	8.8	0.83	10.9	0.96	7.4
	STR14	0.93	11.5	0.93	10.5	0.84	12.8	0.98	6.8
	STR10	0.87	11.8	0.89	8.4	0.83	10.9	0.96	6.3
	STR11	0.86	11.9	0.84	10.8	0.83	11.3	0.96	9.9
	STR15	0.79	10.5	0.79	10.3	0.72	9.6	0.86	8.8
	STR3	0.9	7.1	0.93	7.3	0.82	8.9	0.96	4.7
	STR2	0.92	17.8	0.89	18.7	0.85	16.6	0.98	10.6
	STR1	0.64	22.8	0.72	19.3	0.65	17.2	0.85	10.3

续上表

面层类型	结构编号	1月 均值(mm)	1月 C_v(%)	3月 均值(mm)	3月 C_v(%)	5月 均值(mm)	5月 C_v(%)	10月 均值(mm)	10月 C_v(%)
SBS1-AC13-70	STR5	0.87	12.2	0.92	15.4	0.81	16.2	0.93	9.0
	STR4	0.99	6	1.01	9	0.86	8.3	0.96	5.8
	STR6	1	8.1	0.97	6.5	0.86	6.5	0.96	4.4
	STR7	0.99	7.5	0.99	8.3	0.86	7.6	0.96	4.7
	STR8	0.85	5.9	0.9	16.6	0.76	5.3	0.86	2.0
SBS3-PAC13	STR9	1.15	15.3	1.24	19	1.17	16.8	1.15	13.6
SBS1-SMA13	STR16	0.85	26.4	0.79	18.8	0.83	18	1.01	12.7
	STR17	0.74	12.9	0.78	12.9	0.77	13.3	0.93	5.1
	STR18	0.72	11.8	0.76	12.7	0.73	9.2	0.93	8.0
	STR19	0.9	9.5	0.94	8.1	0.8	10.8	0.93	5.3
SBS2-AC13	YB-STR6	1.03	10.3	1.15	9.4	0.95	21.1	0.98	3.6
	YB-STR5	1.12	4.4	1.1	17.5	0.97	10.6	0.97	12.3
	YB-STR4	1.12	8.4	1.1	26.4	0.99	9.7	0.95	7.8
	YB-STR1	1.27	4.7	1.28	7.9	1.21	4.7	1.20	6.4
AR22-AC13-70	YB-STR3	1.18	6.2	1.15	16.6	1.07	7.9	1.00	5.0
抗70号-AC13-70	YB-STR2	1.09	10.6	1.14	11.9	0.98	13.2	1.01	6.3

RIOHTrack 历次激光纹理深度检测结果汇总（设备 B） 表 5-10

面层类型	结构编号	1月 均值(mm)	1月 C_v(%)	3月 均值(mm)	3月 C_v(%)	5月 均值(mm)	5月 C_v(%)	7月 均值(mm)	7月 C_v(%)	10月 均值(mm)	10月 C_v(%)	11月 均值(mm)	11月 C_v(%)
SBS1-AC13-65	STR13	1.11	9.2	1.05	10.5	1.08	9.1	1.06	8.1	1.01	9.2	1.00	5.8
	STR12	1.07	5.5	1.06	4.7	1.09	4.7	1.02	4.4	1.03	7.7	0.95	3.4
	STR14	1.04	5.8	1.05	5.6	1.05	4.9	0.99	5.0	1.02	7.3	0.95	3.1
	STR10	1.04	6.6	1.07	4.5	1.06	5.2	1.00	4.3	1.06	9.2	0.94	8.2
	STR11	0.96	8.3	0.94	7.4	0.95	10.7	0.92	5.6	0.91	8.6	0.84	5.8
	STR15	1.06	9.8	0.98	11.5	1.00	11.4	0.97	6.7	1.07	10.2	0.89	15.6
	STR3	1.17	9.6	1.10	9.7	1.10	8.6	1.02	10.0	1.13	7.5	1.03	6.3
	STR2	1.00	19.3	1.01	15.1	0.98	13.8	1.00	10.1	1.02	14.5	0.98	11.7
	STR1	0.85	14.7	0.86	13.1	0.89	13.1	0.93	6.6	0.93	7.5	0.91	7.1

续上表

面层类型	结构编号	1月 均值(mm)	1月 C_v(%)	3月 均值(mm)	3月 C_v(%)	5月 均值(mm)	5月 C_v(%)	7月 均值(mm)	7月 C_v(%)	10月 均值(mm)	10月 C_v(%)	11月 均值(mm)	11月 C_v(%)
SBS1-AC13-70	STR5	1.16	5.6	1.11	6.2	1.15	5.4	1.11	7.7	1.02	5.0	1.04	6.0
	STR4	1.23	8.4	1.15	6.6	1.21	6.0	1.18	8.6	1.09	4.8	1.14	5.8
	STR6	1.10	6.5	1.07	9.6	1.12	7.2	1.11	7.3	1.01	6.5	1.03	4.2
	STR7	1.14	6.9	1.07	6.3	1.12	7.0	1.12	7.8	1.02	7.2	1.02	4.5
	STR8	1.08	17.1	1.03	14.9	1.10	16.0	1.07	13.5	0.98	13.9	1.03	16.1
SBS3-PAC13	STR9	1.41	21.4	1.40	15.1	1.41	16.8	1.42	15.2	1.36	9.4	1.25	10.5
SBS1-SMA13	STR16	0.84	10.7	0.90	8.4	0.91	9.6	0.93	6.1	1.03	2.4	0.93	3.2
	STR17	0.88	9.3	0.93	7.6	0.97	5.8	0.96	7.3	1.04	3.7	0.97	3.7
	STR18	0.85	9.1	0.93	8.5	0.89	13.6	0.92	11.4	0.90	11.2	0.91	5.1
	STR19	1.03	13.5	1.05	9.7	1.07	11.3	1.04	9.8	0.98	10.9	1.02	9.6
SBS2-AC13-70	YB-STR-6	1.17	21.8	1.36	4.5	1.36	4.0	1.30	4.1	1.02	25.2	1.28	2.3
	YB-STR5	1.30	7.3	1.29	7.1	1.28	6.5	1.24	6.3	1.05	15.0	1.19	7.5
	YB-STR4	1.36	11.1	1.34	7.8	1.30	9.4	1.25	8.6	1.15	9.1	1.23	14.2
	YB-STR1	1.31	7.7	1.31	6.3	1.32	6.7	1.28	9.7	1.18	10.5	1.16	5.0
AR22-AC13-70	YB-STR3	1.22	10.5	1.23	10.3	1.23	11.9	1.21	9.0	1.12	9.1	1.13	7.4
抗70号-AC13-70	YB-STR2	1.40	3.4	1.37	5.2	1.35	3.1	1.33	3.7	1.26	6.6	1.30	1.7

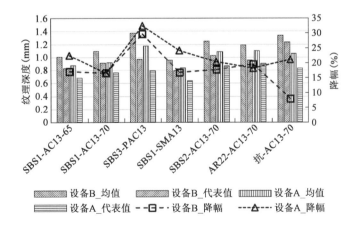

图 5-32 两种设备不同混合料纹理深度比较

由图中均值和代表值的柱状图可以看出,这两种设备测量结果还存在一定的差异,整体上设备 A 测定的纹理深度略小于设备 B。同时,设备 A 代表值的下降幅度平均为

22.1%，大于设备 B 的平均下降幅度(17.8%)，说明设备 B 测量结果的变异系数较小，稳定性较好。

图 5-33 为两个设备不同月份测量的环道沥青面层纹理深度的总平均值和代表值的分布柱状图。由图中趋势可以发现，两种设备纹理深度的测量结果与环境温度变化的规律并不一致。对于设备 B，当环境温度降低时，纹理深度并没有明显增加的趋势，反而有所降低。对于这个问题，将有待于进一步研究。

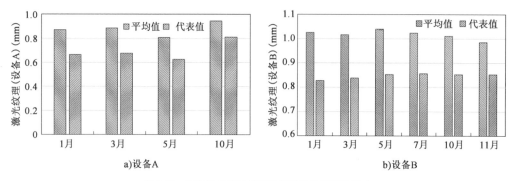

图 5-33 两种设备不同检测月份对构造深度的影响

图 5-34 为两台设备在相同月份纹理深度检测结果的散点分布图。总体上看，按照均值统计的散点图相关性好于代表值。具体计算表明，按照均值分析，1 月、3 月、5 月和 10 月设备 A 与设备 B 的相关系数分别为 0.8593、0.9379、0.8193 和 0.6335；按照代表值计算，相关系数依次为 0.7119、0.6712、0.4853 和 0.1813。说明，尽管这两个设备测量的纹理深度数值存在一定差异，但从均值看，两个设备的测量结果具有一定的相关性。值得注意的是，代表值的相关性明显下降，与设备测量的稳定性有关。另外，2016 年 10 月测量结果的相关性大幅度下降，也是值得关注的。

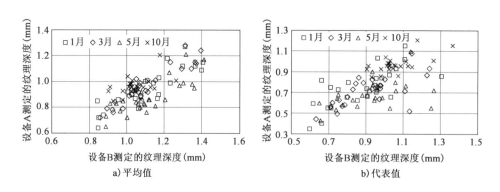

图 5-34 两台设备在相同月份纹理深度检测结果的散点分布图

参照前文弯沉测量设备可靠性的比较方法，分别计算人工铺砂法、设备 A 和设备 B 在不同检测时期测量的纹理深度自相关系数(分别按平均值和代表值计算)，汇总于表 5-11。从表中数据可以看出，三种方法测量的纹理深度，采用平均值计算的自相关系数明显好于代表值。其中,人工铺砂法的自相关系数不仅总体上的数值略好于设备 A 和 B,而且从相关系数的稳定性上看,也好于设备 A 和 B,特别是 10 月的检测结果。相较而言,设备 A 和设备 B 各有千秋。

三种纹理深度检测方法自相关系数统计汇总表　　　　表 5-11

方法	时间	按平均值计算					按代表值计算				
		1月	3月	5月	7月	10月	1月	3月	5月	7月	10月
人工铺砂	1月	1	—	—	—	—	1	—	—	—	—
	3月	0.9578	1	—	—	—	0.7287	1	—	—	—
	5月	0.9250	0.9436	1	—	—	0.7128	0.7124	1	—	—
	7月	0.9302	0.9488	0.9160	1	—	0.7149	0.7145	0.6985	1	—
	10月	0.9532	0.9718	0.9390	0.9442	1	0.7619	0.7615	0.7455	0.7476	1
设备 A	1月	1	—	—	—	—	1	—	—	—	—
	3月	0.9613	1	—	—	—	0.7320	1	—	—	—
	5月	0.9439	0.9376	1	—	—	0.8906	0.6349	1	—	—
	7月	—	—	—	—	—	—	—	—	—	—
	10月	0.7425	0.7348	0.8771	—	1	0.6756	0.8397	0.7120	—	1
设备 B	1月	1	—	—	—	—	1	—	—	—	—
	3月	0.9347	1	—	—	—	0.7029	1	—	—	—
	5月	0.9436	0.9817	1	—	—	0.7330	0.9581	1	—	—
	7月	0.9167	0.9603	0.9794	1	—	0.6443	0.9223	0.9368	1	—
	10月	0.7972	0.7605	0.7561	0.7724	1	0.5131	0.1677	0.2116	0.1772	1

将设备 A 和设备 B 测量结果取平均值,与人工铺砂法测量的纹理深度进行统计分析,如图 5-35 所示。由图可以看出,按照平均值指标分析,设备测量的纹理深度与人工铺砂法测量的结果具有良好的相关性,相关系数的平方达到 0.7324;按照代表值分析,两者的相关系数为 0.57,存在弱相关性。总之,可以得到初步结论:采用设备方法测量与人工铺砂法测量纹理深度,两者测量的原理基本一致,测量结果之间存在一定的相关性,相关性的高低取决于测量设备的稳定性。

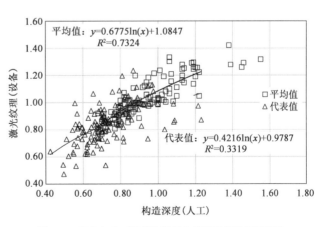

图 5-35　设备与人工铺砂法测量纹理深度的散点统计图

3）摆值的变化规律

环道各个路段不同时期摆值试验的检测结果汇总于表 5-12，按照表中数据，分类汇总不同表面类型的摆值水平比较图（图 5-36）和不同月份环道各种表面层摆值水平的综合比较图（图 5-37）。图中代表值为均值减去 2 倍标准差。从图表数据可以看出：

RIOHTrack 历次摆值检测结果汇总 表 5-12

面层类型	结构编号	3月 均值（mm）	3月 C_v（%）	5月 均值（mm）	5月 C_v（%）	7月 均值（mm）	7月 C_v（%）	10月 均值（mm）	10月 C_v（%）
SBS1-AC13-65	STR13	56.5	6.1	65	8.65	75	41.49	75.0	8.64
	STR12	52.5	7.23	59.5	9.17	71.7	11.63	73.8	8.21
	STR14	53.3	7.8	57.5	9.77	71.6	12.54	74.3	7.60
	STR10	52.6	8.47	58	10.08	72.6	14.34	73.3	7.54
	STR11	55	7.69	59.6	7.79	74.8	18.94	73.9	6.19
	STR15	52	9.2	60.2	5.51	68.9	22.68	74.8	3.35
	STR3	56	9.3	58.6	8.24	73.6	9.14	75.5	4.84
	STR2	55	4.45	54.2	10.94	75.9	6.22	74.0	5.26
	STR1	57.9	5.51	58.5	7.38	75.7	6.56	74.8	4.35
SBS1-AC13-70	STR5	57.4	11.99	58	13.17	68.4	15.57	69.8	7.78
	STR4	52	3.33	55.4	19.69	74.5	9.32	70.7	4.13
	STR6	51.8	6.41	55.1	18.45	73.4	8.2	74.1	3.25
	STR7	53.2	4.85	53.2	14.77	72.7	17.39	73.4	4.63
	STR8	56.2	5.17	50.1	10.46	72	13.58	73.3	4.71
SBS3-PAC13	STR9	61.6	9.96	50.5	11.23	70.2	13.76	69.8	4.40
SBS1-SMA13	STR16	50.3	4.84	49.6	12	66.1	19.47	68.1	4.97
	STR17	50.1	8.32	50.2	12.64	66.3	14.25	68.9	4.43
	STR18	49.3	11.13	46.4	9.13	61.1	23.97	68.4	3.00
	STR19	53.2	7.04	55.8	8.36	65.7	22.46	71.0	5.24
SBS2-AC13-70	YB-STR6	49	7.84	53	6.66	72.5	7.75	73.3	7.13
	YB-STR5	51.2	6.96	52.8	7.09	71	9.11	75.7	5.15
	YB-STR4	52.4	9.44	55.9	9.66	70.4	16.84	76.2	6.86
	YB-STR1	50.6	5.3	54.7	11.55	66.8	13.02	75.6	9.76
AR22-AC13-70	YB-STR3	49.8	6.52	53.5	12.07	71.4	22.02	77.7	6.07
抗70号-AC13-70	YB-STR2	48.8	4.61	53.8	11.54	68.9	20.95	76.4	6.79

（1）从不同类型表面层沥青混凝土的摆值看，尽管纹理（构造）深度检测结果表明，开级配的 SBS3-PAC13 表面层的纹理深度最大，但是其摆值水平并不突出，甚至小于 SBS1-AC13-65 和 SBS1-AC13-70 混合料。这是由于摆值和纹理深度评价路面抗滑性能的原理

不同。PAC13 混合料尽管空隙率大，表面纹理的深度大，但也正因为如此，在进行摆值检测时，路表面与测试块的接触面积减小，导致摆值降低。应值得关注的问题：采用哪个指标评价表面层沥青混凝土的抗滑性能更合理，是摆值，还是纹理深度？实际工程应用表明，PAC 沥青混凝土具有良好的抗滑性能，由此推断，采用纹理深度指标评价路面的抗滑性能更合理。

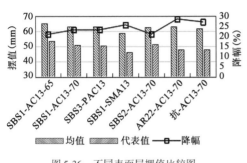

图 5-36 不同表面层摆值比较图　　　图 5-37 不同月份的摆值比较图

（2）对于同为密实型沥青混凝土的其他表面层，在"零荷"状态下，SBS1-AC13-65 表面层最好，其次为 SBS1-AC13-70 和 SBS2-AC13-70 表面层，AR22-AC13-70 和抗车辙-AC13-70 表面层，SBS1-SMA13 表面层的摆值最小。这与这些混合料的油石比和沥青黏度水平有关。需要指出的是，当加载试验后，随着表面层沥青混凝土的磨耗产生，这些规律将会发生变化。

（3）从不同月份的摆值柱状图可以看出，7 月底各种表面层混合料的摆值水平明显大于 3 月和 5 月的检测结果，说明气温的升高对于摆值的影响十分显著。但对于 10 月的检测结果，表面层的摆值仍略有增加是值得分析的。需要说明，由于气候的原因，冬季无法进行摆值试验，因此缺乏冬季的摆值检测数据，但从既有试验数据的总体趋势和摆值试验原理可以推测，随着 1 年的气候变化，摆值随温度升高而增加，直到冬季会大幅度下降。

4）横向力摩擦系数的变化规律

环道各个路段不同时期横向力摩擦系数试验的检测结果汇总于表 5-13，按照表中数据，分类汇总不同表面类型的横向力摩擦系数比较图（图 5-38）和不同月份环道各种表面层横向力系数的综合比较图（图 5-39）。

RIOHTrack 历次横向力摩擦系数检测结果汇总　　　　表 5-13

面层类型	结构编号	3 月		5 月		7 月		10 月	
		均值(mm)	C_v(%)	均值(mm)	C_v(%)	均值(mm)	C_v(%)	均值(mm)	C_v(%)
SBS1-AC13-65	STR13	64.1	5.16	68.3	4.73	89.6	3.47	82.0	3.69
	STR12	65.1	3.99	70.4	2.86	90.1	2.01	83.0	1.80

续上表

面层类型	结构编号	3月		5月		7月		10月	
		均值(mm)	C_v(%)	均值(mm)	C_v(%)	均值(mm)	C_v(%)	均值(mm)	C_v(%)
SBS1-AC13-65	STR14	64.9	3.19	69	4.27	91	1.71	83.7	1.42
	STR10	64.8	4.06	69.6	3.6	90.7	1.52	83.7	1.14
	STR11	65.5	5.28	69.1	2.82	90.1	1.62	83.6	1.18
	STR15	60	17.74	65.1	13.21	88.3	6.17	78.0	8.67
	STR3	64	3.88	67.7	5.94	89.7	3.86	81.1	5.82
	STR2	65	3.34	67.8	5.36	89.1	3.23	80.6	4.53
	STR1	64.3	7.36	67.4	4.1	89	3	81.2	3.84
SBS1-AC13-70	STR5	65.8	6.1	66.9	5.06	88.8	2.12	81.1	2.09
	STR4	64.9	3.3	68.4	2.82	89	1.76	82.1	1.51
	STR6	64.6	2.8	67.8	2.91	86.9	12.55	82.4	2.33
	STR7	65.4	8.25	68.6	2.27	90.1	1.54	82.8	2.32
	STR8	65.3	3.3	68.8	2.55	90.2	1.46	82.6	1.95
SBS3-PAC13	STR9	66	4.59	65.5	5.87	86.7	5.3	77.7	6.35
SBS1-SMA13	STR16	61.3	6.69	62.6	2.98	83.6	3.42	75.2	3.86
	STR17	58.1	5.34	62.5	2.59	83.8	2.36	76.5	1.78
	STR18	59.9	5.76	59.9	9.38	81.5	7.3	75.3	4.38
	STR19	63.5	3.63	64.1	8.65	85	7.45	75.0	10.85
SBS2-AC13-70	YB-STR6	63.8	1.83	67	2.9	87.9	1.18	80.5	2.02
	YB-STR5	61.9	3.76	66.9	3.33	88.3	0.74	81.4	1.01
	YB-STR4	63.4	4.62	68	2.92	89.9	0.57	82.0	1.34
	YB-STR1	60.6	3.15	63.8	5.7	86	3.9	79.8	4.63
AR22-AC13-70	YB-STR3	61.2	4.66	65.1	6.38	87.2	3.74	80.1	4.31
抗70号-AC13-70	YB-STR2	64.2	2.99	67.4	4.34	88.6	1.76	80.7	1.48

从图表数据可以看出：

（1）与摆值试验结果类似，开级配 SBS3-PAC13 表面层尽管纹理深度最大，但是其横向力摩擦系数并不突出，甚至小于 SBS1-AC13-65 和 SBS1-AC13-70 混合料。其原因与摆值现象一致。

（2）对于同为密实型沥青混凝土的其他表面层，在"零荷"状态下，SBS1-AC13-65、SBS1-AC13-70、SBS2-AC13-70 和抗车辙-AC13-70 等四种表面层基本相当，AR22-AC13-70 表面层次之，SBS1-SMA13 表面层的横向力摩擦系数最小。同样，既有这些结果将在加载试验后，随着表面层沥青混凝土的磨耗产生，并将会发生变化。

（3）从不同月份的横向力摩擦系数柱状图可以看出，7月底各种表面层混合料的横向力系数明显大于3月和5月的检测结果,10月出现明显下降的趋势。因此,横向力摩擦系数随环境温度变化的规律与摆值类似。

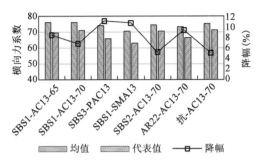

图5-38 不同表面层横向力摩擦系数比较

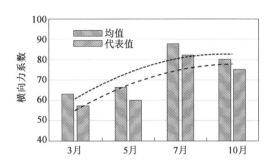

图5-39 不同月份横向力摩擦系数比较

图5-40为"零荷"状态下,横向力摩擦系数与摆值的散点统计图,由图可以看出,按照平均值指标,两种方法测量的路表抗滑性能具有良好的相关性,相关系数的平方达到0.8319,优于不同纹理(构造)深度测量方法的相关系数。但是,按照代表值评价,两者的相关性大大降低,对比图5-36和图5-38的降幅曲线可以看出,摆值的降幅明显大于横向力摩擦系数的降幅,说明代表值相关系数的大幅度降低与两种方法的试验稳定性有关。

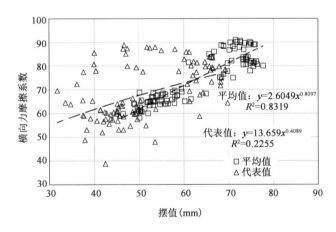

图5-40 横向力摩擦系数与摆值的散点统计图

5) 两类抗滑性能指标的相关性分析

通过以上分析表明,表征沥青路面抗滑性能的指标大致可分为两大类,一类是采用人工或专用仪器设备检测的路表纹理(构造)深度指标,另一类是采用摆式仪或横向力摩擦系数车测定的摆值或横向力摩擦系数。同时,每一类的指标之间存在一定的相关性。

根据以上检测数据,分别绘制构造深度与摆值的散点图(图5-41)和激光纹理深度与横向力摩擦系数的散点图(图5-42)。经计算分析,摆值与构造深度的相关系数按均值计算为-0.0014,按代表值计算为0.1658;横向力摩擦系数与激光纹理深度的相关系数按均值计算为0.1893,按代表值计算为0.3891。由此可以得出结论,这两类抗滑性能评价指标之间没有必然的相关性。

由此将导致采用哪一类指标评价沥青路面抗滑性能更合理的问题,还是这两类指标各有优势和局限性,在实际工程中应根据不同情况进行选择,对此值得进一步深入研究。

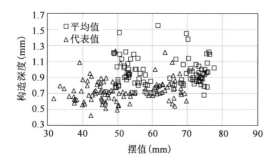

图 5-41 构造深度与摆值的散点图

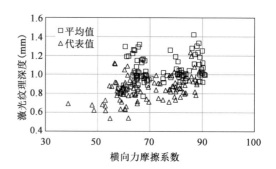

图 5-42 纹理深度与横向力摩擦系数的散点图

6 信息采集与传感器布设

作为第一次修建的足尺路面试验环道,尽管有些检测数据的分析方法还需要完善,但仍希望尽可能全面地采集加载试验过程中,各个试验路段的服役状态信息,特别是结构内部的环境与力学响应信息。因此RIOHTrack环道不仅设置了一个9参数的气象站,埋设了动态称重系统,而且在19个试验路段上设置了23个传感器断面,在结构的不同深度位置埋设了动(静)态的应力、应变传感器,以及静态的温、湿度传感器。

6.1 传感器标定

为了保证环道安装传感器的可靠性,所有传感器全部进行了自检联合标定。

温度传感器采用标准温度计对比标定方法(图6-1),在冷冻箱或水浴内同时放置温度传感器和标准水银温度计,待温度稳定10min后读取传感器和温度计的读数进行对比。环道共标定温度传感器315支。

由于湿度传感器出厂标定是采用体积比计算方法,与一般工程的质量比计算方法不同,因此,采用现场土样按照5%的湿度梯度制作标准含水率试件进行标定(图6-2)。另外,湿度传感器原厂的标称精度为3%(体积比),因此在标定过程中,重新设定计算公式,在5%的标定区间内进行线性差值,计算湿度结果。环道共标定湿度传感器242支。

图6-1 温度传感器标定　　　　　　　图6-2 湿度传感器标定

环道使用的应变计,包括动态的KM100HAS型沥青应变计、KM100型混凝土应变计、KM50型竖向应变计,以及静态的GI-EM150型振弦式混凝土应变计、GI-EM150型混凝土应力计,均采用标准标定架的方式标定(图6-3)。环道共标定KM100HAS型沥青应变计357

支、KM100 型混凝土应变计 415 支、M50 型竖向应变计 124 支、GI-EM150 型应变计 212 支、GI-EM150 型应力计 26 支。标定结果显示所有传感器的性能指标均与出厂标定资料相符。

环道使用的土压力计,包括 P252A 型土压力计、VWE 型土压力计,均采用放置于压力罐中与标准压力表对比的方式标定(图 6-4)。共标定 P252A 型土压力计 196 支、VWE 型土压力计 208 支,标定结果显示所有传感器的性能指标均与出厂标定资料相符。

图 6-3 应变计标定

图 6-4 土压力计标定

多点位移传感器的标定采用标准钢尺(游标卡尺)对比的方式标定,共标定 KLA100 型多点位移计 23 套,标定结果显示所有传感器的性能指标均与出厂标定资料相符。

钢筋应力计采用试验机上无破坏拉拔的方式进行标定,共标定的 GIRS 型钢筋应力计 32 支,标定结果显示所有传感器的性能指标均与出厂标定资料相符。

6.2 传感器布设

环道传感器布设的原则是:能够实时监测路面结构内部应力、应变的响应状态及其环境场变化。同时考虑以下几方面因素:

(1)技术与经济的合理性。环道有 19 个主试验沥青路面结构,共有近 200 个层位,每个结构、每个整体性结构层底部的应变状态,是环道研究的重要基础数据,也是结构应力应变检测的主要指标之一,相应的传感器设备也比较成熟。但是,这些传感器的价格比较昂贵,用于测量沥青混凝土结构层底部应变的传感器每个大约 1 万元左右。同时,行车荷载在路面上行驶轨迹是随机的,考虑到路面材料非线性的力学响应特征,为了准确评价路面结构层底部的应变状态,仅埋设 1 个传感器是不够的。

当前国内外路面结构内部应变传感器以 2 个为 1 个检测单元,成对布设,一个沿行车方向,另一个垂直于行车方向。考虑行车荷载轨迹的随机偏移问题,为了有效测量结构层底部的应变,借鉴国内外经验,一般采用矩阵布设形式,如 2×2、2×3、3×3(图 6-5)。2×2 需 8 个应变传感器,2×3 需 12 个应变传感器,3×3 需 18 个应变传感器。

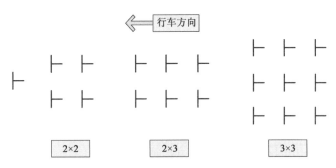

图 6-5 应变传感器的矩阵布设示意图

综合技术和经济考虑，环道应变传感器采用 2×2 的布设模式。即每个埋设层面埋设正方形的四个点，每个点上沿行车方向和垂直方向各埋设 1 个传感器，这样一个平面的检测单元埋设了 8 个应变传感器。

(2) 施工的可操作性。由于应变传感器自身厚度约 2cm 左右，当沥青混合料结构层较薄时，埋设后混合料不易压实，且在压实过程中容易造成传感器的损伤。对于环道结构，原则上是测量每一层沥青混凝土的应变水平，但是对于 4cm 上面层沥青混凝土和 2cm 应力吸收层沥青混凝土这种较薄的结构层，不宜埋设应变传感器。因此，环道全线上面层沥青混凝土层内部不埋设传感器，传感器只埋设至中面层及其以下结构层；对于有应力吸收层的结构，应变传感器埋设与其上层的沥青混凝土结构层施工同时进行。

(3) 尽可能采集更多的响应信息。为了更准确反映非线性材料在实际路面结构中的应力状态，在实际施工过程中，经与数据采集系统的建设单位商量，决定在 STR1、STR5、STR13 和 STR19 的半刚性材料结构层和沥青混凝土层内部分别增设三维应力计和三维应变计，同时测定路面结构内部的三向应力和应变状态。

表 6-1 和表 6-2 为环道沥青路面段和水泥混凝土路面段各结构布设的各类传感器和动静态数据采集单元的汇总统计表。水泥混凝土路段均为静态传感器，因此只有静态数据采集单元。沥青路面结构段的动态采集单元根据每个路段动态传感器的数量，选择不同通道的动态采集单元。

沥青路面试验结构传感器和采集单元配置情况表　　　表 6-1

结构编号	传感器								动态采集单元				静态采集单元		
	沥青应变计	动态混凝土应变计	静态混凝土应变计	多点位移计	土压力计	竖向应变计	温度传感器	湿度传感器	40通道	48通道	56通道	64通道	100通道	80通道	60通道
HZSTR1	8	32	1	4	2	9	7					1			
STR1	8	32	1	15	6	9	7					1			
STR2	8	24	1	7	2	9	7			1			1		
STR3	8	16	1	7	2	9	7		1						
STR15	24	8	1	7	6	9	5				1				

续上表

结构编号	传感器								动态采集单元				静态采集单元		
	沥青应变计	动态混凝土应变计	静态混凝土应变计	多点位移计	土压力计	竖向应变计	温度传感器	湿度传感器	40通道	48通道	56通道	64通道	100通道	80通道	60通道
STR11	16	24		1	8	6	11	7				1		1	
STR10	16	16		1	8	6	11	7			1			1	
STR14	16	24		1	8	4	10	7				1		1	
STR12	16	16		1	8	4	10	7			1			1	
STR13	16	16	8	1	14	12	10	7			1				1
HZSTR13	16	16	8	1	5	4	10	7			1				1
HZSTR5	8	16	8	1	4	2	9	7	1						
STR5	8	16	8	1	13	6	9	7	1				1		
STR4	8	24		1	7	2	9	7		1			1		
STR6	8	24		1	7	2	10	7		1			1		
STR7	8	16	8	1	7	2	10	7	1				1		
STR8	8	24		1	7	2	10	7		1			1		
STR9	8	16	8	1	7	2	10	7	1				1		
STR16	24	16		1	8	6	10	6				1			
STR17	24	8	8	1	8	6	10	6			1				
STR18	32	0		1	7	8	9	4		1			1		
STR19	32	8		1	10	24	10	5			1				
HZSTR19	32	8		1	6	8	10	5			1				
合计	352	400	56	23	182	124	223	150	5	4	9	5	4	1	1

水泥路面试验结构传感器和采集单元配置情况表　　表6-2

结构编号	传 感 器						静态采集单元	
	振弦式应变计	混凝土应力计	钢筋应力计	土压力计	温度传感器	湿度传感器	320通道	300通道
YA-STR1	12	2	0	16	6	6		
YA-STR2	12	2	0	16	7	7		
YA-STR3	12	2	0	16	6	6	1	
YA-STR4	12	2	0	16	7	7		
YA-STR5	12	2	0	16	7	7		
YA-STR6	12	2	0	16	7	7		
YA-STR7	12	2	0	16	7	7		
YA-STR8	12	2	0	16	7	7		1
YA-STR9	12	2	0	16	7	7		
YA-STR10	12	2	2	16	7	7		

续上表

结构编号	传感器						静态采集单元	
	振弦式应变计	混凝土应力计	钢筋应力计	土压力计	温度传感器	湿度传感器	320通道	300通道
YA-STR11	12	2	8	16	7	7		
YA-STR12	12	2	8	16	7	7		1
YA-STR13	12	2	8	16	7	7		
合计	156	26	26	208	89	89	1	1

为了准确定位每个传感器的埋设位置,每个路段各个传感器埋设时都有一个相对坐标。表6-3和表6-4为各个路段传感器埋设的基线桩号汇总表,每个路段各个传感器都根据这个基线桩号确定坐标。

沥青路面段传感器埋设基准线桩号汇总表　　　　表6-3

编号	路段	基准线桩号	编号	路段	基准线桩号	编号	路段	基准线桩号
1	STR1	K0+252	9	STR9	K1+038	17	STR17	K1+158
2	STR2	K0+187	10	STR10	K1+965	18	STR18	K1+218
3	STR3	K0+122	11	STR11	K2+030	19	STR19	K1+278
4	STR4	K0+796	12	STR12	K1+835	20	HZSTR1	K0+317
5	STR5	K0+743	13	STR13	K1+770	21	HZSTR5	K0+683
6	STR6	K0+858	14	STR14	K1+900	22	HZSTR13	K1+705
7	STR7	K0+918	15	STR15	K0+057	23	HZSTR19	K1+338
8	STR8	K0+978	16	STR16	K1+098			

水泥路面段传感器埋设基准线桩号汇总表　　　　表6-4

编号	路段	基准线桩号	编号	路段	基准线桩号
1	YA-STR1	K0+644	8	YA-STR8	K0+504
2	YA-STR2	K0+624	9	YA-STR9	K0+484
3	YA-STR3	K0+604	10	YA-STR10	K0+464
4	YA-STR4	K0+584	11	YA-STR11	K0+444
5	YA-STR5	K0+564	12	YA-STR12	K0+404
6	YA-STR6	K0+544	13	YA-STR13	K0+362
7	YA-STR7	K0+524			

6.2.1　沥青路面传感器布设

沥青路面布设的传感器类型见表6-1,包括:沥青应变计、动态混凝土应变计、静态混凝土应变计、多点位移计、土压力计、竖向应变计、温度传感器、湿度传感器等八大类,集中布设在各结构路段中心桩号位置的行车道左轮迹处。

(1) 沥青应变计埋设在沥青混凝土结构层层底位置处，呈正方形布设，用于观测沥青材料层的水平方向应变。每个测量层位的传感器布设时，在正方形的四个角上，沿行车方向和垂直行车方向各埋设 1 个沥青应变计，共计 8 个。沿行车方向布设的传感器为纵向应变计 ε_y，垂直行车方向的传感器为横向应变计 ε_x。各结构路段根据沥青面层厚度的不同，设置 1~4 个测量层位不等。其中，STR1~STR9 各设置 1 个测量层位，STR10~STR14 各设置 2 个测量层位，STR15~STR17 各设置 3 个测量层位，STR18、STR19 各设置 4 个测量层位。图 6-6 为 STR1 沥青面层传感器布设示意图，图中 L1-1、L1-3、L1-5、L1-7 为纵向沥青应变计，L1-2、L1-4、L1-6、L1-8 为横向沥青应变计。

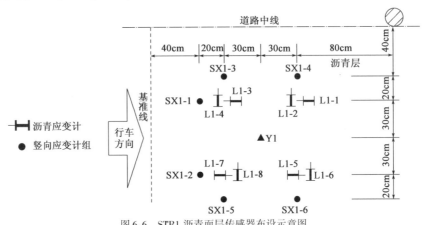

图 6-6　STR1 沥青面层传感器布设示意图

(2) 动态混凝土应变计埋设在半刚性材料层层底位置处，也呈正方形布设，用于观测水泥稳定级配碎石、水泥稳定土等水平方向的纵向应变与横向应变。每个测量层位的传感器布设方式与沥青应变计相同。除 STR5、HZSTR5、STR7、STR9、STR13、HZSTR13、STR17 底基层之外，其他各结构路段的水泥稳定级配碎石层层底、水泥稳定土层层底处均设置了动态混凝土应变计的测量层位。图 6-7 为 STR1 第一层水泥稳定级配碎石的传感器布设示意图，图中 H1-1、H1-3、H1-5、H1-7 为纵向动态混凝土应变计，H1-2、H1-4、H1-6、H1-8 为横向动态混凝土应变计。

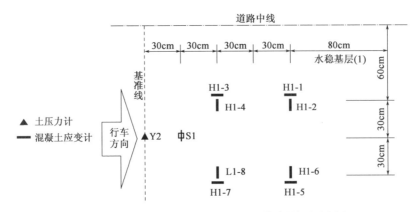

图 6-7　STR1 第一层水泥稳定级配碎石的传感器布设示意图

(3) 静态混凝土应变计只埋设在 STR5、HZSTR5、STR7、STR9、STR13、HZSTR13、STR17 结构路段的底基层层底位置处,用于观测该层的水平纵向应变与横向应变。

(4) 多点位移计埋设在各结构路段路表以下 40cm、70cm、100cm、150cm 的位置处,用于观测结构层的竖向位移。图 6-8 为 STR1 传感器布设的剖面图,图中 D1、D2、D3、D4 为多点位移计。

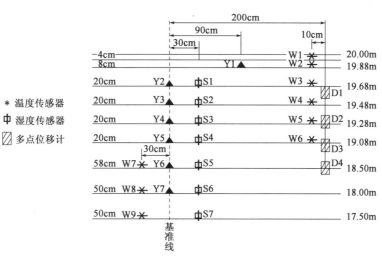

图 6-8　STR1 传感器布设剖面图

(5) 土压力计在各个结构层中均有布设,用于观测所在层位的竖向应力。其中,在沥青混凝土结构层中,土压力计与沥青应变计同时埋设,布置在正方形的形心位置处;在半刚性材料、级配碎石、贫混凝土、水泥混凝土等结构层中,土压力计埋设在各层层底处,距动(静)态混凝土应变计组成的正方形形心 90cm;在路基土中,土压力计埋设在距路表 150cm、200cm 和 250cm 的位置处。图 6-8 为 STR1 传感器布设剖面图,其中 Y1 为 STR1 沥青混凝土结构层中的土压力计,Y2、Y3、Y4、Y5 为半刚性材料结构层中的土压力计,Y6、Y7 为路基土中的土压力计。

(6) 竖向应变计埋设在沥青混凝土结构层层底位置处,用于观测沥青材料层的竖向应变,与沥青应变计的水平距离为 20cm。图 6-6 中 SX1-1、SX1-2、SX1-3、SX1-4、SX1-5、SX1-6 为竖向应变计。

(7) 温度传感器埋设在各路面结构层层底和路基内部 150cm、200cm、250cm 的位置处,用于观测所在位置的结构内部温度变化。图 6-8 中 W1 为 STR1 沥青混凝土结构层中布设的温度传感器,W2、W3、W4、W5 为半刚性材料结构层中的温度传感器,W6 为路基土中的温度传感器。

(8) 湿度传感器埋设在路面基层结构层层底和路基内部 150cm、200cm、250cm 的位置处,用于观测所在位置的结构内部湿度变化。图 6-8 中 S1、S2、S3、S4 为 STR1 路面基层中布设的湿度传感器,S5、S6、S7 为路基土中的湿度传感器。

沥青路面各结构路段传感器布设的详细情况见附录 C。

6.2.2　水泥混凝土路面传感器布设

水泥路面布设的传感器类型包括：振弦式应变计、混凝土应力计、振弦式钢筋计、土压力计、温度传感器、湿度传感器等六大类，集中布设在各结构路段中心桩号位置的行车道水泥混凝土路面板处。

（1）振弦式应变计埋设在水泥混凝土路面板内，路面内部 2cm、17cm、32cm 位置均有布设，用于观测水泥面板内部水平方向的纵向应变。图 6-9 为 YASTR1 水泥混凝土路面板的传感器布设示意图，图中 H-1、H-2、H-3、H-4、H-5 为振弦式应变计。

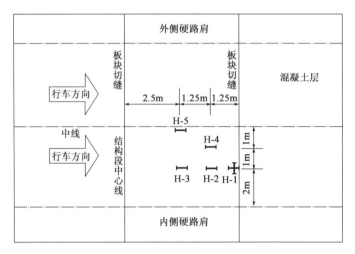

图 6-9　YASTR1 水泥混凝土路面板传感器布设示意图

（2）混凝土应力计埋设在水泥混凝土路面板的板底位置处，用于观测该处的竖向应力。

（3）振弦式钢筋计用于观测 YASTR10、YASTR11、YASTR12、YASTR13 水泥路面板内部钢筋承受的荷载，以及混凝土结构内部的应变情况。

（4）土压力计埋设在基层和土基内部，用于观测所在层位的竖向应力。基层内部土压力计距路表 42cm、土基内部土压力计距路表 108cm。

（5）温、湿度传感器成对埋设在水泥混凝土路面板、基层和土基内部。

水泥路面各结构路段传感器布设的详细情况见附录 C。

6.3　传感器安装

为了保证传感器的存活率，根据传感器的不同类型和结构层材料的施工情况确定不同的传感器安装方式，分别有直接埋设法、钻孔埋设法、反开挖埋设法和试块替代法。

1) 直接埋设法

在结构层物料摊铺后未碾压前,按照传感器的预设位置开挖传感器埋设槽和电缆槽,将传感器固定于预设位置后再将物料回填,然后正常碾压。直接埋设法示意图如图6-10所示。

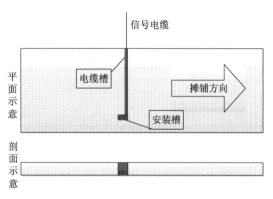

图6-10 直接埋设法示意图

优点:与施工同步,无须开挖,不破坏所属层结构;工作量小,施工简单。

缺点:传感器位置可能随压路机碾压的挤土作用出现轻微偏移(经实践,碾压后厚度为20cm的物料层,传感器位移<1cm);尖锐的石子可能对暴露在护管外的信号电缆造成挤压破坏;应力集中可导致部分传感器损坏。

应用范围:水泥混凝土内部的传感器、土基内部的温度和湿度传感器。由于水泥混凝土施工采用浇筑法,施工工艺对传感器存活性影响较小。

2) 钻孔埋设法

这种方法仅适用于硬质结构层内部传感器的安装。在结构层碾压成形后,在传感器预埋位置钻适当直径的孔,孔深至传感器预埋深度。将传感器顺入至钻孔中,确认各传感器到达预埋深度后,灌入与各结构层相同的细物料直至填满钻孔。将传感器电缆统一接入电缆护管引至采集设备区域。

优点:后施工,与结构施工无冲突,成活率高;多支传感器统一走线,节省护管并减少护管对结构层的力学性能的影响。

缺点:钻孔回填不可能达到与结构层相同的性能指标。

应用范围:整体性结构层的温度传感器、多点位移计、竖向应变计的安装。

3) 反开挖埋设法

结构层施工完成后,在传感器预设位置开挖出传感器安装槽,将传感器按照预设深度安装在安装槽内,再回填同级物料并手工夯实。反开挖埋设法示意图如图6-11所示。

优点:无大型机械影响,成活率高。

缺点:安装槽回填不可能达到与结构层完全相同的性能指标;施工工作量大,时间长,可能与后续施工相冲突。

a)开挖试槽　　　　　　　b)安装传感器　　　　　　c)同类材料回填压实

图 6-11　反开挖埋设法示意图

使用范围:土压力计,沥青混凝土层的应变计、压力计,水泥稳定级配碎石层的压力计和湿度计。

4)试块替换法

根据传感器外形大小预制试块,试块的物料和压实度等性能与实际结构层相同。传感器可预先埋设于试块中或在试块成形后开槽或钻孔埋设于试块内,试块可施加高温或预应力以使传感器与试块紧密结合。现场安装时,在传感器预设位置根据试块大小切割或钻孔,用预设传感器的试块替换原有结构。试块替换法示意图如图 6-12 所示。

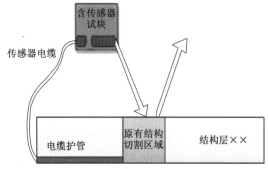

图 6-12　试块替换法示意图

优点:试块加工工程可控,传感器成活率高;试块的性能与路面结构一致性高;定位、定向精度高(尤其是竖向应变计)。

缺点:试块制作工程烦琐,耗时耗力;现场埋设时间较长,可能与后一项结构施工冲突。

适用范围:水稳层的应变计。

本节将详细介绍环道各类传感器的安装工艺。

6.3.1　沥青路面传感器安装

1)沥青应变计的安装

具体安装步骤如下:

(1)在黏结层施工完成后,当铺设沥青混合料后,层间结合非常紧密,难以反开挖安装传感器,因此在防水黏结层顶面铺设传感器的位置和传感器连接线的位置固定隔离木板,如图6-13a)和图6-13b)所示。

图6-13 沥青应变计安装过程图

(2)沥青结构层施工完成后,在预设位置切割,并取出隔离木板,形成传感器安装槽,如图6-13c)所示。

(3)在传感器两脚上分别都绑上橡皮筋,给传感器施加预应力,如图6-13d)所示。

(4)在安装位置预铺细颗粒物料,用于传感器初始固定,并将引线汇集,沿电缆槽引出,电缆加保护管保护,并留有伸缩余量,电缆引出道路,如图6-13e)所示。

(5)传感器保护,在传感器上铺盖本层相同的沥青混凝土,面积包裹住传感器即可,如图6-13f)所示。

(6)将安装槽用同层沥青混合料填至松铺高度后,用压路机压实,如图6-13g)所示。

(7)在沥青摊铺前和摊铺过程中应不时地读取传感器读数,观察读数变化,确认传感器是否正常;如不正常马上停止施工,即时更换传感器,如果已经摊铺完毕,采用回挖办法补救传感器。图6-13h)为安装现场采用的便携式读数仪。

2) 半刚性材料土应变计的检测与安装埋设(含电阻应变式和振弦式)

具体安装步骤如下:

(1)安装预埋结构的材料配合比和压实度,预制安装块,如图6-14所示。

a)   b)

图6-14 预制传感器安装试件

(2)拿出安装块内的传感器模具,将传感器用植筋胶粘在安装槽内备用。

(3)按设计方案位置确定传感器预埋位置,布点画线,把测点位置"+"字标记好,如图6-15a)所示。

(4)在预设位置切割开挖安装槽,如图6-15b)、图6-16a)和图6-16b)所示。

(5)将传感器安装块放入安装槽,用细集料填补缝隙,如图6-16c)所示。

(6)用混凝土浇筑电缆走线槽,如图6-16d)所示。

(7)在半刚性材料摊铺前和摊铺过程中应不时地读取传感器读数,观察读数变化,确认传感器是否正常;如不正常马上停止施工,即时更换传感器,如果已经摊铺完毕,采用回挖办法补救传感器。

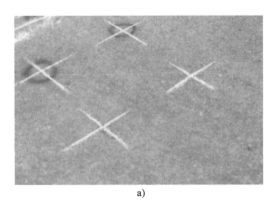

图 6-15　确定传感器位置并开槽

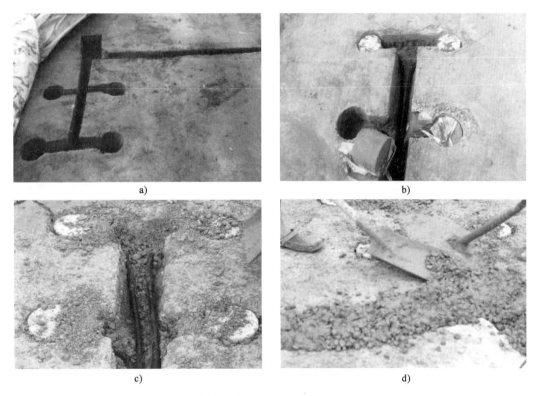

图 6-16　传感器安装及混凝土浇筑

3) 多点位移计的检测与安装埋设

多点位移计应在路面结构施工完成后采用后埋法进行安装,安装埋设方法为:

(1) 按照沉降计设计深度计算测杆长度和加压管长度,按照 10% 冗余比例进行测杆和测管的切割。

(2) 将测杆、加压管、液压锚头连接并使用固定器固定。多点位移计安装如图 6-17 所示。

(3) 在多点沉降计预设位置开直径 30cm,深 30cm 的槽,槽中心钻直径 8cm 的孔,孔的深度以略深于最下面一个液压锚头为宜,如图6-18a)所示。

图6-17 多点位移计安装

(4)将组装好的沉降计锚头和测杆放入孔中,调节其深度使得液压锚头到达设计深度后利用固定器垂直位置,如图6-18b)所示。

(5)利用加压泵通过加压管向液压锚头内注入防冻液,使液压锚头的锚固机构膨胀,与周围土体紧密结合,如图6-18c)所示。

(6)加压完成后将液压管剪掉,用细砂浆将钻孔封闭,如图6-18d)所示。

(7)用3个膨胀螺栓固定沉降传感器测头,如图6-18e)所示。

(8)装入测头及上盖,浇筑混凝土,养护至混凝土达到强度,如图6-18f)所示。

(9)表层用环氧砂浆填补,以保证与沥青路面有效结合。

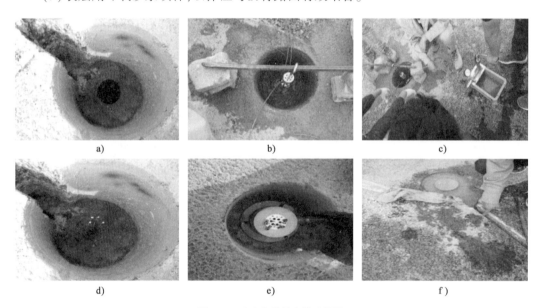

图6-18 多点位移计安装过程图

4)土压力计的检测与安装埋设

土压力计用于测量动态荷载作用下土基表面的垂直压力,压力计应布置在外轮道的中心位置,因为在该位置,预期车轮对路面结构产生的应力最大。土压力计安装步骤如下:

(1)安装在接触面上,水平安装,确定测点位置。

(2)基本原则是:基层结构碾压完毕,将测点位置开挖整平(仅基层上表面),固定传感器,采用同层物料掩埋并人工夯实,防止机械碾压造成传感器超过量程而损坏。

(3)在填筑面上测点位置做出标记。

(4)制备仪器的基层开挖,基层必须平整、均匀、密实。土压力计在不同层位安装的安装槽如图6-19所示。

a)水泥稳定土基层安装槽

b)水泥稳定级配碎石层安装槽

c)沥青层安装槽

图6-19　土压力计在不同层位安装的安装槽

(5)安装压力计,与受压板接触的材料采用中细物料掩埋上保护层,铺平压实,仪器周围安全覆盖厚度以内的填方采用薄层铺料法。土压力计在不同层位安装如图6-20所示。

a)水泥稳定土基层安装

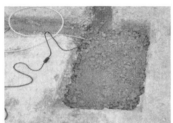
b)水泥稳定级配碎石层安装

c)沥青层安装

图6-20　土压力计在不同层位安装示意图

(6)将信号线缆穿管。传感器导线穿管电缆槽回填如图6-21所示。

a)传感器导线穿管

b)传感器电缆导管

c)水泥稳定级配碎石层电缆槽回填

图6-21　传感器导线穿管电缆槽回填

(7)回填压实(水泥稳定级配碎石层混凝土回填并振捣)。

(8)待数据稳定后测量初始值。

5)竖向应变计的检测与安装埋设(图6-22)

(1)将传感器电缆引线位置开槽、钻孔,钻孔深度与结构层同深。

(2)将传感器裹满环氧树脂胶后放入安装孔内。

a)传感器引线位置

b)引线开槽

c)引线固定

图 6-22　竖向应变计安装过程图

(3) 电缆同沥青应变计的电缆一起穿管引出路侧。

(4) 在沥青摊铺前和摊铺过程中应不时地读取传感器读数,观察读数变化,确认传感器是否正常;如不正常马上停止施工,及时更换传感器,如果已经摊铺完毕,采用回挖办法补救传感器。

6.3.2　水泥路面传感器安装

1) 混凝土应变计的安装埋设

混凝土应变计在水泥路面浇筑前安装。

根据设计位置,无配筋区域按照预设的安装方向插入两根直径 10mm 的钢筋,将应变计利用绑丝固定在预设高度。传感器电缆经套管保护后,开槽埋设在基层顶部引出路基以外。水泥混凝土路面传感器布置如图 6-23 所示。

配筋区域,按照设计位置和方向直接将传感器利用绑丝固定在钢筋网格上,如钢筋层数较少不能满足传感器竖向分布的安装需求,应在钢筋网中增加竖向钢筋以便应变计的固定。传感器固定如图 6-24 所示。

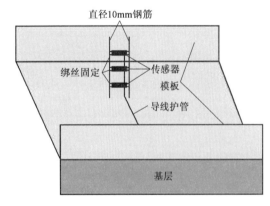

图 6-23　水泥混凝土路面传感器布置图

图 6-24　传感器固定

经测试传感器正常后,浇筑混凝土。

混凝土浇捣时应注意传感器的保护,避免由于振捣而损坏仪器和电缆,在仪器半径

1m 范围内禁止用机械振捣器振捣而应采用人工振捣。

2) 混凝土应力计的安装埋设

混凝土应力计在水泥路面浇筑前安装。

根据设计位置，无配筋区域按照预设的安装方向插入两根直径 10mm 的钢筋，将应力计利用绑丝固定在预设高度。传感器电缆经套管保护后，开槽埋设在基层顶部并引出路基以外。

配筋区域，按照设计位置和方向直接将传感器利用绑丝固定在钢筋网格上，如钢筋层数较少不能满足传感器竖向分布的安装需求时，应在钢筋网中增加竖向钢筋以便应力计的固定。

经测试传感器正常后，浇筑混凝土。

3) 钢筋计的安装埋设

钢筋计仅安装在水泥路面区域的有配筋区段。

安装方法为：

(1) 钢筋网格绑扎完成后，在设计位置将钢筋截断，截断长度根据钢筋计传感器部分长度、连接杆长度和焊接方式进行调整。

(2) 钢筋计接入连接杆后，将连接杆焊在钢筋截断的区域两侧。焊接过程中注意钢筋计温度不能过高，必要时应用湿布将钢筋计传感器部分包裹。钢筋计的焊接如图 6-25 所示。

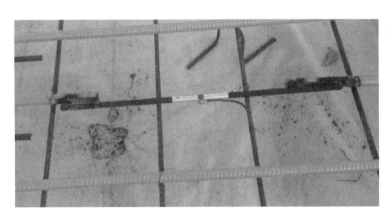

图 6-25　钢筋计的焊接

(3) 待焊接区域冷却后将传感器电缆穿入护管引至路基以外。

4) 土压力计的安装埋设

土压力计安装步骤如下：

(1) 安装在接触面上，水平安装，确定测点位置。

(2) 基本原则是：每层结构碾压完毕，在测点位置整平安装基层，固定传感器，同层物料掩埋后再人工夯实,防止机械碾压造成传感器超过量程而损坏。

(3)在填筑面上测点位置制备仪器基层,基层必须平整、均匀、密实。

(4)用水泥砂浆或中细砂将基层垫平。

(5)安装应力计,与受压板接触的材料采用中细砂掩埋上保护层,铺平压实,仪器周围安全覆盖厚度以内的填方,应采用薄层铺料、人工夯实的方法,确保仪器安全,并尽量使仪器周围材料的级配、含水率、密度等与邻近填方接近。

(6)待数据稳定后测量初始值。

(7)因为安装压力计的最终目的是测量土体中或结构界面上的应力,因此在安装过程中一定要切记尽可能减少由于安装压力计而对应力计的影响。

(8)应力计安装应尽量采用周围的材料进行覆盖,可以避免干扰。

6.3.3　温、湿度传感器安装

温度传感器和湿度传感器具体安装要和路面施工进度保持一致。土基层中的温度传感器可直接埋设于预定位置和深度,即在传感器预设的位置开挖,挖至预定深度后将传感器放置于预设位置,并用同级材料回填并压实,传感器导线通过金属管保护引至路侧。

水稳层、沥青层中的温度传感器在道路施工完成后埋设。在预定温度传感器安装位置开孔,开孔直径取决于所安装层材料的最大工程粒径。按照预设的梯度分布,把绑扎好的传感器放入孔中。预先制作的温度传感器串如图6-26所示。

图6-26　预先制作的温度传感器串

拔除预埋管回填或直接回填同样的路面材料并做人工压实,电缆经开出的线缆槽穿管保护,不时地使用采集设备进行数值读取,保证成活率。

6.3.4　数据采集箱安装

数据采集箱安装在廊道内部或定制的设备安装杆上。位于直线段的各试验结构,由于超车道外侧设计了检查管廊,各结构的数据采集箱就近安装在检查管廊内部的廊道内壁处,如图6-27所示。位于缓和曲线段和圆曲线段的各试验结构,数据采集箱则安装在定制的设备安装杆上,如图6-28所示。环道各个断面传感器数据采集箱安装位置汇总于表6-5。

图 6-27 廊道内数据采集箱　　　　　　　图 6-28 环道周边数据采集箱

环道各个断面传感器数据采集箱安装位置汇总表　　表 6-5

序号	设备名称	结构段	里程桩号	安装方式	序号	设备名称	结构段	里程桩号	安装方式
1	动态单元 1	STR1	K0+252	廊道内壁挂	17	动态单元 17	STR17	K1+158	廊道内壁挂
2	动态单元 2	STR2	K0+187		18	动态单元 18	STR18	K1+218	安装杆固定
3	动态单元 3	STR3	K0+122		19	动态单元 19	STR19	K1+278	
4	动态单元 4	STR4	K0+796		20	动态单元 20	HZSTR1	K0+317	
5	动态单元 5	STR5	K0+743		21	动态单元 21	HZSTR5	K0+683	
6	动态单元 6	STR6	K0+858		22	动态单元 22	HZSTR13	K1+705	
7	动态单元 7	STR7	K0+918		23	动态单元 23	HZSTR19	K1+338	
8	动态单元 8	STR8	K0+978		24	静态单元 1	STR4	K0+796	廊道内壁挂
9	动态单元 9	STR9	K1+038		25	静态单元 2	STR9	K1+038	
10	动态单元 10	STR10	K1+965		26	静态单元 3	STR19	K1+278	安装杆固定
11	动态单元 11	STR11	K2+030		27	静态单元 4	STR2	K0+187	廊道内壁挂
12	动态单元 12	STR12	K1+835		28	静态单元 5	STR14	K1+900	
13	动态单元 13	STR13	K1+770	安装杆固定	29	静态单元 6	STR13	K1+770	安装杆固定
14	动态单元 14	STR14	K1+900	廊道内壁挂	30	静态单元 7	YASTR6	K0+544	
15	动态单元 15	STR15	K0+057		31	静态单元 8	YASTR11	K0+444	
16	动态单元 16	STR16	K1+098		—	—	—	—	—

6.4　传感器调试

在传感器的安装过程中,通过检测传感器电信号的响应状态,评定各类传感器的运营状态,如发现异常,及时分析原因,必要时,对损坏的传感器重新安装。

待环道所有传感器安装完毕后,按照子系统调试和联合调试相结合的方法,对环道传感器系统进行调试。值得说明的是,环道数据采集系统主要是传感器系统的安装,数据传输所需要的光纤、电力由"运营监控系统"负责,数据采集信号的存储、分析由"数据中心系统"负责。在传感器调试过程中,这些系统尚在建设中。因此,在传感器调试过程中采用临时外挂硬盘的方式存储数据,并采用蓄电池和发电机发电的方式临时供电(直至2016年7月后运营监控系统才提供光纤通信和稳定的电力)。

依照技术文件,传感器系统的调试主要通过抽检法和试运行法配合进行。

抽检法:选取部分(不小于20%)设备,利用已安装完毕的采集单元读取对应传感器的读数。在外部条件相同的情况下连续测读5个时段(每个时段3min,静态采集设备每时段采集1次,动态采集设备每时段采集1min),对所得结果进行对比分析,通过数据的合理、连续、稳定,可反映硬件设备的稳定性和有效性。

试运行法:用于分部调试、子系统调试、系统联合调试和软件联调。软件联调需要搭建试运行软件环境(调试软件仅具有基本数据收发功能),系统软件环境搭建好并成功连接系统后,按照系统运营期间的预设计划(采集频率、触发阈值等)运行3个时段,每个时段不小于24h(可根据数据稳定情况增加),两个试运行时段需系统断电1h以上。试运行调试完毕后,对系统试运行结果进行分析,除系统功能和系统参数的检测外,还需判断系统对时间、环境的反映是否与理论判断大致相同。由于环道各个系统建设进度存在差异,真正意义上的试运行调试无法进行,只是进行了分部和子系统调试。具体有:

(1)气象站信息实行24h不间断的信息采集。

(2)路面结构内部温、湿度传感器的24h不间断信息采集(7月以前采用蓄电池供电)。

(3)23个动态传感器断面采用落锤式弯沉仪分级荷载,定点检测传感器的响应状态,并采集数据(7月以前采用发电机供电)。

(4)采用载重车按照不同的车速移动加载,检测路面结构内部的应力、应变传感器,激光测距传感器和动态称重传感器的响应状态,并采集数据(7月以前采用发电机供电)。

图6-29为操作人员在廊道内检查数据采集信号,图6-30为FWD定点检测传感器响应的检测图。

图6-29 操纵人员在廊道内检查数据采集信号

图6-30 FWD定点检测传感器响应的检测

本次试运行结果发现,沥青路面段与水泥路面段的有些传感器出现异常,总体的存活率较 2015 年 12 月的抽样结果有所降低。其主要原因是结构内部在不同的温、湿度等环境条件下发生了一些变化,使得部分传感器由正常运行状态转变为超量程运行状态,也有个别传感器的内部电路在长时间通电的情况下损坏。但总体上成活率满足合同约定(进口产品不小于 95%,国产产品不小于 90%)。未存活传感器统计结果汇总于表 6-6 ~ 表 6-9。

沥青路面段未成活传感器统计表(2016 年 9 月) 表 6-6

序号	所在结构	编号	类型	序号	所在结构	编号	类型
1	STR1	EKC140287	混凝土应变计	19	STR14	20141106778-0-3	湿度传感器
2		EKC140288	混凝土应变计	20		EKZ141416	沥青应变计
3	STR2	EKC140398	混凝土应变计	21	STR15	I14093124	湿度传感器
4	STR4	P141862	土压力计	22		EKZ141225	沥青应变计
5	STR5	P151563	土压力计	23	STR16	EKZ141358	沥青应变计
6		P151568	土压力计	24		EKC140184	混凝土应变计
7	STR9	I14082722	湿度传感器	25	STR17	GI1284	混凝土应变计
8		I150119838-0-15	湿度传感器	26		P151823	土压力计
9		GI1277	混凝土应变计	27	STR18	EKB140401	竖向应变计
10		P141274	土压力计	28	STR19	P141740	土压力计
11	STR10	I14093135	湿度传感器	29	HZSTR1	I14072576	湿度传感器
12		EKC140388	混凝土应变计	30	HZSTR5	I14082985	湿度传感器
13	STR11	I150119838-0-1	湿度传感器	31		GI1276	混凝土应变计
14	STR11	EKC120074	混凝土应变计	32	HZSTR13	EKB150579	竖向应变计
15	STR12	EKZ141014	沥青应变计	33		P151557	土压力计
16		EKZ141277	沥青应变计	34		EKZ141112	沥青应变计
17		P151921	土压力计	35	HZSTR19	EKB140452	竖向应变计
18	STR13	EKZ141072	沥青应变计	36		P141817	土压力计

水泥路面段未成活传感器统计表(2016 年 9 月) 表 6-7

序号	所在结构	编号	类型	序号	所在结构	编号	类型
37	YASTR1	E0001790	土压力计	51	YASTR8	I14072639	湿度传感器
38	YASTR2	E0001418	土压力计	52		E0001688	土压力计
39	YASTR3	GI1131	混凝土应变计	53	YASTR9	E0001677	土压力计
40		GI1366	混凝土应变计	54		GI1359	混凝土应变计
41		E0001167	土压力计	55		GI1231	混凝土应变计
42	YASTR4	GI1107	混凝土应变计	56		E0001589	土压力计
43		E0001781	土压力计	57	YASTR12	I1210726	湿度传感器
44	YASTR5	GI1265	混凝土应变计	58		GRRS1079	钢筋应变计
45	YASTR6	E0001668	土压力计	59	YASTR13	E0001640	土压力计
46		E0001653	土压力计	60		E0001824	土压力计
47	YASTR7	GI1121	混凝土应变计	61		E0001384	土压力计
48		GI1192	无应力计				
49		E0001456	土压力计				
50		E0001684	土压力计				

环道各种类型传感器存活率统计表(2016年9月)　　　　表6-8

序号	传感器类型	型号	试验结构	总数量	未成活数量	成活率
1	沥青应变计	KM-100HAS	沥青路面段	352	7	98.0%
2	混凝土应变计	KM-100A	沥青路面段	400	6	98.5%
3	混凝土应变计	GI-EM150	沥青路面段	56	11	95.4%
			水泥路面段	156		
	无应力计		水泥路面段	26		
4	多点位移计	KLA-100A	沥青路面段	23	0	100.0%
5	土压力计	OP252A	沥青路面段	182	9	95.1%
6	竖向	KM-50F	沥青路面段	124	3	97.6%
7	温度传感器	PT100	沥青路面段	223	0	100.0%
			水泥路面段	89		
8	湿度传感器	FDS100	沥青路面段	150	10	93.3%
			水泥路面段	89		
9	激光测距传感器	1000D-T	沥青路面段	10	0	100.0%
10	钢筋应力计	GIRS	水泥路面段	26	1	96.2%
11	土压力计	VWE	水泥路面段	208	14	93.3%

环道各种类型传感器存活率统计表(2015年12月)　　　　表6-9

结构类型	传感器类型	埋设总数量	未成活	成活率
沥青路面	沥青应变计	352	5	98.58%
	混凝土应变计	400	5	98.75%
	混凝土应变计	56	0	100.00%
	多点位移计	23	0	100.00%
	土压力计	182	6	96.70%
	竖向应变计	124	5	95.97%
	温度传感器	223	0	100.00%
	湿度传感器	150	2	98.67%
混凝土路面	应变计	156	2	98.72%
	无应力计	26	1	96.15%
	钢筋应力计	26	1	96.15%
	土压力计	208	9	95.67%
	温度传感器	89	0	100.00%
	湿度传感器	89	2	97.75%

根据新增的传感器异常类型分析,大部分是转变为超量程运行状态,此类异常是结构变化的原因,在后续运营中是否会再增长无法预测,但采集到的数据已经记录下从正常状态转变为超量程状态的过程,该传感器已经完成了它的使命,新增的异常传感器不应再计入传感器安装成活率中。电路损坏造成的传感器失效主要集中在连续通电工作的初期,后期也可能会有,但其损坏的数量和增加的速度要远远小于初期,按照现在的成活数量预估,其成活率能满足合同约定要求。

7 结 语

作为我国第一条足尺路面试验环道，RIOHTrack 环道既是世界上首条以长寿命路面技术研发为目标的足尺试验环道，也是我国道路工程领域大型、开放的科学实验平台，对于完善我国道路学科研发体系、弥补创新短板，具有重要的意义。因此，在环道设计、建造之初就受到业内广泛的关注和支持。

本书主要介绍了 RIOHTrack 环道及相关配套系统的设计和建造过程。其中包括环道结构和材料的设计思路与方案，环道各个结构层的施工工艺及其质量检测情况，以及环道建成后主试验路段沥青路面"零荷"状态的性能评估。此外，本书还介绍了环道各种类型动静态传感器的布设与安装情况。总之，**宽刚度域基层的足尺路面结构和全寿命周期的服役性能验证**是 RIOHTrack 环道设计、建造的两个主要特点。

长期以来，路面结构形式的优劣一直是我国道路工程行业争论的一个热点问题，许多科研和工程技术人员对此进行了大量的比较性试验研究和理论分析。但由于试验条件的局限，大规模、同时空、同荷载、同环境条件下的比较验证一直难以实现，国际上也缺乏足够的验证数据。为了研发适用于我国道路建设需求、技术经济最优化的长寿命沥青路面结构，RIOHTrack 环道把多种道路结构的服役性能试验比较作为首要的研究内容，为此设置了 19 种不同结构形式的沥青路面试验段。这些结构有的是我国目前高速公路上使用性能较好的典型结构，有的是具有长寿命技术潜质的代表性结构，还有的是欧美国家推荐的长寿命道路结构。这些结构涵盖了目前国际上绝大多数典型基层结构的组合形式，其主要差异在于基层组合方式和刚度水平的不同，因此，RIOHTrack 环道称为宽刚度域基层的试验环道。

另一方面，为了充分模拟实际工程中的使用状态，确保环道试验结果的可靠性和实用性，考虑道路材料与结构的非线性服役特征，RIOHTrack 环道采用全尺度的足尺路面结构，而没有为了加快试验进度，降低试验成本，采用缩尺度的路面结构，如减薄沥青混凝土层厚度或基层结构的厚度等。基于此，导致 RIOHTrack 环道试验周期的大大延长和试验成本的大幅度增加，但是这也是此次环道试验研究所应付出的代价。

为了进行长寿命路面的试验研究，超长服役周期的全寿命试验验证是必要的，也是此次试验研究的价值所在。路面结构是以多种非均质、各向异性材料组成的复合层状体系结构，在长期的服役期间承受荷载与环境的同步耦合作用，表现出非线性的行为演化规律。也就是说，路面的服役性能演化规律与服役寿命周期密切相关，研发长寿命路面的设计方法需要获得全寿命周期服役性能的演化数据。然而，目前国内外这方面的试验数据并不充分。为此,实现 RIOHTrack 环道全寿命周期的性能观测和数据采集,既是长寿命技术研发的必要条件,也是环道试验研究所追求的目标。这里的全寿命周期是指不论是结构安全性能,还是表面使用功能产生临界损伤状态的寿命节点。

此外,为了实现 RIOHTrack 环道研究的最终目标,建好环道是前提条件。设计与建造是影响路面服役性能耐久性的两个主要因素。在实际工程中经常遇到由于施工不完善导致路面服役性能过早地衰变。当分析研究路面服役性能衰变机理和演化规律时,设计与施工因素的交互影响,将导致研究问题的复杂化,难以准确把握材料和结构等设计因素对服役性能的影响规律。例如:当分析沥青混凝土面层产生车辙原因时,是由于施工期间混合料级配控制不好、压实度不足等施工因素造成的,还是设计之初没有考虑使用更好的改性沥青,前者是施工问题,后者是设计问题。因此,为了尽量减少施工因素的不利影响,确保环道在一个正常的建设状态下进行加速加载试验,使试验结果具有一定的代表性,是RIOHTrack 环道建设中首要考虑的问题。

再者,完善材料和结构设计是 RIOHTrack 环道建设中另一个重要方面,避免由于设计缺陷导致道路服役性能的非正常损伤。有些试验工程为了验证 A 结构优于 B 结构,A 结构采用的技术对策往往好于 B 结构,B 结构自身的缺陷不足也不进行弥补,这样的试验结论往往缺乏说服力。事实上,任何一个道路结构形式都有其长处和不足,作为一个宽刚度域基层结构的试验环道,不预设条件,平等地比较不同结构的使用性能,确保试验结果的科学性,是 RIOHTrack 环道设计建造的基本原则之一。例如:对于厚沥青混凝土结构,下面层或基层采用改性沥青或低标号沥青,以改善整体结构的抗车辙能力,是应该考虑的技术对策;同样,对于半刚性基层结构(特别是薄沥青面层结构),加强沥青面层与半刚性基层之间的层间结合,防止水损坏,也是应该考虑的技术对策。

本书详细介绍了该环道的建造过程,不仅仅是为了探讨道路建设施工工艺和质量控制方面的问题和技术革新,更主要是保留环道建设的痕迹,尽量全面、真实地记录环道的施工状态和相应的试验检测资料,为今后的环道试验研究确定可靠的"零点"状态。综合前文章节的介绍,RIOHTrack 环道设计和建设具有以下特点:

(1)在材料设计方面。为了有效减少厚沥青混凝土结构层的车辙病害,大量使用30号和50号等低标号沥青,合理确定 SBS 改性沥青的技术指标。采用粗集料断级配、最紧密状态设计原理和大压实功条件,确定沥青混合料的矿料级配和油石比,验证重载交通条件下沥青混合料配合比设计方法。普遍使用高强度水泥稳定碎石作为半刚性基层材料。

(2)在结构设计方面。在路基内部约1.5m 位置设置了双层土工布的路基防水隔断层。在上、下沥青混凝土层之间和沥青面层与半刚性基层之间(沥青面层厚度不大于18cm)设置防水黏结层,改善层间结合状态和结构防水损坏能力。在复合式路面结构(STR4、STR5)和 STR6 结构设置应力吸收层沥青混凝土,验证抗反射裂缝能力,完善沥青面层的功能化设计。

(3)路基施工方面。提出"两涂两铺"的土工布路基防水隔断层的施工工法和流程。

即:在碾压整平的路床上先洒铺一层乳化沥青,再铺设一层土工布,然后再洒铺一层热沥青,再铺设一层土工布。

(4)在半刚性材料施工方面。验证了采用工厂化拌和和摊铺机摊铺施工水泥稳定土结构层的施工工艺是可行的;按照《公路路面基层施工技术细则》(JTG/T F20—2015)要求,系统验证了水泥稳定级配碎石工艺流程的可行性和合理性,包括级配设计、单一粒径备料、双拌缸拌和,以及质量实时抽检等。

(5)在施工质量控制方面。以各结构层承载能力评价为核心,强化各结构层弯沉、承载板等试验检测,对于承载能力不足的半刚性材料结构层,强制返工。对于沥青混合料,突出理论配合比设计,完善燃烧炉标定试验,有效控制施工期间的混合料级配。施工期间采用高频度的抽检,包括现场钻芯的数量,科学判断现场压实度及现场空隙率状态,对于不合格路段严格返工。规范防水黏结层施工的细节控制,保障工程质量。

(6)在环道传感器布设与埋设方面。既要尽可能多地采集结构内部的力学响应信息,又要保证埋设传感器的有效性和存活性,采用多种形式的后埋法施工工艺。

(7)环道检测技术的特点。环道服役性能信息检测采用实时监测与周期性检测相结合的方式。开展了为期1年的环道"零荷"状态检测试验,不仅确定了环道的初期状态,而且为环道今后试验过程中的周期性检测,确定了合理的检测方式和频率。

在本书出版之际,RIOHTrack环道已建成5年半,并持续加载4年半,累计承受4000多万次(按弯沉等效4.35次方折算)标准轴载的作用,大致相当于我国一般重载高速公路25年的服役寿命。至今,环道19个主要试验路段并没有产生由于施工因素导致的路面破损,也没有明显的结构损伤,相应的车辙、平整度、抗滑性能等表面功能损伤也在现行规范的容许范围之内。由此说明,环道的总体建设质量达到了设计预期的要求。另外,通过传感器监测表明,目前环道埋设的各类传感器的存活率仍达到80%左右,说明环道传感器埋设的方法是可靠的。

环道加载以来,经过100个周期的检测,环道19个不同结构形式的试验路段表现出各种不同演化规律,反映出不同结构的服役特征。尽管有些路段行车道上的横向裂缝较多,有些路段的车辙发展较快,有些路段的车辙较深但平整度较好,有些路段的弯沉较小但平整度较差,但是当前环道在如此繁重的交通荷载作用下,并没有产生一般工程上常见的纵向裂缝,而是以行车道轮迹带上横向的T-D裂缝或车辙深度发展为表现形式的受荷损伤。这些性能演化状态将预示着长寿命沥青路面损伤存在"新"模式。此外,环道试验还发现:沥青路面的车辙并不是随荷载作用次数增加而单调增大,而是在荷载与环境同步耦合作用下呈现出年周期性的波动增长。由此说明,沥青路面服役性能的损伤是一种外力耦合作用下的损伤,环境变化是不可忽视的因素。关于RIOHTrack环道宽刚度域基层沥青路面结构服役性能演化规律及损伤机理分析,将在今后的著作中予以阐述。

附录 A 环道施工期间主要彩色图片

目 录

附图 A2-1 RIOHTrack 沥青路面和水泥路面传感器布设示意图 ………… 297
附图 A2-2 环道实际加载模式 ………… 297
附图 A3-1 环道第一阶段路基施工 ………… 298
附图 A3-2 路基内部防水隔断层施工 ………… 298
附图 A3-3 路基第二阶段施工 ………… 298
附图 A3-4 水泥稳定土施工过程照片 ………… 298
附图 A3-5 承载板试验 ………… 299
附图 A3-6 摊铺好的级配碎石 ………… 299
附图 A3-7 水泥稳定级配碎石施工图 ………… 299
附图 A4-1 AC13-65 轮胎压路机碾压后状态 ………… 299
附图 A4-2 SMA-13 钢轮压路机碾压铺筑效果 ………… 299
附图 A4-3 基层表面清扫的一般过程 ………… 300
附图 A4-4 基层表面烘烤 ………… 300
附图 A4-5 清扫后基层标准状态 ………… 300
附图 A4-6 CC 板铣刨后状态 ………… 300
附图 A4-7 基层表面裂缝 ………… 300
附图 A4-8 不同位置防水黏结层的碎石撒布状态 ………… 300
附图 A4-9 防水黏结层施工流程 ………… 301
附图 A6-1 温度传感器标定 ………… 301
附图 A6-2 湿度传感器标定 ………… 301
附图 A6-3 应变计标定 ………… 301
附图 A6-4 土压力计标定 ………… 301
附图 A6-5 反开挖埋设法示意图 ………… 302
附图 A6-6 预制试件底部布设传感器图 ………… 302
附图 A6-7 试块替换法示意图 ………… 302
附图 A6-8 沥青应变计安装过程图 ………… 302
附图 A6-9 预制传感器安装试件 ………… 303
附图 A6-10 确定传感器位置并开槽 ………… 303
附图 A6-11 传感器安装及混凝土浇筑 ………… 303
附图 A6-12 多点位移计安装 ………… 303

附图 A6-13	多点位移计安装过程图	303
附图 A6-14	土压力计在不同层位安装的安装槽	304
附图 A6-15	土压力计安装示意图	304
附图 A6-16	传感器导线穿管电缆槽回填	304
附图 A6-17	竖向应变计安装过程图	304
附图 A6-18	水泥混凝土路面传感器布置图	305
附图 A6-19	传感器固定	305
附图 A6-20	钢筋计的焊接	305
附图 A6-21	预先制作的温度传感器串	305
附图 A6-22	廊道内数据采集箱	305
附图 A6-23	环道周边数据采集箱	305
附图 A6-24	操纵人员在廊道内检查数据采集信号	306
附图 A6-25	FWD 定点检测传感器响应检测	306

第2章主要彩色图片

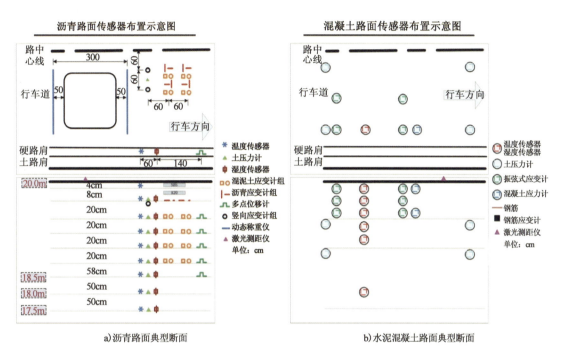

a) 沥青路面典型断面 b) 水泥混凝土路面典型断面

附图 A2-1　RIOHTrack 沥青路面和水泥路面传感器布设示意图

a) 加载模式A

b) 加载模式B

附图 A2-2　环道实际加载模式

第3章主要彩色图片

a)清理地表

b)基底整平

c)路床施工

附图 A3-1　环道第一阶段路基施工

a)喷洒乳化沥青

b)铺设第一层土工布

c)喷洒A-70热沥青

d)铺设第二层土工布

附图 A3-2　路基内部防水隔断层施工

a)在防水隔断层上堆土

b)路基土整平

c)路基土横向搭接图

d)路基成型

附图 A3-3　路基第二阶段施工

a)水泥稳定土用土晾晒场

b)水泥稳定土拌和楼生产

c)水泥稳定土摊铺现场

d)水泥稳定土碾压现场

e)水泥稳定土养护

f)水泥稳定土养护7d后钻芯

附图 A3-4　水泥稳定土施工过程照片

附图 A3-5 承载板试验

附图 A3-6 摊铺好的级配碎石

a)单一粒径碎石筛分现场

b)水泥稳定级配碎石二次拌和楼

c)水泥稳定级配碎石摊铺现场

d)水泥稳定级配碎石胶轮碾压现场

e)水泥稳定级配碎石钢轮碾压现场

f)水泥稳定级配碎石芯样剖面图

附图 A3-7 水泥稳定级配碎石施工图

第4章主要彩色图片

附图 A4-1 AC13-65 轮胎压路机碾压后状态

附图 A4-2 SMA-13 钢轮压路机碾压铺筑效果

a)钢丝清扫车清扫

b)人工钢丝刷清扫

c)大型空压机清扫

附图 A4-3　基层表面清扫的一般过程

附图 A4-4　基层表面烘烤

附图 A4-5　清扫后基层标准状态

附图 A4-6　CC 板铣刨后状态

附图 A4-7　基层表面裂缝

a)测定碎石撒布状态的标准块

b)基层顶面标准状态

c)上面层底面标准状态

附图 A4-8　不同位置防水黏结层的碎石撒布状态

a)橡胶沥青洒布车

b)碎石撒布

c)轻型轮胎压路机碾压

d)防水黏结层施工

e)人工清捡多余碎石

f)空压机清除浮动碎石

附图 A4-9　防水黏结层施工流程

第6章主要彩色图片

附图 A6-1　温度传感器标定

附图 A6-2　湿度传感器标定

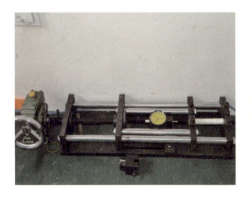
附图 A6-3　应变计标定

附图 A6-4　土压力计标定

a) 开挖试槽　　　　　　　　b) 安装传感器　　　　　　　c) 同类材料回填压实

附图 A6-5　反开挖埋设法示意图

附图 A6-6　预制试件底部布设传感器图

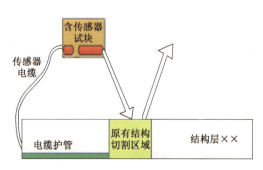

附图 A6-7　试块替换法示意图

   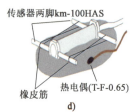

a)　　　　　　　　b)　　　　　　　　c)　　　　　　　　d)

e)　　　　　　　　f)　　　　　　　　g)　　　　　　　　h)

附图 A6-8　沥青应变计安装过程图

附录A 环道施工期间主要彩色图片

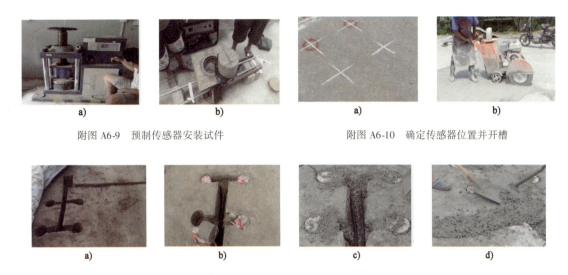

附图 A6-9　预制传感器安装试件

附图 A6-10　确定传感器位置并开槽

附图 A6-11　传感器安装及混凝土浇筑

附图 A6-12　多点位移计安装

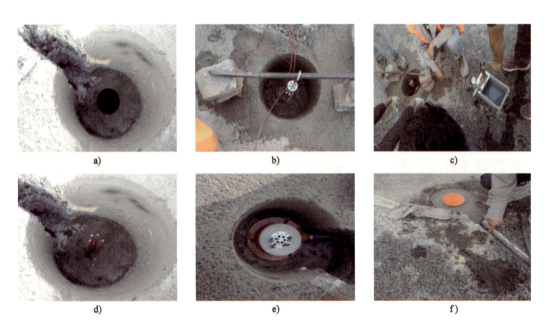

附图 A6-13　多点位移计安装过程图

303

a)水泥稳定土基层安装槽　　b)水泥稳定级配碎石层安装槽　　c)沥青层安装槽

附图 A6-14　土压力计在不同层位安装的安装槽

 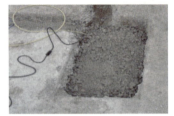 

a)水泥稳定土基层安装　　b)水泥稳定级配碎石层安装　　c)沥青层安装

附图 A6-15　土压力计安装示意图

a)传感器导线穿管　　b)传感器电缆导管　　c)水泥稳定级配碎石层电缆槽回填

附图 A6-16　传感器导线穿管电缆槽回填

 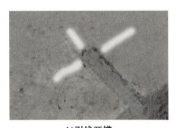 

a)传感器引线位置　　b)引线开槽　　c)引线固定

附图 A6-17　竖向应变计安装过程图

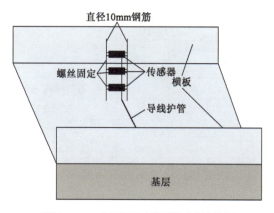

附图 A6-18　水泥混凝土路面传感器布置图

附图 A6-19　传感器固定

附图 A6-20　钢筋计的焊接

附图 A6-21　预先制作的温度传感器串

附图 A6-22　廊道内数据采集箱

附图 A6-23　环道周边数据采集箱

附图 A6-24　操纵人员在廊道内检查数据采集信号　　附图 A6-25　FWD 定点检测传感器响应的检测

附录 B 环道施工及"零荷"状态下弯沉检测主要数据表

目 录

附表 B3-1　环道各个路段路基 FWD 弯沉平均值汇总表(30kN) ………… 308

附表 B3-2　环道各个路段路基 FWD 弯沉平均值汇总表(50kN) ………… 309

附表 B3-3　环道各个路段路基 FWD 弯沉平均值汇总表(70kN) ………… 309

附表 B3-4　环道各结构水泥稳定土层 FWD 弯沉盆(均值)汇总表(30kN) …… 310

附表 B3-5　环道各结构水泥稳定土层 FWD 弯沉盆(均值)汇总表(50kN) …… 311

附表 B3-6　环道各结构水泥稳定土层 FWD 弯沉盆(均值)汇总表(70kN) …… 312

附表 B3-7　环道各结构水泥稳定土层 FWD 弯沉盆(均值)汇总表(90kN) …… 312

附表 B3-8　级配碎石路段 FWD 弯沉检测结果汇总 …………………………… 313

附表 B3-9　不同结构 CBG25 的 FWD 弯沉均值汇总表(7d,5t) ………… 314

附表 B3-10　不同结构 CBG25 的 FWD 弯沉均值汇总表(7d,7t) ………… 315

附表 B3-11　不同结构 CBG25 的 FWD 弯沉均值汇总表(7d,9t) ………… 317

附表 B3-12　不同结构 CBG25 的 FWD 弯沉均值汇总表(7d,11t) ………… 318

附表 B5-1　2016 年"零荷"检测各路段 FWD 弯沉汇总表 ………………… 319

附表 B5-2　2016 年"零荷"检测各路段 BB 弯沉汇总表 …………………… 320

附表 B5-3　2016 年"零荷"检测各路段激光弯沉仪弯沉汇总表 ………… 321

附表 B5-4　2016 年"零荷"检测各路段自动弯沉仪弯沉汇总表 ………… 322

第3章 主要数据表

环道各个路段路基 FWD 弯沉平均值汇总表(30kN)　　附表 B3-1

结构	荷载(kN)	各测点弯沉(0.01mm)									E_0 (MPa)
		D_0	D_1	D_2	D_3	D_4	D_5	D_6	D_7	D_8	
STR1	30.20	160.37	37.32	15.91	9.93	8.01	6.33	5.22	4.33	3.63	75.9
STR2	30.10	166.70	36.89	15.51	9.57	7.42	5.69	4.89	3.99	3.42	72.8
STR3	30.12	161.45	37.56	13.83	9.36	7.59	5.97	4.96	4.14	3.56	75.4
STR4	30.36	122.67	38.68	14.10	9.62	7.60	5.87	5.05	4.47	3.94	101.0
STR5	30.20	131.95	38.23	15.84	10.12	7.74	6.05	5.04	4.33	3.77	93.5
STR6	30.29	150.73	36.58	14.37	9.65	7.53	5.88	4.99	4.30	3.81	81.1
STR7	30.10	148.75	36.84	14.09	9.56	7.57	5.77	4.86	4.07	3.53	82.3
STR8	30.22	172.55	42.62	14.42	9.42	7.45	5.56	4.73	3.78	3.26	70.2
STR9	30.15	139.70	35.03	15.04	10.31	8.56	7.15	4.75	3.93	3.21	87.9
STR10	30.19	97.21	31.08	13.17	9.17	7.33	5.66	4.79	4.20	3.55	129.4
STR11	30.13	139.04	36.02	14.39	10.24	7.71	5.79	4.90	4.04	3.57	88.4
STR12	29.97	111.79	34.04	14.05	9.92	8.20	6.58	5.69	4.19	3.70	111.5
STR13	30.10	137.84	39.47	16.73	11.66	8.12	6.28	5.34	4.49	3.80	89.2
STR14	30.14	114.85	34.84	13.84	9.46	7.60	5.88	5.01	4.12	3.61	108.4
STR15	30.28	157.26	41.67	15.48	10.95	8.01	6.32	5.34	4.24	3.36	77.5
STR16	30.25	176.20	47.01	16.56	11.34	7.61	5.13	4.23	3.66	3.09	68.7
STR17	30.14	157.54	43.31	13.76	9.20	7.25	5.61	4.69	3.84	3.35	77.4
STR18	29.98	132.88	44.80	16.21	10.41	7.68	5.93	5.10	4.40	3.51	92.8
STR19	29.93	118.66	35.43	13.92	10.35	6.96	5.34	4.65	4.15	3.68	104.7
YA-外	30.32	108.61	41.62	18.27	11.63	8.66	6.57	5.51	4.76	4.14	115.0
YA-内	30.41	91.95	33.46	14.31	10.03	7.99	6.20	5.34	4.41	3.85	137.4
YB-外	30.22	144.92	40.22	16.62	11.39	8.59	6.49	5.42	4.47	3.89	84.6
YB-内	30.16	144.17	43.11	17.56	11.95	8.49	6.35	5.27	4.14	3.56	85.0
平均值	30.17	138.60	38.51	15.13	10.23	7.81	6.02	5.03	4.19	3.60	91.7
C_v(%)	0.39	16.98	10.36	9.06	8.38	5.86	7.55	6.57	6.11	6.93	20.23

环道各个路段路基FWD弯沉平均值汇总表（50kN） 附表B3-2

结构	荷载（kN）	各测点弯沉(0.01mm)									E_0（MPa）
		D_0	D_1	D_2	D_3	D_4	D_5	D_6	D_7	D_8	
STR1	50.00	272.06	64.98	26.83	17.95	13.20	10.17	8.28	6.69	5.48	43.2
STR2	49.99	287.99	65.25	23.59	15.23	11.78	9.15	7.64	6.38	5.40	40.7
STR3	50.02	267.16	64.10	23.16	14.96	11.98	9.63	7.95	6.60	5.59	44.1
STR4	50.10	208.80	66.37	23.97	15.77	12.32	9.61	8.11	6.78	5.91	57.3
STR5	50.07	223.18	65.16	26.35	16.12	12.40	9.77	8.01	6.73	5.70	53.4
STR6	50.05	247.92	63.19	24.44	16.15	12.43	9.81	8.26	7.06	6.01	47.7
STR7	50.09	249.14	63.95	23.79	15.94	12.45	9.49	7.96	6.82	5.77	47.5
STR8	50.07	275.66	74.67	26.21	18.22	12.28	9.30	7.62	6.14	5.20	42.6
STR9	50.03	253.71	61.94	26.16	15.50	12.19	9.48	7.76	6.58	5.69	46.6
STR10	49.84	161.11	53.01	20.51	13.95	11.04	8.55	7.00	6.02	4.90	75.5
STR11	50.03	237.21	61.73	23.78	16.82	12.67	9.88	8.09	6.71	5.75	50.0
STR12	49.90	187.99	57.40	23.24	14.37	11.16	8.82	7.25	5.91	5.04	64.1
STR13	50.00	235.98	68.24	25.16	17.04	12.89	10.01	8.30	6.89	5.85	50.3
STR14	50.02	194.53	60.51	22.69	15.25	11.93	9.26	7.62	6.36	5.43	61.8
STR15	50.01	270.56	70.33	26.30	18.22	13.13	10.45	8.67	7.15	5.50	43.5
STR16	50.00	284.54	79.31	23.63	16.04	11.97	9.03	7.56	6.37	5.37	41.2
STR17	49.91	272.83	75.50	22.87	15.38	11.91	9.34	7.78	6.42	5.46	43.1
STR18	50.08	191.03	69.05	24.48	15.80	11.47	8.88	7.43	6.51	5.86	63.0
STR19	49.95	175.81	57.18	20.71	13.95	10.93	8.38	7.15	6.06	5.35	68.8
YA-外	49.83	185.05	70.64	30.03	19.61	14.45	10.84	8.95	7.54	6.29	65.2
YA-内	49.81	155.80	56.97	22.36	15.11	11.76	9.17	7.55	6.48	5.49	78.3
YB-外	49.86	237.38	67.99	27.60	18.36	13.67	10.42	8.53	7.06	6.04	50.0
YB-内	49.84	252.64	75.52	29.96	19.20	13.70	10.37	8.32	6.91	5.77	46.8
平均值	49.98	231.66	65.78	24.69	16.30	12.34	9.56	7.90	6.62	5.60	53.2
C_v(%)	0.18	17.74	10.12	10.01	9.87	7.12	6.64	6.23	5.98	5.85	21.16

环道各个路段路基FWD弯沉平均值汇总表（70kN） 附表B3-3

结构	荷载（kN）	各测点弯沉(0.01mm)									E_0（MPa）
		D_0	D_1	D_2	D_3	D_4	D_5	D_6	D_7	D_8	
STR1	69.72	318.42	97.06	38.04	24.29	17.94	13.75	11.21	9.16	7.70	36.5
STR2	69.69	329.10	101.38	34.28	21.75	16.46	12.80	10.63	8.73	7.36	35.3
STR3	69.73	317.23	96.03	33.74	20.77	16.38	13.13	10.72	8.97	7.31	36.7
STR4	69.84	293.08	95.06	34.20	21.92	16.85	13.15	11.06	9.33	7.96	39.9
STR5	69.83	290.59	92.89	35.72	21.86	16.75	13.17	10.73	8.97	7.61	40.3

续上表

结构	荷载(kN)	各测点弯沉(0.01mm)									E_0(MPa)
		D_0	D_1	D_2	D_3	D_4	D_5	D_6	D_7	D_8	
STR6	69.88	311.00	90.87	34.41	22.45	17.05	13.44	11.20	9.51	8.05	37.5
STR7	69.79	311.67	93.83	33.55	22.01	17.02	12.91	10.72	8.96	7.76	37.4
STR8	69.75	317.11	108.69	32.81	22.38	16.77	13.30	10.54	8.75	7.16	36.7
STR9	69.80	315.07	91.58	36.26	21.72	16.60	13.45	10.86	9.35	7.81	37.0
STR10	69.58	235.28	75.68	30.83	20.39	16.05	12.41	10.15	8.42	6.99	50.4
STR11	69.77	294.74	88.05	33.23	22.93	17.78	13.28	10.87	9.07	7.68	39.7
STR12	69.84	266.29	84.11	32.62	22.17	17.05	13.31	11.01	8.90	7.31	44.2
STR13	69.73	292.39	99.63	35.49	23.95	17.83	13.84	11.54	9.60	8.00	40.0
STR14	69.82	280.54	88.56	32.11	21.11	16.52	12.80	10.46	8.90	7.30	41.8
STR15	69.88	318.65	101.20	37.33	24.23	17.96	14.18	11.78	9.61	7.16	36.5
STR16	69.77	328.76	113.16	32.11	22.00	15.66	11.42	9.56	7.79	6.42	35.3
STR17	69.84	325.67	111.24	32.80	21.92	16.75	12.96	10.72	8.76	7.31	35.7
STR18	69.74	263.64	97.86	34.25	22.21	15.60	11.91	9.90	8.38	7.14	44.7
STR19	69.79	261.45	80.29	29.04	19.23	14.86	11.51	9.87	8.47	7.30	45.1
YA-外	69.78	266.60	105.38	43.07	27.92	19.83	15.05	12.24	10.42	8.52	44.2
YA-内	69.89	224.61	85.40	33.35	22.46	17.25	13.51	11.23	9.46	8.02	53.0
YB-外	69.88	302.36	99.33	39.00	25.33	18.72	14.14	11.55	9.49	8.06	38.6
YB-内	69.79	312.90	109.95	42.87	25.87	18.72	14.03	11.19	9.25	7.58	37.2
平均值	69.79	294.66	95.97	34.83	22.65	17.06	13.19	10.86	9.05	7.54	40.2
C_v(%)	0.11	10.01	10.30	9.79	8.40	6.55	6.40	5.79	5.96	6.06	11.93

环道各结构水泥稳定土层 FWD 弯沉盆（均值）汇总表（30kN） 附表 B3-4

结构	荷载(kN)	各测点弯沉(0.01mm)									综合模量(MPa)
		D_0	D_1	D_2	D_3	D_4	D_5	D_6	D_7	D_8	
STR1-1	30.09	46.50	28.35	11.98	8.07	6.30	4.88	4.15	3.51	3.07	284.1
STR1-2	49.75	36.30	21.37	11.99	8.32	5.58	4.66	3.56	3.05	2.69	370.0
STR2	30.09	39.51	22.54	11.94	7.83	6.01	4.57	3.99	3.52	3.07	338.0
STR4	30.03	38.51	22.41	12.43	8.15	6.22	4.89	4.29	3.78	3.14	347.4
STR5	30.14	40.86	22.61	13.37	8.83	6.35	4.65	4.09	3.33	2.87	326.1
STR6	30.03	45.39	25.61	13.25	9.14	6.98	4.95	4.39	3.73	3.30	291.5
STR7	30.02	31.64	19.55	9.89	6.71	5.16	3.91	3.44	2.99	2.67	428.3
STR8	30.12	35.67	23.17	11.75	7.47	5.56	4.36	3.85	3.23	2.78	377.0
STB9	29.88	29.86	18.34	9.83	6.70	5.19	3.87	3.29	2.92	2.52	455.6
STR10	30.11	38.99	19.42	10.49	7.11	5.69	4.35	3.81	3.25	2.81	342.9

续上表

结构	荷载(kN)	各测点弯沉(0.01mm)									综合模量(MPa)
		D_0	D_1	D_2	D_3	D_4	D_5	D_6	D_7	D_8	
STR11	30.08	38.44	21.13	11.96	8.00	6.39	5.20	4.25	3.70	3.07	348.1
STR12	29.94	44.27	22.35	11.50	7.55	5.90	4.61	4.06	3.55	3.07	299.4
STR13	30.00	39.94	22.52	13.23	9.00	6.49	5.08	4.38	3.58	3.15	334.2
STR14	30.02	35.13	20.44	11.08	7.57	6.18	4.37	3.80	3.26	2.90	383.1
STR16	30.07	38.18	23.66	11.63	7.92	6.13	4.60	4.08	3.55	3.13	350.6
STR17	30.27	28.04	17.63	10.39	7.24	5.65	4.29	3.82	3.15	2.76	487.3
YB-1 内	30.39	40.80	22.39	12.36	8.36	6.65	5.11	4.37	3.68	3.15	326.7
YB-1 外	30.29	36.89	22.37	14.11	10.07	7.37	6.04	5.28	3.90	3.24	363.6
YB-2 内	30.03	24.81	12.51	8.15	6.14	4.98	3.93	3.42	2.84	2.40	555.1
YB-2 外	30.19	26.70	13.50	8.62	6.40	5.07	3.97	3.43	2.81	2.44	513.4

环道各结构水泥稳定土层FWD弯沉盆(均值)汇总表(50kN) 附表B3-5

结构	荷载(kN)	各测点弯沉(0.01mm)									综合模量(MPa)
		D_0	D_1	D_2	D_3	D_4	D_5	D_6	D_7	D_8	
STR1-1	50.09	70.44	41.62	19.86	13.17	9.94	7.71	6.51	5.60	4.60	182.5
STR1-2	—	—	—	—	—	—	—	—	—	—	—
STR2	50.03	62.89	39.06	20.26	12.84	9.38	7.14	6.08	5.13	4.43	205.9
STR4	50.00	61.43	37.60	20.95	13.17	9.57	7.31	6.19	5.13	4.27	211.2
STR5	49.90	56.36	34.70	20.31	12.52	8.58	6.36	5.11	4.20	3.58	231.5
STR6	50.02	71.82	44.07	20.85	12.86	9.54	7.39	6.38	5.42	4.68	178.7
STR7	50.01	49.04	32.21	16.73	11.13	8.34	6.30	5.04	4.32	3.84	268.5
STR8	50.00	56.06	38.57	18.85	11.66	8.40	6.53	5.69	4.79	4.15	232.8
STB9	50.03	46.83	30.06	15.84	10.46	7.26	5.75	5.02	4.31	3.69	282.0
STR10	49.95	59.91	32.77	17.52	11.22	8.69	6.60	5.59	4.86	4.03	216.9
STR11	50.06	62.72	35.47	19.84	12.68	9.70	7.41	5.92	5.17	4.44	206.5
STR12	50.01	68.16	37.67	18.75	11.91	8.83	6.74	5.80	5.10	4.22	189.0
STR13	49.96	60.29	36.35	19.88	13.08	9.52	7.11	5.87	4.97	4.28	215.4
STR14	49.95	57.05	34.49	18.78	11.86	9.04	6.77	5.65	4.80	4.16	228.5
STR16	50.05	61.54	40.22	19.36	12.31	9.07	6.81	5.87	5.07	4.38	210.8
STR17	49.98	48.90	30.44	17.59	11.62	8.50	6.36	5.49	4.58	4.10	269.3
YB-1 内	49.87	65.30	38.00	20.40	13.30	10.02	7.36	6.10	5.11	4.24	197.8
YB-1 外	49.81	58.32	37.28	21.14	14.68	10.64	7.99	6.41	5.31	4.42	223.2
YB-2 内	50.01	36.74	20.15	13.03	9.07	7.13	5.39	4.56	3.86	3.30	365.3
YB-2 外	50.05	37.04	21.07	13.63	9.99	7.53	5.64	4.62	3.80	3.29	362.1

环道各结构水泥稳定土层 FWD 弯沉盆(均值)汇总表(70kN)　　附表 B3-6

结构	荷载(kN)	各测点弯沉(0.01mm)									综合模量(MPa)
		D_0	D_1	D_2	D_3	D_4	D_5	D_6	D_7	D_8	
STR1-1	69.85	93.82	57.28	28.21	18.74	13.98	11.10	8.86	7.51	6.33	134.4
STR1-2	—	—	—	—	—	—	—	—	—	—	—
STR2	69.77	86.97	56.85	28.79	18.08	12.99	9.90	8.49	6.67	5.91	145.8
STR4	69.75	86.24	54.14	29.99	18.69	13.28	10.11	8.61	6.97	6.00	147.1
STR5	69.86	82.10	51.37	30.23	18.14	12.45	9.29	8.09	6.34	5.55	155.0
STR6	69.83	102.09	64.37	31.87	19.40	13.40	10.06	8.17	7.11	6.21	122.9
STR7	69.80	67.71	45.19	24.40	15.73	11.44	8.79	7.36	6.40	5.61	190.3
STR8	69.86	76.74	54.42	25.32	15.65	11.30	8.95	7.73	6.65	5.65	166.6
STB9	69.74	63.24	41.65	24.42	15.66	10.99	8.54	7.18	6.19	5.44	204.7
STR10	69.77	84.01	47.70	25.22	15.80	11.94	9.29	7.87	6.74	5.61	151.2
STR11	69.78	90.15	50.95	28.34	17.92	13.28	10.58	8.47	7.30	6.31	140.3
STR12	69.84	97.77	56.43	27.10	16.96	12.41	9.74	8.36	7.27	5.91	128.7
STR13	69.75	85.39	53.21	29.85	19.39	13.40	10.03	8.34	7.16	6.14	148.6
STR14	69.78	82.40	50.30	25.22	16.53	12.62	9.38	7.92	6.74	5.86	154.4
STR16	69.73	85.96	56.92	27.73	17.25	12.74	9.69	8.34	7.22	6.25	147.6
STR17	69.80	68.49	43.81	25.37	16.24	11.85	9.16	7.66	6.62	5.91	188.0
YB-1 内	69.74	95.62	56.78	31.02	19.54	14.05	10.26	8.52	7.11	6.00	131.7
YB-1 外	69.77	84.05	54.96	31.73	21.13	15.12	11.61	9.21	7.77	6.29	151.2
YB-2 内	69.83	49.93	28.94	19.56	13.46	10.60	7.90	6.64	5.58	4.63	263.4
YB-2 外	69.77	50.41	29.80	19.48	13.86	10.39	7.98	6.85	5.73	4.92	260.7

环道各结构水泥稳定土层 FWD 弯沉盆(均值)汇总表(90kN)　　附表 B3-7

结构	荷载(kN)	各测点弯沉(0.01mm)									综合模量(MPa)
		D_0	D_1	D_2	D_3	D_4	D_5	D_6	D_7	D_8	
STR1-1	89.77	121.62	69.86	36.81	24.12	17.83	14.01	11.38	9.77	8.06	101.9
STR1-2	—	—	—	—	—	—	—	—	—	—	—
STR2	89.91	115.39	77.44	38.30	23.65	16.94	13.17	11.33	9.35	8.08	107.8
STR4	89.77	115.05	72.02	39.66	24.42	17.13	13.15	11.27	9.08	7.82	108.2
STR5	—	—	—	—	—	—	—	—	—	—	—
STR6	89.78	140.10	86.71	39.96	23.47	16.86	12.68	10.85	9.49	8.25	87.7
STR7	89.80	86.33	58.10	31.55	20.34	14.68	11.49	9.61	8.40	7.35	146.9
STR8	89.80	99.98	71.80	32.80	20.00	14.58	11.74	10.14	8.60	7.36	125.6
STB9	89.94	80.56	54.21	30.57	20.17	14.09	11.28	9.72	8.42	7.35	158.1
STR10	89.82	109.75	63.46	33.83	20.96	15.76	12.30	10.45	8.91	7.44	113.7

续上表

结构	荷载(kN)	各测点弯沉(0.01mm)									综合模量(MPa)
		D_0	D_1	D_2	D_3	D_4	D_5	D_6	D_7	D_8	
STR11	89.80	121.59	68.29	37.71	23.90	17.79	14.32	11.22	9.70	8.36	102.0
STR12	89.76	130.94	76.03	36.03	22.51	16.42	12.94	11.09	9.64	7.68	94.2
STR13	89.68	111.10	71.74	39.34	24.89	17.44	12.82	10.84	9.18	7.96	112.3
STR14	89.86	100.60	64.03	32.07	20.01	14.94	11.65	9.86	8.39	7.29	124.8
STR16	89.71	111.51	73.56	36.89	22.98	16.92	12.85	10.99	9.51	8.21	111.8
STR17	89.77	88.85	57.68	33.23	21.40	15.50	12.18	10.28	8.85	7.90	142.5
YB-1 内	89.69	127.33	76.69	40.83	25.26	18.45	13.56	11.25	9.43	7.96	97.1
YB-1 外	89.75	107.61	72.14	41.00	27.45	19.45	14.97	11.75	9.97	8.36	116.2
YB-2 内	89.77	61.31	37.22	25.02	17.30	13.13	10.00	8.21	6.95	5.96	211.6
YB-2 外	89.79	62.71	39.13	25.75	17.97	13.62	10.57	8.97	7.50	6.48	206.5

级配碎石路段 FWD 弯沉检测结果汇总　　　　　附表 B3-8

结构	参数	荷载(kN)	各个传感器下的位移(0.01mm)								
			D_0	D_1	D_2	D_3	D_4	D_5	D_6	D_7	D_8
STR10	均值	50.22	49.16	9.93	7.24	6.28	5.20	4.08	3.54	2.99	2.59
	$C_v(\%)$	0.36	9.45	22.60	20.52	12.91	11.10	8.30	8.58	11.36	11.47
	均值	70.00	59.83	13.99	10.20	8.63	7.12	5.66	4.73	4.04	3.61
	$C_v(\%)$	0.28	5.94	22.59	21.06	11.53	9.51	7.24	8.73	9.50	8.88
	均值	89.80	67.79	17.65	13.24	10.90	8.91	7.18	5.97	5.06	4.45
	$C_v(\%)$	0.12	6.06	22.94	20.81	10.68	10.23	8.57	9.77	10.74	10.24
	均值	109.62	76.49	21.39	16.35	13.28	10.68	8.26	7.06	6.22	5.52
	$C_v(\%)$	0.19	6.61	22.95	20.01	10.46	10.46	13.00	11.78	11.17	11.23
STR12	均值	50.11	46.47	9.56	7.55	6.30	5.33	4.11	3.43	2.99	2.63
	$C_v(\%)$	0.36	15.98	17.97	13.96	7.41	4.40	5.69	4.75	4.75	5.94
	均值	69.93	56.40	13.13	10.62	8.55	7.19	5.61	4.63	3.99	3.58
	$C_v(\%)$	0.11	8.74	22.91	17.02	7.90	4.78	5.96	5.21	4.43	5.80
	均值	89.76	65.23	16.53	13.64	10.71	8.97	6.98	5.79	4.98	4.48
	$C_v(\%)$	0.06	9.30	23.18	17.84	7.97	5.42	6.92	5.41	7.22	6.78
	均值	109.50	72.98	19.71	16.89	12.99	10.75	8.46	7.16	6.23	5.63
	$C_v(\%)$	0.27	9.60	22.26	16.44	7.23	5.25	6.23	5.62	6.67	7.27
STR15-1	均值	30.15	79.38	28.68	12.49	8.65	6.73	5.37	4.56	3.92	3.40
	$C_v(\%)$	0.83	15.52	16.15	13.92	14.16	15.90	11.34	13.52	14.31	18.44
	均值	50.08	127.64	50.25	21.95	14.41	10.88	8.26	6.73	5.63	4.75
	$C_v(\%)$	0.36	12.21	12.08	6.07	4.81	5.25	5.77	7.07	7.20	7.73

续上表

结构	参数	荷载(kN)	各个传感器下的位移(0.01mm)								
			D_0	D_1	D_2	D_3	D_4	D_5	D_6	D_7	D_8
STR15-1	均值	69.79	174.23	72.65	31.02	19.80	14.99	11.63	9.52	7.91	6.51
	C_v(%)	0.15	12.12	12.02	6.82	4.75	4.60	4.96	5.71	6.24	6.93
	均值	89.75	233.17	97.42	40.92	25.74	19.31	14.87	12.03	9.85	7.99
	C_v(%)	0.19	12.06	11.65	8.39	5.54	4.78	5.19	5.44	5.93	6.86
STR18-1	均值	30.17	100.56	35.45	12.54	9.29	7.15	5.19	4.16	3.50	2.87
	C_v(%)	0.72	12.61	11.72	12.24	6.84	9.83	8.61	6.01	5.29	6.42
	均值	50.08	162.70	61.63	20.14	15.34	11.63	8.65	6.83	5.86	4.76
	C_v(%)	0.47	10.73	11.16	11.84	6.35	9.71	8.52	8.37	6.57	7.02
	均值	69.74	223.00	84.76	24.69	20.20	15.35	11.36	9.19	7.52	6.13
	C_v(%)	0.16	13.17	12.25	15.49	6.26	8.58	6.56	6.36	5.74	5.16
	均值	88.66	286.36	106.46	30.11	25.19	19.35	14.57	11.79	9.88	8.07
	C_v(%)	0.59	9.94	11.96	15.10	6.33	5.65	4.84	4.80	4.89	4.50
STR18-2	均值	30.16	87.98	32.81	12.62	8.19	6.25	4.48	3.72	3.05	2.70
	C_v(%)	0.66	9.64	12.27	9.58	6.97	7.63	4.81	6.26	13.98	15.14
	均值	50.25	131.87	53.00	18.69	12.02	9.15	6.62	5.42	4.38	3.64
	C_v(%)	0.29	8.25	11.34	9.69	7.62	6.74	6.06	5.21	7.81	6.68
	均值	69.77	172.55	73.62	24.13	15.46	12.12	9.20	7.42	6.19	5.10
	C_v(%)	0.14	8.05	9.65	8.40	6.94	6.12	6.01	5.14	6.91	3.98
	均值	89.68	231.73	94.21	29.83	18.82	14.99	11.75	9.45	8.08	6.53
	C_v(%)	0.10	8.75	8.30	8.20	6.82	6.30	7.04	5.54	5.99	6.76

不同结构 CBG25 的 FWD 弯沉均值汇总表(7d,5t) 附表 B3-9

结构	荷载(kN)	各测点弯沉(0.01mm)								
		D_0	D_1	D_2	D_3	D_4	D_5	D_6	D_7	D_8
STR1-1	50.0	13.01	10.22	7.59	6.10	4.98	3.76	3.34	2.68	2.47
STR2-1	49.6	19.65	15.82	11.14	7.84	6.42	5.00	3.82	3.15	2.97
STR3-1	49.7	23.48	19.12	13.73	9.84	7.36	5.66	4.27	3.76	2.89
STR4-1	50.1	22.06	15.75	10.95	8.00	6.15	4.48	3.71	3.07	2.59
STR5-1	50.1	16.79	14.63	10.95	8.51	6.32	4.43	3.70	3.07	2.48
STR6-1	50.1	20.34	15.94	11.65	8.49	6.44	4.55	3.68	3.04	2.65
STR7-1	50.1	18.69	15.32	10.95	8.02	6.12	4.31	3.47	2.80	2.51
STR8-1	50.0	21.89	15.75	10.47	7.46	5.69	4.05	3.36	2.90	2.46
STR9-1	50.1	17.45	13.57	9.55	7.08	5.48	3.91	3.28	2.78	2.40
STR10-1	49.7	21.41	15.58	10.96	8.52	6.95	5.59	4.84	3.29	2.89

续上表

结构	荷载(kN)	各测点弯沉(0.01mm)								
		D_0	D_1	D_2	D_3	D_4	D_5	D_6	D_7	D_8
STR11-1	49.4	20.01	16.04	10.90	8.18	6.17	4.64	3.81	3.41	2.91
STR12-1	50.1	17.55	13.37	9.27	6.81	5.35	4.02	3.41	2.90	2.56
STR13-1	50.1	20.02	15.95	11.35	8.36	6.40	4.74	3.88	3.29	2.83
STR14-1	49.7	16.11	13.17	9.51	7.26	5.76	4.26	3.57	3.04	2.67
STR15-1	49.5	16.35	14.12	10.83	8.24	6.54	4.96	4.27	3.69	3.21
STR16-1	49.8	20.56	15.06	10.69	7.89	6.01	4.32	3.63	3.08	2.76
STR17-1	49.9	15.41	12.92	9.39	7.09	5.62	4.09	3.39	2.89	2.58
STR19-1	50.0	33.29	24.83	15.16	9.96	7.30	5.26	4.35	3.62	3.19
YA-1 外	50.0	15.17	11.92	8.81	6.68	5.34	3.96	3.36	2.84	2.55
YA-1 内	49.8	21.05	16.52	11.28	8.09	6.16	4.48	3.73	3.13	2.79
YB-1 外	49.9	10.71	8.88	6.47	5.28	4.44	3.42	2.98	2.56	2.32
YB-1 内	49.8	11.68	9.36	6.73	5.39	4.55	3.51	3.03	2.57	2.28
STR1-2	50.1	6.23	5.08	3.88	3.41	3.07	2.36	2.12	1.86	1.68
STR2-2	50.0	6.69	5.92	4.80	4.22	3.71	2.85	2.49	2.17	1.90
STR3-2	49.8	8.84	7.85	6.15	5.18	4.40	3.35	2.88	2.36	2.03
STR4-2	49.8	5.90	5.48	4.42	4.02	3.63	2.80	2.50	2.19	1.89
STR6-2	49.7	7.36	6.63	5.26	4.57	4.02	3.08	2.70	2.21	1.89
STR7-2	49.8	6.99	6.31	5.19	4.52	3.97	3.05	2.69	2.30	1.98
STR8-2	49.9	9.40	7.28	5.65	4.74	4.03	3.00	2.55	2.17	1.88
STR9-2	49.8	8.70	7.10	5.43	4.62	3.98	3.03	2.63	2.29	2.01
STR11-2	50.1	7.36	6.59	5.09	4.44	3.92	3.02	2.58	2.21	1.96
STR13-2	49.8	7.25	6.49	5.04	4.39	3.88	3.00	2.67	2.31	2.07
STR14-2	49.8	10.70	8.61	6.17	5.06	4.29	3.24	2.82	2.46	2.17
YA-2 外	50.2	8.35	7.07	5.52	4.68	4.00	3.09	2.67	2.24	2.01
YA-2 内	49.6	8.40	7.23	5.71	4.93	4.29	3.34	2.89	2.48	2.19
YB-2 外	50.0	5.52	4.85	3.83	3.40	3.07	2.45	2.20	1.93	1.71
YB-2 内	49.6	5.60	5.02	3.99	3.60	3.27	2.54	2.27	1.97	1.75

注：* 统计时，STR19除外。

不同结构CBG25的FWD弯沉均值汇总表(7d,7t) 附表B3-10

结构	荷载(kN)	各测点弯沉(0.01mm)								
		D_0	D_1	D_2	D_3	D_4	D_5	D_6	D_7	D_8
STR1-1	69.8	16.89	13.53	9.92	7.88	6.34	4.98	4.40	3.65	3.29
STR2-1	69.8	26.74	21.74	15.73	11.06	8.78	7.10	5.61	4.69	4.27
STR3-1	69.8	34.77	27.95	20.10	14.27	10.50	8.03	6.23	5.44	4.38

续上表

结构	荷载(kN)	各测点弯沉(0.01mm)								
		D_0	D_1	D_2	D_3	D_4	D_5	D_6	D_7	D_8
STR4-1	69.8	29.58	21.61	15.17	10.96	8.37	6.13	5.07	4.34	3.77
STR5-1	69.8	22.78	19.02	13.96	10.81	8.79	6.77	6.09	4.62	3.62
STR6-1	69.7	27.17	21.90	16.11	11.70	8.75	6.31	5.12	4.29	3.85
STR7-1	69.7	25.71	20.91	15.05	10.93	8.20	5.91	4.80	4.13	3.60
STR8-1	69.7	29.54	21.45	14.36	10.17	7.62	5.55	4.64	3.98	3.45
STR9-1	69.7	23.52	18.26	12.95	9.50	7.21	5.27	4.47	3.82	3.32
STR10-1	69.8	28.78	21.24	14.62	11.13	8.95	7.29	5.42	4.64	4.07
STR11-1	69.7	26.65	21.71	15.36	11.46	8.71	6.94	5.76	5.06	4.36
STR12-1	69.8	23.62	17.94	12.54	9.18	7.09	5.38	4.55	3.88	3.43
STR13-1	69.7	27.45	21.72	15.57	11.41	8.68	6.55	5.45	4.64	4.04
STR14-1	69.8	21.88	17.80	13.08	9.94	7.75	5.92	5.00	4.30	3.77
STR15-1	69.7	23.21	20.06	15.80	12.21	9.73	7.70	6.59	5.67	4.95
STR16-1	69.8	24.71	20.32	14.86	10.79	8.20	6.01	5.12	4.42	3.91
STR17-1	69.7	19.33	16.63	12.63	9.65	7.53	5.68	4.79	4.11	3.63
STR19-1	69.7	45.61	34.42	21.38	13.82	9.87	7.39	6.08	5.20	4.38
YA-1 外	69.8	21.27	16.50	12.31	9.25	7.26	5.69	4.83	4.19	3.77
YA-1 内	69.8	30.34	23.29	15.93	11.28	8.44	6.50	5.46	4.75	4.17
YB-1 外	69.8	14.18	11.74	8.83	7.19	6.10	4.95	4.30	3.70	3.31
YB-1 内	69.8	15.62	12.48	8.94	7.20	6.00	4.87	4.18	3.64	3.19
STR1-2	69.8	7.49	6.48	5.09	4.50	3.99	3.25	2.91	2.59	2.34
STR2-2	69.9	8.79	7.73	6.37	5.60	4.88	3.85	3.36	2.87	2.58
STR3-2	69.8	11.85	10.41	8.39	7.01	5.87	4.57	3.90	3.26	2.86
STR4-2	69.7	7.02	6.45	5.66	5.14	4.65	3.74	3.30	2.87	2.52
STR6-2	69.8	9.50	8.43	6.99	6.05	5.27	4.14	3.59	2.99	2.64
STR7-2	69.8	8.84	7.96	6.74	5.85	5.11	4.05	3.51	2.99	2.62
STR8-2	69.8	11.07	9.11	7.33	6.11	5.19	4.00	3.38	2.88	2.57
STR9-2	69.7	11.19	9.17	7.26	6.11	5.25	4.10	3.55	3.15	2.82
STR11-2	69.9	9.47	8.44	6.67	5.84	5.10	4.06	3.53	3.14	2.83
STR13-2	69.7	9.21	8.28	6.77	5.88	5.18	4.22	3.74	3.26	2.93
STR14-2	69.7	14.14	11.34	8.35	6.78	5.70	4.58	3.99	3.48	3.10
YA-2 外	69.7	10.99	9.19	7.41	6.27	5.39	4.34	3.76	3.28	2.92
YA-2 内	67.0	10.62	9.12	7.54	6.53	5.68	4.67	4.05	3.52	3.08
YB-2 外	69.8	6.93	6.07	4.96	4.49	3.99	3.37	3.03	2.68	2.42
YB-2 内	69.8	6.84	6.25	5.30	4.76	4.26	3.52	3.17	2.76	2.50

不同结构 CBG25 的 FWD 弯沉均值汇总表(7d,9t)   附表 B3-11

结构	荷载(kN)	各测点弯沉(0.01mm)								
		D_0	D_1	D_2	D_3	D_4	D_5	D_6	D_7	D_8
STR1-1	89.7	21.40	17.16	12.69	9.96	8.02	6.44	5.63	4.66	4.24
STR2-1	89.8	34.81	28.35	20.70	14.61	11.67	9.38	7.59	6.34	5.71
STR3-1	89.7	46.32	36.86	26.37	18.61	13.62	10.43	8.22	7.20	5.99
STR4-1	89.6	38.64	28.08	19.73	14.10	10.57	8.02	6.74	5.76	5.00
STR5-1	89.7	28.94	24.41	18.59	14.12	11.08	8.60	7.08	6.18	5.67
STR6-1	89.5	35.50	28.56	21.03	15.10	11.19	8.21	6.84	5.83	5.24
STR7-1	89.7	33.69	27.02	19.47	13.99	10.44	7.57	6.34	5.49	4.83
STR8-1	89.6	38.32	27.57	18.53	12.95	9.62	7.13	6.03	5.16	4.47
STR9-1	89.6	30.16	23.37	16.53	11.97	9.01	6.76	5.77	4.92	4.23
STR10-1	89.7	37.03	27.49	19.01	14.46	11.70	9.61	7.21	6.20	5.42
STR11-1	89.9	31.63	26.46	19.54	14.74	11.39	9.18	7.64	6.67	5.75
STR12-1	89.7	29.97	22.65	15.97	11.55	8.85	6.88	5.87	5.05	4.46
STR13-1	89.6	35.59	27.94	20.12	14.62	11.11	8.64	7.24	6.12	5.31
STR14-1	89.7	27.76	22.78	16.81	12.66	9.82	7.63	6.54	5.64	4.97
STR15-1	89.9	29.77	25.79	20.90	16.34	12.86	10.29	8.75	7.50	6.50
STR16-1	89.5	31.86	26.46	19.10	13.76	10.45	7.98	6.84	5.96	5.22
STR17-1	89.6	25.32	21.86	16.48	12.32	9.58	7.49	6.32	5.42	4.83
STR19-1	89.6	60.11	44.70	27.84	17.87	12.74	9.62	8.03	6.79	5.53
YA-1 外	89.7	28.00	21.29	15.96	12.00	9.56	7.63	6.47	5.55	4.92
YA-1 内	89.7	40.45	30.65	20.91	14.79	11.19	8.75	7.40	6.38	5.58
YB-1 外	89.7	17.36	14.63	11.47	9.49	8.00	6.63	5.69	4.89	4.29
YB-1 内	89.7	19.65	15.74	11.92	9.68	8.11	6.69	5.79	4.99	4.36
STR1-2	89.5	9.16	7.90	6.38	5.64	5.06	4.21	3.79	3.32	3.01
STR2-2	89.5	10.94	9.57	8.02	6.92	6.04	4.91	4.31	3.66	3.29
STR3-2	89.6	15.12	13.17	10.73	8.89	7.40	5.87	5.03	4.26	3.74
STR4-2	89.7	7.92	7.60	6.87	6.26	5.64	4.71	4.14	3.61	3.20
STR6-2	89.7	11.37	10.27	8.70	7.48	6.51	5.28	4.55	3.93	3.36
STR7-2	89.7	10.82	9.64	8.29	7.17	6.25	5.07	4.41	3.79	3.36
STR8-2	89.7	13.81	11.50	9.33	7.69	6.42	5.03	4.28	3.69	3.29
STR9-2	89.7	13.85	11.28	9.13	7.65	6.55	5.37	4.66	4.07	3.63
STR11-2	89.5	11.73	10.37	8.37	7.29	6.31	5.30	4.67	4.12	3.60
STR13-2	89.6	11.53	10.06	8.44	7.38	6.52	5.51	4.87	4.23	3.80
STR14-2	89.6	17.86	14.22	10.68	8.70	7.37	6.11	5.30	4.61	4.10
YA-2 外	89.6	13.73	11.38	9.27	7.89	6.74	5.49	4.74	4.12	3.70

317

续上表

结构	荷载(kN)	各测点弯沉(0.01mm)								
		D_0	D_1	D_2	D_3	D_4	D_5	D_6	D_7	D_8
YA-2 内	86.1	13.36	11.41	9.72	8.46	7.33	6.13	5.32	4.55	4.04
YB-2 外	89.7	8.45	7.48	6.28	5.69	5.20	4.36	3.96	3.47	3.16
YB-2 内	89.6	8.55	7.47	6.50	5.95	5.36	4.54	4.07	3.62	3.25

不同结构 CBG25 的 FWD 弯沉均值汇总表(7d,11t)　　　附表 B3-12

结构	荷载(kN)	各测点弯沉(0.01mm)								
		D_0	D_1	D_2	D_3	D_4	D_5	D_6	D_7	D_8
STR1-1	109.2	24.82	20.02	15.75	12.45	10.14	8.18	7.11	5.89	5.29
STR2-1	108.4	37.80	31.68	24.11	17.63	14.01	11.28	9.08	7.61	6.86
STR3-1	108.9	54.61	43.67	31.71	22.62	16.48	12.78	10.24	8.88	7.43
STR4-1	108.9	47.56	34.61	24.38	17.48	13.21	10.47	8.85	7.55	6.56
STR5-1	109.2	35.38	27.93	21.79	16.76	13.65	10.71	8.40	6.82	5.61
STR6-1	108.8	42.34	34.02	25.57	18.51	13.77	10.67	8.94	7.64	6.72
STR7-1	108.7	41.51	32.82	23.70	17.02	12.69	9.62	8.10	6.94	6.11
STR8-1	109.0	47.84	33.92	22.84	15.90	11.72	9.17	7.73	6.65	5.85
STR9-1	109.0	37.55	28.65	20.29	14.56	10.96	8.57	7.28	6.21	5.48
STR10-1	108.3	44.56	32.87	24.05	18.89	15.64	13.37	8.86	7.63	6.62
STR11-1	108.4	37.62	31.66	23.48	17.69	13.76	11.19	9.35	8.10	6.93
STR12-1	109.4	36.72	27.63	19.55	14.13	10.82	8.68	7.43	6.46	5.60
STR13-1	109.2	43.76	34.24	24.93	18.29	13.97	11.20	9.31	7.84	6.77
STR14-1	108.9	32.54	27.04	20.17	15.13	11.90	9.65	8.27	7.08	6.19
STR15-1	108.9	36.51	31.43	25.34	19.60	15.46	12.32	10.42	8.91	7.79
STR16-1	108.4	38.77	31.87	23.30	16.88	12.79	10.17	8.63	7.39	6.66
STR17-1	108.3	31.28	26.76	19.99	15.02	11.75	9.43	7.95	6.69	5.99
STR19-1	108.5	74.44	54.82	34.31	22.08	15.49	11.89	9.97	8.27	7.16
YA-1 外	109.2	33.11	25.39	19.52	14.93	11.91	9.63	8.18	7.01	6.18
YA-1 内	109.0	49.96	37.81	26.27	18.79	14.16	11.21	9.39	8.05	7.10
YB-1 外	109.2	20.03	17.21	13.93	11.55	9.61	7.93	6.81	5.88	5.12
YB-1 内	108.5	22.07	18.30	14.59	11.84	9.93	8.26	7.05	6.09	5.37
STR1-2	108.7	10.98	9.47	7.92	7.03	6.22	5.33	4.74	4.25	3.78
STR2-2	108.8	13.23	11.49	9.71	8.38	7.30	6.20	5.39	4.71	4.14
STR3-2	108.8	18.42	16.06	13.12	10.89	9.03	7.49	6.44	5.40	4.66
STR4-2	107.7	9.25	8.88	8.20	7.54	6.80	5.75	5.07	4.41	3.97
STR6-2	108.0	13.75	12.35	10.48	9.00	7.80	6.43	5.58	4.47	3.95

续上表

结构	荷载(kN)	各测点弯沉(0.01mm)								
		D_0	D_1	D_2	D_3	D_4	D_5	D_6	D_7	D_8
STR7-2	108.5	12.69	11.50	10.06	8.69	7.55	6.25	5.45	4.72	4.16
STR8-2	108.7	16.54	13.90	11.26	9.19	7.73	6.15	5.35	4.62	4.13
STR9-2	108.4	16.53	13.44	10.98	9.26	8.00	6.67	5.80	5.05	4.47
STR11-2	109.2	14.15	12.48	10.20	8.98	7.94	6.79	5.90	5.18	4.58
STR13-2	107.2	14.02	12.10	10.20	8.92	7.90	6.78	5.99	5.23	4.64
STR14-2	108.3	21.44	17.09	13.00	10.68	9.09	7.64	6.63	5.72	5.03
YA-2 外	109.1	16.52	13.92	11.63	9.86	8.43	7.04	6.05	5.30	4.64
YA-2 内	108.5	16.42	14.18	12.16	10.53	9.11	7.59	6.63	5.76	5.06
YB-2 外	109.7	10.07	8.94	7.72	7.02	6.32	5.48	4.90	4.35	3.90
YB-2 内	108.1	9.96	8.75	7.85	7.23	6.55	5.65	5.05	4.46	4.00

第5章 主要数据表

2016年"零荷"检测各路段FWD弯沉汇总表　　　　附表B5-1

结构	样本	1月		3月		5月		8月		10月	
		均值(mm)	C_v(%)	均值(mm)	C_v(%)	均值(mm)	C_v(%)	均值(mm)	C_v(%)	均值(mm)	C_v(%)
STR1	39	3.71	3.21	4.94	5.36	5.85	1.29	6.07	12.93	5.50	10.08
STR2	18	3.57	2.91	4.87	5.54	5.33	6.30	6.26	9.19	6.24	12.59
STR3	18	4.02	11.15	7.07	6.03	7.88	8.56	9.31	8.02	7.56	12.66
STR4	15	3.71	2.44	5.32	6.51	6.28	9.79	6.12	7.57	5.52	5.30
STR5	36	4.78	4.76	6.25	8.11	7.22	9.87	9.02	12.75	5.81	6.81
STR6	15	3.87	2.61	5.34	6.91	6.75	9.81	6.23	4.52	5.88	6.14
STR7	21	3.89	2.62	5.18	5.51	7.17	4.84	6.34	15.32	5.56	5.76
STR8	18	3.32	2.88	4.71	3.97	5.94	3.86	6.03	4.45	5.66	5.23
STR9	18	3.36	2.87	4.86	3.79	6.27	4.58	6.84	5.64	6.01	6.64
STR10	18	3.12	2.41	8.63	15.44	13.18	6.59	12.64	6.87	11.05	6.99
STR11	21	3.28	3.40	4.69	3.33	6.90	6.75	6.87	8.93	5.20	5.03
STR12	18	3.22	3.02	10.14	16.07	14.20	9.71	13.14	7.35	13.29	12.37
STR13	39	3.85	2.41	5.81	12.38	9.37	6.42	8.34	5.80	5.70	8.03
STR14	21	3.74	3.01	6.44	18.19	9.80	7.02	9.03	10.26	6.07	8.66
STR15	18	2.63	4.96	4.10	3.15	5.23	7.45	6.28	15.00	5.43	5.04
STR16	18	3.81	3.10	4.30	8.80	7.02	4.65	7.59	13.04	5.95	3.78
STR17	18	3.23	2.66	4.36	6.46	5.22	3.26	5.51	9.24	5.42	4.36

续上表

结构	样本	1月 均值(mm)	C_v(%)	3月 均值(mm)	C_v(%)	5月 均值(mm)	C_v(%)	8月 均值(mm)	C_v(%)	10月 均值(mm)	C_v(%)
STR18	18	2.63	3.55	5.08	8.06	6.28	3.33	8.40	4.41	6.85	2.99
STR19	36	3.84	1.92	5.41	9.25	5.84	2.96	8.13	11.97	5.50	4.84
YB-STR6	15	2.98	2.41	4.57	13.84	5.40	4.27	7.72	22.73	5.22	4.35
YB-STR5	15	2.75	1.55	3.80	2.69	4.14	6.49	5.30	8.93	5.24	4.46
YB-STR4	18	2.92	2.13	4.09	3.30	5.14	4.42	6.93	20.27	5.41	7.47
YB-STR3	15	2.88	4.16	4.02	2.58	6.12	19.21	7.70	23.82	5.49	6.46
YB-STR2	15	2.83	2.05	4.03	4.50	6.54	16.48	6.51	14.42	5.15	4.43
YB-STR1	15	2.79	3.52	4.09	6.97	7.17	8.43	6.01	4.51	5.89	10.70

2016年"零荷"检测各路段BB弯沉汇总表　　　　附表 B5-2

结构	3月 样本	均值(mm)	C_v(%)	5月 样本	均值(mm)	C_v(%)	8月 样本	均值(mm)	C_v(%)	10月 样本	均值(mm)	C_v(%)
STR1	52	0.73	163.50	52	6.23	98.56	52	17.38	70.00	20	6.30	80.13
STR2	24	2.42	100.59	24	12.42	91.08	24	17.50	34.17	7	5.14	90.11
STR3	24	2.93	104.42	24	9.36	115.50	24	15.21	52.18	11	6.00	101.38
STR4	20	2.80	79.54	20	10.40	105.17	20	13.80	91.48	10	14.00	102.80
STR5	48	8.08	95.09	48	9.54	94.81	48	12.92	73.72	14	14.68	199.36
STR6	20	9.60	93.19	20	3.90	178.55	20	17.00	105.85	6	3.67	82.12
STR7	28	3.86	110.37	28	7.79	82.84	28	16.14	66.51	7	6.14	69.97
STR8	24	2.67	130.20	24	6.50	83.91	24	17.50	69.73	4	3.50	54.71
STR9	24	4.08	108.82	24	3.75	112.68	24	12.92	104.94	9	12.00	116.14
STR10	24	6.58	91.45	24	9.92	75.29	24	12.83	53.97	10	6.30	63.51
STR11	28	2.71	153.45	28	13.79	54.02	28	16.36	64.14	11	7.27	71.02
STR12	24	10.42	105.34	24	9.33	90.53	24	14.67	58.14	11	7.18	89.12
STR13	52	4.96	164.93	52	6.92	104.92	52	16.23	69.04	19	8.84	64.89
STR14	28	3.21	117.10	28	6.57	93.58	28	20.29	53.21	8	7.75	83.19
STR15	24	2.67	127.48	24	14.50	75.47	24	15.33	60.85	10	9.40	176.54
STR16	24	4.17	108.15	24	5.83	111.06	24	15.04	91.34	9	13.78	148.78
STR17	24	5.83	76.93	24	6.75	118.54	24	12.29	100.80	9	10.67	108.83
STR18	24	6.83	85.51	20	5.90	90.78	20	7.60	81.37	5	10.40	56.31
STR19	48	10.00	112.84	48	4.50	101.63	48	14.71	62.33	19	12.74	64.47
YB-STR6	20	8.40	107.04	20	9.90	75.65	20	13.50	43.22	9	8.22	77.11

续上表

结构	3月			5月			8月			10月		
	样本	均值（mm）	C_v（%）	样本	均值（mm）	C_v（%）	样本	均值（mm）	C_v（%）	样本	均值（mm）	C_v（%）
YB-STR5	20	12.60	101.28	20	4.70	104.69	20	14.00	78.18	10	12.40	55.90
YB-STR4	24	3.67	131.90	24	8.42	125.13	24	9.33	81.05	9	12.78	73.50
YB-STR3	20	1.60	143.07	20	13.30	78.79	20	14.30	125.17	9	9.56	89.28
YB-STR2	20	1.50	112.55	20	4.50	161.25	20	17.70	108.62	7	10.43	69.34
YB-STR1	20	3.60	163.49	20	14.10	94.17	20	14.00	66.01	10	14.30	69.78

2016年"零荷"检测各路段激光弯沉仪弯沉汇总表　　　　　　　　　附表 B5-3

结构	3月			5月			8月			10月		
	样本	均值（mm）	C_v（%）	样本	均值（mm）	C_v（%）	样本	均值（mm）	C_v（%）	样本	均值（mm）	C_v（%）
STR1	78	7.26	23.99	78	10.35	26.38	52	10.79	19.61	26	4.98	58.15
STR2	42	5.09	52.33	42	7.93	27.65	28	11.54	15.35	14	4.86	43.75
STR3	42	8.33	29.24	42	10.78	23.24	28	13.92	11.79	12	9.13	58.23
STR4	30	4.03	49.41	30	5.39	51.26	20	12.08	13.32	12	7.04	62.08
STR5	72	5.55	36.02	72	10.54	31.37	48	12.48	10.75	24	7.31	69.78
STR6	30	7.84	26.29	30	4.53	60.49	20	11.55	15.11	10	4.85	48.37
STR7	42	6.11	28.11	42	7.19	50.61	28	11.50	19.12	14	4.25	56.84
STR8	36	6.24	33.94	36	8.72	33.81	24	9.46	34.88	12	5.79	60.65
STR9	30	4.32	26.17	30	7.80	26.66	20	10.95	21.56	10	4.50	41.90
STR10	42	8.05	27.24	42	11.50	30.81	28	12.68	32.73	14	8.54	59.45
STR11	24	7.15	26.97	24	5.88	71.59	16	11.13	4.30	8	6.38	56.67
STR12	48	10.25	36.73	48	12.98	42.31	32	14.00	15.46	14	13.61	40.97
STR13	72	9.05	33.64	72	11.88	24.68	48	11.52	10.20	28	6.59	62.20
STR14	36	8.65	36.70	36	9.97	48.96	24	12.00	21.97	12	6.50	50.71
STR15	36	7.93	34.81	36	10.22	42.41	24	12.38	9.79	12	6.42	46.50
STR16	36	3.87	31.99	36	8.78	30.51	24	10.81	12.82	12	5.33	43.30
STR17	42	5.34	53.25	42	8.79	15.05	28	12.32	9.42	14	4.29	48.80
STR18	36	5.64	34.49	36	11.17	25.97	24	14.83	16.01	12	10.46	82.44
STR19	66	8.99	20.19	66	13.12	26.89	44	13.89	13.38	22	5.09	59.52
YB-STR6	30	8.68	25.36	30	13.37	16.62	20	13.75	15.69	10	6.40	61.49
YB-STR5	30	9.05	25.69	30	14.90	7.36	20	14.15	3.87	10	9.95	48.69
YB-STR4	36	11.77	13.69	36	15.13	10.23	24	13.25	12.66	10	7.35	55.55

续上表

结构	3月			5月			8月			10月		
	样本	均值（mm）	C_v（%）	样本	均值（mm）	C_v（%）	样本	均值（mm）	C_v（%）	样本	均值（mm）	C_v（%）
YB-STR3	36	10.60	14.07	36	14.17	15.23	24	13.35	9.42	10	8.05	58.67
YB-STR2	36	11.10	20.56	36	15.60	5.16	24	13.25	12.15	10	8.45	49.31
YB-STR1	36	10.59	15.63	36	16.03	10.61	24	13.30	14.28	10	13.25	43.00

2016年"零荷"检测各路段自动弯沉仪弯沉汇总表　　附表 B5-4

结构	3月			5月			8月			10月		
	样本	均值（mm）	C_v（%）	样本	均值（mm）	C_v（%）	样本	均值（mm）	C_v（%）	样本	均值（mm）	C_v（%）
STR1	48	4.21	50.12	48	5.34	55.13	60	6.00	82.92	28	8.20	55.15
STR2	28	2.99	44.95	24	4.48	45.01	32	5.26	55.76	15	8.27	44.73
STR3	24	3.78	59.02	24	4.17	57.67	32	5.68	58.11	14	12.02	63.04
STR4	24	5.04	45.01	20	5.26	65.01	30	6.74	68.56	12	7.35	22.45
STR5	44	4.99	38.55	40	5.47	66.04	26	7.23	70.83	26	8.78	48.80
STR6	24	5.10	30.59	24	7.84	44.15	30	6.27	61.77	11	6.75	34.32
STR7	24	4.86	43.40	20	5.65	46.33	28	6.25	57.90	15	8.21	37.22
STR8	20	3.63	41.55	23	4.75	64.45	28	6.69	47.12	14	8.01	51.47
STR9	24	3.99	42.20	18	4.19	64.30	28	3.60	60.54	11	6.19	32.36
STR10	24	2.07	36.65	22	4.75	52.13	32	5.10	53.70	14	8.83	47.98
STR11	20	4.64	42.56	18	4.43	41.60	22	6.57	52.53	13	8.77	37.16
STR12	24	2.94	44.87	24	4.28	55.07	34	6.59	75.76	14	7.36	36.71
STR13	50	3.77	51.50	48	5.71	52.40	67	7.56	65.48	29	8.44	42.43
STR14	23	3.08	51.80	22	4.44	68.01	32	6.22	53.87	13	7.48	37.86
STR15	24	4.97	41.52	24	4.50	58.75	30	4.52	50.72	15	9.36	61.40
STR16	24	4.84	62.63	24	4.19	64.28	29	4.97	79.45	12	7.53	45.71
STR17	24	5.43	49.59	22	3.94	43.87	29	4.82	62.80	14	7.63	41.06
STR18	24	4.57	57.07	18	3.53	68.30	19	3.88	58.84	12	7.64	33.85
STR19	46	4.51	53.51	46	4.25	66.77	59	5.33	58.32	22	8.00	46.86
YB-STR6	18	4.97	39.22	20	2.93	53.34	25	3.95	48.72	12	6.58	23.46
YB-STR5	20	4.18	29.44	18	2.77	73.84	24	4.50	99.87	10	7.03	58.38
YB-STR4	20	4.09	36.95	20	3.76	54.54	26	4.01	51.86	10	6.80	43.80
YB-STR3	20	4.47	37.23	20	10.60	49.11	24	8.86	52.69	11	9.90	70.79
YB-STR2	20	2.98	47.97	20	3.31	46.92	27	4.96	82.89	12	7.92	40.00
YB-STR1	19	2.40	84.81	24	5.63	59.35	19	5.27	87.28	9	8.58	69.40

附录 C 环道各个断面传感器布设图

目　　录

附图 C-1	STR1 传感器布设剖面图	326
附图 C-2	STR1 传感器布设分层平面图组	327
附图 C-3	STR2 传感器布设剖面图	327
附图 C-4	STR2 传感器布设分层平面图组	328
附图 C-5	STR3 传感器布设剖面图	328
附图 C-6	STR3 传感器布设分层平面图组	329
附图 C-7	STR4 传感器布设剖面图	329
附图 C-8	STR4 传感器布设分层平面图组	330
附图 C-9	STR5 传感器布设剖面图	330
附图 C-10	STR5 传感器布设分层平面图组	331
附图 C-11	STR6 传感器布设剖面图	331
附图 C-12	STR6 传感器布设分层平面图组	332
附图 C-13	STR7 传感器布设剖面图	332
附图 C-14	STR7 传感器布设分层平面图组	332
附图 C-15	STR8 传感器布设剖面图	333
附图 C-16	STR8 传感器布设分层平面图组	334
附图 C-17	STR9 传感器布设剖面图	334
附图 C-18	STR9 传感器布设分层平面图组	335
附图 C-19	STR10 传感器布设剖面图	335
附图 C-20	STR10 传感器布设分层平面图组	336
附图 C-21	STR11 传感器布设剖面图	336
附图 C-22	STR11 传感器布设分层平面图组	337
附图 C-23	STR12 传感器布设剖面图	338
附图 C-24	STR12 传感器布设分层平面图组	339
附图 C-25	STR13 传感器布设剖面图	339
附图 C-26	STR13 传感器布设分层平面图组	340
附图 C-27	STR14 传感器布设剖面图	340
附图 C-28	STR14 传感器布设分层平面图组	341
附图 C-29	STR15 传感器布设剖面图	342
附图 C-30	STR15 传感器布设分层平面图组	343

附图 C-31	STR16 传感器布设剖面图	343
附图 C-32	STR16 传感器布设分层平面图组	344
附图 C-33	STR17 传感器布设剖面图	344
附图 C-34	STR17 传感器布设分层平面图组	345
附图 C-35	STR18 传感器布设剖面图	346
附图 C-36	STR18 传感器布设分层平面图组	347
附图 C-37	STR19 传感器布设剖面图	347
附图 C-38	STR19 传感器布设分层平面图组	348
附图 C-39	HZSTR1 传感器布设剖面图	348
附图 C-40	HZSTR1 传感器布设分层平面图组	349
附图 C-41	HZSTR5 传感器布设剖面图	350
附图 C-42	HZSTR5 传感器布设分层平面图组	350
附图 C-43	HZSTR13 传感器布设剖面图	351
附图 C-44	HZSTR13 传感器布设分层平面图组	352
附图 C-45	HZSTR19 传感器布设剖面图	352
附图 C-46	HZSTR19 传感器布设分层平面图组	353
附图 C-47	YA-STR1 断面传感器布设剖面图	353
附图 C-48	YA-STR1 断面传感器布设分层平面图组	354
附图 C-49	YA-STR2 断面传感器布设剖面图	354
附图 C-50	YA-STR2 断面传感器布设分层平面图组	355
附图 C-51	YA-STR3 断面传感器布设剖面图	355
附图 C-52	YA-STR3 断面传感器布设分层平面图组	356
附图 C-53	YA-STR4 断面传感器布设剖面图	356
附图 C-54	YA-STR4 断面传感器布设分层平面图组	357
附图 C-55	YA-STR5 断面传感器布设剖面图	357
附图 C-56	YA-STR5 断面传感器布设分层平面图组	358
附图 C-57	YA-STR6 断面传感器布设剖面图	358
附图 C-58	YA-STR6 断面传感器布设分层平面图组	359
附图 C-59	YA-STR7 断面传感器布设剖面图	359
附图 C-60	YA-STR7 断面传感器布设分层平面图组	360
附图 C-61	YA-STR8 断面传感器布设剖面图	360
附图 C-62	YA-STR8 断面传感器布设分层平面图组	361
附图 C-63	YA-STR9 断面传感器布设剖面图	361
附图 C-64	YA-STR9 断面传感器布设分层平面图组	362
附图 C-65	YA-STR10 断面传感器布设剖面图	362

附图 C-66　YA-STR10 断面传感器布设分层平面图组 ……………………………… 363
附图 C-67　YA-STR11 断面传感器布设剖面图 ………………………………………… 363
附图 C-68　YA-STR11 断面传感器布设分层平面图组 ……………………………… 364
附图 C-69　YA-STR12 断面传感器布设剖面图 ………………………………………… 364
附图 C-70　YA-STR12 断面传感器布设分层平面图组 ……………………………… 365
附图 C-71　YA-STR13 断面传感器布设剖面图 ………………………………………… 365
附图 C-72　YA-STR13 断面传感器布设分层平面图组 ……………………………… 366

附录 C 环道各个断面传感器布设图图例为：

沥青混凝土路面：✳ 温度传感器，▲ 土压力计，中 湿度传感器，— 混泥土应变计，⊢ 沥青应变计，▨ 多点位移计，● 竖向应变计组。

水泥混凝土路面：◉ 温度传感器、湿度传感器，◉ 土压力计，◉ 振弦式应变计，◉ 混凝土应力计，— 钢筋，■ 钢筋应变计。

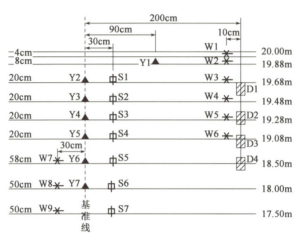

附图 C-1　STR1 传感器布设剖面图

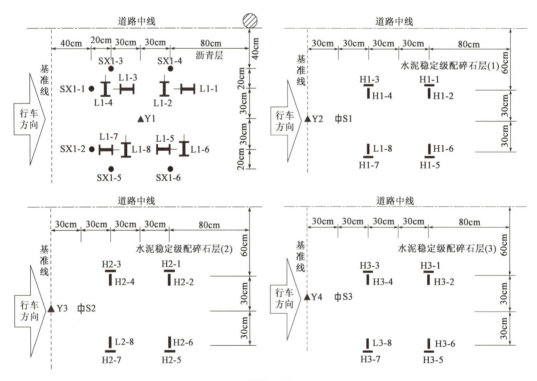

附图　C-2

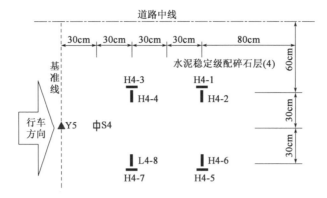

附图 C-2　STR1 传感器布设分层平面图组

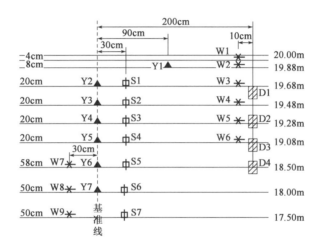

附图 C-3　STR2 传感器布设剖面图

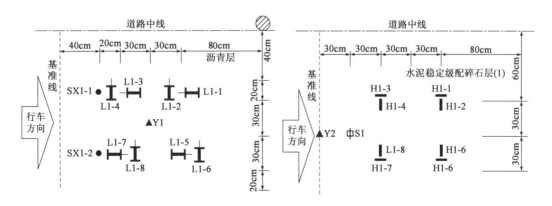

附图　C-4

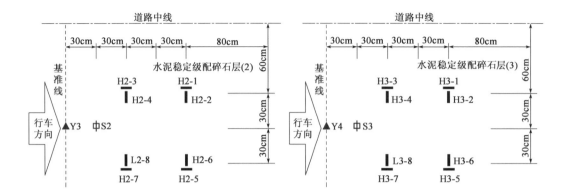

附图 C-4　STR2 传感器布设分层平面图组

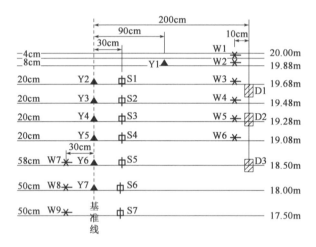

附图 C-5　STR3 传感器布设剖面图

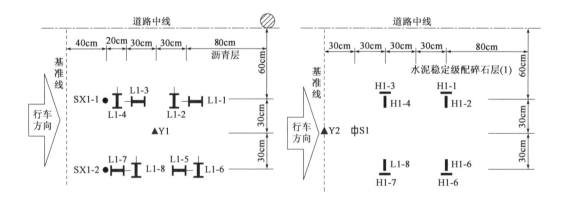

附图　C-6

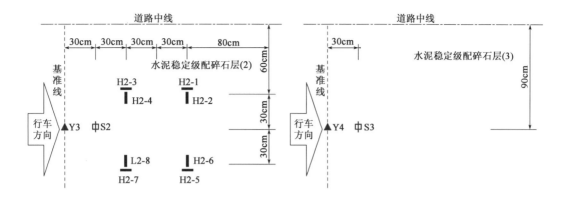

附图 C-6　STR3 传感器布设分层平面图组

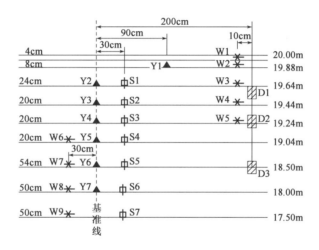

附图 C-7　STR4 传感器布设剖面图

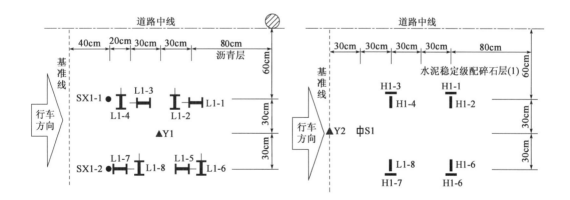

附图　C-8

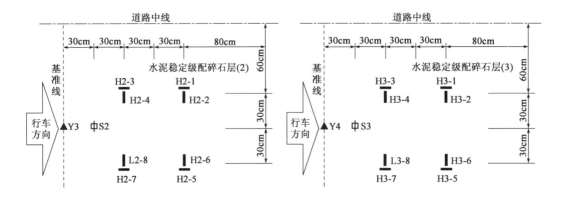

附图 C-8　STR4 传感器布设分层平面图组

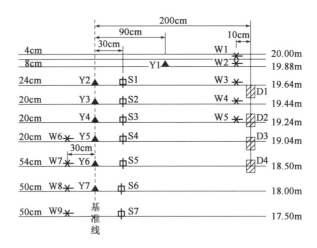

附图 C-9　STR5 传感器布设剖面图

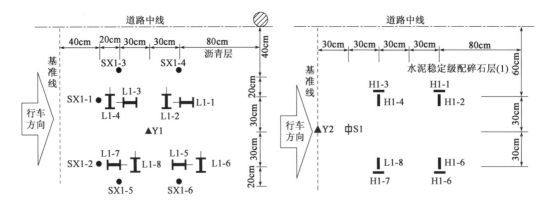

附图　C-10

环道各个断面传感器布设图 附录C

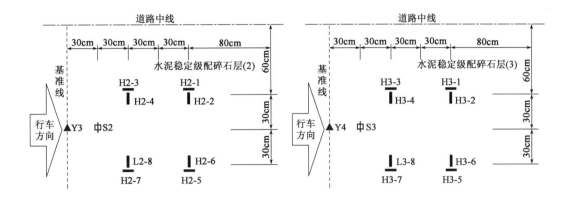

附图 C-10　STR5 传感器布设分层平面图组

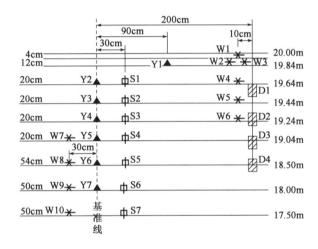

附图 C-11　STR6 传感器布设剖面图

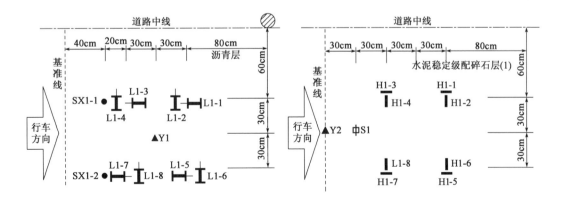

附图　C-12

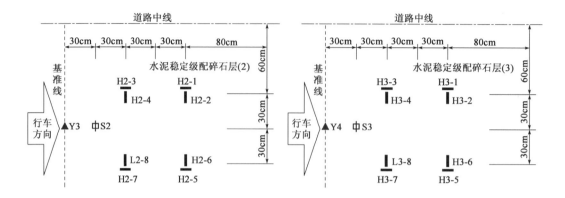

附图 C-12 STR6 传感器布设分层平面图组

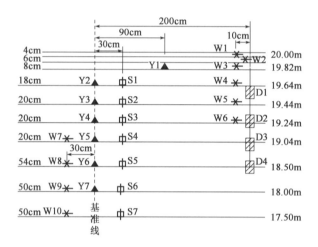

附图 C-13 STR7 传感器布设剖面图

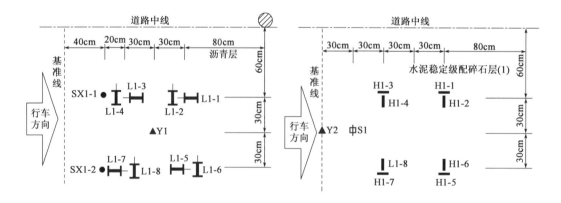

附图 C-14

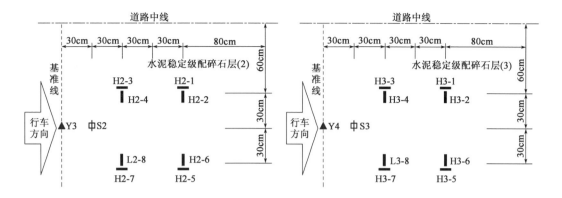

附图 C-14　STR7 传感器布设分层平面图组

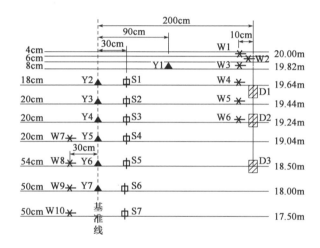

附图 C-15　STR8 传感器布设剖面图

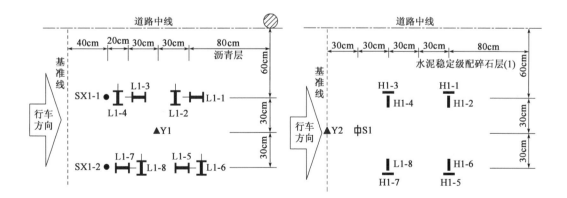

附图　C-16

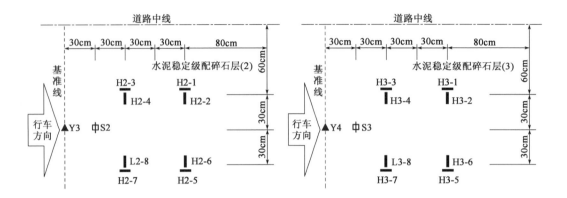

附图 C-16　STR8 传感器布设分层平面图组

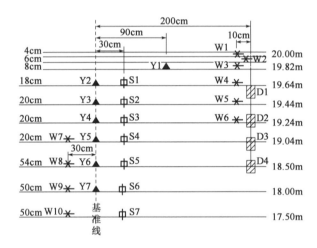

附图 C-17　STR9 传感器布设剖面图

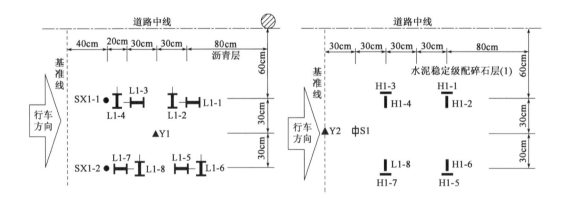

附图　C-18

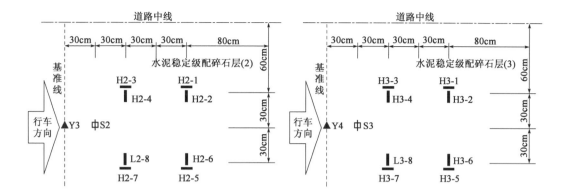

附图 C-18　STR9 传感器布设分层平面图组

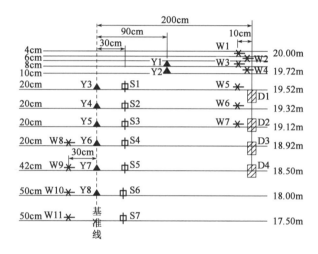

附图 C-19　STR10 传感器布设剖面图

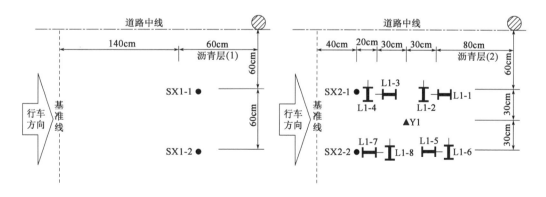

附图　C-20

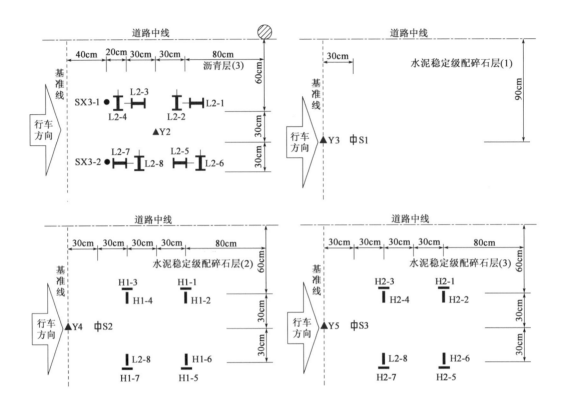

附图 C-20 STR10 传感器布设分层平面图组

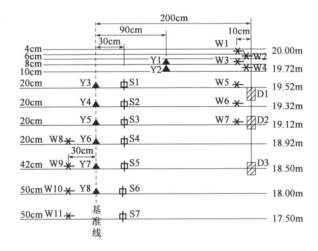

附图 C-21 STR11 传感器布设剖面图

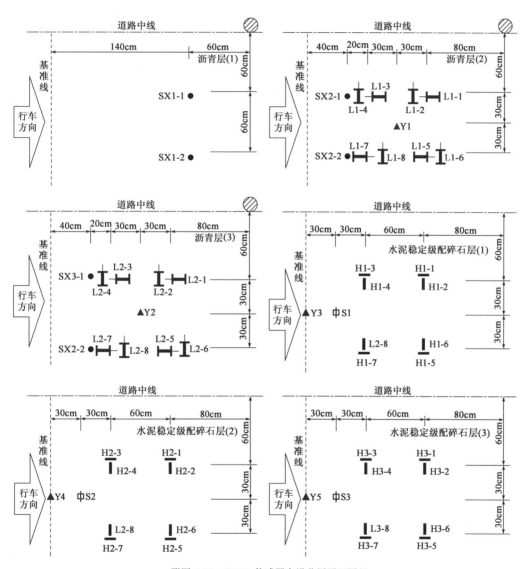

附图 C-22 STR11 传感器布设分层平面图组

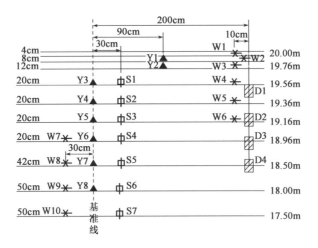

附图 C-23 STR12 传感器布设剖面图

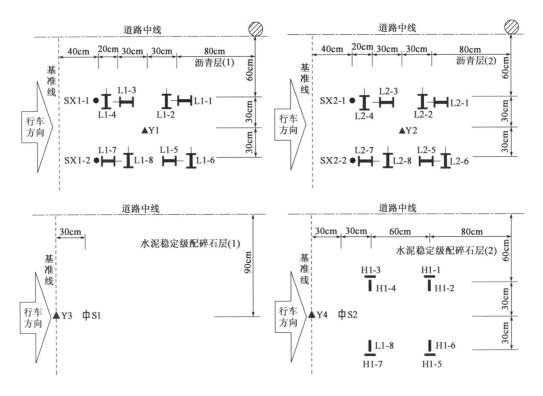

附图 C-24

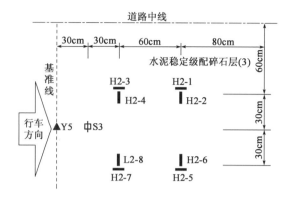

附图 C-24　STR12 传感器布设分层平面图组

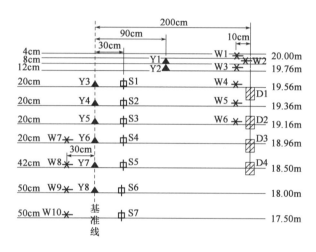

附图 C-25　STR13 传感器布设剖面图

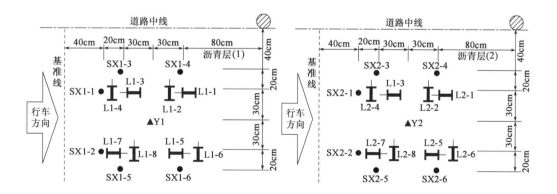

附图　C-26

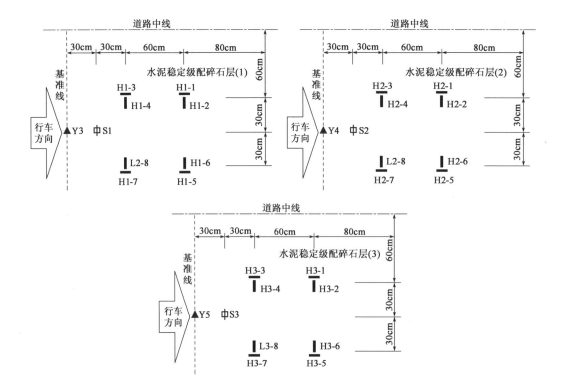

附图 C-26 STR13 传感器布设分层平面图组

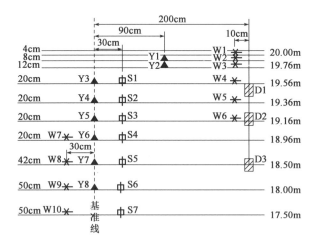

附图 C-27 STR14 传感器布设剖面图

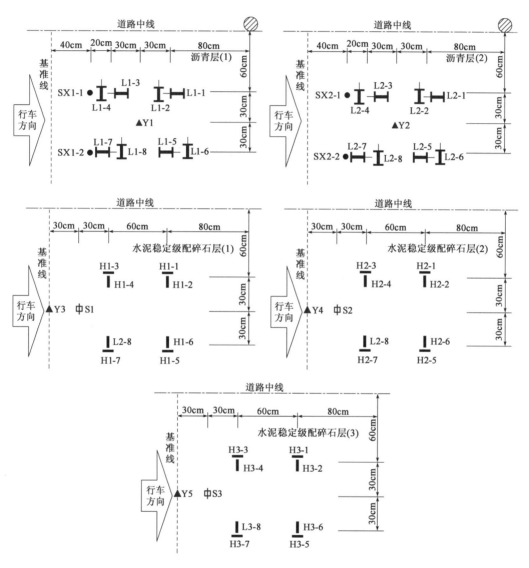

附图 C-28 STR14 传感器布设分层平面图组

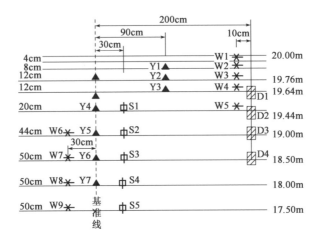

附图 C-29 STR15 传感器布设剖面图

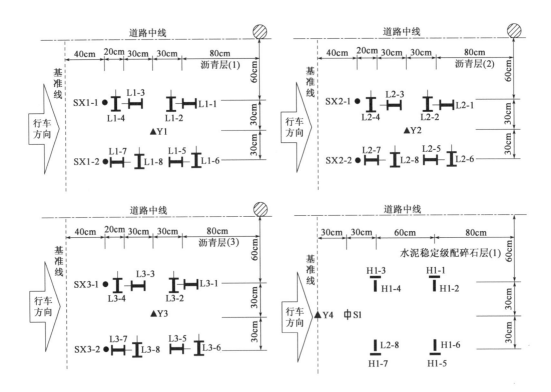

附图 C-30

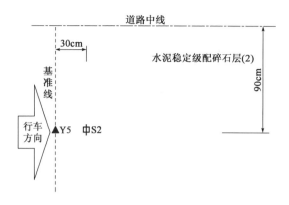

附图 C-30　STR15 传感器布设分层平面图组

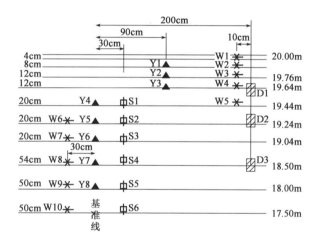

附图 C-31　STR16 传感器布设剖面图

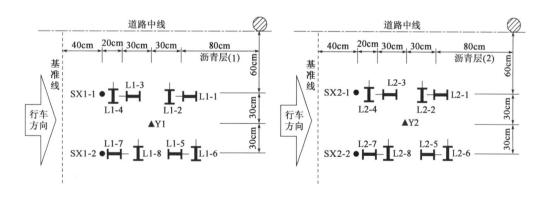

附图　C-32

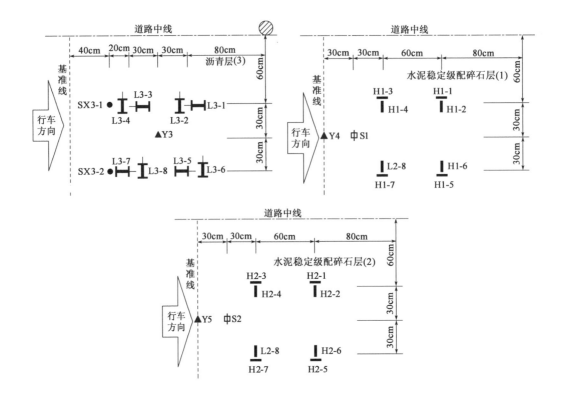

附图 C-32　STR16 传感器布设分层平面图组

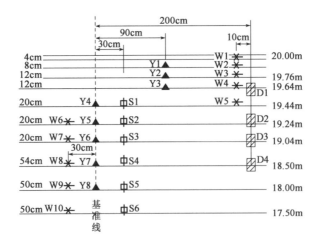

附图 C-33　STR17 传感器布设剖面图

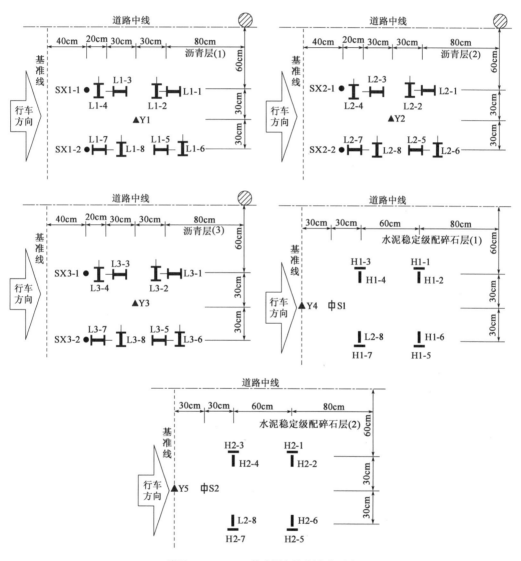

附图 C-34　STR17 传感器布设分层平面图组

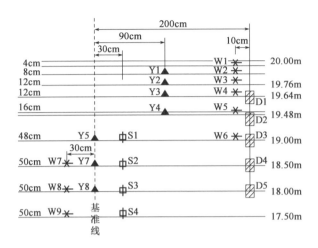

附图 C-35　STR18 传感器布设剖面图

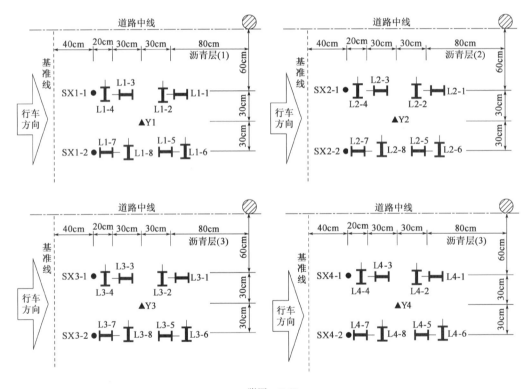

附图　C-36

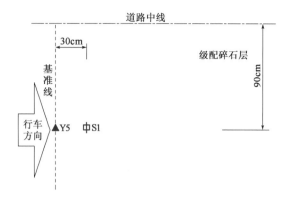

附图 C-36　STR18 传感器布设分层平面图组

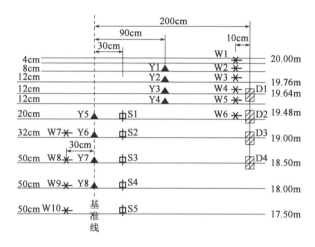

附图 C-37　STR19 传感器布设剖面图

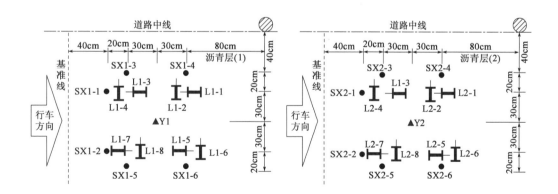

附图　C-38

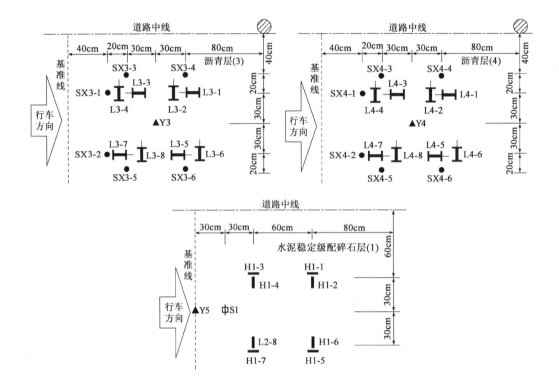

附图 C-38　STR19 传感器布设分层平面图组

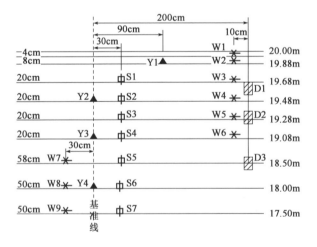

附图 C-39　HZSTR1 传感器布设剖面图

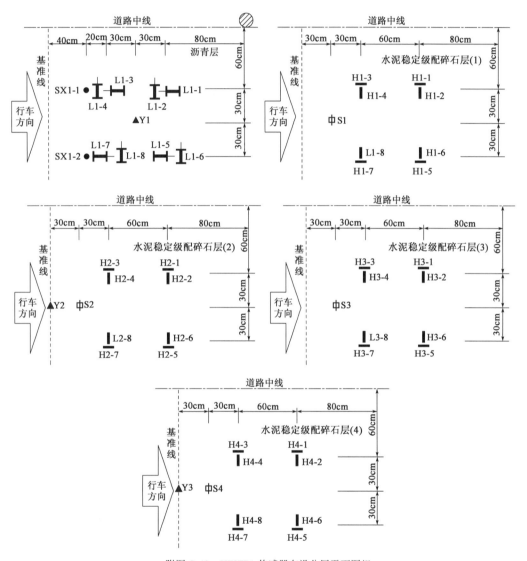

附图 C-40 HZSTR1 传感器布设分层平面图组

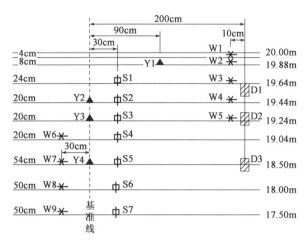

附图 C-41　HZSTR5 传感器布设剖面图

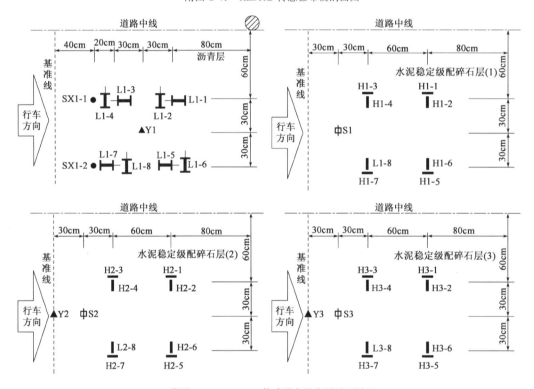

附图 C-42　HZSTR5 传感器布设分层平面图组

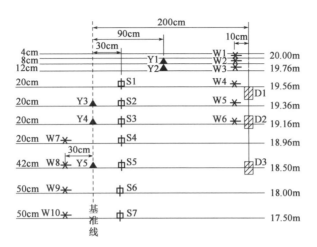

附图 C-43　HZSTR13 传感器布设剖面图

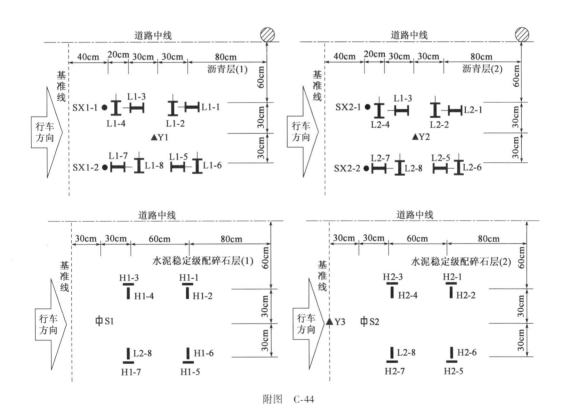

附图　C-44

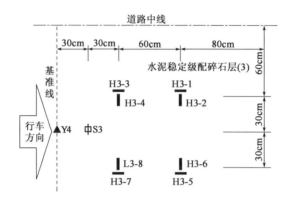

附图 C-44　HZSTR13 传感器布设分层平面图组

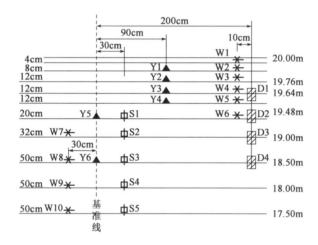

附图 C-45　HZSTR19 传感器布设剖面图

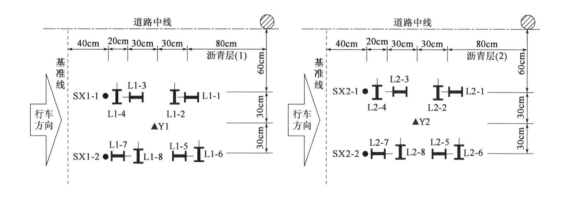

附图　C-46

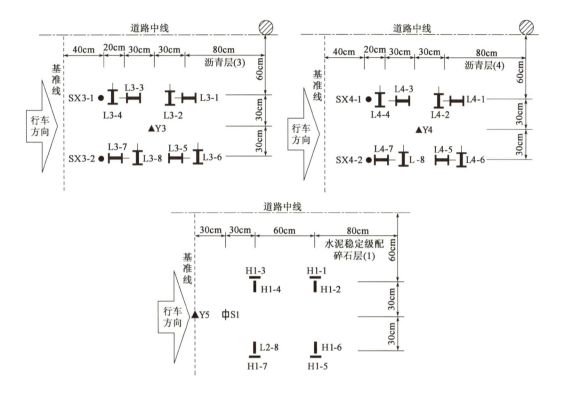

附图 C-46　HZSTR19 传感器布设分层平面图组

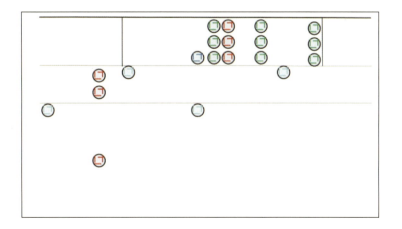

附图 C-47　YA-STR1 断面传感器布设剖面图

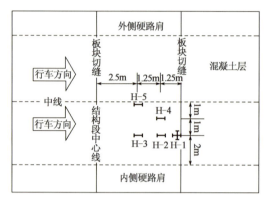
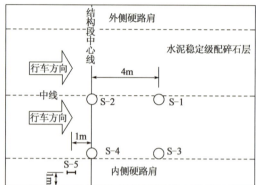
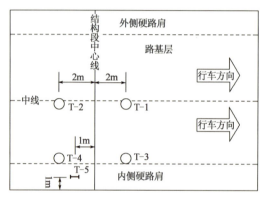

附图 C-48　YA-STR1 断面传感器布设分层平面图组

注：H-1～H-5 为振弦式应变计，S-5、T-5 为温度传感器，S-1～S-4、T-1～T-4 为土压力计，后同。

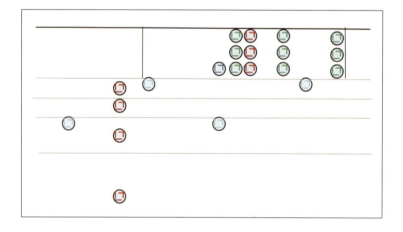

附图 C-49　YA-STR2 断面传感器布设剖面图

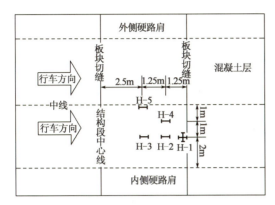
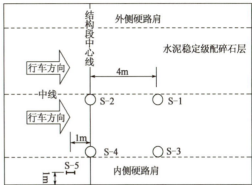
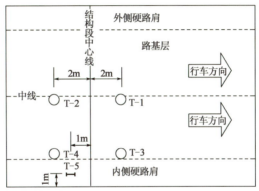

附图 C-50 YA-STR2 断面传感器布设分层平面图组

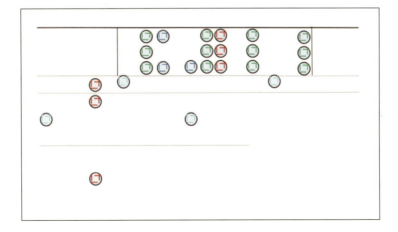

附图 C-51 YA-STR3 断面传感器布设剖面图

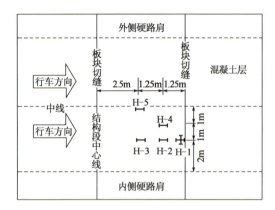
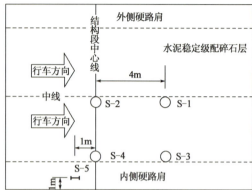
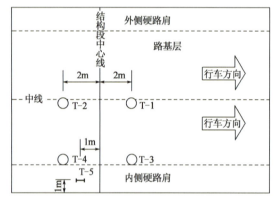

附图 C-52　YA-STR3 断面传感器布设分层平面图组

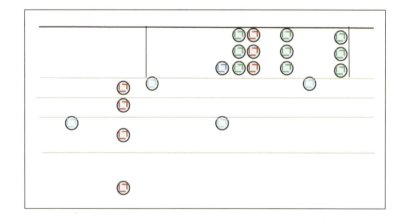

附图 C-53　YA-STR4 断面传感器布设剖面图

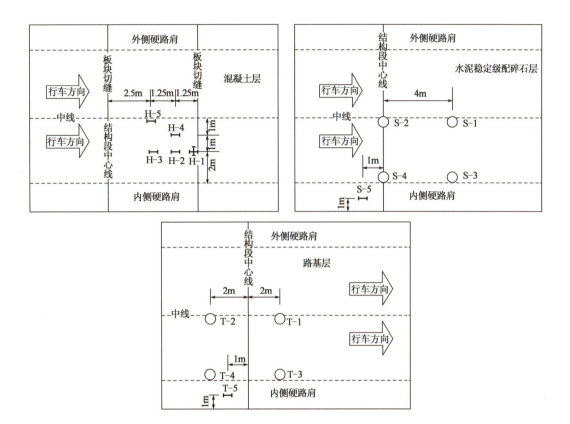

附图 C-54 YA-STR4 断面传感器布设分层平面图组

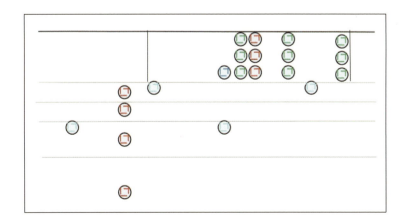

附图 C-55 YA-STR5 断面传感器布设剖面图

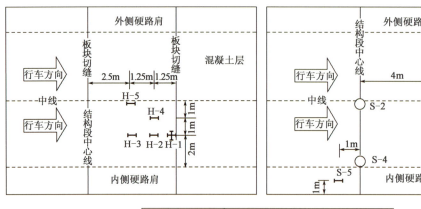
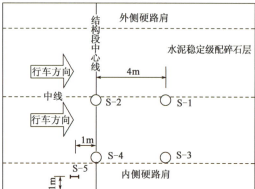
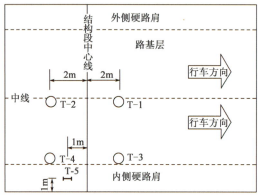

附图 C-56　YA-STR5 断面传感器布设分层平面图组

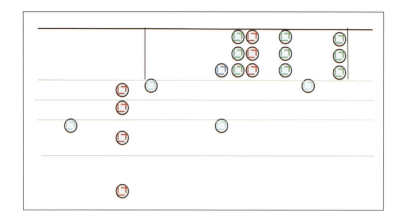

附图 C-57　YA-STR6 断面传感器布设剖面图

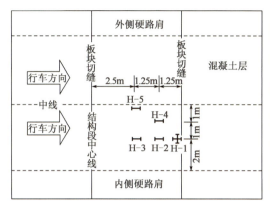
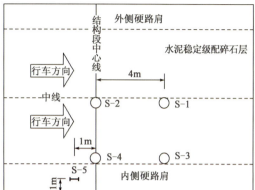
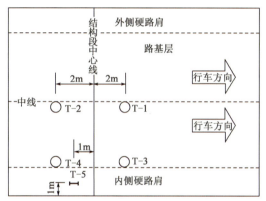

附图 C-58　YA-STR6 断面传感器布设分层平面图组

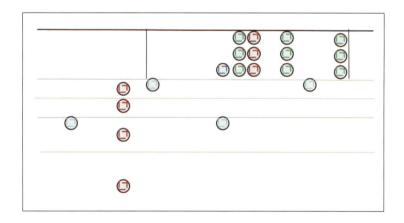

附图 C-59　YA-STR7 断面传感器布设剖面图

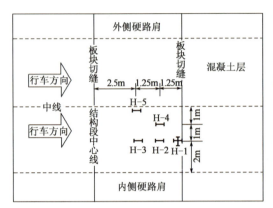
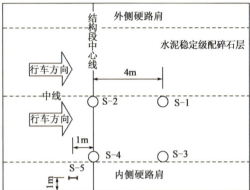
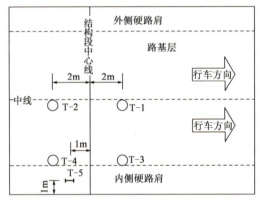

附图 C-60　YA-STR7 断面传感器布设分层平面图组

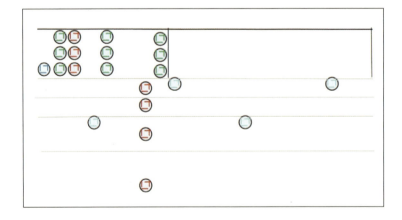

附图 C-61　YA-STR8 断面传感器布设剖面图

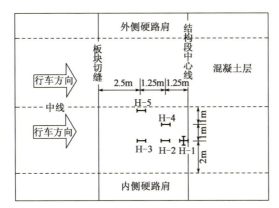
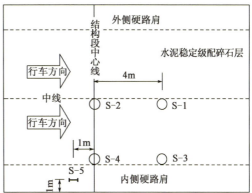
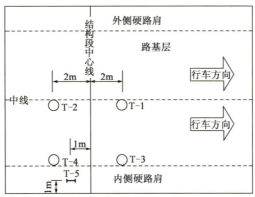

附图 C-62　YA-STR8 断面传感器布设分层平面图组

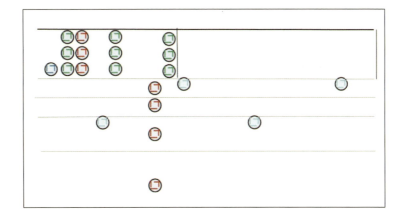

附图 C-63　YA-STR9 断面传感器布设剖面图

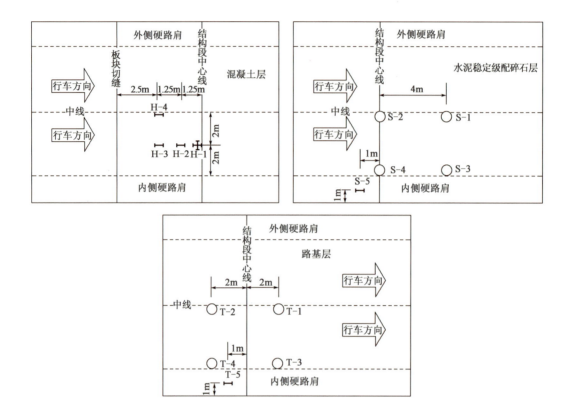

附图 C-64　YA-STR9 断面传感器布设分层平面图组

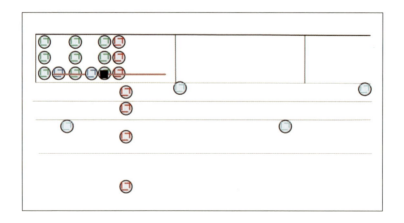

附图 C-65　YA-STR10 断面传感器布设剖面图

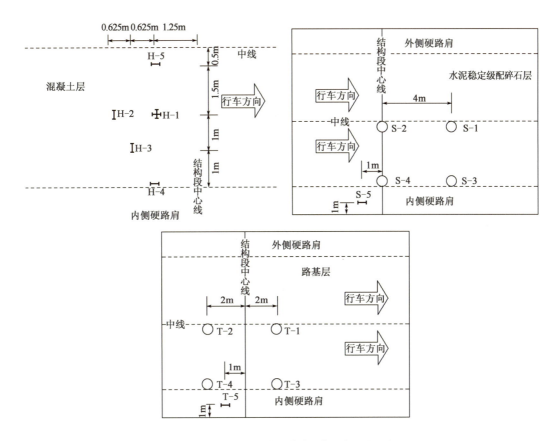

附图 C-66　YA-STR10 断面传感器布设分层平面图组

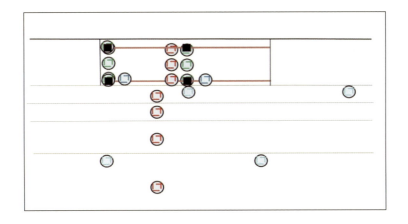

附图 C-67　YA-STR11 断面传感器布设剖面图

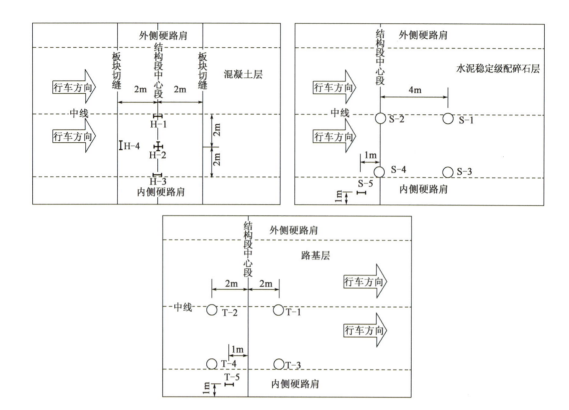

附图 C-68　YA-STR11 断面传感器布设分层平面图组

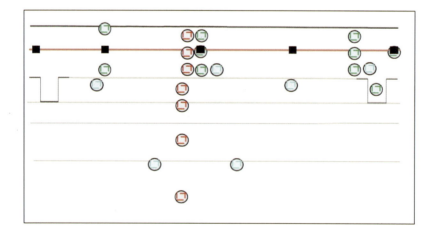

附图 C-69　YA-STR12 断面传感器布设剖面图

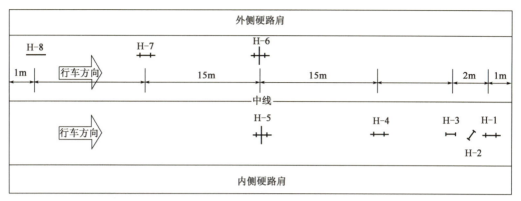
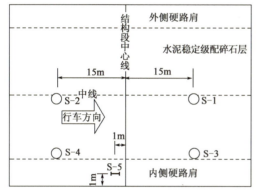
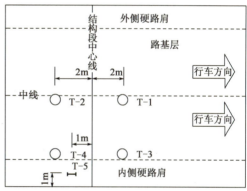

附图 C-70　YA-STR12 断面传感器布设分层平面图组

注：H-6、H-7 为振弦式应变计，H-8 为钢筋应变计。

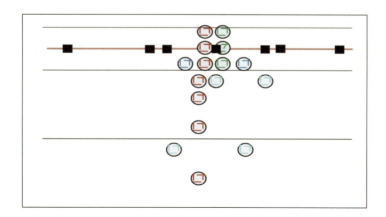

附图 C-71　YA-STR13 断面传感器布设剖面图

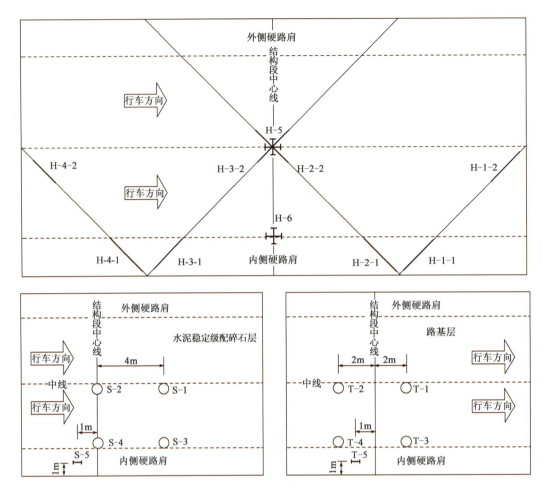

附图 C-72　YA-STR13 断面传感器布设分层平面图组

注：H-5、H-6 为振弦式应变计，H-1-1、H-1-2、H-2-1、H-2-2、H-3-1、H-3-2、H-4-1、H-4-2 为钢筋应变计。